寇忠泉　徐伟◎主编

美的绽放

——四川省寇忠泉名师鼎兴工作室民歌教学研究录

九州出版社

JIUZHOUPRESS

图书在版编目（CIP）数据

美的绽放：四川省寇忠泉名师鼎兴工作室民歌教学
研究录 / 寇忠泉，徐伟主编. —— 北京：九州出版社，
2020.11（2022.2）

ISBN 978-7-5108-9761-0

Ⅰ．①美… Ⅱ．①寇… ②徐… Ⅲ．①民歌－中国－
教学研究－小学 Ⅳ．① G623.712

中国版本图书馆 CIP 数据核字（2020）第 217332 号

美的绽放：四川省寇忠泉名师鼎兴工作室民歌教学研究录

作　　者	寇忠泉　徐伟　主编	
出版发行	九州出版社	
地　　址	北京市西城区阜外大街甲 35 号（100037）	
发行电话	（010）68992190/3/5/6	
网　　址	www.jiuzhoupress.com	
电子信箱	jiuzhou@jiuzhoupress.com	
印　　刷	三河市嵩川印刷有限公司	
开　　本	710 毫米 ×1000 毫米　16 开	
印　　张	24	
字　　数	418 千字	
版　　次	2020 年 11 月第 1 版	
印　　次	2022 年 2 月第 2 次印刷	
书　　号	ISBN 978-7-5108-9761-0	
定　　价	69.80 元	

编纂委员会

主　编：寇忠泉　　徐　伟

副主编（以姓氏笔画为序）：

万里燕　　王大东　　冉　宏　　伍　娜　　李新炽

欧冬梅　　郝太豪　　胡庆华　　祝　云

"四个一"引领当下，"三注意"衔接未来

——我的学科名师工作室领衔人观

（代序）

四川省首届小学音乐名师工作室领衔人　寇忠泉

在基础教育发展与改革的过程中，涌现了许多优秀教师。优秀让他们成为名师，在此基础上又涌现出了许许多多的名校长、名教师工作室，于是便有了领衔人。领衔人，顾名思义，引领、带领一帮志同道合的伙伴朝着共同的目标奔跑的人。因此，在我看来，领衔人，是一个团队思想与学术等方面的领军者、领跑者，引领着团队活动在当下，与教育的本质衔接，与名师的基质衔接，与童心衔接，与课程衔接，与改革衔接，与创新衔接，与生活衔接，与生命衔接，与诗和远方衔接，与美衔接，与未来衔接，最终让每一个伙伴都能遇见最美好的自己，开创最美好的未来。

实践证明，基于名师引领下的工作室创建，无疑为推动基础教育的改革与发展、课堂教学方式的变革与创新做出了非常大的贡献。在名师工作室的建设与发展路径上，各位名师已百花齐放、各显神通，创造出了许多有益的经验与做法。作为一名省级学科名师工作室领衔人，我想结合工作室建设，谈谈我的学科名师工作室领衔人观点。

一、"四个一"引领工作室发展

（一）一心：静心。静能生定、定能生慧之心方可行稳致远

静心，即安静、用心。作为工作室领衔人，要不浮躁、不急躁、不功利、不短视。《大学》云："知止而后有定；定而后能静；静而后能安；安而后能虑；虑而后能得。"教育是一件慢工出细活的事，人的成长是一个长久的生命发展过程，学科教学的研究也是一个由量变到质变，由发现问题、分析问

题，走向解决问题的过程，名师工作室的建设也一样。工作室的领衔人，要有一颗高度的责任之心，对于工作室的发展，要静得下心来、耐得住寂寞、享受得了孤独，甚至要有一个大的胸怀，受得了一些委屈与责难。要站在教育事业发展、对学员与成员专业成长负责的高度，安静地思考、谋划工作的发展目标，耐心地引领工作室的成员、学员，扎根于课题、课程、课堂的实践研究中，细心地帮助学员开展专业成长问题分析，制订个人发展规划，引导他们在教育教学的实践中深耕课堂，读书学习，打磨课堂教学的方法，帮助工作室的老师们，一点一滴地、一步一个脚印地走在专业发展的路上，而不是急于出成绩、挂名号、炫发展，那一定是"墙上芦苇——头重脚轻，根底浅"。没有工作室领衔人非功利地、基于教育责任地、安静地从事工作室建设的一份教育情怀，工作室的发展就只会热闹可观，而无本质上的专业成长。放眼现在工作室建设的浩浩荡荡、热闹非凡、大张旗鼓，我们会更深刻地感悟到在工作室的建设过程中，领衔人静心是多么重要。唯有领衔人保持静心，静能生定，定能生慧，才能不畏浮云遮望眼，才能任尔东南西北风，始终带领团队把牢教育的本质、把握教育的方向，不迷失在时代的喧嚣浮躁中，不迷失在急功近利中，最终让工作室静水流深，恣意汪洋，形成气象万千的大格局、大境界、大情怀。

（二）一根：课堂。立足于课堂的工作室建设，方显其专业生命力

作为以学科教学研究为对象的名师工作室，它的根就是课堂。

"根索水而入土，叶追日而上天。"课堂是一个师生生命成长的地方。教师成长是从课堂开始的，那是我们安身立命之所，是教师实现个人理想、教育抱负，并用自己的理想与抱负促进学生健康成长、全面发展的根基所在。学科名师工作室建设的根本，当然也在课堂。作为以学科教育教学研究为对象的名师工作室，只有扎根于学科课堂，把工作室的成员、学员放置于课堂教育的情境之中，才能让他们真正地去分析出自己专业成长过程中教育理念、教育方法、专业技术等方面的问题、短板，并通过实实在在的一课一例的课堂教学研究实践，在个体思考、群体互助、领衔人的引导的过程中，去认识课堂是什么、教育是什么、学生是什么、学科教学是什么、个人的教育特点是什么、教学风格是什么，以及在教育改革的时代大潮中，我们应该怎样与时俱进，才能让我们的课堂成为一个生命绚烂生长的地方，并进而在教学观念的转变、教学新方法的创新中，享受到学科教学成功的快乐和个人在工作室目标的引领下，专业得到进步与发展的人生体验。而工作室的价值，也会在名师的教学思想、教学风格影响下，在工作室全体成员、学员共同聚焦于课堂的教学实践中得到充分的彰显。因此，作为工作室领衔人，必须专注地把自己的目光聚焦于课堂，只有抓住这个根本，工作室的建设才具有生命力，才具有教育的专业价值。否则，工作室建设虽热闹非凡，教师们的专业成长也是有限的。

（三）一点：学术。学术成就是工作室品牌建设的立足点

名师工作室名在哪儿？名在学术品牌。省级学科名师工作室领衔人，之所以能称为名师，是因为他们与普通教师相比更专业。这种专业性体现在他们具有独特的教育思想、教育理念、教学风格和自己一整套历经课堂检验的、行之有效的学科教学的方法体系。如果一位学科名师，没有自己独特的学术思想，没有自己独特的学科方法话语体系，他的所谓名师价值也仅仅体现在人云亦云，对其他专家的理论概念的记忆、解读、传诵上，其价值就是一名"大自然的搬运工"。基于此，在学科名师工作室建设过程中，作为领衔人，必须把自己的目光集中在名师工作室的学术品牌创建这一点上。这是工作室可持续发展的动力所在，也是一个学科名师工作室学术品牌的独特性所在，更是一位学科名师工作室领衔人的专业价值所在。

人是价值和意义的创造者，但人也可以是价值和意义的破坏者。领衔人当然要做价值和意义的创造者。问题是何为工作室的价值、意义？又怎样才能创造工作室的价值、意义？著名教育专家成尚荣说："我认定的意义是人生的价值，既是个人存在和发展的价值，也是对他人对教育对社会产生的一点影响。"教师发展、名师成长当然是对价值、意义的再追寻再创造。这正如学科名师工作室建设，作为领衔人，要主动引领工作室教师，理解工作室学术品牌的内涵，并把这种学术精神与理念，根植于自己的课题、课堂教学的研究。领衔人要在教育研究中帮助学员、成员树立问题意识、研究意识、方法意识、成果意识，这些所有的意识，最后都要指向学员的教育思想改进、教学方法的转变、课堂教学质量的提升上，正是在这种学术的研究实践中，领衔人、成员、学员都获得了自我的专业突破与超越。这是工作室专注学术的发展价值。

（四）一面：群体。以点带面，群体成长，促进区域学科发展

相对于工作室这个群体，领衔人是一个点，相对于一个区域，工作室是一个点。所谓一面，是指群体成长、辐射引领。一个学科名师工作室，它的基本作用，是一个人（名师领衔人）引领一群人，辐射一大片。因此，名师工作室领衔人在名师工作室的建设中，首先要鲜明地提出工作室的价值观，要高度重视工作室的文化建设，通过工作室的文化建设去浸润、影响工作室的全体成员，让他们具有热爱教育的情怀，甘于奉献教育的职业道德，不断地提升自己的工作热情。其次要以课堂为根、以课题为抓手，让全体成员、学员深度地参与到工作室的学科教学研究之中，并通过每一个成员、学员的三年发展目标的实践，引领全体教师都能获得不同程度的进步。再次，学科名师工作室的定位，也决定了我们必须承担起自己应有的社会责任，要通过讲学交流、送教支教等方式，尽最大可能地把工作室学术研究、教师成长经验、课堂教学创生的方法、工作室建设与发展的思考等，辐射影响到责任区域，在更广阔的实践领域和空间内，展示工作室的发展成果，起到以点带面、群体成长、促进区域学科发展的作用。

二、"三注意"衔接诗和远方

学科名师工作室建设，无论是领衔人，还是成员、学员个人，想要走向高远，走出美好的未来，都得风物长宜放眼量，做到三个注意。

（一）注意与做人衔接

做工作室就是做人，工作室的发展本质上就是人的发展。从这个意义上说，在工作室建设中，人的品性的成长比专业成长更重要。这里的品性指作为教师的理想、情怀、责任、担当，这是工作室建设的基石，也是教师成长的基石。基石打牢，教育的万丈高楼，才立得起来、立得住、立得正、立得久远。正如林肯所说："能力将你带上峰顶，德行将让你永驻在那儿。"道德是照亮人生之路的光源，人生发展坐标是道德坐标。在这样的坐标上，才能做到有分寸感、意志力、责任心和自控力，有分寸感就不会贪，有意志力就不会怕，有责任心就不会懒，有自控力就不会乱，工作室建设才能走向诗和远方。

（二）注意与内生力衔接

辩证唯物法告诉我们，外因必须通过内因起作用。在学科名师工作室建设中，领衔人轻忽教师自身内在力量的作用，名师是"打造"不出来的。何谓教师的内生力？教育学者逊迎光说："人在自觉活动中不可缺少的自立性、自为性、自主性、能动性等。"这种力量自主发挥，才是教师发展的根本动力，也是培养名师的关键。实践不断证明，领衔人在工作室建设中，通过引导成员、学员树立专业发展愿景，激发他们专业成长的内生力，会在他们心中筑起一块精神高地，引领着他们向专业的高峰攀登。

（三）注意与实力衔接

对于工作室领衔人来说，专业实力比名号更重要。名师工作室因为有一个"名"字，容易让人发飘、让人迷失。名师是价值体现，这种价值积淀在名师的个性化的风格、方法上。名师工作室领衔人，绝不可以只是一名"学术搬运工"。他也许可以用他人的思想、新奇的概念、玄幻的理论唬人，但个人的浅薄不能承载名师之重，个人的实力不能支撑名师的价值！可见，与实力衔接是多么重要。

实力非一蹴而就的，恰如不可能一口吃个胖子，实力是一个修炼的过程。良性的工作室建设能最大限度地促进领衔人和团队成员实力的增长。与实力衔接首要要与丰厚文化底蕴衔接，学科专业的绿苗只有在丰富的文化土壤里才能生长得苗壮。一个文化背景单薄、知识结构单一的教师，视野不可能开阔，底气不可能很足，专业也不可能很强。其次，要与大格局衔接。傅抱石先生说："不要做文人，做一个有文化的人，重要的是把自己的胸襟培养起来。"而胸襟与视野联系在一起，大视野、大胸怀带来大格局，大格局才会带来大一点的智慧，工作室及成员才能更有内涵更有眼光，洞见教育的本质与未来。除此，还要与课程、阅读、艺术（美学）等方面衔接。

我非常欣赏这样的表述：对未来的慷慨，是把所有的一切都献给现在。当今世界，谁赢得了今天的教师，谁就赢得了明天的课程和教育；谁赢得了今天的优秀教师，谁就赢得了明天卓越的课程和教育。学科名师工作室无疑正肩负着孵化更多优秀教师、更多名师，从而赢得明天卓越的课程和教育的使命，要完成这一光荣而伟大的时代使命，无疑需要领衔人的支撑，需要领军人物对工作室的守护、滋养与提升，需要领跑者的人格魅力、专业魅力，需要领衔人静心于课堂实践，潜心于学术研究，躬耕于广阔的教育时空。

一切都是为了人的发展。

领衔人，这三个字，最终落在"人"上，既指向自己，更指向团队中的人——在名师工作室这个平台上一起为教育奔跑着的优秀之师，一起放飞教育梦想的明理之师，一起站立起来的卓越之师。

在我主持的四川省首届小学音乐寇忠泉名师工作室行将圆满完成工作目标之际，工作室集集体之智慧，完成了《美的绽放》成员、学员成长专著和另一本学术成果专著《小学民歌教学法》的出版，甚是欣慰，总算没有辜负太多人的期望！同时，用《"四个一"引领当下，"三注意"衔接未来——我的学科名师工作室领衔人观》一文，把自己做工作室领衔人的观点记录在此，恳请大家批评指正。

寇忠泉
2020 年国庆节

目 录
Contents

第一章 立美：成长心路

第二章　悟美：成长有感

第三章　创美：成长课例

第四章　韵美：成长教思

第一章

立美：成长心路

一路繁花　感恩遇见

达州市通川区第七小学校　胡庆华

他是一位优秀教育思想的传播者，民族音乐文化教育的研究者，学校美育的践行者，民歌教学方法的探索者，也是我音乐教学上的引路人——寇忠泉。冬去春来，四季轮回，三年来，在四川省寇忠泉音乐名师工作室的滋养下，慢慢地从生长到成长，已然是一个盛世年华。回想初次参加团队活动时就被任命为达州、巴中片区的带头人，那种忐忑不安和担忧茫然又备感荣幸的心情，久久不能平静，这段历程在团队的引领指导下，都已成为我成长路上最美丽的风景，更是我弥足珍贵的回忆。

一、指向明确，在音乐教研活动中共成长

四川省小学音乐寇忠泉名师工作室立足"培育有学养的'三明'教师"目标指向，以小学民歌教学资源开发与教学方法研究课题为抓手，抓工作室专业发展的文化建设，提高工作室成员、学员的文化认同感；抓工作室学术的物化成果，提升成员、学员的专业能力。

这是一个为教育事业乐于奉献的团体，求真务实，为了共同的音乐教育理想，相遇、相知，共同感受音乐教学的无限魅力。在这个平台中，老师们对于音乐美的热爱，对课堂教学孜孜不倦的探讨，永不停步的勤勉钻研精神让我敬佩，彼此之间切磋交流、共享智慧的真诚又让我备感温暖、身心愉悦。

2019年3月22日，寇老师指出小学音乐民歌教学，要筛选适合在学校演唱的歌曲，学习当地民歌，传承民歌文化；要建立民族文化自信，唱家乡，爱家乡，让学生爱唱家乡的歌。在工作室"中小学民歌教学实践方法研究"开题报告会上，我们聆听了新都姚兰老师《我是草原小牧民》的课堂教学、龙泉驿区张雯老师《吉祥三宝》的欣赏课。寇老师的专题讲座《中小学民歌教学六大策略》更是深深触动我的心弦，民族音乐的无穷魅力，民歌教学的六大策略，激发我作为一名音乐教师，同时又是达州、巴中片区负责人，有责任、有义务当好民歌教学的传播者，我要把家乡的歌唱得更响亮。

2019年3月26日，我们片区的第一次教研活动在达州市达川区第一实验小学举行。本次活动由达州学员王翠和陈俊华两位老师分别带来宣汉民歌

《螃蟹歌》和《蒿草锣鼓》。第一次磨课旨在打磨两位老师的教学构思是否匠心独具，是否适合小学生演唱，是否按照寇老师的民歌教学"六大策略"进行教学设计。课后达州、巴中全体成员、学员对两位老师的课堂做点评和谈感受，大家在边演边做边实践的过程中进行调整、修改。

2019 年 4 月 24 日，我们开展了第二次教研活动，这次活动旨在提高老师们的课堂教学和学科研修的能力。参加本次教研活动的人员有工作室成员、学员，以及来自达州市通川区第一小学的全体音乐教师。本次活动由工作室学员朱姗姗老师主持，担任本次教研活动的指导专家是四川省音乐特级教师、四川省首批正高级教师、达州市教科所理论室主任——贺继业老师，两位老师通过教研课来传达对家乡的赞美及对非遗文化的传承。更令我们高兴的是寇老师隔空传爱，利用网络给王翠老师的课提出改进意见，提亮点、扣主题、突特色。有了寇老师的指点，学员们的共同帮助。

2019 年 6 月，达州、巴中一行人走进成都电子科技大学实验中学附属小学，参加工作室集体教研活动。王翠老师的《摆起你的手来》得到与会专家、学者、同行的一致好评。陈栎老师的《我是草原小牧民》，张琪老师的四川民歌《放牛山歌》，何艾蔬老师的《上茶山歌》，万里燕老师的《一窝冬寒菜》都能紧扣乡味主题，突出地方特色、吟唱民歌韵味，在这个过程中，大家都深刻领悟了寇老师民歌教学"六大策略"的真正意义。

2019 年 12 月，四川省寇忠泉名师工作室达州成员杜发言《打双麻窝子送给你》、朱姗姗《打夯歌》、肖玉琳《石桥火龙》在万源进行教研磨课活动。巴中成员乔梁《赶圩归来啊哩哩》、杨朝《彝家娃娃真幸福》在通江的磨课活动也如火如荼地进行。到年底年会时，达州杜发言的教研课《打双麻窝子送给你》再次被邀参加四川省小学音乐寇忠泉名师工作室在成都举行的教学研究课，看到大家一次次的突破、蜕变，老师们真的成长了，达州团队为此付出的努力、取得的进步让我们更有动力走下去。

二、抗疫有我，在音乐教研活动中共担当

2020 年庚子岁首，当我们欣喜地一路向前时，一场没有硝烟的战争，在新春来临之际拉响了警笛，全球被灰色的阴霾笼罩，但是坚强的中华儿女并不为之怯懦！反而众志成城、同舟共济，共渡难关。

"路虽远，行则必至"，在这个特殊又难忘的学期，一道屏幕虽然隔开了空间上的距离，却隔不开寇忠泉名师工作室全体师生的温情。为了减轻疫情可能导致的心理伤害，做到早预防、及时疏导、有效干预。寇忠泉名师工作

室达州、巴中片区全体老师有序开展了各项心理防护工作，保障疫情期间学生的心理健康，老师们联防联控、积极排查、全员上岗、深入社区、不漏一户，化身为抗疫先锋队冲锋在前。为确保"停课不停教，停课不停学"，工作室成员们纷纷变身为"网络主播"，开启了直播课堂。

肖钰琳老师录制了抗疫歌曲《武汉加油》《齐心协力赶走它》让全校师生用激情有爱的歌声，为奋斗在一线的白衣天使们加油鼓劲。朱珊珊老师为孩子们精心编排和录制了《武汉呀》。陈俊桦老师为班级群录制了音乐手语舞视频，带学生一起学习《听我说谢谢你》歌曲。胡庆华老师创编杯子舞系列课程《小宝贝》《你笑起来真好看》《一日防控三字经》。杜发言老师用新颖独特的方式——敲击键盘为歌曲《长城谣》伴奏，点燃了孩子们的爱国热情，郑丽老师自编了一段朗朗上口的《防疫顺口溜》。乔梁老师录制了《音乐小游戏》，制作了疫情科普小知识——《疫苗为啥要那么久》，让孩子们明白新冠肺炎来势汹汹。杨朝老师为孩子们创编了《防疫儿歌》《眼保健操》，让孩子们在上网课的同时，掌握防疫知识，并保护好视力。一场疫情让我们更加坚定教育初心，相信，樱花将灿、雾尽风暖之时，祖国也必将是山河无恙！

三、交流分享，在音乐教研活动中展风采

寇老师名师工作室活动丰富多彩，或课程培训，或课题探讨，或音乐交流，或教学分享，"让音乐属于每一个人"唤醒了我的耳朵，在聆听中我有了新的思想、新的启发，也为教学注入了新的活力。于此平台我们有机会与智者为伍，与大师并肩，去到更大的地方感受最新的教育智慧。2019年10月8日，为宣传、推广工作室课题研究成果，展示工作室优秀成员、学员专业成长经验，高质量地完成本次应邀展示活动，在寇老师的带领下，我们踏上了去上海的旅程，参加了"中国教育学会第二届音乐教育大会"，并在大会上做了"传承优秀传统文化之四川民歌微课工作坊"和"小学民歌教学民族文化策略研究论文宣讲"的展示活动。

第二届音乐教育大会由来自全国32个省、自治区、直辖市和香港特别行政区的专家、学者、音乐教研员、音乐教师、音乐工作者，和来自国外的众多专家在上海浦东齐聚一堂。此次大会以"创新·均衡·优质"为主题，高效、多样、创新的多板块内容，活动丰富、形式多样，各美其美，齐头并进。为期一周的学习，让我们懂得只有坚持好"以美育人、以文化人"，进一步推进新时代学校美育改革发展，才能更好地培养孩子们的审美感知力、艺术表现力和文化理解力，在人的全面发展和健康成长中发挥独特的作用。

四、感恩奋进，在音乐教研活动中担使命

名师工作室的学习培训也给我个人带来了机遇，提供了锻炼自己的舞台。在工作室开展的片区教研工作中，我承担了体验式教学法的知识讲座，也承担了《巴渠童谣》《四川盘子》示范课的展示。2020年8月14日，我还应邀通过网络在内蒙古呼伦贝尔学院中小学音乐教师暑假培训班上，以《在体验中学习，在快乐中成长——小学音乐体验式课堂教学实践》为主题做了线上专题报告。在成为工作室成员后，我先后担任了达州市中小学教师面试评委、达州市中小学第十一届中小学音乐展示活动评委，达州市中小学"一师一优"课活动评委。在担任达州市骨干教师小学音乐坊坊主期间，我充分发挥自身示范引领作用，为音乐教师们在网上答疑解惑，共同探讨音乐教学新思路、新观念，并指导音乐老师备课、写研修报告，让许多青年教师快速成长。同时，我作为通川区第一教育集团音乐坊坊主，经常组织青年教师成长活动，如组织实施通川区第一教育集团走进五高小（蒲家小学）举行"红歌连连唱"，举行第一教育集团"凝心聚力促发展"迎新晚会，"戏曲连连看"曲艺晚会等。也时常参加达州市教育科学研究所、通川区教研室组织的送教下乡活动，把《巴渠童谣》《祝你快乐》《捉迷藏》等优质音乐课送到边远山区孩子的课堂，在那里我收获了孩子们的纯真、善良，也收下了两个小弟子。张盼、党永涵是我在给万源市永宁乡中心校送教时认识的两位小朋友，在听了我的音乐课后，两个小女孩缠着要我的微信号，经常拍一些小视频让我线上指导。在疫情期间，我给两位小女孩每人邮寄了一个尤克里里，现在她们已经能大方地上台表演，还能抱着尤克里里给同学们伴唱！"让孩子终身热爱音乐！""让音乐属于每一个人！"做一个"有信仰、有情怀、有担当"的音乐教师，这就是一名平凡的小学音乐教师的伟大使命。

一路繁花一路景，在行进的路上感恩——遇见恩师，我们工作室的领衔人！你让我们知晓了教育之道是情怀、是格局、是品格、是修养。以美立德，以美树人，以美储善，以美启真，是工作室一直遵循的教育原则。在行进的路上感恩——遇见你们，我们工作室伙伴们！在这个团队中，我们将在思想上革新、理念上求变，处处散发自信之美。心若美好，四季皆美，让我们共同期待春暖花开，迎接盛夏果实！

逐乐前行，与自己再相遇

德阳市教科院　李新炽

有人说：人到中年，职场半坡，别折腾！偏偏，我就是这个"折腾"的人。

1991 年，我从绵阳师专音乐系毕业，被分配到中国第二重型机械集团公司子弟一校担任音乐教师。工作近三十年来，辗转于小学、中学、特殊教育学校，除承担学校音乐教学任务外，还担任学校少先队大队辅导员、德育主任和副校长，后又担任了德阳市教育局学生科副科长、德阳市教育局妇委会主任、德阳市教育资助中心主任。无论工作岗位怎样改变，我热爱教育事业，珍视"教师"这个称呼，不曾停止过奋斗。

2015 年，国务院出台了《关于全面加强和改进学校美育工作的意见》。我意识到：美育的春天到了！2018 年 10 月，我辞去了行政职务，调至德阳市教科院担任小学音乐教研员。无关名利，只想踏踏实实做点事，为促进音乐教师专业成长、推动德阳市小学音乐学科发展做点事。想法很美好，付诸实施时却不易！当前全国中小学音乐教育发展方向、我市小学音乐教研工作现状、音乐教师成长路径、教研工作模式……如何破局？新岗位必须有新的工作方法和思维模式。

很幸运，我遇上了四川省小学音乐寇忠泉名师工作室。

名师指路，方向明确

寇老师比我年长几岁，和我有相似的工作经历和成长心路，但寇老师对美育的独特思考和教学研究能力是我需要学习的。在师傅的带领下，2019 年 5 月，我参加了人民音乐出版社在江苏苏州主办的全国音乐教材培训及经验交流大会，观摩了来自九个省份的中小学戏曲主题展示课。同年 10 月，我与工作室部分成员教师赴上海参加了第二届中国音乐教育大会，聆听了专家学者、一线教师的交流研讨。两次大会，引发了我思想上的深度思考，对音乐教育领域发展现状与未来发展趋势更加清晰，对新时代语境下音乐课程的改革发展方向有了进一步了解。

为帮我厘清工作思路，师傅将他编著的《在音符中徜徉的美育》《情趣交响》和《美育：价值与路径》三本书赠送给了我。细细品读后，文中《研究，寻找有效的教学模式》《教研，从点上开始》《成都电子科技大学实验中学附属小学"1+X"美育特色课程的建构与实践》等为我提供了新的视角，给人以启发；在与工作室的柳良、杨晓、魏平、孟辉、徐伟等专家团队的培训交流中，我学会了使用工具，用理论去支撑自己的教学研究。

循道而行，扎根课堂

作为教研员，听课评课是常规工作。看似普通，但对教师课堂教学的规范和改革、教师的专业化发展有着重要的影响。工作室每次的集体教研活动，寇老师都是以课为例，从方法论的角度，将自己研究的《小学民歌教学策略和方法》——"四景三趣"教学法与"作品的五点解读法"予以分享，让学员教师带着问题思考，用理论剖析音乐课堂。这些研究成果是寇老师教学智慧的结晶，对帮助一线教师把握音乐本体、进行教学设计有不可估量的作用。同时，对我的听课、评课能力也有极大提高。受此启发，我在组织开展德阳市小学音乐学科教研活动时，借鉴了工作室开展教研活动的理念和方式，将"小学民歌教学策略"在德阳片区学员所在学校和市直属小学进行实践运用。带领音乐老师深入课堂、研究课堂，通过上课、听课、评课、讲座等途径进行专题教研，让老师们学习、实践、反思、再学习。老师们的研究课经集体磨课后，再面向全市小学音乐骨干老师进行展示、交流。同时，举行全市中小学音乐骨干教师教学能力提升培训，邀请寇老师现场指导，将"小学民歌教学策略"进行推广，提升了我市音乐教师的教学水平和课堂实效。

课题研究，拔节生长

教学研究是教师成长的必经之路。但是，这条路让很多音乐老师望而祛步、可望而不可即。十年前，我曾主研过两个市级科研课题，也经历过迷茫、无措的时光，了解老师们的想法。一番思考后，我决定和老师们先从日常工作入手，结合四川省教科院"唱家乡的歌"音乐唱歌微课比赛和工作室的省级课题"基于文化传承的小学民歌教学方法研究——以四川地区为例"，积极参与研究。2019年，我邀请了市文化馆专干讲解德阳非物质文化传承项目，带学员们到绵竹市九顶山去采风，到德阳市地方志办公室查看德阳市民歌民谣的音像资料，购买《德阳民歌集》和《中国民间文学集成德阳市资料卷》，让老师们了解德阳地方音乐、收集音乐素材；开展了"小课题大研究"的专题培训，查阅专家的学术著作，让老师们明白课题研究的重要性，学习课题研究必要的方法和理论指导。在确定好研究主题后，我带领学员老师申报了市级科研课题"德阳市地方音乐资源的开发与利用"和省级子课题"德阳市小学'唱家乡的歌'微课资源库建设"。目前，两个课题均已立项，教师们课题研究的探索之旅已开启。

文化认同，互助共进

"人在一起叫聚会，心在一起叫团队。"在工作室"培育有学养的三明教师"目标指向下，在严谨、务实、求真的学术氛围中，德阳片区的五名学员老师教学能力得到了提高，我和团队成员共成长。大家对作品解读的深度和教学设计的效度得到了提升，开始在全国、省、市各级各类比赛和展评活动中崭露头角。如学员老师陈栎，荣获了四川省第十一届中小学音乐优质课展评活动小学组一等奖、"万叶杯"全国网络音乐微课教学课例展示活动小学组优秀奖；学员老师宋婷婷，荣获了四川省首届"唱家乡的歌"音乐唱歌微课一等奖、德阳市2020年延迟开学期间小学音乐微课展评活动一等奖；学员老师刘宇彤，荣获了四川省第二届"唱家乡的歌"音乐唱歌微课一等奖、德阳市第九届小学音乐教师基本功比赛一等奖；学员老师张晨萱，荣获了德阳市小学音乐优质课竞比赛二等奖；学员老师陈勇，荣获了德阳市2020年延迟开学期间小学音乐微课展评活动一等奖、旌阳区中小学音乐优质课竞比赛二等奖、旌阳区中小学音乐教师基本功比赛二等奖。我本人也荣获了四川省第十一届中小学音乐优质课展评活动、四川省首届"唱家乡的歌"音乐唱歌微课、四川省第二届"唱家乡的歌"音乐唱歌微课指导教师证书。

折腾，是对梦想的尊重。不管何时，若你愿意扬帆起航，路就在前方！

幸福成长路　花朵向阳开

成都高新区新科学校　何艾蔬

四川省寇忠泉名师工作室"中小学民歌教学策略研讨暨民歌教学课例展示"活动于 2019 年 5 月 9 日在电子科大附小完美地落下帷幕。在寇忠泉老师的推荐下，我非常荣幸在这次活动中展示了一堂音乐课《上茶山歌》。这对于年轻老师来说是一次很好的锻炼机会，我激动的心情简直无法言表。虽然，课堂还是有些许遗憾，但是也带给我许多感动，感动有一位像父亲一样的师傅一直在默默地支持和帮助着我们。

思绪拉回到七年前，告别了工作两年的石室联中，我以优秀的成绩考入了高新区，成为了一名光荣的高新音乐教育人。我一直是一位初中音乐老师，来到高新新科学校以后，我既要承担初中音乐教学，还要承担小学音乐的教学，年级跨度大，让我压力倍增，我常常为如何同时上好小学、初中音乐课而焦虑。后来，我非常幸运地进入高新区名师工作室，又进入四川省寇忠泉名师工作室学习，大家一起交流、共同研讨，寇老师还亲自给我们示范如何上民歌课，丰富多彩的活动开拓了我的教学视野。

人们常说："万事开头难"，回想《上茶山歌》的磨课过程虽然很辛苦，但是让我感到很温暖。从准备上这堂民歌课开始，寇老师就一直耐心地指导我，可以说是毫无保留。他从自己珍藏已久的民歌集里，找到最原始的曲谱与我一起研究。寇老师说这是一首川东民歌，描写"川东门户"达州万源茶山上山花烂漫、春暖花开的时候，人们上山采茶的快乐心情，曲子欢快，你就把这首民歌唱给孩子们听！说实话，刚开始我觉得这首民歌很朴素，没有什么独特的地方，孩子们会喜欢这种歌曲吗？寇老师发现了我的小情绪，不仅没有批评我，还认真地帮助我分析教材。他说："每一首民歌都是来自老百姓的生活，是人类智慧的结晶。这首民歌曲目虽然短小，但是它真实地反映了茶农采茶的劳动情景，你只要多唱就能感受到它的魅力。不信，我给你唱唱。"说着，寇老师用他淳朴的声音和真挚的情感把这四句民歌唱得很有味道，一下子就打破了我之前的想法——"正月里初二三来，我手拿着黄历看哟；看个那个日子晒；上茶哟呵山。"接着，寇老师带着我反复演唱、反复琢磨曲谱，怎么才能把这首民歌唱出味道呢？我们添加装饰音演唱，还为这首民歌添加第二段歌词——"上山嘛采茶哟呵；我心里嘛好喜欢哟；眼快手快采茶晒；心里好喜欢。"寇老师说"你不是会唱四川清音吗，欢快的哈哈腔跟这首歌曲情绪非常吻合，你可以加上它，肯定能唱出独特的味道。"为了找到民歌最原始的记忆，寇老师还打电话向他的老师探讨这首《上茶山歌》的音乐特色。最终，我们从这首原生态的民歌中挖掘出快乐的元素，那就是劳动的快乐、丰收的喜悦。我感谢寇老师如此耐心的指导，也让我知道上好一堂民歌课首先一定要认真研究民歌本身。

在即将上课的前一个月，寇老师每周都让我去他的学校进行磨课。还记得第一次磨课，我自认为已经准备充分，特别"自信"地上完了这堂课，可是没想到寇老师却说："你的课我觉得缺少激情，没有打动我。"当时我真的很沮丧，有点想哭，害怕自己上不好这堂课。寇老师看出我的沮丧，鼓励我说不着急我们慢慢改。他亲自示范，充满着对教育教学的热情，给予我们年轻人无微不至的帮助。第二次、第三次、第四次、第五次的打磨，不管多忙寇老师都会放下手上的工作亲自指导，为了让我每次都有很大的进步，还请来了西区的音乐老师王艳、冉宏、罗竞慧兰等，甚至还请来四川音乐学院的老师帮助我。感谢你们无私的指点，我不断改进，才能自信走上舞台。"玉不琢不成器"，老师的成长就是在这一次次的打磨中锻炼出来的。

从单身汉变成一个母亲，家庭与工作的压力有时会让人力不从心，每每想要放弃的时候，寇老师的话语又一次回想在我的耳旁——"我知道成家后的女老师都很忙，但是一定不要放弃学习，要抽时间多读书，这样才不会落后。"确实，音乐老师更需要读书，读书让我们的心灵更加的安静，头脑更加的灵活，思维更加的开阔。

不知不觉跟随师傅寇老师学习快有六个年头了，很感谢他带我进入一个温暖的音乐大家庭，与一群志同道合的音乐老师一起学习和成长。我常常把寇老师的一句话当作我的座右铭："我们音乐老师不要把自己边缘化，我们一定要有一种责任感和使命感——为生命的尊严和美好而教育。"

在名师工作室引领下，在寇老师的带领下，我们一起读书、写读书感悟，一起研究如何上好一堂音乐课，如何做一个"三明"老师，如何成就更好的教育人生。慢慢地我总结了一些音乐的教学方法，赛课、论文、课题的研究水平有了很大的提高，有的甚至还获了奖；我还被评为全国教育科研优秀教师、成都市教育学会音乐专委会优秀会员、高新区优秀德育工作者、成都市非遗传承教育突出贡献个人；在2019全国中小学课程博览会创新成果展评活动中展示优质音乐课，并且在学校里主动帮助年轻老师成长。虽然这些进步很小，却给予了我继续在音乐教学这条路上走下去的决心。

成长的过程是苦涩的，但味道却是甜蜜的。我坚信有像太阳般的师傅寇老师为我们照亮前方的路，我们每个高新音乐老师一定会像花儿一样朵朵向阳开。

向着明亮那方

成都市泡桐树小学（天府校区） 万里燕

一颗种子即使埋在石头缝里，它仍可以探出头来，那是因为阳光的指引；冬眠的动物总会醒来，那是因为季节的指引；一个教师能不断地成长，那是因为良师益友的指引。

曾经的我是一个孤独的行者，在教学楼角落的一间教室里默默地进行着教学实践探索。虽然与学生在一起探索各种音乐体验活动的过程充满了乐趣，但我还是渴望得到肯定，渴望与同伴分享。在失落的时候，我会不由自主地哼唱歌曲《小草》："没有花香，没有树高，我是一棵无人知道的小草……"然而，2013 年 9 月，随着成都高新区寇忠泉名师工作室的成立，我这株孤独的"小草"找到了"草原"——我拥有了一个良师和一群益友。从 2013 年我进入高新区寇忠泉音乐名师工作室成为学员，到 2016 年继续留在名师工作室成为成员，到 2018 年申报成为四川省小学音乐寇忠泉名师工作室成员，一路走来，在寇忠泉老师的鼓励和指导下，以及工作室伙伴们的帮助和促进下，我看到了音乐教育的诗意与远方。

名师工作室是一个教师专业成长共同体，这里汇聚了一群有志有为的音乐教师。每次观摩工作室老师们的课例展示，都让我感叹身边有如此多优秀的同伴，他们怀着最朴素的教育情怀坚持在音乐课堂播种、耕耘、生长，从他们身上我学习到了理念、方法和为人师的勤勉。同时也意识到：课堂是我们工作的主阵地，我们所有的学习、思考、才华最终都要在课堂中落地生根发芽，上好每一堂课，在成就学生的同时成就自己。于是，我以寇老师和伙伴们为榜样，深耕课堂，以"不断完善教育教学技能，让常态课堂精品化"为行动目标。

要想不断完善自己，要想走向音乐教育的诗意与远方，不仅要有行动目标，还要内化名师工作室共同的愿景和价值取向。寇老师鼓励我们要成为"三明"之师。"三明"之师有三层含义。努力做一个明白之师，以为国育人为己任，勤奋工作，让社会满意，让家长放心，使学生成材；做一个明理之师，致力于专业化发展，以科学与艺术相融的教育言行，赢得教师的职业尊严；做一个明朗之师，把爱的阳光洒满教育，用博雅的风貌、大气的人品、高远的视野，培育阳光的学生。要想成为这样的"三明"之师，必须抹上"学术"的底色。即有教育情怀——爱岗敬业；有学术精神——求真务实；有学术实践——深耕课堂；有学术思维——善于研究；有学术成果——形成风格。

为了为自己抹上学术的底色，我沉下心来扎实开展课题研究。我更广泛地阅读教育理论著作，更加关注课堂中许多的细节，在理论联系实际的过程中，坚持记录教学片段、勤于教学反思。以研究的眼光审视教材、审视课堂、观察学生，精雕细琢打造有特色的精品课例。我尝试将课堂中的所得提炼、归纳、整理成专题讲座，分享给更年轻的老师们。通过阅读、写作、教学、讲座，我研究教育教学的意识更强，研究的能力也得到了较大的提高。

在四川省小学音乐寇忠泉名师工作室学习期间，依托工作室搭建的平台，在寇老师的指导下，我执教的民歌课例《一窝冬寒菜》获得了四川省首届"唱家乡的歌"微课比赛一等奖第一名，并受邀在杭州"千课万人"进行展示。欣赏课例《加伏特舞曲》受《中国音乐教育》杂志邀请，在浙江温州举办的"国际三大教学法融入中国音乐课堂"培训活动中展示，并由人民音乐电子音像出版社公开发行。微课《赶圩归来阿里里》，参加《中国音乐教育》杂志举办的"万叶杯"微课比赛获得优秀奖……

成绩属于大家，成长属于自己。每一次为打磨课例的挑灯夜战、废寝忘食，都将成为我成长路上的珍贵记忆。那些穿梭于不同的学校与教室、面对不同学生试讲的经历，将成为我教师生涯的宝贵财富。感谢幕后那无数双隐形的手、温暖的手，将我托起，让我感受到作为一名小学音乐教师的尊严与价值。未来，我将传递这份温暖，"向着明亮那方"，托起更多有教育理想的教师，携手更多志同道合的教师，做有温度的音乐教育。让我带着感恩的心继续前进。

我的成长驿站

成都高新区益州小学 王 艺

从故乡陕西来到成都工作，一切对我而言充满了机遇与挑战。我努力完成着由学生到教师的转变，也积极迎接新环境对我的考验。第一次站上讲台、第一次公开课、第一次组织活动……太多的"第一次"让懵懵懂懂的我应接不暇，我哭过、狂躁过，甚至怒吼过……但每次努力后听到领导和老师们赞许的话语，看到孩子们开心的笑脸，我又感觉到成长的美好——磨砺尽管疼痛，但我可以看见更好的自己。

与许多青年老师相比，我是幸运的。对于教育教学工作还有些青涩的我，经过自主申请和选拔，成为了四川省中小学寇忠泉音乐名师工作室的一名学员。这意味着，我将有更多的机会向导师寇老师请教，有更多机会与四川省优秀的音乐教师们一起成长。

工作室是一个温暖有爱、充满学术气氛的团队，寇老师将来自四川省各地八十余名有志有为的音乐教师凝聚在一起，开展聚焦课堂的学术研究。寇老师鼓励我们要做有学养的"三明"之师。我们广泛开展民歌教学课例研究。通过优秀教师们的课例展示，我学习到了许多的策略和方法，通过寇老师和聘请的高校专家们的点评，我深知教学反思的重要性。每一次的学习都令我欣喜！我未曾想到，我一位工作不到四年的青年教师却获得了跨省交流的机会。

寇老师为了我们搭建更多的学习交流平台，联系杭州下城区音乐特级教师徐惠琴老师。经过寇老师多方面的努力，促成了成都高新区与杭州下城区音乐教研联谊活动。我在此次活动中执教四川民歌《采花》一课。这让我内心欣喜的同时也满是忐忑，课程如何设计？设计亮点？环节流程如何合理化？这些都成为了我的难题，我到底行不行？但寇老师鼓励我说："不逼一逼，你怎么知道自己有多优秀呢？"有了寇老师的鼓励和指导，加上万里燕老师对我教学语言字斟句酌的修改，我渐渐自信起来！

2018 年 3 月 22 日上午，寇老师带领我们工作室的老师来到了杭州市下城区。我带着感恩的心，顺利执教了四川民歌《采花》一课。清晰流畅的教学设计、生动灵活的教学策略、凸显地域特色的学具——四川盘子，让听课的老师们赞叹不已，肯定的眼神、温暖的掌声给了我极大的鼓舞！课后杭州的老师兴奋地聚到我的身边交流探讨，好奇地看着我手中的学具，都想来试一试，让我的内心充满了得到赞许的幸福感！每一个咬牙坚持的过程就是死磕自己的过程，那些夜不能寐、灯下冥思苦想的辛劳在那一瞬间烟消云散！感谢工作室给了我一块温存的土地，让我能低下头脚踏实地走好坚实的每一步。也感谢工作室给了我发展自我的平台，让我成长、让我圆梦。

从杭州回来，我深知这样学习的机会不是人人都能拥有的，所以每每想起都觉得自己无比的幸运。杭州学习之旅给了我极大的信心，让我明确了今后努力的方向。但在收获成功喜悦的同时，我看到了自己的不足，我开始慢慢消化吸收所学的教学理念知识，渐渐成为自己的教学思想，来指导自己的教学实践；不断学习教育理论，提高自身课堂教学能力、增长专业知识。

这几年在工作室的学习，导师寇老师深厚的理论功底，赤诚的教育情怀，深深感染着我。工作室每位老师勤于实践、不断攀登的精神，时时鞭策着我。使我更加明确了未来努力的方向——耐心、踏实、坚持不懈做好音乐教育。在做每一件小事中锤炼品格，在上好每一堂课中练就本领，在履行每一项职责中增长才干，在教学教学上践行"精益求精"的精神。

工作室每一次的教学探讨，总能感受到老师们闪耀智慧的思维火花，让我相信有爱的教育团队是唤醒懵懂，激励上进，点燃希望。我也相信有温度的教育是心怀梦想，看见光亮，观照内心。

教育是一棵树摇动另一棵树，一朵云推动另一朵云，在工作室的点点滴滴，让我感动、让我温暖，更是让我学习、让我成长！我会带着这份成长与感恩，努力做一名温暖有度的音乐老师，用歌声追光，用光照亮每一个孩子。

默守初心 静待花开

电子科技大学实验中学附属小学 罗竟慧兰

那年夏天，一腔热血的我带着对教育事业的憧憬走上讲台，想象着等待我的是一群可爱的孩子，充满乐趣的课堂。但理想是美好的，大学课本上的知识运用起来好像并没有那么得心应手，孩子们也不如想象中那么喜欢音乐课，在教学工作中我一直没能感受到前辈们所说的教育成就感。课堂没有趣味，学生提不起兴趣，在固化模式的课堂教学中始终找不到突破的我，慢慢也有些沮丧，记得第一次在区上的展示课磕脚得让我信心大失。枯木逢春，在 2018 年我有幸成为了四川省寇忠泉小学音乐名师工作室的一员，这一切从这里开始有了改变。

在工作室里有很多专家前辈，还有和我年龄相仿的同伴，工作室为我们提供了非常宝贵的学习资源和展示平台。《放牛山歌》这一课是我真正意义上的教学成长之路。从磨课到最后一次的呈现历时一年有余，不同的教学设计也有七八个版本，各类平台不断地磨炼，面向不同学情学生的挑战使我快速成长起来。当然最难忘的是练琴到路灯亮起，为了上好一个片段反复琢磨语言、表情、肢体的表达，一次次地对着空教室手舞足蹈地练习，工作室前辈悉心的指导，小伙伴们的出谋划策、贴心陪伴。记得在教学设计的第三个环节，为了达到理想的效果我一共尝试了三种道具——筷子、快板、连湘，每一次的尝试都需要重新学习和设计，最开始学习快板时由于方法不得巧，把右手大拇指磨得红肿，每敲一次都疼痛不已。突发奇想的设计灵感带来的欣喜和实践后全盘推翻的失落我一次次地经历着，学会了面对，尝试着独立，懂得了承受。在这个过程中我开始用心感受课堂，比起对课堂流程的关注我更在意学生们的反馈，在教学中能够根据学生的学习情况调整自己的教学进度，我留意生活中的灵感设计出音乐活动运用到课堂教学中，在课堂互动中发现孩子们的喜好。某一天我惊喜地发现从孩子们的眼睛里我读到了快乐，课间他们会拉着我兴奋地和我分享他们的故事，孩子们越来越喜欢音乐课，对我来说这是莫大的鼓励。

在名师工作室领衔人寇老师和各位前辈的指导下我不断努力，2019 年 10 月我获得了一个十分珍贵的机会，当得知我有机会去"千课万人"的舞台展示的时候，我真的激动不已，对于青年教师来说，这是我能想到的最高平台。当然接踵而来的是满满的压力，与以往不同，对教学已经有一些信心的我开始质疑自己：我能做好吗？能展现出自己的特色吗？能得到大家的认可吗？这是我最开始就有的担心。接下来的准备容不得一点松懈，在压力倍增的情况下我陷入了瓶颈，我开始觉得自己这堂课没有特色、没有亮点，挖空心思力求突破，却与初心背道而驰。我更多地去关心课堂环节设计的形式是否新颖，却忽略了自己的教学重点的有效解决、教学难点的突破、教学目标的达成。在一次效果不尽如人意的磨课后，我忍不住大哭了一场。但我也开始明白一心求胜不可取，调整好心态，从头开始，耐心整理好每一个环节，把每一个板块分析透彻，反复练习力争做到最好。在"千课万人"的展示对我来说是教学的里程碑，面对台下黑压压的人群，我尽力做到最好的呈现。上完课后我并没有预想的那么在意胜负，我反而更希望倾听所有人给我的真实建议，那一次的展示课我清楚地认识到自己的问题，并希望去改变，我想这应该是我最大的收获。

现在的我仍然有很多不足，但我已经开始享受音乐课带给我的快乐，将一首经典的作品唱给孩子们听，讲一个民间的音乐故事与他们分享，看着他们带着期待来到我的课堂，带着天真可爱的笑容走出教室，作为老师还有比这更幸福的事情吗？

路漫漫其修远兮，教育教学是一生的事业，音乐教育的路上因为有一群这样优秀的前辈和同行者，我倍加感恩，感谢遇见，让我的人生多了一份追逐梦想的勇气。我抱着一份教书育人的美好信念走进孩子们纯美的童年，孩子是藏着惊喜的花蕾，音乐是美的阳光，而我想做那个默守初心，静待花开的人。在未来我将继续努力，不断专研，守护好自己的音乐课堂，让它带给孩子们最美的"阳光"！

不负韶华　向阳生长

成都高新区尚阳小学　周梦娅

时光荏苒，我有幸加入寇忠泉名师工作室已经有两年了。回顾在工作室的学习，我感受到了名师的深厚底蕴、热心教育的魅力，感受到了工作室伙伴们孜孜不倦、乐于实践、敢于探究的精神，感受到了这个大家庭带给我的欢乐与满满收获。

一、名师魅力

四川省小学音乐名师工作室领衔人，我的恩师寇忠泉老师亲切、博学又不失幽默，走近他，如沐春风，"不计名利、甘为人梯"的奉献精神，深深地打动着我，寇老师的许多经典教学视频传遍各大教学资源平台，犹然记得在成都市继续教育资源平台里观看寇老师的课例，他在课堂中灵动智慧的教学策略、亲切民主的师生交流，深深地吸引着我；犹然记得寇老师谆谆告诫我们要做一个有学养的"三明"教师。

二、成长点滴

在过去的两年里，我通过寇忠泉名师工作室搭建的平台，先后参加了"千课万人"教育盛会、四川省成都市教育教学年会，与成都龙泉驿区、达州市、重庆市、沈阳市两地名师工作室的联合教研活动等，在内容丰富、形式多样的教研活动中获益匪浅，感触良多。我还多次聆听了寇忠泉老师的讲座，有关于中小学民歌教学策略、教材解读的策略、音乐形象的教学审美价值和教学方法意义等，内容详尽、细致入微而又以身示范、见解独特的讲解，让我如获珍宝，开阔了知识视野，增强了理论底蕴，提升了专业素养。

此外在日常教学和教研活动中，在寇忠泉名师工作室的引领和辐射下，我都得到了很多提升和进步。犹然记得2018年，我接到寇老师的通知要准备一堂小学民歌教学示范课时，我既兴奋又紧张，立马投入开始选课，最后选定人音版小学二年级上册的一首唱歌课《彝家娃娃真幸福》。接着，寇老师帮我一起制订了备课计划，并进行跟踪和鼓励。

1. 小组磨课改初稿

我完成教学设计初稿，寇老师带着工作室里的老师一起，通过我的初次磨课，大家都纷纷建言献策：教学设计是否合理，教学思路是否清晰，一个问题如何提问更加有效，多媒体呈现怎样简洁明了更合理，怎样才能让学生积极主动参与学习……

2. 名师指点落细节

通过修改教学设计，实现以生为本的翻转课堂后，我继续第二次、第三次、第四次……磨课，寇老师再次对我的设计给予指点，比如，提问环节设计可以考虑到民歌教学的典型性，要借助语调、肢体语言、彝族文化让学生有亲临彝族儿童生活场景的感受。通过寇老师的指点，让我对民歌教学有了更进一步的认识。

3. 名师引领促展示

在寇老师的指导和帮助下，我首先在高新区音乐教研活动示范课展示中亮相，又为音乐学院300多位师范生做课例展示，然后代表工作室与龙泉驿区音乐教研室进行联合教研活动，那是我第一次走出"家门"，心里有些许紧张，来到上课现场，发现场地的空间不适合我的教学开展，这时寇老师就像父亲疼爱女儿一样，立马帮我重新布置场地，让我安心地去熟悉学生、准备教具。寇老师，您知道吗？当时我的眼泪在眼眶里打转，但我不能哭，我知道，只有把课上好，把您教给我的所有所有发挥到极致，才是对您最大的报答。

第二次走出"家门"，是在2019年的冬季。那是接到工作室与沈阳陈运成名师工作室的联合教研活动的通知，因为时间很紧迫，您用周末的时间再次为我的教学设计打磨细节，连在机场候机、到酒店休息时都在为我细致地讲解，其实我知道您很疲惫，但您就是那么爱音乐、爱教育，不辞辛苦地指导我。我没有让您失望，示范课得到了众老师的肯定。到最后，《彝家娃娃真幸福》这一课总共提炼出五个版本的教学设计，这沉甸甸的果实离不开您辛勤的浇灌，感恩有您，我的、我们的寇老师。

4. 刻苦学习有收获

两年时间很短暂，但寇老师给我的指点和帮助却数不胜数，让我不论在教育理论功底还是教学业务技能上都得到了较大提高，让我懂得了要在有限的教学生涯中不负青春、不负教育。我积极撰写教学论文参赛获得市二、三等奖，参加2019年成都高新区小学音乐赛课比赛获得一等奖，全国优质科研成果评选活动获得教学设计组一等奖等。辛勤地付出总会得到回报，我被评为寇忠泉名师工作室优秀学员、高新区"富士康"杯优秀青年教师，这让我更坚定了为教育而奋斗的目标，更明确了未来努力的方向。

树的成长少不了阳光的照耀，我的进步离不开寇忠泉名师工作室的帮助，感谢这个平台给我学习和成长的机会，感谢寇老师的指导和帮助。让我们，牢记责任与担当，不忘教育初心，不负韶华，砥砺奋斗，向梦想出发！愿我们，敢于有梦，勇于追梦，勤于圆梦，为生命涂上一抹亮丽的色彩，书写一卷有声有色的人生。

传递幸福，一直在路上

成都市天涯石小学 张 琪

人的一生不一定要轰轰烈烈才算幸福，在教师这个平凡的岗位上我们虽然忙碌、艰辛，但在每一个教学的瞬间能得到家长和孩子们对我们的认可，就是最简单的幸福。

2018年12月，接到由寇忠泉老师指导的四川音乐学院继续教育学院"轻松上好音乐课"教学实践方法研修培训在我们学校举办的通知，我承担了一节现场展示课。非常荣幸有这样一次献课机会，在接到任务后，寇老师联系我们教研组，亲自到学校来指导我的这一节唱歌课，全组成员集体参与听、评课。寇老师百忙之中，还专程来指导我的这节展示课，我发自内心地感动。寇老师专注地投入听课中，在我的教案上批注、修改，整个篇幅被写得满满当当，在评课时，对我课堂上的优点给予了肯定，同时也对教学中不足之处提出了许多中肯的指导意见，寇老师细致地讲解在教学中如何用声、情、景三维结合，从情感出发，逐步深化，从激发学生爱国热情入手，针对爱祖国的主题，说出对祖国的爱、画出对祖国的爱、唱出对祖国的爱，加上动作演出对祖国的爱，层层推进，进一步升华情感，在对学生的气息和声音进行处理的同时，规范节奏的准确性……寇老师细致地给我讲解教学中的细节处理，甚至声情并茂地又唱又演个别环节，在整个教学过程中十分关注学生的个体发展，细致、认真地给我们讲解，希望每一个教学环节都尽量创设得精彩、生动，我们整个音乐组都被寇老师饱满的教学热情所深深打动。在寇老师身上我们感受到了上好音乐课，需要从内心出发，让孩子们成为课堂的小主人，在课堂上享受音乐、创造音乐才是我们音乐教学的终极目标。

很荣幸能成为寇忠泉名师工作室的一员，工作室为我们搭建了良好的学习平台，能在寇老师的名师工作室、在各级专家的指导下历练自己，无论是教学理论、教学实践还是科研精神，我相信在三年的学习当中，我会慢慢成长，将所学专业知识运用到今后的教学工作中。在这里，不仅有寇老师为我们亲自指导，每一次评课、每一次讲座对我来说都是"精神食粮"，我们从寇老师身上感受到了一名忙碌的校长却热衷于一线工作的教育情怀，寇老师还为我们引进了诸多优秀的音乐教育专家，在寇老师名师工作室对小学民歌教学进行系统的学习、研修，从专家讲座到专家评课再到上展示课、听课、议课，作为学员，在寇忠泉名师工作室获益良多，在名师工作室里在观课、议课中成长自我，在磨课、听评课中不断展示自我，在专家引领中提升自我，感恩加责任，用行动诠释民族文化，传承这份"艺术瑰宝"是我们作为一线教育工作者的"初心使命"。通过市级课题报告会，我认识到弘扬民族文化，强化民歌学习，是我们小学教师紧迫而重要的核心工作。在以往的教学中，我们往往认为，民歌在小学音乐教育中，少年儿童不太喜欢，淡化了民歌教学的重要性，而中华优秀传统文化的传承是新时代的当务之急，需要我们基层音乐教育工作者来落实，对民歌素材分类、整理，重视民歌教学，在教学中形成自己的风格，条件成熟还应该形成校本教材，让学生深度参与，让学生唱好民歌，热爱民歌。

在寇老师名师工作室里能成为伍娜小组学员我备感幸福，伍娜老师是四川省乃至全国都非常知名的优秀教育工作者，在音乐教学工作中有自己的独到见解。伍老师作为名优教师自身已经承担了许多的示范课，学校还有繁重的教学任务，对我们每一个组内成员却耐心细致地无私奉献着，每一次的公开课，伍老师都会悉心指导我们组内每一位老师的每一节课，看教案、批注、听课、评课、修改教案、再次听课、评课……在寇老师名师工作室，我承担了一节四川民歌《放牛山歌》的展示课，在伍娜老师的带领下，与组内老师们议课，初衷便设立如何以四川儿歌特色为抓手，运用四川民族民间乐器、曲艺等不同形式，让一堂三年级的民歌教学不枯燥，又能将四川儿歌音乐要素紧密融合，于是设想了四川盘子、四川清音、四川金钱板……在这节展示课上，我从教材是一首具有山歌风味的四川儿歌入手，节奏欢快，高亢明亮，最终拟定运用四川曲艺乐器莲箫为歌曲服务，用莲箫感受乐句、感受节奏，用莲箫模仿吹笛子，用莲箫模仿放牛的鞭子，用莲箫模仿牧童捡的柴……将音乐要素挖掘出来，并将民俗文化渗透其中，充分感知、体验、表现歌曲，让孩子们唱好这首四川儿歌，将莲箫延伸至学生的学习生活中。

在展示课后有幸听了寇老师对我本堂课的评课，我对这首歌曲又有了更深入的认识，我也将这堂课的教学设计进行了相应的整改：这首山歌风味的儿歌，还可以充分挖掘其山歌的舒展、高亢、明亮的音乐特点，可以在前面音效中做文章，让其音效拉宽拉长，比如加入华彩"太阳出来啰～太阳出来啰～啰啰"，在此部分还可以充分地加入情境的创设：加入牛儿、羊儿、流水的模仿……在教学中需要更加关注教学实践，让教学具有画面感，打莲箫这一环节不仅可以运用于感受乐句，还可以设计如何巧妙地与歌曲音乐要素相结合，让莲萧打得动听，让其铃铛声更好地与歌曲融合，多思考教学活动的巧妙性，铭记教学手段都是服务于音乐要素的根本。

在理论结合实践中，传承民族音乐文化，如何论证内化的实践能力，提升问题研究的总结能力，是我当前首先要落实的问题，针对课堂教学反思及专家评课，举一反三，还需提升常态教学的合理性，深入分析教材，关注音乐本身的背景，解放自我，让学生做课堂的主体，真正达成课堂教学的三维目标。在今后的音乐教学中促使学生传承民族文化，弘扬民族音乐，理解多元文化的基本理念，鼓励学生积极演唱民歌，能大大提升学生的民族自信心和综合素养是我们在小学民歌教学工作的重中之重。严谨的教学作风，务实的教学常态，扎实的专业素养，在教学中不断地探究、发现、创造，不断提升历练，为引领孩子们享受音乐、体验快乐，一直在路上！

磨课中成长，反思中进步

四川省小学音乐寇忠泉名师工作室达州学员　朱姗姗

一场秋风，一夜秋雨。转眼加入四川省小学音乐寇忠泉名师工作室已经有两年多了，我经历着、学习着、收获着。打心底里感谢寇老师，感谢名师工作室给我的这个平台。让我体会到大家聚在一起交流学术的愉悦、收获的欢乐、成长的欣喜。更是让我收获了感动、幸福与求真的学习氛围。我不断成长，不断收获。

感恩遇见

2018 年，四川省小学音乐寇忠泉名师工作室正式成立，我非常荣幸能在那么多优秀的小学音乐老师中成为四川省小学音乐寇忠泉名师工作室中的一名达州学员。这还得感谢高新区冉宏老师给我的一次推荐的机会，以及片区组长胡老师的认可，让我能在这么优秀的团队中认识很多来自不同学校不同地区的优秀老师，并与他们相识相知，并拥有专业的学习平台，思考与成长。盘点一年的学习生活，在工作室领衔人寇老师的引领和指导下，让我逐渐明晰了要成为一名合格优秀的小学音乐教师应具备的各种涵养，在跟随寇老师学习的过程中，我时时感受到寇老师及工作室这个大家庭对我专业成长的助推，既有观念上的洗礼，也有理论上的提高，既有知识上的积淀，也有教学技艺的增长。在优质课堂观摩中学习。让我在一次次磨课中成长，在反思中进步！

留住记忆

还清晰地记得去年 3 月 21 日我抱着一颗激动的心来到电子科技大学附属实验小学，当天开题报告讲了《基于文化传承的小学民歌教学实践方法研究——以四川地区民歌为例》，经过寇忠泉老师、贺继业老师、曹安玉老师的精彩点评，了解到弘扬四川民歌文化传承的重要性。民歌文化让我收获满满。才明白作为一名小学音乐老师应具备的音乐素养（自主、实践、情感、文化、理解）。想想自己是一名参加工作不到三年的新教师，看看自己还有太多的不足，但自己很幸运能成为一名"名师"和很多有经验的老师在一起共同学习，当我对寇老师这位名师有了进一步的了解，寇老师的可爱、严厉、知识让我体会到这是一段终生难忘的学习之旅，也将推动着我不断前进。感谢工作室给我的机会让我认真地投入每项活动中，如饥似渴地学习、观摩，力求有所进步、有所收获。走入名师工作室的世界，在与寇老师和同行小伙伴们接触交流的过程中，我感受到了名师们的深厚底蕴，对教育的那份热情和执着，更是感受到了工作室伙伴们勇于探究的精神。正是因为这个集体给我带来动力。

磨砺反思

当然每一堂精彩纷呈的课堂都是不断地历练出来的，我们在达州片区组长胡老师的带领下一次次历练成长。2019年4月17日是我们团队第一次磨课，王翠老师执教的《大山里的土家娃》和陈俊桦老师执教的《薅草锣鼓》，我们团队一起找素材、一起到宣汉大巴山采风、一起去录音、一起想精彩的教学设计、一起找灵感……当然我们还有着第二次、第三次、第四次片区磨课，等等。在一次次磨课中大家一起集思广益、思维碰撞。磨课中不断的反思与总结也成为我宝贵的经历与财富。一堂精彩纷呈的课有着团队的力量！

成长点滴

有寇老师的引领，有各位老师的集思广益、思维碰撞，四川省名师小学音乐寇忠泉工作室是一片心灵平静、远离喧嚣的净土。在一次次展示课中，通过弘扬民族音乐、素材整理、唱家乡的歌、传承唱法唱腔的文化传承等，主要让我学到了小学民歌教学实践方法探究。其展示课中第一节让我印象最深刻的课是万里燕老师所展示的泸州民歌《一窝冬寒菜》，万老师整节课设计巧妙、内容丰富，从乐器的自主创编、情绪引导、模仿等游戏将课堂推入了高潮。万老师这节课让我明白上音乐课的结构特征非常重要，重难点与课息息相关，要体现出教学层次，形成自己的教学策略。第二节让我印象深刻的课是杜发言老师所展示的巴中民歌《打双麻窝子送红军》，杜老师通过让孩子们了解麻窝子的历史背景、通过游戏的方式了解川东民歌的音乐特点、通过唱（腔调、腔剧、腔体），让孩子们更加了解到民歌是生活场景式的表演学。当然还有很多很多优秀老师所展示的民歌课值得我深深地学习。我也知道每一次课的背后需要不停的打磨不停的反思才能有所收获。通过工作室的平台，我开阔了眼界、增长了知识，我会不断地提升自己，把自己的所学运用到自己的实际教学中，真正成为一名内心幸福的、孩子们喜欢的音乐老师！

感恩名师

在工作室中得到的不仅仅是寇老师的引领，更多的是很多老师的陪伴。看到每位老师的努力和进步，我从一次次磨课中看到工作室团队的老师们严格要求自己，大胆地实践与不断钻研的精神，也让我真正亲身感受到名师对我们每个学员潜移默化的影响。加入名师工作室的我是幸运的，得到大家无微不至的帮助是幸福的，享受到成功的喜悦是快乐的。

所以，我将更加严格要求自己、精进自己。扬帆起航，路就在前方！

最好的相遇

成都市泡桐树小学天府校区 余世凤

第一次见到寇忠泉老师是在 2011 年，当时我还没有来到高新区工作，是一次全市的音乐研讨活动，寇老师作为成都本地教育专家给大家讲座，立即就被寇老师深厚渊博的教育教学理论、丰富生动有趣的教学策略所折服，更被寇老师那对音乐教学的执着、全身心投入的工作热情所感动。

见到寇老师这种忘我投入的状态让我想起我的童年，随时随地都在唱歌，虽然没有玩具，没有漂亮衣服，没有外出旅行，没有见过外面的世界，但是有音乐相伴，每每回忆起来都感觉无比的幸福、温暖而富足。而现在当我作为一名音乐教师，看到身边部分孩子不再为吃穿、生存发愁，想要什么都能轻松获得，对照我们物质匮乏的童年，他们现在应该是幸福极了，却有部分孩子觉得生活没有意义，常常会闷闷不乐。所以我常常思考，作为一名音乐教师，怎样发挥我的才能，让孩子们能生活得简单、快乐、幸福呢？我想，让音乐成为孩子们童年乃至一生的精神食粮，让我们的音乐课成为每一个孩子享受音乐、艺术启蒙、艺术熏陶的主要渠道，因为人应该尽可能地在早期吸收好的艺术才能带来精神的健康。

为了能跟着寇老师学习，2013 年经努力考调，来到了高新区，正巧有幸遇上寇老师第二届名师工作室招募学员，我毫不犹豫地报名参加成了其中一员。进入工作室以后，寇老师带领工作室开展了丰富的教研活动，促进我们的成长、进步，比如，利用周末休息时间，有时组织大家研课、磨课，有时到寇老师办公室或家里读书、研讨，听寇老师的耐心指导。随着线上学习的普及，寇老师带领我们的学习也从线下搬到线上，经常在 QQ 群、微信群为我们分享他最新撰写的教学策略、教育论文，或者读书分享。寇老师倾尽所能为工作室的老师们的成长无私分享自己的思想和经验，还结交了一大批国内优秀的音乐教育专家和优秀一线教师，采用走出去、请进来相结合的方式，带领工作室的老师走出去展示、交流，请专家来指导，引领方向。有老师讲寇老师一天的时间应该用秒来计算，经常是忙得连轴转，但是尽管如此繁忙，当有老师磨课，寇老师却是投入专注地听课、记录、批注、修改，并将教师的教学行为提炼为可推广、传承的经验、策略，鼓励、激发一线老师也参与课题研究。寇老师的言传身教很好地诠释了"传道、授业、解惑"的师道精神。在寇老师的耳濡目染下，我的教学状态也由关注建立良好的师生关系到关注学生的学习状态，教学上有了质的飞跃。

本着对音乐教育教学的执着追求和上进的本能，非常幸运，2018 年又在名师工作室拜伍娜老师为师，分小组进行小范围更有针对性的学习。伍娜老师是全国有名的一线教学专家、区特级教师。不仅自己的课上得非常棒，而且非常善于指导学员，毫无保留地帮助学员。在小组研讨活动中，伍娜老师就民歌教学的原则、理念、备课框架，从源头上给我们指导，再就每个人选的课例，从教材分析，如何读懂、读透、读准教材，到如何查阅资料、如何分析作品特点，从抓住特点设计教学活动、确定教学目标、教学重难点，到如何与学生进行顺畅的交流，分析学生的认知规律，喜欢什么样的课堂，不喜欢怎样的理论介绍，以此筛选出适合、明晰、精简的教学活动等都做了全面细致的指导。

今年到伍娜老师学校请她指导我上《采花》一课时，正处于疫情复课期，学校的功能室都改为了文化课的教室，没有功能室，没有钢琴。伍娜老师非常体谅磨课老师，开车接送、帮忙搬电子琴、拿学具、积极协调进校等，为借班试讲楼上楼下来回跑，一会儿协调教室，一会儿沟通投影维修，一会儿协调班级调课，忙了整整两节课。终于进入听课指导阶段，一进课堂，伍娜老师那专注、严谨的状态就深深感染了在场的师生，她投入地听课、记录，当听到有环节交代不够清晰，马上叫停补充，这个环节需要多一个铺垫、多一个清唱交代体验，那个学生活动之前将要求交代清楚，等等。课后又继续指导，教师一定要清楚每一个环节设计的依据，还耐心地分享她的求学经历，拜见大师的过程，比如，教师上课的着装要求朴实大方，教态亲切投入，关注生成及时调整，她还谈到任何大师或各类层级的优秀老师呈现出来的每一堂漂亮、流畅的课背后都是踏实认真、反复演练的结果，从备作品到备学生，从对着镜子演练到对照录像、录音的反复推敲，这些都是她的经验之谈，也鼓励我在遇到困难时进行及时调整、寻找方法。

寇忠泉老师以其独具的人格魅力吸引了大批优秀的音乐教师在四川省小学音乐寇忠泉名师工作室相聚，非常感恩。在教师职业生涯最重要的阶段遇见了寇老师和伍老师，能拜寇老师、伍老师为师，是最美的相遇。他们仁爱宽容的教育内涵、精深高雅的专业素养、踏实严谨的教学作风、灵动趣活的教学策略，深刻影响着我的思想和行为。音乐真的美好，而音乐教师就是带领学生体验音乐、享受音乐、追求快乐、向往幸福的引路人。音乐教学就是一个师生共同享受、充实美好、尽情参与、快乐体验的美好过程。让我们继续出发！

小树一株 婷婷生长

西南财经大学附属小学 张文婷

"长大后我终于成了您。"

"青出于蓝而胜于蓝！"

"可我差您还远着呢！"

这是我工作两年后与我的小学音乐老师的对话，我很幸福、很庆幸，终于如愿成为一名音乐老师，四年时光虽离优秀二字还相差甚远，但我一定不会停下步伐，哪怕它慢了点、重了点。我依旧会记着我来时的方向，坚定地去到我心中的彼岸。

从小到大一切都在尽如人意的路上前行着。记得，儿时是我的音乐启蒙老师初次让我认识了音乐教师这份职业，她的那份认真与执着燃起了我一颗崇拜和尊重的心。从那时，自小便爱唱爱跳的我便默默许下了愿望的种子，希望有一天能像她那样，将美好的音乐传递给阳光般纯净的儿童。经过时间的洗礼，愿望的种子渐渐长大，有了稚嫩的根。我如愿考进了我理想的大学，在那里，我初次学习了如何做一名音乐老师，在那里，同学就是彼此的"学生"，我们生疏地尝试当起了"老师"。

时光太瘦，指缝太宽。随着时光的流逝，成长也只能如期而至。带着青涩的学生气我来到了三尺讲台，发现实践和知识竟是仿佛隔着一道桥的距离。学生的组织、课堂的把控、如何提高学生学习的积极性、如何设计一堂有效的有趣的课，我毫无缚鸡之力地走进了迷茫的洞穴，找不到出口。

我用莽莽撞撞、迷迷糊糊形容我初踏工作岗位的状态，就在这时老天也许眷顾虽不优秀却怀抱希望的人。在 2019 年，我收获了人生中难能可贵的幸运，加入了四川省小学音乐寇忠泉名师工作室，成为了伍娜老师的小徒弟，那时激动的心情直到现在记忆犹新。在这个优秀的大家庭里，很幸福，但也越发感觉到自己的渺小，仿佛刚探出头的树苗看见了参天大树，伍娜老师便是我们身边保护我们的那一棵。伍老师如此优秀却低调谦和，她潜心钻研有了今天的成就却毫无保留、细致入微地为我们指导。"树苗找到了生长的方向，洞穴照进了耀眼的光。"

我记得苏格拉底曾说过："幸运是机会的影子。"《喜鹊钻篱笆》就是我一次重要的成长机会。这个故事就是从西财附小——川大附小开始的。来到工作岗位四年，自省经验浅浅，见过的学生不多，赛课的经历更是微乎其微。还记得那是我第一次去给初次见面的学生上课，也许我徘徊的脚步和细微的表情透露出不少紧张，温暖的伍老师见了给予我鼓励的话语和微笑。心里很受鼓舞，带着这份温柔的力量我便开始了我的课堂。第一次给陌生小朋友上课难免生疏，不成熟的教学设计更是让我不知所措。那一次课堂很是不尽如人意，但课后伍老师的耐心指导让我重新振奋，心生希望。"树苗沐浴着浇灌，悄悄地在长大。"

"反思是阳光，是雨露，同样也灌溉着这棵树苗。"听了伍老师的建议我不断反思，重新修改教学设计，反反复复斟酌，再次进行磨课。让我印象深刻的是游戏活动环节，这一环节改了很多次，第一次游戏与音乐脱轨，效果可想而知。这也暴露了我设计活动的一个误区，一开始设计游戏活动时想得过于片面，执着于加入游戏活动更加丰富，却不深究其意义，是不正确的。伍老师建议我在游戏中加入了律动，律动结合了歌曲结构，以及密集乐句的节奏，还可以有情绪的改变。我明白了，游戏也好、律动也好都是服务于音乐的，是要赋予其意义的。这样学生才能真正感知音乐的美，体验音乐的情绪。是啊，课堂本该以学生为主体，在伍老师指导的过程中，我还学到了活动设计的小诀窍。一次磨课后修改律动动作时，伍老师引导我邀请了几个小朋友围成圈，我们一起不断地尝试不同的动作，从一个圈到三个圈，从前到后，从后到前。最后伍老师询问小朋友哪一个做起来更加顺畅舒服，可爱的孩子们也专心和我们一起研究起来，得到了有效的反馈。这次体验让我感觉又打开了一扇新世界的门，原来和磨课班级学生的沟通也是一种有效的途径。

在2019年12月的一天，《喜鹊钻篱笆》这堂课就要和名师工作室的前辈们和老师们见面了，我带着激动又忐忑的心情准备着。令我无比感动的是，每当感到困难和紧张的时刻，永远少不了伍老帅的鼓励，心中充满感激。令我无比欣喜的是，这一次给陌生的小朋友上课便没有了曾经那份紧张感，从孩子们的眼神中我能感受到他们和我一样，度过了快乐轻松的一节课。整堂课也在这快乐的氛围中圆满完成了，也为这段时光画上了美好的句号。我想，这些经历都将化作灌溉树苗的营养，不断地充盈着。

我很幸运能成为一名音乐老师，将美好的音乐传递；我很幸运遇见优秀的老师引领，让成长的路途更加有意义。我的不足还有很多很多，树苗长成大树的路还需很长很长。但有了阳光、有了雨露，相信树苗终有一天会长成我心中的希望。

我曾是一粒种子，我也始终相信，每一个孩子都是一粒种子。我愿意把自己的热情和爱化作一缕阳光，不断提高自己，丰盈自己生命的底色，也为孩子们的成长给予甘甜的雨露和肥沃的土壤，使每一粒种子都能充满勃勃的生机。

感悟前行，历练蜕变

四川省巴中市通江第二小学 郑 丽

因为懂得，所以珍惜！

2018年12月17日，这个日子我至今难以忘怀，那天我接到寇老师的亲自来电，真是又喜又惊！还有些小激动！寇老师问了我参加省工作室的意见，也讲了加入工作室的任务和责任！我小心地回应着，生怕失去这个机会，因为我明白不是每个人都像我一样幸运！我暗自憧憬着未来！现在的我终于如愿成为四川省小学音乐寇忠泉名师工作室的成员了，我非常珍惜这千载难逢的机遇，立志一定好好学习、努力进步！

2019年3月，我们一行三人开启了学习的第一程，怀着喜悦和激动的心情踏上提升自我的旅程！21日工作室启动仪式终于来了！同时还有市级课题"中小学民歌教学实践方法研究"开题报告会，22日的两堂研讨课例（唱歌课《草原就是我的家》、欣赏课《吉祥三宝》）和寇老师的专题讲座《中小学民歌教学六大策略》，满满的教学研讨活动安排，让我们大开眼界，我们像海绵一样努力地汲取其营养精华！启动仪式上的授牌让我深知作为工作室成员的责任与担当；现场观摩的两堂研讨课例展示使我无比兴奋，她们年轻有活力，教态自然大方，语言亲切温婉，孩子们和在场的老师们都被深深吸引其中。执教《草原就是我的家》的姚兰老师很智慧地利用自身舞蹈优势引入课题，用体态的"站"和"坐"解决八度问题，用音乐力度的强弱解决附点问题，这些都值得我们学习和思考！执教《吉祥三宝》的张雯老师用乐器来表现不同音色的角色形象，让我很受启发，为老师们具有独特见解的教学思路所折服！最后寇老师的讲话使我备受鼓舞，作为一名音乐教师要敢于创新、敢于发现、不断学习、不断完善、不断实践、不断反思记录。工作室的目标是：培养有学养的"三明"音乐教师——做"明白""明理""明朗"之师，这些金玉良言我已铭记于心。有了明确的学习目标，感觉浑身充满了力量，默念着一定把握每次学习机会。

工作室的每次课例展示是我观摩学习的绝好机会，所以我格外珍惜，也都非常认真地记录与反思。记得王翠老师展示的由土家族舞蹈改编的《摆起你的手来》，具有浓郁地方特色的四川土家族音乐深深打动着在场的每一个人，明快的节奏、清晰的鼓点、有趣的方言，让孩子们乐娱其中。还有孩子们自创的摆手舞融合在欢快的音乐和鼓声中，更是将欢乐气氛喧到了高潮。我不由得感慨民族音乐的魅力，更折服它的博大与多彩！王翠老师为了这堂课，背后所付出的辛劳与汗水也让我很敬佩，是我学习的榜样！还有王玲老师的《我是小音乐家》和陈栎老师的《我是草原小牧民》，两位老师激情澎湃的语言描绘将孩子们带到了美丽的音乐世界，精心的教学设计和娴熟的基本功迎来了一阵阵掌声。我很喜欢田艺帆老师的《进行曲》这堂课的设计，因为平时欣赏课研究得不多，感觉这堂课给了我示范，心里有了这类教学的基本轮廓，有了方向，不再迷茫。田老师精湛的笛子演奏也极其感染我，真的从心底里感谢展示的老师们，感谢这次学习的机会！

印象深刻的课例非常多，如张琪老师的四川民歌《放牛山歌》，课堂上引用了四川花棍，加上四川方言里的吆喝声，立马让课堂变成了欢庆的盛会。如此热闹的场面着实让人振奋，课堂上道具的合理选择和运用，再次给了我新的思考。何艾蔬老师的《上茶山歌》，用四川清音《布谷鸟儿咕咕叫》作为整堂课的导入，既新颖又独特。新歌教学中"哈哈腔"的点缀和补充，更让《上茶山歌》四川民歌的特色锦上添花。由孩子们扮演的"采茶姑娘"和"茶树"在歌曲表演环节中，玩得不亦乐乎！真正体会了"学中玩"的境界。万里燕老师《一窝冬寒菜》四川泸州民歌的展示，教学设计科学合理，情境设计有趣，特别用厨房用品做伴奏乐器的加入，让歌曲更加生动有趣，更加贴近生活；四川方言贯穿始终，让歌曲的地方特色展现得淋漓尽致。让学生和在场的老师们有了很强的代入感。万老师扎实的教学基本功和对课堂游刃有余的掌控力也凸显得非常出色。

当然还有很多优秀的课例展示，让我记忆犹新。这些优秀老师给我的民歌教学指明了方向，我尝试着将所学的教学手段和方法运用于教学中，效果甚好。在学习中实践、在实践中反思、在反思中总结，总结以后再实践。这是寇老师对我们的一贯要求，也是我加入工作室以来一直在做的事。最为可贵的是寇老师每次都亲临示范，如何将一个普通的提问变得生动有趣，如何让孩子们感受和体验真正的音乐之美，怎样用好课堂中的教具和"道具"等等。寇老师不光从语言、神情、动作惟妙惟肖地亲自示范，就每一个教学环节和教学方法都深刻地为我们剖析解读，让我们很感动！感动于寇老师的教育态度，感动于寇老师的教育情怀，感动于寇老师对教育的孜孜不倦。每每这时我不光感动，更体会到幸福！是的，作为寇老师学生的我们是幸运的，更是幸福的！另外工作室还有最大的福利，就是能读到寇老师独特的教育感悟与教育见解，以及寇老师分享的很多教育专家的专著，让我们能及时了解并领悟最新最近的教育动态，同时也补充了很多关于民歌教学的相关知识。疫情期间，寇老师还邀请了著名音乐教育专家为我们做线上专题讲座，满足了大家学习的欲望。谢谢寇老师的良苦用心！我们心存感激，也将受益终生！

中国民歌源远流长、博大精深。在教育的路上，寇老师是我的领路人，我将跟随寇老师的脚步，一直追寻中国民歌教学的方法与研究。秉承教育传承的责任，学习的路上我不会停止，每一次学习就是一次经历和升华，每一次学习就是一次积累和沉淀，并在积累和沉淀中历练成长。

在工作室这个温暖的大家庭里我收获了感动，感受了关怀！感恩寇老师的教导和引领，感恩工作室同人们的关爱！我将感恩化作动力，在感悟中不断前行，力争蜕变一个更好的自己！

送教藏区　度人度己

成都高新区西芯小学　冉　宏

一千公里舟车劳顿，只为那一句承诺，征服 4000 多米海拔，只为那一缕牵挂。2019 年 6 月，在工作室导师寇老师的安排下，我有幸代表工作室参加了一次援藏送教活动，送教到高新区的援藏对口帮扶县——甘孜州德格县。藏区、藏胞、藏文化很神秘，有这样一次近距离接触的机会，我第一个报了名，想要去了解神秘的藏区，更想把省城先进的教育理念带给藏区的孩子和老师们，但亲历这次活动，却是藏区的老师和孩子们让我的心灵受到了极大的震撼和洗礼，原以为是去度人，实则是度己。那些可爱的人，那些动人的事，感动着我，激励着我，对藏区师生由衷敬佩！对工作室培育做"三明"教师的理解更加深刻。

开拓进取的 80 后藏族校长

支教日期渐渐临近，在工作室导师寇忠泉老师的指导下，准备课例、准备课件、准备教具，一丝不苟；氧气瓶、高反药、防寒装备，一应俱全。出发！走出成都平原、跨过川藏第一桥，穿过二郎山隧道，翻过 4000 多米海拔的折多山，美丽的高原风光展现在眼前。莹莹蓝天，悠悠白云，美得让人心醉！但此时心开始慌、气开始喘，高原反应了，身体极度不适，无心欣赏高原美景，刚出发的兴奋也变成了一丝忧虑，担心身体拖了工作的后腿。但一想到必须完成援藏支教这项光荣艰巨的工作任务时，心里便多了一份坚持着的勇气。在离德格县年古乡中心校 200 公里的地方，我们遇到了前来迎接我们的德格县年古小学校长严玉龙——一位黝黑壮实的 80 后藏族小伙，沧桑的面庞显现出与同龄人不相符的沉稳大气。严校长对我们一路细心关照，热情又周到。年古小学终于到了，老师和孩子们穿着节日的盛装，载歌载舞欢迎我们的到来，校园整洁美丽，有着浓浓的藏族风情。学校里共有 300 多名孩子，17 位老师。老师们平均年龄 20 岁左右，清一色的娃娃老师，为带领这十几位像孩子一样的老师做好学校方方面面工作，确保学校正常运转，严校长付出了超常的努力和心血。孩子交给父母带，妻子也因工作原因分居两地，一两个月也难得去见上一面，把全部身心都投入年古小学的建设和教育教学管理中，带领着十几位老师既做学校的教育教学工作，还一起修教学楼、一起做校园文化、为孩子们做饭、陪伴留守孩子等，既上讲台、也上灶台……简直就是无所不能，简陋校舍在他们的建设下变得漂亮了，孩子们也在这十几位老师的精心呵护下茁壮成长着，在严校长的带领下，老师们用青春和热血、爱心和智慧为年古孩子铺就着美好的人生路。

特能吃苦的藏区孩子们

年古师生的校园生活从清晨的早读开始，早上 7 点多，孩子们陆续来到学校，好多孩子家住离学校五至十公里外的地方，每天需要步行三至四小时往返，为了求学，他们天天坚持，这对孩子们来说，是一件特别不容易的事情。因为老师少，孩子们都是集体站在操场早读的，阳光下，孩子们黝黑稚气的脸上搭配两朵高原红，一双忽闪明亮的大眼睛镶嵌在脸上甚是好看，就像高原上朵朵美丽的格桑花一样，是高原上最美丽的风景。孩子们读藏文、读数学、读语文，琅琅书声就像歌声一样动听。下课了，孩子们见到老师都会鞠躬行礼，特别有礼貌，课间操跳起欢乐的锅庄，热情又动感，感染着我们一同加入，乐观、积极、热情、开朗的精神状态，就像一缕缕和煦的阳光，感染、温暖着到访的每一个人。

扎根藏区的县城汉族女教师

上午第二节课，我的送教课《豆芽葱蒜叶》开启了。第一次给藏族孩子上课，很担心孩子们能否听懂汉语，能不能积极投入学习活动中，本节课能不能完成教学目标。在课堂上，在音乐游戏中，孩子们积极互动，听得特别专心，玩得特别开心，唱得也特别投入，我的担心是多余的，孩子们能用汉语和我正常交流，课堂质量一点没受影响，我们一起度过了一节美妙的音乐课。这得力于该班班主任，一位六年前从西昌城里来到年古中心校的汉族女老师、学校教导主任黄鹤。黄鹤老师从小在西昌城里长大，六年前她撇下丈夫和女儿，放弃城里优越的生活环境，扎根年古，担任本班语、数教学和学校教导处工作，用自己的知识和力量改变着年古孩子的命运。黄老师说，每次从城里回到年古，就会经历一次克服、适应高反的难受过程，最难熬的还是一个人在年古，对家人和孩子那种强烈的思念，但想到年古的孩子更需要自己，看着他们在自己的呵护下一天天进步，对自己当初的选择也无怨无悔。她说："我的梦想就是用知识帮助年古孩子插上神鹰的翅膀，飞出高原，飞向更加广阔的蓝天！"感动于黄老师舍小家顾大家的这份义举，感动于黄老师对教育事业这份真挚情怀。

感恩工作室　致敬年古人

感恩工作室给予此次难得的援藏年古行，年古师生让我明白教育不需要功利，教育更需要的是功德，教育就是一场行善的修行，我们要向这群至善至美的人儿致敬！

致敬年古的每一位教师。一个个令人深深感怀的身影，在恶劣的工作环境条件下默默耕耘，无怨无悔，与年古孩子执着相守，不离不弃，用爱心和智慧串起高原孩子五彩的梦想，用责任与担当撑起高原孩子美好的蓝天，他们的存在美丽了川西高原，温暖了整个世界。

致敬年古的每一个孩子。一张张黝黑纯真的脸庞，一双双纯净无瑕的眼睛，一朵朵靓丽可爱的高原红，一个个灵活矫健的小身板儿。深深鞠躬、真诚问好、琅琅书声、激情歌舞、灿烂笑容，是年古小学里最美的画面！积极乐观的生命状态感染、激励着到访的每一个人！

致敬年古的每一座雪山。挺拔的山峰、高寒的天气、稀薄的氧气，条件的严酷造就了年古人坚毅的个性。让年古人拥有了战胜困难的勇气！让坚强、坚持、坚毅成为了年古人最明显的性格符号！

送教藏区，度人度己，回归教育初心，坚守教育梦想，拒绝浮躁，安心静心，努力向工作室提出的"三明"教师目标迈进！

在名师工作室里成长

德阳市华山路学校 陈 栎

时光悄然而过，加入四川省小学音乐寇忠泉音乐名师工作室已经有两年多时间了。回忆起参加名师工作室学习工作的这段时间，我深切感受到名师工作室这个团队带给我的收获，使我在这个大家庭中逐渐成长。感受到了团队中的各位伙伴勤奋好学、乐于探究的精神，这给予了我上进的动力。这段时间我成长了很多，收获了更多。

作为一名一线老师，不应该局限在用读书和网络学习来提升自己，更需要得到专家的指点和引领。从名师身上我感受到了什么是"孜孜以求"。寇老师通过自身的经历告诉我们如何做人做事，我们受到了很大的鼓舞。他毫无保留地与工作室的成员、学员分享自己最科学、先进的教学理念。工作室的伙伴们虽然工作十分繁忙，但是大家都踊跃参与工作室的活动。工作室充满了互相团结友爱、积极上进的氛围，我从中体会到了学习的快乐。在工作室的活动中，我们通过互动交流和探讨，相互帮助，共同进步。

寇老师和蔼可亲，总是有多种多样的关于音乐课堂教学的策略方法。记得有一次的教学研讨活动中，我执教了一节《我是草原小牧民》的课，在随后的点评环节，寇老师迅速地做好了精美的PPT，并以高超的理论和实践水平，对我的课程做出了点评，并且提出了中肯的改进建议，让我的上课思路豁然开朗。在寇老师每一次的引导下我常常在反思自己的课堂是不是能做到愉快教学，是不是能做到激发学生的学习兴趣。我想，要善于通过创设情境让学生在轻松愉快的环境中学习。要根据学生的心理活动，尽可能地调动他们，使孩子们能积极主动地参与到音乐教学活动中，这样才能达到培养和发展孩子们对于音乐的表现力，并发自内心地从音乐中获得审美、愉悦的体验。例如在课堂中的律动教学时，我们总是用"教师教，学生学"这种单一的方式，极大地限制了孩子们的想象。慢慢地我也在课堂教学中试着改变教学方式，让孩子们自行聆听音乐，去感受、去理解、去想象，把聆听到的音乐用自己的动作去表现、去创作。现在我的课堂上，我常常鼓励孩子们通过自身对音乐的理解勇敢、自信地去表现，充分"感受音乐，体会美好"是音乐教学的中心点。

每一次工作室的教研活动，在寇老师的带领下大家亲切交流；记得寇老师谆谆告诫我们要做一个有爱心的老师，做一个敬业的老师。

在名师工作室中学员们不仅学到了与音乐教学相关的专业知识，更从名师身上看到了什么是人格魅力，什么是"毫无保留"。在学科上、在做人方面，寇老师从来不和我们说大道理，而是用自己的亲身经历启发引导我，让我逐渐明晰了要成为一名优秀教师应具备的各种涵养。他不厌其烦、耐心地指导我们，用实际行动教会我们"为人师者要有大爱，为人师者要志存高远，为人师者要从心做起"的道理。

在跟随工作室老师们学习的过程中，我常常感受到老师们对我专业成长的助力。在工作室的学习过程中，每每聆听到寇老师关于学科教学、关于做人做事各方面让人豁然开朗，我想要用心体会、努力学习工作室老师们敬业的精神。

我们的工作室是一个团结协作、乐于学习的团队。老师们虽然工作繁忙，但是工作室的活动大家都积极参加。在这样一个团队中常常能感受到积极的学习氛围，因为值得学习的榜样就在身边。工作室的每一次活动、每一次探讨，总能聆听到老师们的真知灼见。

每一次的聚会，都是我们相互学习的机会。在工作室里，我们经常谈到自己工作中遇到的问题，因为同小伙伴们一起讨论互相帮助，能够解决些许烦恼，得到支持和鼓舞；在这里，我们一起学习、一起探究，交流体会，共同进步。

寇老师经常提醒学员要多看书、多思考，要我们积累经验。通过大量阅读书籍，我对音乐教学有了更多的信心，感受到自身的理论知识也随着每一次的学习、每一次的思考在一点点提高，有时在教学中产生一些问题、困惑，也会想到去书中找一找有关的资料。

通过参加工作室的各种学习活动，我的教学水平也有了很大的提升。工作室的活动丰富多彩，有课堂教学展示活动、专项课题培训、专家网络授课等，每一次活动都为我的课堂注入了更多的活力，每一次活动都带给了我新的认识、新的体验。进入寇忠泉音乐名师工作室以来，虽然取得一些小小的进步，但是还存在很多不足，特别是在撰写文稿方面，离工作室的要求还有一定的距离。

总之，我将会在今后的工作中，继续发挥自己的长处，努力改正自己的不足，以更高的标准严格要求自己，争取让自己在教学、科研上，都取得更大的提升，成为名师工作室的一名优秀学员。

与名师同行 遇见更好的自己

四川省万源市太平镇小学 王 翠

有人说"当一棵无花果树，看着另一棵处处硕果累累的无花果树，自己也将变得硕果累累"。两年前我有幸能加入四川省小学音乐寇忠泉名师工作室，在这里每个老师都身怀绝技，帮助我成长，也让我遇见了一个更好的自己。

一、初识名师，砥砺前行

2019年4月，在电子科大实验中学附属小学举行的讲座，那是一次让我终身难忘的讲座。在讲座上，寇老师及全省的优秀老师为我们传授了如何上好一堂音乐课！一堂好的音乐课应该有哪些关键要素。通过深入浅出、抽丝剥茧，让我渐渐明白一堂好的音乐课应该是什么样子。在教学过程中我反复实践，不断尝试，慢慢总结出自己特有的教学风格，学生们也非常喜欢上我的音乐课。2019年5月，我执教的《摆起你的手来》音乐课，在胡庆华、杜发言以及达州片区其他几位老师的指导帮助下，课堂从一片混乱变得井然有序，从东拉西扯变得重点突出，从普普通通变得特色鲜明，最后获得了寇老师的好评，我知道寇老师的表扬是对我们这个团队的肯定和对我的鼓励，更是对以后工作提出了殷切的希望，在这样的集体里，只要努力，没有理由不进步。

二、深夜关怀，勇往直前

2019年10月的一个深夜，一阵急促的电话铃声响起，接过电话是远在成都的寇老师，在电话中指导我即将要展示的公开课。"你这堂课要呈现民歌教学的特色，要融入现代教学理念……"此时我深深感受到了老师在千里之外对学生的牵挂。皇天不负有心人，我执教的音乐课《摆起你的手来》得到了在场老师的一致好评。一块军功章有我的一半也有寇老师的一半，我深知我能快速成长是寇老师指引着我们民歌教学的方向。我也渐渐明白作为音乐教师，带给学生幸福快乐的课堂才是人生目标。回顾一年多的学习，让我感受到了名师的底蕴深厚、热心教学的魅力，感受到了工作室伙伴们勤于实践的精神，感受到了这个集体给我带来的快乐与收获。在这个集体里，只要坚持，没有理由不幸福。

三、疫情携手，乘风破浪

疫情期间，工作室的老师们并没有闲下来，大家都在寇老师的指导下编创各种教学方法，将这些网络课堂带到各个地方。其中我们工作组杜发言老师编创的键盘音乐游戏，我在网课时间传授给我的孩子们，宅家课堂有了生趣；我编创的纸杯舞全校的学生都很喜欢，老师和家长都跟着学习。看着大家开心的笑容，我觉得我的努力没有白费，这就是寇老师的精神所在，做有灵魂的音乐教师。上课不仅仅是授之以鱼，更多的是让学生参与其中，使学生感受到每堂课的乐趣。通过观摩其他优秀老师的课堂，例如《一窝冬寒菜》《放牛山歌》《我的家在日喀则》等，我学到了更多元化的教学思路与策略，寇老师还组织我们积极参加每一次工作室的活动与会议，最让人震撼的是参加"千人万课"活动，真正做到了拓宽自己的知识视野，增长了见识。加入工作室后，便不再一个人孤军奋战，当有了困惑、有了疑问，寇老师和工作室的伙伴们一起研究、一起解疑。以后我也会在平时的工作中，及时进行教学反思，撰写教育随笔，不断提高自己的教学水平。努力在提高课堂实效性上下功夫，使学生在每一堂课中都有更大的收获。在这个集体里，只要奋进，没有理由不成功。

名师工作室不仅为我们提供了提高自身素质的空间，也成为我们互相学习、互相促进的大家园。在这个大家庭里，我们找到了自己前进的方向，在这个大家庭里，我们体会到了互助共进的热情，在这个大家庭里，我们更领略了名师的风采。感谢名师工作室能给我提供与专家同行们面对面交流的机会；感谢寇老师为我们精心安排的学习、培训活动，引领着我们不断前进。在今后的教育教学工作中，我将更加严格要求自己，努力工作，开拓进取，成为一名合格的工作室学员，不负韶华，继续前行！

以梦为马，不负韶华

达州市达川区五四镇中心校 肖钰琳

2018年，四川省小学音乐寇忠泉名师工作室正式成立了，我有幸成为工作室的一名学员。今天静下心来回忆一下参加工作室的成长心路，我感触更多的却是短短近三年的成长经历。

与工作室结下不解之缘，这还要感谢高新区西芯小学的冉宏老师的举荐，以及片区组长胡庆华老师的认可，让我和这么多优秀的老师相识相知，并拥有专业的平台学习与成长，更多的是一种感激与感恩！

有这样的机遇，让我接触到高质量、高平台、专业性极强的名师工作室，看着每一位老师都那么刻苦地钻研，心生敬佩，尤其见识到上公开课的老师们，他们的一言一行以及上课时从容自信的状态、深厚的学科知识功底、亲切温和的言语，以及整个精气神，都让我向往！自己也想成为他们那样优秀的音乐老师！而让我感到苦恼的是：自己是一名农村小学音乐特岗教师，所处地理环境是离县城远的乡村学校，平台不高，甚至限制专业的发展。但是，幸运的是接触到了寇忠泉名师工作室，心中又点燃了希望，因为遇见了这么多的老师，这么多的小伙伴，是很幸福的，所以时常告诉自己不要气馁！

逐渐走入名师工作室的世界，很高大上，想想自己是一名参加工作不到两年的新教师，很多教学经验缺乏，不太自信，自己能成为一名"名师"和很多有经验的老师在一起共同学习，现在想想都觉得不可思议与激动呢！

刚开始对寇老师还不是很了解，只知道寇老师是四川省音乐特级教师、高新区名师工作室领衔人、成都市音乐学科带头人……当时了解到基础的信息后顿时心生敬佩。觉得他特别的优秀，是音乐圈子内的大咖！第一次见到寇老师，觉得他非常和蔼可亲、平易近人。他听每位老师的课都非常认真仔细，评课也是绘声绘色，手舞足蹈地比画着为我们讲解，生怕哪位老师做笔记耽误了，没有领会他的意思！每次遇到学习的机会，寇老师都会不断地汲取别人的先进理念、优秀方法、成功经验，并分享给我们。他炉火纯青的基本功、多年的经验以及对美育教育的执着，着实令我们这些后生敬佩！有这样一位老师引领我们不断前进，真的是人生最大的幸福！其实心灵的触动是我笨拙的语言所无法表达的！

　　从最开始片区组织的听课、磨课到现在工作室即将出版专业书籍。每一次活动我都有积极参与，且认真地做笔记，也将每次的听课笔记以及录制的听课视频拿出来揣摩，对后来自己上音乐课，有很大的帮助。

　　今年是特殊的一年，大家都说是多灾多难的一年，全球经济受影响，每个人的心里惶恐不安，但我看到的是名师工作室的专家老师们不怕困难、执着进取。今年6月底举行了四川省名师名校长工作室领衔人在线培训，为期三天，在线观看学习人数达到数千人。再比如7月中旬邀请到的中国教育学会音乐教育分会理事长吴斌教授给我们线上讲解了"民歌与民歌教学法"，听完之后受益匪浅，感触颇多。有了这样的平台，我们这些普通的一线教师才有机会接触到高雅的艺术培训，提升自己，不断进步。

　　我们跟随着寇老师，更多的是得到他精神的引领，他激励着我们年轻教师在专业发展的路途中越走越远、越走越扎实。而我，在这种被牵着、拽着往前奔跑的同时，也确实积累了很多。

　　希望自己在这个平台里学到更多的知识，快速成长，能够上一堂质量高的民歌公开课，让孩子们爱上唱民歌，传承民歌，为音乐教育事业奉献一份微薄的力量！

任重道远　不忘初心

德阳市东汽小学　宋婷婷

很幸运，能在而立之年进入四川省小学音乐寇忠泉名师工作室。寇忠泉名师工作室立足民歌教学，提升名师工作室教师研究民歌教学的能力，帮助教师寻找开展民歌教学的途径和方法。对我而言，在工作室一年多的学习为我的教学提供了方法，为我今后的发展提供了方向，让我成为越来越好的自己。

一、与名师对话、洗涤心灵

听说学校推荐我加入寇忠泉名师工作室之初，我怀着惶恐与激动的心情在德阳市教科院李新炽老师的带领下，与寇老师以及工作室成员、学员老师见面，在与各位老师的交谈中，我发现工作室的老师们都很亲切，关于音乐教学的真知灼见自然而然地流露出来，每每让我豁然开朗。

工作十来年了，在这些年里，我一直对工作充满热情，对教育教学充满责任心。然而近几年，我逐渐感觉我的音乐教学似乎进入瓶颈阶段，渐渐地，我不再有以前的那份热情，有时候工作也有些力不从心。然而，加入工作室后，在这里我被名师们的工作热情、积极上进的精神所激励。寇老师是特级教师，课堂上灵动智慧的教学策略、亲切民主的师生交流，以及独特的教学方法、教学见解使我深刻地认识到，我需要提升和改进的地方还非常多。在与工作室成员的教研课上，德阳片区老师反复为我磨课，让我用最佳的状态展示课例，工作室其他片区老师也为我提了许多中肯的意见，让我深刻地认识到了上一节好课多么不容易，需要不断去试讲、不断地思考，更让我感受到这是一个温暖、有爱的大集体。

二、与学员对话、听课中成长

我们的工作室是一个团结合作、乐于学习的团队。学员们虽然工作繁忙，但是工作室的活动大家都积极参加，我们喜欢像工作室这样团结、充满学术氛围的一个团队。工作室经常组织观摩、交流活动，来自各个片区的音乐老师带来精心准备的关于民歌教学的优秀课例，让我们大开眼界。课上认真听、记，课后分组讨论本课的优缺点，寇老师再做精彩的点评，在这里我不仅学习到如何听课、如何上课，更学习了如何去评价一节课。每一次的探讨，总能感受到老师及伙伴们闪耀智慧的思维火花，分享听完课后的心得让我视野开阔，思想升华，让我的人生有了更明确的更高的奋斗目标，我也懂得了如何去把自己有限的时间更高效地投入音乐教学与研究中去，争取做一名优秀的音乐教师。

三、与书本对话、充实自我

腹有诗书气自华，饱读诗书，散发出的气质自然不一样。寇老师经常提醒我们要多看书，对于青年教师除了要了解小学音乐课程标准、熟悉教材外，还应该学习教育教学知识，以及其他科学文化知识，无论是每次的交流学习，还是日常的教学中可以多写写随笔、反思，在提高自身素质的同时，还能记录成长心路历程。通过阅读，我对音乐教学有了更加清晰的认识，感觉自己的理论功底也随着一次次的学习、一次次的思想碰撞在逐步提高，有时对于教学中产生的一些想法、疑惑等，会去书中找一找相关解释，读书已经成了我的习惯，我相信这个习惯将会让我走得更高、更远。

回顾这半年来的工作，我知道离"名师"的要求和标准还有很大的差距，特别是在深入开展教学研究方面做得很不够，但相信，融入精英团队、拥有一颗平常心、做好一个课题、阅读一本好书、撰写一篇美文，假以时日，教学素养与能力定会与日俱增。既然，我有机会与名师同行，我愿追寻着名师的足迹，一如既往地在书山上攀登，不忘初心！

采得百花成蜜后　几多辛苦几多甜

成都龙泉驿区学员　李　琼

第一次听寇老师的讲座是在 2018 年 10 月，寇老师充满活力的讲座给我留下深刻的印象，我深深地被他身上那种对音乐教育教学的热情所震撼，后来有幸在我们区教研员王大东老师的带领下加入寇老师的工作室，怀着无比激动的心情开始学习。近两年的学习时光，我深深体会到"好学上进，乐于创新，勇于开拓"是作为青年音乐教师实现自己教师职业理想的力量与源泉。

一、快乐学习，开阔眼界

在工作室我不仅听到了来自各区县优秀教师的示范课，而且每节课寇老师都会请来专家老师剖析点评，并亲自点评，这样的听课评课对我们青年老师太有用了。还记得 2020 暑期线上培训，全国著名音乐教育专家吴斌老师为工作室全体老师带来"民歌与民歌教学"专题讲座，正是这次培训使我更加系统地认识了"民歌的特点与风格""在音乐教学中如何把握民歌的风格与韵味"，这对我未来更好地开展民歌教学很有指导性意义，同时让我再次感受到上好民歌教学是我们音乐老师的使命，这对传承中华民族优秀音乐传统文化价值深远。

二、课堂实践，突破自我

对于青年教师来说，上研究课虽然很痛苦，但是每一次"夹磨"就是成长加速度，特别感恩工作室给予我上研究课的平台。还记得那是 2019 年 4 月，我们龙泉教研员、寇忠泉名师工作室成员王大东老师点兵我和李东老师在龙泉、新都片区联合教研活动中上研究课，接到这个消息之初特别有压力，我一头雾水。一周的准备时间，我最终选择上四年级上册河北民歌改编的器乐欣赏《小放牛》。还记得第一次磨课，我连续备课到凌晨 3 点，但是课堂上学生根本无法按照我设计的流程上下去，王大东老师特别暖心地鼓励我、指导我，尽管已经过了吃午饭的时间，尽管没顾得上喝一口水。第二次磨课，我们区五位学员和王老师一起听课并再次指导，在大家的帮助和鼓励下这堂课终于成形。4 月 28 日，当我在龙泉、新都联合教研活动中上完《小放牛》，我感受到孩子们激动的心情，看到听课老师高度的认可，内心装满了幸福与感激。

三、课题研究，反思进步

曾经我认为站好课堂就是一名优秀的教师，但是在寇老师的引领下我的想法改变了。我永远记得寇老师在"中小学民歌教学策略"专题讲座中那段发自肺腑的话："把握每一次机会，只要认真了，就一定会有收获，老师不是教书匠，要有学术性思维，提升素养，要有教育研究能力，这样你才会比一般老师走得更远……"从此，成为研究型教师是我未来教师专业成长的目标。有想法就必须行动起来，于是我以成都市教育科研规划课题为契机，号召学校音乐组一起尝试做课题。我主动担任课题负责人，撰写了《小学音乐课堂教学中巧用图谱的研究》课题申请书，这是我第一次作为课题负责人申请课题，我希望可以带领音乐组的老师一起研究课堂，思考教学。遗憾的是全区名额有限，最终我们没能获得申报成都市课题的资格。感谢这次看似失败的经历，我会继续结合课堂实践和音乐组老师共同开展研究，下次区级课题我还会继续申请。

四、歌曲创作，勇于挑战

2020 年是特殊的一年，因为疫情学生居家学习，我们学校校长提出让音乐老师为抗疫创作歌曲的想法，老师们接到这个任务立刻炸开锅，因为这个任务似乎太难。我的创作自信源自每次去寇老师工作室培训时，都会看到他们学校的校歌是由寇老师亲自创作它，寇老师也不是专业作曲人，但他做到了。于是我抱着试试看的心态开始创作，没想到在半个月的煎熬后，成功完成了我人生中第一个原创音乐作品《期待》，并深受大家喜欢，最终作品在QQ 音乐、学习强国等各大平台火热播出。感谢我的坚持，敢于挑战使我超越自己。

与智者同行的日子，真的是不亦乐乎。在工作室总会有一种莫名的感动。成长也许会有辛苦，但经历了蜕变终将幸福。

化茧成蝶的彩虹路

成都龙泉驿区第五小学 张 雯

我叫张雯，2014年毕业于陕西师范大学。从踏出校门走上三尺讲台开始，我就明白我的教师梦想从此开始，虽然在家长、学生眼中我只是一名副科音乐教师，但我依然想用自己的所学来教授我所遇到的每一位学生。

从2014年至2019年，五年时间我从一个不会写教案、不懂得用小孩子的想法来构思教学的音乐小白教师，在学校领导和音乐组的各位前辈的帮助下，现在能站稳属于我的三尺讲台。

2019年9月在音乐教研员王大东老师的引领下，我进入由寇忠泉老师带领的四川省成都市名师工作室，成了工作室的一名学员。在这一年的学习里，我见到了来自四川省的很多位优秀音乐教师，每一次交流都有不同的教师带来精彩的民歌教学课堂。寇老师带领的工作室主要致力于民歌教学的研究，希望能通过这样的交流方式，让民歌教学在音乐教学中脱颖而出，正所谓民族的就是世界的。

去年进入工作室时我带来的展示课是《吉祥三宝》，这是一首蒙古族歌手为心爱的女儿所创作的歌。在备课试讲期间，王大东老师在工作之余抽空到我的单位听课评课，给了我很多中肯的意见和建议。通过多次修改教案和方案，最终在工作室成立的第一次展示课交流学习中呈现出来。由于展示课的地点在高新区，我对学生、教学环境、教学设备都不熟悉，龙泉驿区加入工作室的音乐教师虽然只有五位同事，但是那次展示课几位老师纷纷不辞辛苦帮我摆凳子、放道具、换服装、调试课件，等等。虽然都是琐碎的事情，但我自己也是应接不暇的。上完课寇老师和其他老师对课堂的评价，更是让我意识到备课不仅仅是通过各个环节让学生唱唱跳跳，简单地了解课堂中的乐理知识即可，而是不管这个音乐概念是不是呈现给学生，都需要教师自身了解并掌握，必须做到心中有数，不得马虎与含糊。这样准备出来的音乐课才是真正有营养的音乐课堂，这样的精益求精让我对上好一节音乐课有了新认识。

上面我提到过，在工作室的每一次交流中都会有教师所带来的民歌展示课，每一节都非常精彩并且都有值得学习之处。最让我印象深刻的是何老师的《上茶山歌》，本节课何老师从清音演唱引入，让学生通过观察和聆听来发现本节课的重点"哈哈腔"。何老师非常细致地考虑到学生们都生活在城市中没有接触过田园生活，因此采用创设生活情境带入各个环节中。这节课的角色扮演环节让我觉得眼前一亮的是何老师让学生不仅仅扮演了采茶人，还扮演了茶树，让学生置身于田园生活中，跟着音乐旋律、节奏、歌词让学生真正从树枝上把茶叶摘下来，切身感受采茶人的心情，从而引导学生明白民歌的由来与淳朴。

虽然受到疫情的影响，寇老师为了能让工作室的老师们提升民歌教学的能力，帮助老师们找到民歌教学的更有效的途径和方法，寇老师为我们请到了中国教育学会音乐教育分会理事吴斌老师，举行了一场线上共话民歌教学。本次会议，吴老师从"为什么要学习民歌""民歌的特点和风格""中小学民歌教学案例分析""教师如何去区分地域风格""如何给孩子创设民歌音乐环境""中西方民族音乐文化的不同"等方面进行了讲解。最让我难忘的是吴老师分享了对不同地域民歌的体会，这就一下能唤醒大家的情感体验，并且更加明白音乐文化对于世界精神价值的重要性，讲到此处时激起了在线聆听和学习的老师对于民族音乐文化的认同感，更是引起了老师们的共鸣。

这两年在寇老师带领的工作室中不断地学习，不仅收获了很多的知识，也提升了教师教学的思想高度，同时也认识到了很多优秀的音乐老师。在这一年的学习中，寇老师竭尽全力地为老师们提供和创造更多的学习机会，他希望我们打开已有的固定思维，跳出自身思维的舒适圈，提高对民族音乐的认识度，希望通过我们每一位老师的不懈努力，让学生喜爱民歌并能为之传承下去并发扬光大。在教师教学的这条化茧成蝶的道路上，希望我能永远保持初心，一直走在这条彩虹之路上。

我的成长心路

成都龙泉驿区第五小学　田艺帆

我叫田艺帆，毕业于四川音乐学院，现在在龙泉驿区第五小学校担任音乐教师一职。

入职六年，我从教学小白到站稳讲台再到如今取得的每一份荣誉和成绩，我的每一次成长，除了自己的努力，更重要的是背后强大的团队在支持着。接下来我通过几个关键词——短板补齐、长板做强、做卓越教师——来分享我的成长教学经历和自己总结的一些看法。

一、短板补齐

金无足赤，人无完人。每个人都有自己的短板，它既是限制你发展的阻碍，也是你成长的契机。

我本科学的是音乐表演，竹笛专业，对于音乐教育行业一窍不通，我永远忘不了开学第一天第一次站在讲台面对学生时的状态，语无伦次，特别紧张，在当今网络信息化时代下，现在的学生见识甚广，思想成熟，好奇心、求知欲更强，更张扬更有个性，如果教师没有点教学方法和人格魅力，是完全 hold 不住他们的，所以，开学第一课，是他们给我上了深刻的一课。好在我们学校给我们每位新教师都安排了一位教学经验丰富的优秀教师作为师傅带领，在拜师学艺的过程中坚持每天听课，汲取前辈教师好的方法，学习他们的优点；还有每个月专门针对新教师的各种行之有效的培训，给了我们很多展示自己的平台和机会，目的都是加强个人教学技能，更快速地成长。我也在集中培训中找到自己的短板不断加强，逐步提升。那么软件设施已配齐了，自己得把硬件完善好，把短板补齐的最好方式就是多听多看，多模仿教学，磨课和反思就是最快速的成长方式了。2018 年 3 月我参加了龙泉驿区第十四届教师技能大赛，那一个月是我的魔鬼月，因为是现场抽课题，我为了做足准备，一个月的时间我准备了 60 多节课的教案，在团队教师的听课反馈下不断反思总结，最终努力没有白费，取得了一等奖的好成绩。所以，通过赛课，我收获满满：

1. 三人行，必有我师。每个人都有自己的长处优点，多听优秀老师的课，谦虚求教，多听取采纳别人的建议。

2. 个人的成长离不开团队的帮助。一个人的力量是远远不够的，通过赛课我也深有体会，要不是音乐组的老师分工帮我收集资料，帮我整理教案思路，我也不可能顺利完成那次赛课，所以我的成长和收获离不开他们，我很感激他们。

3. 善于反思。磨课反思的过程就是你走向进步的过程。

二、长板做强

每一个人最大的动力和成就来自他自己对擅长的工作的专注和投入。我自幼开始学习竹笛，大学毕业时也成功举办过个人竹笛音乐会，所以竹笛也是我自豪的特长。入职两年后，凭借着自己的优势组建了全区第一支小学民乐团，训练不到一年的时间就可以演奏《喜洋洋》《花好月圆》等专业曲目，参加了各级各类比赛及演出活动，也在区第十四届中小学器乐大赛中获得了一等奖；今年元旦参加了四川省少儿春晚活动，又获得了"网络人气"三等奖。我觉得最荣耀最幸福的时刻不是自己得到荣誉奖状的时候，而是看到自己培养的学生在舞台上用心演奏的时候，那才是我最值得骄傲的高光时刻。所以我觉得，在职场中，最缺的不是认真努力的人，而是不可替代之人。虽然努力是成功的代名词，但是我觉得最重要的还是找准自己的发展方向，找到自己的生长点，把自己的优势、擅长的事做到极致，认真做好自己的每一份工作，做一个有价值的人、有用的人、值得信赖的人，这样你才不会被取代。

三、做卓越教师

我相信每一个有教育理想的人都想成为一名卓越教师，每一次努力过后得到的每一份荣誉证书，都是向卓越迈进的一小步。六年来，我不断寻找自己的生长点，无论是积极参加每一项活动，训练民乐队、管乐队学生参加比赛，或与龙泉驿区教科院音乐教研员王大东老师结为师徒，还是加入四川省寇忠泉名师工作室，都是在不断强化自己的专业水平，积累丰富的经验。人从出生起就在不断的为了一个个证书努力奋斗着，出生证、学生证、学位证、房产证、行驶证、工作证等，每一个沉甸甸的证书背后都是你努力的成果。进入职场了，证书的加持会让你走得更高更远更优秀，如今我也只是取得了区骨干教师和区教坛新秀、区优秀指导教师的荣誉称号，离卓越教师还相差甚远，但我会一直努力，朝着卓越教师的方向发展，用心成就最美的自我！

风雨过后是彩虹

绵阳市成绵路小学　王　城

如果我不是真切地看到身边的人这么努力和拼搏，很难想象站在讲台之上绽放五彩光芒的音乐老师们背后付出了多少汗水与泪水。

——题记

故事发生在一年前，某一天午后偶然接到欧冬梅老师打来的电话，告诉我眼下有一个能快速促进自己专业成长的名额要不要争取一下，我一听居然是寇忠泉老师的名师工作室要在全省范围内吸纳优秀的音乐骨干教师为成员，内心难掩激动，这可是多少一线音乐教师梦想获得的机会。可是细想，我心里打起鼓来，"优秀"二字离我实在是有点遥远，忐忑地告诉了欧老师我的顾虑后，她鼓励我，年轻人只要肯努力上进，再加上工作室里的名师引领，团队合作，依托这个资源互助的平台，我一定能有所进步。听到这样的话语，内心有了一丝坚定，果断地提交了自己成为学员的申请，接下来就是等待通知的煎熬。后来收到欧老师转发的名师工作室的文件，看到了自己的名字，正式成为了寇忠泉名师工作室的学员，喜不自胜。与我一同加入的，还有我们涪城另外一位音乐老师鲁庆，我要讲的故事就是从她这里开始的，在随后的工作室活动中从鲁庆老师的身上看到了闪着努力的耀眼光芒。

很快，迎来了名师工作室第一次大型的关于"小学民歌教学方法"的活动，我和鲁庆老师都要完成一节民歌教学的设计，并通过不断的上课磨课，来提升自身的专业能力。从选题开始，鲁庆老师就下了狠功夫，她参考了不同版本的音乐教材，从教材设计中理解民歌教学在小学课堂中的意义，她还上网查阅各种资料，搜寻着有我们四川特色的民歌素材，最终她把目光锁定在了这首生动诙谐的《螃蟹歌》上。德国的第斯多德说，教学的艺术不在于传授本领，而在于激励、唤醒和鼓舞。我猜想鲁庆老师选择这样一首四川童谣，有一个目的是激发孩子们的民族文化自信和地方文化自信，通过演唱四川方言的童谣，感受咱们川人的智慧与幽默，方能更热爱我们脚下的这片土地，我想这也是为什么工作室着眼于民歌教学能力提升的一个重要的目的。确定了教学内容，总算迈出了最重要的一步，但随后更为复杂和耗时的准备工作，才让我真正发自内心地敬佩这位老师。编写教学设计，准备课件和教具，很快鲁庆老师有了第一次试教，从这儿开始我才看到了"磨"这个字是如何书写的，一次次试讲，一次次反思，参与听课评课的老师们激烈地讨论，热心的同人们毫不避讳地指出"毛病"，分析原因，找出对策，再一次次推倒重演。我和鲁庆老师本不在同一所小学任教，可那段时间我总能在我们的校园里见到风尘仆仆的鲁庆老师，后来才得知她本校的班级都被她教了个遍，只好到我们这里借班上课。说鲁老师风尘仆仆一点也不为过，她做事果断利落，大大咧咧，还发现几乎每次见到她都是素颜，脸上写满疲倦，可眼神总是放着光，笑着和我们打了招呼，就急匆匆地赶到教室。后来，调侃式地问她为何没有以前精致了，她大方地回应，早晨要早起送儿子上学，再到单位，因为不顺路，中间要耽搁大概四十分钟，所以把化妆的时间节省下来可以多休息一会儿，大家心疼地看着她，她却摆摆手笑着道，上课是自己最开心的事，不累。看着她匆匆远去的清瘦的背影，觉得她格外的有力量，我们都相信，她的课最终一定会呈现得很美、很棒。可就是这样一个骨子里透着韧劲的大喇喇的姑娘，却在一次磨课活动后哭了出来。那天下午，鲁老师按时到了我们学校借班上课，课堂上她一扫疲惫的状态，神采奕奕声情并茂地上着课，课后老师们还如往常一样直言课堂环节当中的错漏，也许是连日积累的疲惫，也许是头顶的压力让她喘不过气，在听完所有老师的意见后，鲁庆老师掩面失声哭了出来，大家连忙安慰，她一边抽泣着，一边说，她哭是因为怪自己太没用，同一件事情做了几遍还是出错，眼泪就这么不争气地流了下来。在一旁看着的同事们，也忍不住心酸感叹，成年人的世界哪有容易二字，我们每个人都在凭借着自身的努力，背负着压力，为了让生活变得更好。而我们作为教师因为职业的特殊性，对自己有着更高的职业道德要求，我们热爱教育事业，热爱讲台，热爱孩子们天真的笑脸，我想这才是我们一遍遍重复着、阵痛着去经历"磨"的原因。看到鲁庆老师如此，在我内心激荡起涟漪，我也静下心来思考自己的教学、自己的课，参考老师们给予我的意见，结合我自身的优势，我重新设计了教案，在大框架不变的情况下，加入了更多的细节，比如，通过拍打节奏解决切分音的问题，关注唱歌教学中学生唱的问题，等等。我也开始在老师们的帮助下一遍遍地磨课，在这个过程中，我更加理解教材，重新审视以往的教案，从中删改了很多无用或者低效的环节，我渐渐地尝试用更精准的语言去设问和表达，尝试用更符合学生身心特点的方式去教学。在这漫长的一两个月里，我发现了自己的变化，磨课中生成的经验也可以迁移到日常教学中，自己会有意识地思考教案的合理性，课后更快地进行反思，体会到了"研"与"教"相辅相成、互相助益的关系。

　　风雨过后又见彩虹，那一抹绚丽的色彩，格外的美，美得沁人心脾，让人觉得呼吸都变甜了。鲁庆老师的课获得成功是必然的，因为那是她用汗水和泪水浇注的土壤开出的花，她的故事还在书写，而我也在这个过程中学会了成长，从身边人那里学得了低头努力，那些我们吃过的苦、忍住的伤，最终都会变成光，照亮我们前去的路。

最美的时光在路上

绵阳市成绵路小学　欧冬梅

不经意间，18 年的教学时光悄然而逝，此刻，蓦然回首，那么多难忘的瞬间在时光长河中浮泛而起，从刚刚踏上三尺讲台的青涩到教学技艺的逐渐娴熟；从遇到困难时的无措到全国赛课时的自信；从想要把工作完成好，到想要把课程讲出色……在那些时光叠影里，我不断努力解决外在的困难、克服内心的情绪，从而让自己在音乐教学这条路上，走得越来越稳，也走得越来越好。

迎接挑战

18 年的不懈努力，换来了全国中小学音乐优质课比赛一等奖、西南地区首届歌唱教学比赛一等奖、四川省中小学音乐教师基本功比赛一等奖，以及一批又一批学生的喜爱和认可。在音乐教学中，我逐步形成了自己的教学风格，找到了最适宜的工作方式。

一切，好像都已圆满。但我自己却知道，这只是到达了我进步的瓶颈期，我渴望突破，我渴望成长。

所以，当知道自己得到推荐，能够有幸加入寇忠泉名师工作室，我明白这是一种荣誉，但同时，我更知道这是一次挑战，一次能够让我突破自己、更上层楼的挑战。

成绩已经属于过去，我决定借助加入名师工作室的契机，让自己走出专业发展的瓶颈期。所以，即使成都、绵阳相隔百公里，我还是积极克服各种困难，全身心投入工作室的各项研修活动中。

积极融入

记得工作室组织第一次研修活动，我便因为要主持区里的演出不得不请假，缺席了与大家第一次碰面，一起畅所欲言、一起潜心研修的机会。那时我好担心工作室的老师们会对我形成偏见，但后来的一次次活动，让我感受到这是一个特别温暖又特别热爱教育的团队，能跻身这样一个优秀者甚众的团队，我是多么的幸运，我将永远深味这难得的精神成长和友情享受。

这是我开始转变的起点, 更是我不断挑战自己, 并在舒适区寻求成长的开始。那一次, 工作室组织研修活动, 要求大家带着各自的学员, 为大家做一次现场研讨课。我认真准备着一切, 为自己的学员选定适合她的课题, 然后一点一点用心指导, 我希望她能为大家展示一堂精彩的课程设计。这对执教的学员老师来说很重要, 对于在幕后的我来说也很重要, 因为我过去取得的那些成绩只是我个人教学能力的证明, 但我能否给自己的学员也带去帮助, 将自己在工作室中的收获传递给更多的人, 则是自己当下课程研究水平的体现。

后来, 我们精心准备的课程得到了工作室老师们的极高赞誉, 那一刻, 我的内心是欣喜的, 欣喜的不仅仅是因为课程展示的成功, 更是因为自己在工作室中得到了磨炼和成长。

提升理念

一次次的研修活动, 一次次与寇老师和工作室的老师们的深入交流, 我曾经懵懂的步伐有了方向, 曾经迷茫的心有了归属。我知道我应该更加努力, 坚持, 一直, 向上, 用汗水和行动证明自己, 发展自己。

给我留下最为深刻的印象, 也让我收获最多的研修, 是那一次工作室选派我去杭州参加"千课万人"活动。我们工作室的主要研究方向是民歌教学, 而"千课万人"活动也是以民歌教学为主题, 我必须做很多准备才能更好地完成这项工作, 我觉得压力很大。

记得那天我带着自己的课例到成都试讲, 请工作室的老师们给予我指导与帮助。试讲结束, 我还必须掐着时间赶动车回绵阳参加全区的一次活动彩排, 万万没想到当时突发地震, 导致所有的动车都临时取消了。为了不影响彩排活动, 我不得不选择了高价出租回绵, 到达彩排现场后顾不上吃饭, 赶紧完成彩排, 又赶紧将上午试讲后大家给予我的那些指导一点一点地进行消化, 然后重新修正我的设计。这一趟折腾, 虽然很辛苦, 但我却有很多的收获。

在后来又一次次的试讲中, 在民歌教学方面有着丰富经验的工作室领衔人——寇老师, 无私地给了我很多意见和建议, 其他老师们尽其所能地给予我很多帮助, 我不断适应、不断改变、不断调整、不断完善, 努力做到精益求精。通过这一次活动, 我对民歌教学又有了更深的认识和了解, 所以虽然辛苦着, 但我更是幸福着、甜蜜着。

感恩相遇

随着加入工作室的时日递增, 我对工作室领衔人——寇老师, 以及工作室的所有老师有了更多的了解、更多的信任、更多的感激。如果说过去 18 年的工作经验，是一堂一堂课的积累。那么在工作室的收获，就是一点一点融合碰撞的结果。这段经历也让我认识到，只要我们一天没有离开讲台，就需要时刻直面各种挑战。也只有不断应对困难、不断走出舒适区，也才能够让自己的教学生涯有更多闪光时刻。

有人说：因为耐不住寂寞，所以许多种子注定发不了芽；因为经不住挫折，所以许多芽儿注定开不了花；因为舍不得奉献，所以许多花儿注定结不了果。虽然，作为一名草根教师，我不知道自己能不能拥有烂漫的花季；但是，"开花"和"结果"的梦想，却始终是我渴望飞翔的翅膀。因此，回望走过的路，我对在寇忠泉名师工作室的幸福时光充满感激，对这在时光中相遇的人和事充满感激。

我们有梦想，所以聚集在一起；我们有激情，所以行走在一起。从相遇的那一刻开始，我们将不断出发，向着无尽岁月，向着我们的专业成长之路，不断进取。

只因为，最美的时光在路上。

实现学生美育之梦 绽放生命教育之彩

成都市新都区西街小学校 郝太豪

"你是郝老师吗？恭喜你成为省级音乐名师工作室成员，随后省教育厅要出相关文件。"回想起与四川省首届音乐名师工作室领衔人寇老师的首次电话交谈，那是 2018 年年底的一天，时光如梭，虽已过去快接近两年了，现在都还历历在目，激动不已！随后寇老师又问了我关于工作及教学方面的情况，并鼓励我要继续努力好好干。时间回到 2018 年 8 月 30 日，我在短短几天时间内决定携妻一同到由外地引进到成都市新都区的西街小学工作，这是我参加教育工作近 30 年首次到陌生之地工作。在当年教师节前夕，我接到了区教育局和学校关于省级名师工作室成员申报通知，然后就选择了寇老师领衔的音乐名师工作室并填了表。到年底了，还纳闷省工作室成员申报怎么还没结果呢？就接到了寇老师的电话通知。

其实认识寇老师已是十多年前了，那是一次省级音乐名师、骨干教师在成都的教学研讨会上，当时经原工作地的市教研员引荐，说是老乡并留了电话，可因恐冒昧打扰寇老师一直未联系。随后又在 2017 年，寇老师带领他的区级名师工作室团队来到我以前工作的学校，开展全市的音乐教学培训及讲座。当时我在原学校除音乐教学外还做着艺体管理工作。对于寇老师的音乐教学及理论研究在省内外有很大名气，我早已耳闻，因此，在那两天的培训活动中，我早早就来到学术中心并坐到第一排，认真学习听记，讲座和教学场景到现在都还记忆犹新。寇老师在现场互动抽答问题，我积极参与，还得到了寇老师的现场赠书《情趣交响》（当时现场互动只有几位老师得到赠书，因书需求量大寇老师答应后面再寄给老师们），到现在此书都一直放在办公桌上随时阅读学习。

加入省级音乐名师工作室后就正式走近寇老师。寇老师已头顶很多光环：省音乐特级教师、省音乐教学研究专家、高校硕导、多部专著出版及论文发表……寇老师作为校长，学校管理工作是那么繁忙，但他还是一往情深地爱着音乐教学及研究。他多年带着名师工作室，一直关心着音乐教师们的成长。进入省名师工作室，我也谨记寇老师对成员、学员的要求，忘记自己已得的荣誉，脚踏实地搞好课堂教学，研究音乐教学。我也告诫自己，成绩属于过去，一切迈步从头越。在工作室和十多位成员五十多位学员共学习共成长共提高，我庆幸在这里遇到了很多优秀的音乐教师及教研员，还有省内外知名的音乐教育专家，他们都有我值得学习的地方。同时，我还带着新都区五位优秀的青年音乐教师，开展活动并辐射新都音乐教育。在工作室，所有成员、学员就是这个大家庭的一员，大家互帮互助其乐融融，幸福地学习幸福地工作幸福地生活，为实现学生美育之梦而努力提高自己。

回顾近两年来在四川省寇忠泉小学音乐名师工作室学习培训的情景，一次次一场场都是那么难忘。几乎每个月都有一次集中到电子科大实验附小教研及培训的机会，每次都是早早地开车希冀而往，然后满载而归，收获满满。现场教学有20多节，来自各个地方富有特色的民歌教学（同时也是工作室课题研究内容），有绵阳、德阳、达州、凉山等地的特色民歌，有蒙古族、藏族、土家族、彝族、羌族等民族文化及民歌教学。执教老师倾情演绎课堂教学，带领孩子们快乐地学习并领略丰富的民歌文化，参培老师们也快乐地参与并积极地思考。在评课环节，老师们各抒己见，精彩纷呈，对课堂呈现都提出了自己的见解。记得有次寇老师评到动情处，就号召老师们到舞台席地而坐，亲自做起了示范，让我们醍醐灌顶，一下子就明白了寇老师的设计之意。除积极参加工作室的集中学习培训外，我们龙泉新都片的成员、学员还一起开展了多次分组教学研讨，大家真切地感受到教学研究的收获和对民歌教学的感悟。特别是今年6月我的区级名师工作室启动暨"川腔蜀韵 民歌教学"研讨，学员宋钰一、黄瑜庭分别上了《羌寨童谣》《放牛山歌》两堂民歌教学研讨课，省音乐教研员徐伟老师、新都和龙泉教研员徐涛、王大东老师亲临现场做了精彩点评，徐伟老师还亲自与老师们互动；寇老师也亲临现场指导并针对两节课做了民歌教学讲座及示范片段。参会老师们受益匪浅，对民歌教学理念及方法有了更深的认识，并将有效地运用到今后的教学实践中。

按照工作室年度计划和三年规划要求严格要求自己，从参加工作室开始，按时完成各项工作指标及要求。除了教学研讨及培训活动外，我还大量阅读音乐教育教学著作及教学教研书籍，写有多本读书笔记，对教学研讨课做了几大本记录及教学反思，对课题研究也做了大量工作及研究记录。两年来，我在区级及以上研讨会上做了五次专题讲座，上了四次公开课堂示范课。参加省市区级课题研究，有四篇教学研究文章获市区级一、二等奖，有三篇论文获《音乐教育与创作》等杂志公开发表。被评为新都区郝太豪音乐名师工作室领衔人，四川省专家评议委员会成员，学校优秀教师。指导青年教师宋钰一、姚兰、蒋雅馨、张梨莉、王彦娜等老师获区级教学及才艺大赛奖；指导宋钰一、姚兰等老师荣获"区教坛新秀"称号，指导黄瑜庭老师荣获"区优秀青年教师"称号。

把生命注入事业，活着便有意义；成就学生理想，也就成就了自己。做有学术素养的"三明"（明白、明理、明朗）音乐教师，做有生命情怀的音乐教师，坚持"以美育人 以文化人"，促进学生核心素养和音乐审美能力发展。作为寇老师工作室成员，愿永远以寇老师为师，仰望星空，脚踏实地，让生命绽放教育的精彩。

温暖的家

成都市新都区天元小学　蒋雅馨

荣幸、收获、缘分、感恩、求真，是我加入四川省寇忠泉小学音乐名师工作室以来最大的几点感受。在省音乐特级教师、省工作室成员郝太豪老师的推荐下，我与区内另外四名优秀的音乐老师共同来到四川省寇忠泉小学音乐名师工作室这个大家庭，从此我就知道"方向比努力更重要！"

还记得第一次为期两天的培训，我被我们的大家长寇老师的个人魅力所折服。你很难将一个外表普通的中年男子和略带神经质的音乐教师联想到一起，但恰巧他就是这样的人。刚加入工作室的我们都为有这样难得的学习机会而感到紧张，看到那些教育界的大咖，更是像小学生一样谦卑和不知所措。但寇老师出场，幽默风趣的语言不一会儿就拉近了我们之间的距离，渐渐让团队有了向心力。

让我印象最深的就是在观摩展示时，我刚好坐在寇老师后面，能看到当老师在上课时，他非常认真仔细地听完了整堂课，整个过程还在电脑上敲着备注，帮助老师修改教学设计，寇老师放下身段尊重每一位老师的态度让我肃然起敬。更有趣的是评课时，他说着说着就演了起来，将自己化成小学阶段的孩子，让我明白"童心"应该是上好一堂课最棒的工具。

大家都知道准备一堂课有多么的不容易，面对满座的同行及前辈是多么的紧张，又想得到指导又怕听到批评的心情是多么的忐忑。但这时有位前辈站出来说："评课不要说大话，给人家指出不足就要帮他想出解决方法，这样才能切实帮助到他。"寇老师的尊重和爱，让我为上展示课的老师感到幸福，也为即将站上献课讲台的自己打消了顾虑，充满了勇气。

我们的音乐工作室除了有寇老师这样一位大家长，还有一位管好我们衣食住行、鞭策我们快速成长的"抚养人"，他就是我们可爱的片区领衔人郝老师。将郝老师比喻成我们的抚养人一点也不为过，他真的为我们各方面操心。什么时候要教研了，他会细致地通知到我们每个人；教研时我们如何出行，协调用车，都会帮我们协调；有次活动晚上听完音乐会出来天已经很黑了，郝老师将我们一一送到家附近，并让我们到家之后报平安。这样细致耐心还不止在生活方面。工作上每当有关乎个人成长的机会他都毫不吝啬分享给我们，鼓励我们要去努力争取，鞭策我们学习更多技能、勇敢承担展示课。自参加四川省寇忠泉小学音乐名师工作室以来，我撰写活动简报还承担了一节片区教研课，大胆迈出了自己的步伐。

温暖的家里还有太多温暖的故事，我们几个小伙伴和睦相处，每次教研活动后我们都毫无保留地交换意见、分享感悟，各自承担在工作室的角色，尽心尽力打理好我们的家，期待大家共同成长！

小小石头成长录

新都区泰兴镇中心小学　宋钰一

记忆还在 2016 年的夏天，通过层层考试，站到讲台上成了向往的角色。对于教学我像极了一个蹒跚学步的孩子，摇摇摆摆，跟跟跄跄，似乎总不能稳稳当当地坚定前行。这种感觉让我觉得如此的焦虑和恐惧，没有一件属于自己的东西，总是让人不踏实，有时候连对错、好坏都难以评价，我想这就是经验的缺失，见识的太少。

我被分配到了一所农村小学，这里远远比不上我想象中的学校，甚至连一间音乐教室都没有，我的"音乐教室"在有钢琴的会议室里，有时候也在搭建的平台上，在空旷的操场上……有过迷惘，有过失望，有过得过且过的念头，但是偶然间的一句话给了我前行的动力，"在这个世界上，个人其实非常的渺小，但即使渺小到被忽略不计，也是有作用的。"我愿做那微不足道的小石头，我也有权利去追逐阳光，在这条路上去探索去发现，为看到路上更好的风景。我觉得追逐阳光的人总会遇到惊喜，总有一天我会遇到惊喜。是的，我这一颗小石头遇到了，通过积极参与赛课、技能比赛、论文比赛等，不管名次的好与坏我都积极参与，接触到聆听到来自落实于我自身的所需要完善的东西，因为众人的眼睛会看到我所看不见的问题，记录并反复地琢磨这些问题会使我进步得更快，让我与阳光的距离更加近一点。后来我加入到了郝太豪老师的名师工作室，并且成为了四川省小学音乐寇忠泉名师工作室的学员，郝老师给我们讲述了寇老师的故事，他的故事深深吸引着我，他就是太阳，充满希望，充满光亮。

"对于音乐课堂，我像儿童研究蚂蚁搬家一样充满兴趣。"我觉得这不像是一个五十多岁的男老师所说的话，可是就在一次课例展示时我信了，《放牛山歌》这堂课刚刚结束，专家进行了评课之后，就怎样让学生原汁原味感受这种山歌演唱的心情和特点，大家都在小声地讨论，得不出所以然。"老师们，要不，我们一起坐到舞台上走进课堂，一起来扮演学生来体验体验放牛娃的心情吧，只有当了学生才能真切地从学生的角度去感受。"一时间老师们都坐到了课堂里，等待上课，寇老师一声"上课"，老师们如同孩子般认真地坐好，开始了这节课。万万没想到这个五十多岁的男老师居然如此有活力并且童趣满满，有那么一瞬间我是看呆了，生动亲切的语言，活泼可爱的动作，好像真的让我穿越到了那个时代放起牛儿来。像这样的随机课堂是很多很多次，发现问题，讨论问题，实践结果，让我享受其中，乐此不疲，也深深的被这样的氛围所感动所吸引。这才是音乐老师该有的样子。在工作室的活动中，我的师傅郝老师也经常鼓励我们，"敢于暴露缺点，才会有所收获"，是的，如果连暴露缺点的勇气都没有，怎么去拥有进步。我时常感叹我是多么的幸运能成为集体中的一员和优秀的老师学习，更加幸运的是，我主动报名了新都片区的民歌课例展示，这是第二次在舞台上上课。记得上一次不忍回顾，但是师傅并没有批评我，还给我打气，这次我通过查阅资料按照工作室学习的五点分析法，似乎是找到了感觉，也觉得原来我可以清晰明了地了解作品，课堂呈现的有价值的东西有多少和自己挖掘吃透作品成正比。台下是徐伟老师，寇老师，龙泉片区教研员及优秀教师们，新都区教研员及优秀教师们，我十分的紧张，但是想到师傅郝老师的话，好像豁出去了一样，我大胆地上了。老师们给了我很多肯定，自己也觉得比起上一次的自己有进步，我很开心，虽然远比不上优秀的老师们但是有了进步我已经很开心，因为这表示我离阳光又近了一步。有曾经的公招朋友感叹我的进步如此大。有资深的老老师说："没想到这堂课是农村小学的老师上的，虽然还有一些不足但是已经很不错了，你真的很棒继续加油！"有同区的城区好学校教研组长说："你的课总是会带给我惊喜，看得出来是花了心思的，年轻人加油！"最让我开心的是我上的那个班的孩子爱上了那首歌曲。"宋老师，你上完那节课孩子们下来都还在唱，中午课间孩子还一起在跳羌族舞蹈，问我什么时候还能让你给他们上课。"借班上课的班主任发来讯息。随后，徐伟老师将我叫到台上向我提问、对我的课亲自指导示范，我都快被幸福冲昏头脑了。在这个集体中，我感受到太多的温暖，每一个聚光灯下的老师都如此的平易近人，亲切，毫无保留地倾其所有地分享，我喜欢这样的集体，我也希望"小石头"能在老师们准备好的路上继续前行，不负众望。加油，努力追逐的"小石头"。

因为你"站"得高，所以我"看"得远

成都市三原外国语学校附属小学　张梨莉

青葱岁月时有在青羊区公立小学代课的经历，也就是在那儿我第一次认识了寇老师，有次全区教研会议上青羊区教研员旷老师邀请了在当时已经很有名气的寇老师来做讲座，寇老师风趣幽默的讲话方式一下就吸引了我，之后寇老师又和老师们玩起了课堂中好多我没见过的律动游戏，用现在的话说简直刷新了我的三观，颠覆了我的认知。原来音乐课还可以这样上、这样玩，好有趣！最后寇老师还每人赠送了一本他的著作《在音符中徜徉的美育》，我如获至宝珍藏至今。没想到几年之后我竟然成了寇老师名师工作室的一名学员，就像中了大奖一样开心极了。在寇老师的带领下，短短一年时间，我在教学方面得到了极大提升，在专业方面得到了飞速发展，特别是在教育观念上发生了重大改变，接下来我从以下几方面进行阐述。

一、让阅读成为一种习惯

以前看书，只会钟意于自己喜欢的书籍，音乐教育类的实属不多，参加名师工作室后寇老师送给大家一本《情趣交响——寇忠泉音乐名师工作室成员成长录》，厚厚的书里记录了情趣交响的核心内容以及各成员的成长历程和成长感悟，很是动容。这些老师的背后付出了那么多努力才成就了今天那么优秀的自己！于是我开始读书，读好书，读有意义的书，如《关注音乐实践》《中小学音乐教育》《核心素养下的音乐新常态课堂教学》《跳跃的音符——小学歌唱教学的实践与探索》《中小学音乐优秀课例》《音乐课程标准》等，甚至把李重光的《音乐理论基础》也拿来看上一看，从以前的被动关系变为现在的主动关系，小改变使我变得更喜欢阅读，读的书多了，知识储备也就多了，课堂上的奇思妙想也层出不穷。

二、听课观摩，增长智慧

在工作室期间，除了喜欢聆听专家们的理论培训和课堂精彩点评外，我最喜欢的环节就是观摩民歌教学展示课，老师们来自四面八方，有成都、绵阳、德阳、新都、龙泉、达州、阿坝、泸定、康定等不同地区，每一位老师都把自己家乡最好听的民歌当作礼物送给大家，对我来说真的好幸福，能够听到这么多优秀的民歌教学课，每一课对我来说都是"大餐"，我必定会做好笔记，录好视频。其中让我印象特别深刻的有两位老师，一位是来自达州的王翠老师，她带来的土家族歌曲《摆起你的手来》让我眼前一亮。第一亮是她的座位摆放呈三个小弯月形，新颖好看的同时也十分实用，孩子们既能看到老师的示范表演，与同组的小伙伴们相互合作也十分方便自如。第二亮是王老师的教学目标明确，层次清楚，从导入到新课教学一气呵成，行云流水。因为老师重视学生的体验尝试，所以课堂上学生兴趣与参与度很高。第三亮是王老师的课件和视频都是精心准备的，老师有心，课中才会有戏。另外一位是我们新都宋钰一老师，她的《羌寨童谣》很吸引人，羌笛和羌语的加入一下就抓住了学生，羌族的介绍以及"信件"的引入把课堂推向高潮，整个课堂层次清楚、环环相扣，牢牢吸引着看课的老师和学生们。我最喜欢的是宋老师"挑花绣旋律"的环节，很有想法，趣味性强，目标明确，通过省教研员徐伟老师的指导后，就变得更有意义了。宋老师是一名聪明的老师，把孩子们可能不太懂的字词编成"回声游戏"，浅显易懂的同时也增强了孩子们的好奇心。

俗话说"三人行必有我师焉"，每一位老师身上都有我值得学习的地方，他们认真的态度、扎实的教学基本功和精巧的教学设计让我重新审视了自己，"革命尚未成功，同志还需努力"。

三、示范引领，辐射带动

名师工作室是培养优秀教师的一个摇篮，它能促进教师队伍的专业成长，让每个团队成员或学员都能成为影响和带动其他教师的中坚力量。身为教研组长的我有义务也有责任带领我的小伙伴们一起成长。

1. 在成员郝太豪老师的带领下我校积极承办名师工作室（龙泉、新都片区）教研活动，并带领我组全体音乐老师积极统筹和协调各项工作事宜，本次参加教研会议的老师除了龙泉、新都的成员和学员外，也有其他的音乐老师前来观摩学习。真正起到了示范引领，辐射带动的作用。

2. 开展校级主题教研活动，带领组内老师一起学习和研究"民歌教学"。

3. 开展"民歌教学"研讨课活动，组内每位老师各上一节"民歌教学"精品课。

四、点滴成绩，再接再厉

1. 获得四川省音乐寇忠泉名师工作室"优秀学员"证书。

2. 获得新都区中小学音乐课堂教学大赛香小集团第二名的好成绩。

3. 带领合唱团参加新都区中小学庆祝新中国成立 70 周年合唱比赛获得一等奖。

4. 带领音乐组全体老师获得新都区"巾帼文明岗"。

5. 所负责的合唱社团被评为成都市中小学优秀学生艺术团。

6. 成为新都区郝太豪名师工作室核心成员之一。

总之，名师工作室不仅为我们提供了提高自身素质的空间，也成为我们互相学习、互相促进的大家庭。在这个大家庭里，我找到了自己前进的方向；在这个大家庭里，我体会到了互助共进的热情；在这个大家庭里，我更领略了名师的风采。在教学改革的今天，社会对教师素质的要求更高，在今后的教育教学工作中，我将更加严格要求自己，努力工作，发扬优点，弥补不足，开拓进取，努力成为一名优秀的音乐老师。

第二章

悟美：成长有感

人间有乐 乡音有情

——读《让孩子们爱唱家乡的"歌"》

达州市通川区第七小学校 胡庆华

　　近日，拜读了陈薇老师专著《让孩子们爱唱家乡的"歌"——基于青浦乡土音乐课程建设的实践与思考》，结合我参与的四川省小学音乐寇忠泉名师工作室"四川省小学音乐民歌教学资源开发与运用"课题研究，非常认可陈薇老师的教学观点，感同身受，心有戚戚焉。

　　书中的青浦位于上海西部，南接浙江，西连江苏；河江交错，湖荡群集，田野广袤，古镇悠然；人文荟萃，英才辈出。崧泽遗址、福泉山遗址证明了青浦是上海重要的发源地，几千年的历史浮沉，在这块土地上演绎和传播着异彩纷呈的民族民间音乐艺术：一曲田歌鸟归巢，沪剧之镇翔白鹤，情系评弹是陈云，洗去宗教成宣卷，且歌且饮阿婆茶……艺术中的波澜壮阔与悲欢离合，一一应和着青浦人民现实中的家长里短。

　　作为在青浦这块土地上成长起来的优秀音乐教师，如何使得"田山歌"等乡土音乐艺术能够在新时代生根立魂，并通过学校教育焕发出与时俱进的光彩，是我们音乐教师应该思考的问题和必须承担的责任。陈薇老师把自己研究与实践的目光关注于乡土音乐艺术，书中既有对青浦地区流传的乡土音乐艺术在普及层面的渊源梳理，也有在操作层面的教学实施内容和路径的举隅；既有鲜活灵动的典型教学实录选辑，也有清晰规范的单元教学整体设计，无论是对学生、教师，还是社会人士，都有着阅读的可能与价值。

　　乡土音乐及相关艺术都是我们精神家园的根之所在！让孩子们爱唱家乡的"歌"，这个"歌"不仅仅是音乐，更是我们传承文化、守护文化，乃至发展文化的艺术载体。于教育而言，唱响家乡的"歌"，就是我们在学校中传播乡土文化、增强文化自信，为建设更美丽的家乡而实施的有效手段。

　　人间有乐，乡音有情。和美好事物相伴的人是快乐的！"弹筝奋逸响，新声妙入神"，把音乐作为自己的工作内容何其快乐。"稚子就花拈蛱蝶，人家依树系秋千"，与可爱的孩子们时时相伴又是何其快乐。而做一个小学音乐教师，把这两者的快乐就合而为一了，我想做一名快乐的老师，和孩子一起更能感受到他们的快乐和纯真，会幸福自己，也会幸福学生。

我想唱家乡的歌，想唱那些滋养润泽达州千年，具有历史悠久，人文厚重的巴渠民歌。达州，自东汉建县至今已有1900多年的历史，历为州、郡、府、县所在地，是四川巴渠文化的中心地带，境内罗家坝遗址、城坝遗址是长江上游古代巴人和巴文化中心遗址的发源地。这里的民俗文化多姿多彩，渠县三汇彩亭独具巧妙，造型奇特，融高跷、杂技、戏剧于一体；全国独一无二的通川区元九登高，男女老少倾城出动，竞相登山，风雨无阻；宣汉马渡山歌"苏二姐"、达县"巴山背二哥"等巴山民歌传遍大江南北；达县真佛山庙会、大竹农民吹打乐、牛灯、竹琴和宣汉薅草锣鼓给这座城增添了厚重的历史积淀。

作为一名达州的小学音乐教师，我想做巴渠民歌的传播者和巴渠文化的传承人！为传承具有浓郁地方特色的民歌文化，近年来，我在小学音乐课堂教学中，尝试用四川方言体验并初步表现地道方言的韵味；在巴渠童谣的教学中，运用自然的声音和语调歌唱童谣，即兴表演童谣儿歌数数歌。学生在参与欣赏、即兴表演、四川盘子为童谣伴奏、钱棍游戏等音乐实践活动中，运用听唱、模仿、小组学习、创设激趣等多种方法开展互动学习，从中进一步感受具有地方特色的民间文化。工作室成员从巴渠童谣，到马渡山歌，到万源民歌，再到开江情歌，一路采风一路唱，从中体悟达州本土民歌的音调和语言特色，唱腔及旋律规律。

宣汉马渡山歌，内容丰富种类繁多，演唱形式多种多样，曲式结构丰富多彩，精品迭出百花争艳，是宣汉人民在长期的生产、生活中创造的民歌，他们通过歌曲表达自己的爱憎，诉说他们的愿望，向人们讲解生产、生活知识。在这块民族民间艺术的沃土中，孕育出了大量的优秀民歌，如《正月里来是新年》《苏二姐》《打夯歌》等，还有土家劳动人民在田间地头创作的《薅草锣鼓》，也给宣汉民间音乐带来奇光异彩。工作室成员陈俊华老师在上土家族《薅草锣鼓》一课中，在导入和创编过程中充分运用浓郁地方民歌的特色，运用通俗易懂的四川方言，用"一领众和"（领唱者的唱词多为鼓动性唱词，众合者的唱词多为力量型的衬词）的形式进行演唱。让学生对薅草和锣鼓产生了浓厚的兴趣。例："今年子哟苞谷好哦，高粱熟了好煮酒哦，谷子多哦装满仓哦……哈哈哈哈哈哈。"老师化身为农民，扛起锄头就薅草。学生变身为鼓手，边敲鼓来边歌唱，使课堂回归田园，歌声传遍山野。

工作室成员朱珊珊所上的《打夯歌》，是流行于宣汉马渡的民歌，为了在劳作时更省力，而发明了劳作工具——打夯。打夯的作用：稳固地基，使建筑物得到有力支撑，减少后期沉降。在劳动中自己创作即兴张嘴就来，歌曲极具地方风味，节奏紧密配合，曲调粗犷有力。歌词和衬词使用方言，风趣幽默，来源于生活，符合学生生活实际，是学生喜欢传唱的歌曲。这节课紧扣家乡民歌"打夯"主题，用探索交流、合作聆听、模仿打夯等学习方式，利用已有生活经验进行歌曲学习。让学生知道方言在歌曲中的作用，并能流畅地用方言演唱，再用情景再现的方式进行歌曲表演。使学生热爱并传承了家乡优秀的民歌文化。

我在排练《苏二姐》表演唱时，先用四川方言喊话："弟弟，快点起来去放牛哦！要得，我牵起牛儿赶路忙哦！"然后再接"清早起来去（哟）放牛（喔），一根田坎（苏二姐，你呀我呀妹娃子）放出头（喔，二嫂哟）……"这是一首短小的放牧山歌形式，一呼一应，此起彼伏，曲调活泼明快，风格清新爽朗，生动有趣地反映了巴山乡民淳朴爽朗的精神品质和性格面貌。当然要以角色扮演、情景交融为主要形式，男同学扮弟弟演放牛娃，女同学扮姐姐演苏二姐，一唱一合的演唱方式，让学生感受传统乡村社会人与人之间和谐亲密关系的生动勾画，氤氲着村落群体生活的浓厚气息，所刻意渲染的环境氛围，亲和而温馨。

万源的大巴山深处，有许多具有民歌传承的特色村落，这里的民歌宛若烂漫的山花，漫山遍野。质朴的山民，过着桃花源般山里的日子，唱着他们世代相传的民歌。在这里，歌是山民的乐，歌是山民的魂。歌词包罗万象，上山有打杵歌，下田有薅秧歌，居家过日子有多不胜数的小调：曲调刚柔相济，刚如山，柔似水，山抱水，水缠山；唱法独特，时如高声呐喊，放浪形骸，时如低低私语，含蓄委婉，这里的每一首歌都是一幅恬静古朴令人浮想联翩的风俗画。无论男女，他们的嗓音圆润清越，如同幽谷流淌的山溪，音域高亢宽阔，使万源民歌有极好的观赏性，极具鲜明的巴山民歌特色。《洋芋汤豌豆角》原是万源当地的一首歌颂劳动、歌颂生活的山歌，后经过人们口口相传，流传至今。歌曲欢快活泼，节奏舒缓，热情活泼，运用的巴山衬词使得歌曲更加生动有趣，歌词描写了万源土特产洋芋汤和豌豆角的做法。说"万源洋芋汤"普通绝不为过，因为它是纯粹取农家做法，把块状洋芋置于清水中熬汤，待洋芋即将熟烂时加入新鲜高山时令蔬菜，一起煮制，烧到一定火候，在锅内稍加适量盐巴，除此之外不加任何添加剂。因此万源所产洋芋与其他地方洋芋相比淀粉含量更高，色泽鲜亮，口感润滑，质地细腻。我通过现场做洋芋汤为导入，引出歌曲的苦、甜、回味。再让学生挖洋芋、摘豌豆角感受劳动带来的快乐，让学生在体验中声情并茂地演唱歌曲，使之懂得山区劳动人民的生活来之不易。

开江的民歌同样满含着开江人民的乐观，风趣幽默，它巧妙地将劳动与爱情融合在一起，故而在巴渠大地长盛不衰。开江民歌内容丰富，形式多样，如《月儿弯弯月》："月儿弯弯月，活路忙不歇，又薅溜溜豌豆嘛，又薅溜溜麦……"如劳动时，人们唱起"大田栽秧行对行／哥妹赛秧摆战场／情妹巧缝大口袋／只装郎来不装粮"；而到了傍晚相约时，则唱"太阳落土四山黄／犀牛望月姐望郎／犀牛望月归大海／情姐望郎回绣房"。为了民歌能适合孩子的演唱特点，我通过改编歌词再进入课堂让孩子学唱，使之广泛传唱。如"大田栽秧行对行／姐妹赛秧摆战场／妹妹巧缝大口袋／又装菜来又装粮"；而到了傍晚相约时，则唱"太阳落土四山黄／犀牛望月儿望娘／犀牛望月归大海／儿女望娘回屋堂"。一首首家乡民歌，一曲曲乡音乡情，轻盈灵动、朗朗上口，油然而生的家乡情怀、民族自豪感，让我们自觉加入民歌传唱人的队伍中。

正如陈薇老师所言：文化自信是乡土音乐课程建设的基石，乡音乡曲是乡土音乐课程建设的精髓，文化品牌酿就乡土音乐课程，人文精神造就乡土音乐课程，民歌传承成就乡土音乐课程。学生的创作灵感不仅是产生在课堂上，更多的则是产生在校园里、社会上、大自然中。通过开展"唱家乡的歌"歌咏比赛活动、"巴渠童谣"社团学习活动、"山歌唱响达州城"表演活动，把言语学习、游戏指导、歌曲学唱、文明习惯的养成以及自我保护意识的培养有机整合在一起，让学生在民歌的学习过程中，潜移默化地感受家国情怀、增强民族信仰、加强文化自信。有效提高学生的音乐鉴赏、音乐体验、音乐研究、音乐创造能力，促进学生德智体美劳全面健康发展，从而达到"以文化人，以美育人"的目标。

青浦田的山歌、沪剧、评弹和达州本土民歌都是浩瀚花海一朵，唱家乡的歌，品家乡的味，传家乡的情。人间有乐，乡音有情，让音乐之花绽放得坚定、优雅而且绚烂。

教学即创造　教育即智慧

——读《读书是教师最好的修行》有感

成都市新都区西街小学校　郝太豪

在教学工作上，最容易做的是照本宣科。课堂上，按部就班地按照课本来上，不会有错，但如何把课本上的知识融会贯通，让孩子们喜欢上你的课，却需要老师的创造性工作和充满爱的教育。

读常生龙老师编写的《读书是教师最好的修行》第一辑《教学即创造》，被书中介绍的名人教育理念所吸引。这一辑一共介绍十位中外教育界的名人，他们无论在教育理念还是教学方法上，都有自己的创造。教学工作是最有创造性的工作，是我读完这一辑后最深的感悟。我曾经在全国刊物发表过《谈音乐创造教学》，就说到在音乐课堂上要激发学生音乐学习兴趣，激励学生音乐歌词、旋律、律动及表演等创造，让学生自主参与音乐学习，达到事半功倍的效果。

学生为何喜欢多才多艺的老师？因为多才多艺的老师的课堂是丰富的、是灵动的，老师自身的知识的博大和自身素养会影响到孩子。孩子欣赏博学多才的老师，也就是自然的事情了。

记得读师范时，乐理与欣赏课是比较枯燥的课，而我们音乐老师，每节课都是很快讲完课本上的知识，然后给我们讲他心中的交响音乐及钢琴乐曲欣赏，放音乐及现场弹奏，讲音乐结构及细节，讲所表达的人物性格和命运。就是因为老师的讲解，才让我用心去学习钢琴及读音乐类书籍，注重书中的细节部分，甚至跑到图书室寻找关于解读音乐交响曲的一些刊物和资料文章。看音乐评论，会让我读得更深一些。音乐课成了我的最爱，我喜欢老师的博学，期待他能给我们介绍更多的音乐名曲赏析。

如果仅仅是照本宣科，那些知识点没有多少吸引力。这位老师把乐理及欣赏课上得丰富多彩，激发了我们去听及了解世界经典名曲的热情。也是从那时起，我就深深地爱上了音乐。

常生龙老师书中写到夏昆老师，他不甘于每天对字词句篇的分析，想在常态化的教学之外，提供一些更有利于学生人文素养提升的课程内容。于是他开始了语文、诗歌鉴赏、音乐鉴赏、电影鉴赏四门课程的教学探索。在高中繁重的学科学习任务之中，给学生们送上了一道道心灵鸡汤。夏老师看似不务正业，其实如果学生学会了鉴赏，从电影中、从歌曲中、从诗歌中体悟到不同的美感，提高了自身的人文素养，学生们的语文素养自然提升，我相信语文成绩也会自然提高的。

我认为，音乐教学工作，如果仅仅抱着课本在教，那孩子们不会学得更多知识，也不过是唱歌的机器而已。如果从多方面入手，逐步培养孩子们的音乐学习习惯，看似老师在做与教学无用的事，甚至是多受累的事，但走到一定阶段，你就会发现，所有的"无用"都变得那么"有用"，甚至让孩子的音乐素养达到了一定的高度。

教学工作的创造性至关重要，它会让孩子们看到不一样的天空。在一堂看似平淡的课堂上，老师的引领和发散思维，会让孩子们看到更广袤的世界。我喜欢多彩的课堂，喜欢看似天马行空，实则老师把手中的线收放自如，让孩子们在蔚蓝的天空上翱翔的课堂。课堂虽小，但我们的思维不能狭隘。老师在课堂上的创造性就尤为重要了。

在刚刚接触训练管乐民乐团的孩子时，仅仅训练基本技能，提高不快，我有一段时间很是迷茫，后来因阅读了一些理论专著，我突然领悟到，他们更需要灵动的课堂。虽然是器乐训练课，他们也需要丰富一些的表达实践训练，需要快乐自主学习。本身孩子们就有刻板行为，如果仅仅运用技能训练方式，孩子们更是呆板。但运用自主及表演训练，就灵动了许多。每一节的器乐技能课，我都设置了多方面的激发兴趣训练形式，即便是接受枯燥乐理知识这一个环节，我也要设置多方面的训练内容，既有亲身实践，还有身体部位体验，也有细心聆听并探索，特别是通过自身感受感官获得音乐体验，并边做动作边唱，孩子们很是喜欢。有时会根据孩子的情绪调整课程，只有让孩子喜欢上我的器乐课，学习效果及掌握演奏能力才会大大提高。

另外，我们的教育是充满爱的教育。史沃普这位童书作家，仅仅是辅导孩子十天的写作课后，就爱上了孩子们，坚持为孩子辅导写作，陪伴到小学毕业。他用满腔的热情对待所教的孩子，做出了与众不同的成就。仅仅有爱是不够的，爱是前提，重要的是要有智慧，也就是要有创造性。麦考特、雷夫、钟杰就是这样的老师。麦考特能让最调皮捣蛋的孩子认可为最好的老师，雷夫能让 56 号教室里的每个孩子爱上阅读，并在 m.simayi.net 教室里建立起世界上最小的经济体，让每个孩子学会远足前做好准备。雷夫的 56 号教室充满了魔力，我很早就买过这本书，读了一遍又一遍，从中获得了许多的启发，佩服雷夫的创造性教学模式。钟杰在转化问题生上有自己独创的方法，仅仅靠爱是不够的，关键是老师的智慧，有了教育智慧，才会让爱变得有价值、有意义。其次，作为老师，说话的方式尤为重要，骂人和训话是语言暴力常见的表现方式，侵犯隐私是语言暴力的一种体现，但质问也是一种语言暴力。吉诺特说过这句话："语言既能使人文明，也能使人野蛮；既能使人受伤，也能使人得救。"说出去的话，如泼出去的水。常言说得好："良言一句三冬暖，恶语伤人六月寒。""当教育不是发自内心的时候，当教育的语言不带着为善的情感的时候，教师那伪善的眼神和牵强的微笑就会很快被学生感受到。"这些话是不是在提醒我们老师的语言真的至关重要？还有，老师的认可，是一缕阳光，会让孩子感到温暖，会催孩子们上进。我们都从孩童走过，回想过去的时光，能让我们深记心中的老师，往往是在学习和生活上给予关爱的老师。特别是那真诚的善意的话语，让人牢记一生。

　　音乐教育的教学工作是更需要有创造性的工作，也更需要爱的工作。一堂课，不再是单一的唱歌课程，需要多方面训练融合在一起，音乐课中融合着音乐体验及创造能力。孩子们千差万别，对孩子的要求也变得有梯度、有爱心，需要根据孩子的身心发展规律和成长需要，设计课程内容，选择教学方法，有针对性地给孩子最适合的音乐审美教育。

小故事背后的教育情

——读郭声健老师《音乐课堂美美的》

德阳市教科院　李新炽

《音乐课堂美美的》出版于 2016 年 9 月，是湖南师范大学郭声健老师继《音乐课堂暖暖的》后的又一本好书。书中收录了 58 名来自全国各地一线音乐老师的文章。文章没有高深的教育理论、没有傲人的教学业绩，都是老师们在日常音乐教学生活中的温暖小故事。我分享着老师们的美美讲述，感动着老师们的育人情怀，也反思着自己的教研工作。

一、美美的音乐课堂

音乐教育的核心理念是以审美为中心，那什么样的音乐课堂是美的？美体现在哪里？在王敏老师《一句话的分量》里，音乐课堂的美在语言交流；在温锦新老师的《邂逅的美景》里，音乐课堂的美在教学机智；在肖芸昕老师的《馋人的音乐包子》里，音乐课堂的美在教学过程；在徐开艳老师的《自行车小子》里，音乐课堂的美在教学评价；在颜婷婷老师的《孩子的眼泪》里，音乐课堂的美在教学设计；在张翠萍老师的《美美的音乐教学画面》里，音乐课堂的美在教学目标；在张育静老师的《美美的音乐，美美的笑容》里，音乐课堂的美在表情体态；在赵蓓莹老师的《音乐课中的最美和声》里，音乐课堂的美在学习氛围……透过老师们的一个个小故事，我深切地感受到：音乐课堂确确实实是美美的。它的美渗透在音乐教学的过程之中，播撒于音乐教学的方方面面。努力把音乐课堂打造成师生共同体验与享受的审美场是音乐老师们共同的追求。

二、美美的讲述者

看《音乐课堂美美的》书中的作者，有中小学音乐教师，有培训机构的老师；有城市学校的老师，有农村学校的老师；有教龄较长的老教师，有即将毕业的准教师；有音乐专业毕业背景的教师，也有非音乐专业的教师。虽然因他们所处的地域、教育环境、成长年代不同，造就了老师们不同的视角和成长速度。但都有一个共同特点，那就是对音乐教育的热爱，展示了老师们个人的成长之美。这里面不乏今日已成长为知名的优秀教师，如北京的田雨、广东深圳的张定远、江苏南京的吴红杉等。令我意外和惊喜的是，我市曾馨老师的《政治老师教音乐》一文也被收录其中。初看标题，我以为曾老师会述说专业不对口的无奈与颓废。认真阅读后，我为德阳有这样的老师感到自豪。感动之余，也陷入了思考。近五年来，我市重视美育工作，安排了专项资金支持艺体学科建设。各县（市区）通过招考、转岗、兼职等方式补充音乐教师师资，通过送教、交流等方式进行培训。但培训内容多是通识性的，系统的专业技能培训还是缺乏。曾有人说：强烈的发展意愿高于理念、技能的学习。我很认同，但也清楚没有专业技能的支撑很难走远。提升德阳小学音乐教育的整体水平，转岗教师和兼职音乐教师的培训、培养将是今后教研工作必需的内容。

三、美美的郭老师

对郭声健老师，是早知其文不知其人。20世纪90年代，我在《中国音乐教育》《音乐探索》等刊物上读过他的文章。2019年10月有幸跟随工作室领衔人寇忠泉赴上海参加了第二届全国音乐教育大会，会上见到郭老师真人，并聆听了他《新时代学校教育改革发展新动向》的精彩报告，让我明确了前行的方向。在他"音为有爱"个人微信公众号里，郭老师及时推送优秀课例、分享交流、技术操作等文章，真诚地为一线音乐老师提供帮助和关心。深为郭老师的人品和教育情怀感动。诚如郭老师在序中所言：出版《音乐课堂美美的》这套书对于我个人完全可以说是无"利"可图的。成人之美之心啊！郭老师了解基层教师、了解音乐教育现状，真诚地和广大音乐老师交朋友，才会有接地气的学术见解。这也启迪我今后要充分了解一线教师内在需求和学习动机，将脚步深深地踩入教育教学厚实的理论土壤里，将日常工作生活中的所见、所学、所做、所思进行整理，和老师们一起投入教育教学实践。

美美的课堂，美美的心，愿与老师们一道美美地唱着歌儿，行进在美美的路上！

在玩中学，从学中玩

四川省寇忠泉音乐名师工作室学员　乔　梁

苏霍姆林斯基说：读书，读书、再读书，教师的教育素养就取决于此。要把读书当作第一精神需要，当作饥饿者的食物。要有读书的兴趣，要喜欢博览群书，要能在书本面前静坐下来。于是我再一次打开寇老师撰写的《情趣交响》一书，如获珍宝，时间就像海绵一样，挤挤总会有的，一遍遍静心拜读，受益匪浅。

曾几何时我告诉学生这样一句话：我是体育出身，学了美术，考起了音乐。当时的一句侃侃而谈，对今天的我提出了更高的要求，从乡村踏入城里任教的那一刻，我就发现作为音乐老师，弹唱是必须的，但不止于此。所以我又自学了鼓，只是"动次打次"的声音整天折磨着音乐组我的同事们，感谢你们对我的包涵和忍受。通过这几年名师工作室的锻炼，从模仿开始，慢慢发现了咱们的音乐课就是"玩"，但是"玩"是一种境界，更是一种态度，让"豆芽"学科不再"豆芽"，对于我们艺术类的学科，你需要一颗追逐的心，不停奔跑，不断创新，一天不练自己知道，三天不练大家都知道。每次一有灵感，我就会运用到我的课堂，在玩中学，从学中玩，这样学生不知不觉地就掌握了本节课的旋律和节奏。在书中我又发现了一位老朋友——万里燕老师，这不正是一直活跃在名师工作室的骨干成员吗？台上一分钟，台下十年功，一堂短短的示范课，足以展示出老师深厚的内力，其实她已是一名优秀的教师，但她对自己提出了更高的要求。通过这几年在名师工作室的学习，我发现一堂音乐课犹如一部音响诗画，早已告别了我教你唱的传统模式，音乐老师并不等于歌唱老师，新型课堂对我们提出了新的要求。记得我在上《赶圩归来啊里里》这课时提问：彝族小朋友们开心快乐的时候就会喊出"啊哩哩"，那同学们你们感到开心快乐时会怎么样？这个时候我准备的答案是"耶耶耶"，但一个同学脱口而出"哈哈哈"，当时由于上课经验不足，我就硬往自己准备的答案——"耶耶耶"上面引，课堂气氛有点凝重，下来后在老师的指点下明白了老师应该尊重学生的奇思妙想，选择最契合的一个答案。所以，新型的音乐课堂对音乐老师提出了更高的要求，学生是主体，老师是辅助，课堂是战场，只有不断提高自身作战的经验，才能游刃有余地处理课堂意外情况的发生。我经常会问学生这样一个问题：动词后面接什么，动词后面不接副词而是接"打次"，连起来就是"动次打次""动动打次"。我们需要拓展自己看待问题的知识面。每每我都会收集一些当下流行的网络语言，然后串在音乐课堂中，这样我与孩子的距离就更近啦！我感觉老师任教一门学科，首先应该让孩子们喜欢上这个老师，那么他们对我的音乐课就会充满兴趣，兴趣是最好的老师，所以我一直朝这个方向努力着。

音乐课堂中的品格对话体验

——读《佐贺的超级阿嬷》

成都市新都区泰兴小学　宋钰一

本书讲述了日本广岛原子弹爆炸后，主人公的父亲前往广岛因受核辐射去世，留下他和母亲与哥哥三人，生活十分贫穷。母亲一人无力抚养两个孩子，将小主人寄养于外婆家中。就这样，小主人被迫开始了在外婆家的寄养生活，与外婆一起度过了小学、初中、高中生活。尽管外婆家的生活更加贫苦，已经 58 岁的外婆靠做清洁工来赚钱养家，但乐观开朗有趣的外婆总有各种方法将日子以积极快乐的态度过下去，她极具智慧的创意与乐观深深影响着主人公的成长，这种健康优良的品格陪伴主人公自信开朗地长大。本书都由生活中无数个平凡的小故事组成，给人十分心酸却又亲切温暖的感觉。由此联想到自己的教学，"教育也是生活的续集"，作为老师的我们怎样将优良的品格在孩子的身上继续延续，我想课堂正是我们的主要阵地吧，是传统的说教？不不不，和超级阿嬷一样用自己的智慧和积极的生活态度去感染和引导孩子比起有理有据的道理更来得实际，所以在音乐课堂中，我也尝试了和孩子们的品格对话。

在《全日制义务教育音乐课程标准》中提道："通过音乐学习，使学生的情感世界受到感染和熏陶，在潜移默化中建立起对亲人、对他人、对人类、对一切美好事物的挚爱之情，进而养成对生活的积极乐观的态度和对美好未来的向往和追求。"教师通过音乐之美教予学生一种欣赏美、感受美、表现美的能力，在这种能力的培养下，学生更能感受生活中积极向上美好的事物，发现和创造美，使生活更加有意义。音乐是一门听觉艺术，是一门感受美的课程。这样的美不仅仅是简单的音符之美，而是感受到美的旋律之后的情感升华即是积极向上富有正能量乐观生活的心态。

著名音乐家冼星海曾说过："音乐是人生最大的快乐，音乐是生活中的一股清泉，音乐，是陶冶性情的熔炉。"每一个孩子都有欣赏美、感受美、表现美的权利，每个孩子也都有获得老师教予正确价值观的权利，怎样地结合实际行之有效地让孩子在充满美的音乐课堂里积极向上成长，让美的种子扎根孩子们的心田，是我所思考的，也是我一直探索的。真正地做到了和孩子们的心灵对话，让每一节课都充满着美充满着爱，我相信音乐这一股快乐的清泉会畅响他们的生活。

作为老师课堂对于我们来说至关重要，它是智慧较量的比赛场，是潜移默化的熔炼炉，是心灵交流的大舞台，在我的课堂里它同样也是我与学生沟通的桥梁以及品格对话的场所。在音乐课堂教学的三维目标里，情感态度与价值观稳稳地摆放在第一位，也和音乐课程的独特性有着很大的关系，音乐课程就是一门能够通过感受美后引起情感共鸣的体验式学科，所以作为音乐老师更要利用好课堂，将品格教育与音乐课堂有机地结合起来。以下将我在音乐课堂中与学生品格对话的做法进行阐述。

一、以交流活动进行的抒发式品格对话

教育是雕琢心灵的艺术，而课堂就是主阵地。真正的教育必须是从心与心的对话开始，而心与心的对话又是从真诚的倾听开始的。这种倾听或是语言表达又或是树洞式的书写表达。不论哪一种方式作为老师都应该将自己和学生放在平等的位置上，构建出一个放松且充满温暖的平台，才能让学生放下内心的戒备，袒露自己的真实心声，抒发自己内心的快乐与困惑，才能真正走进他们内心为他们指明正确的道路。那么如何在课堂搭建这样一个平台呢？在我的课堂是以"勇气话筒""心灵漂流瓶""梦想之船"等活动进行的，下面我就对这一活动在课堂中的案例进行说明：

案例1：《原谅我》是一首三年级上册的作品，通过聆听和演唱歌曲感受歌曲的旋律的美感，也教会孩子如何认识错误、勇于承认错误，培养了良好的品格习惯。在学习本课时，请同学讲述自己的认错经历，分享当时的心情，并怀着真诚道歉，请求别人谅解的心情去学唱歌曲，在完成学唱之后学生对与歌曲有了一定的了解和音乐对于内心的刺激，在这样的情况下进行"勇气话筒"的活动，引导学生抒发自己的情感，可以是因为各种原因不敢表达歉意的话语通过"勇气话筒"大声地说出来，表达自己的歉意请求他人的谅解，以此来鼓励同学们勇于表达自己的想法，勇于向别人表达歉意。也可以说出自己的问题和错误，让学生学会总结自己自身问题与不足，学会和别人分享快乐分享忧愁，也可也通过别人想到自己，进行生与生、师与生的品格对话，养成知错就改的良好品格。

案例2：《妈妈》是一首意大利作曲家比克肖创作的独唱作品，表达了孩子对母亲的思念之情，歌曲从呼唤"妈妈"起，音乐明朗奔放，通过转换调

性、增大旋律起伏、音区等手法将歌曲层层推进直至高潮，以此表达对母亲的深切情感，这种手法的欣赏也能够带动感染学生大声表达自己的情感。在一系列的教学活动之后，学生对于作品有了一定的认识了解，情感也逐步得到升华，通过"勇气话筒"将自己对于母亲的爱大声地表达出来，在这一过程中学生不仅培养了自信表达的能力，同时也通过自己的表达，其他同学的表达激发起内心对于母亲的爱，这一种品格的对话不正是我们所期望的吗？做一个懂得感恩、懂得关爱别人的学生，我相信他的一生也是幸福的，教育的本身就是"一切为了每一个孩子"，我们所做的就是为每一个孩子幸福的一生奠基，让每一个孩子充满爱心，用他们的爱去感染身边的家人、朋友、同学等，让充满爱的品格对话传递给每一个人。

案例3：展示了学生的心理，唱出了对老师的热爱。与此同时，也正面地向同学说明每个人拥有一个属于自己的秘密空间，那就是我们的"心灵漂流瓶"，当我们有想表达的悄悄话和遇到不愉快时，可以将这种心情写进漂流瓶让它带走你的烦恼，让生活充满的都是快乐的回忆。

案例4：《愉快的梦》是一首优美抒情的儿童歌曲，它描绘了少年儿童梦中想象的神奇景象，也反映出他们对生活、对自然景色的认知和理解，同时激发了学生的想象能力和创造能力。本课我以"种子的梦"为导入，通过感受小小种子的梦激发起学生的想象进入《愉快的梦》的学习，随后以"我的梦"作为主线，贯穿整个课堂的教学活动，在课后延伸时进行"梦想之船"，鼓励学生发挥想象制作属于自己的梦想之船，将自己的梦想书写在上面，让它带着自己的梦想前行。教师在此时分享熟知名人的梦想，讲述他们通过努力而实现的事迹，加深品格认知。在"梦想之船"的品格对话里，学生和一个充满想象的自己、一个积极上进的自己交流，让这种梦想作为自己的目标随时提醒自己通过努力脚踏实地实现梦想。

二、以实践活动进行的体验式品格对话

在教学活动中特别是音乐课堂中，体验式的活动是必不可少的，体验式的课堂能有效地让学生感知音乐的韵律美、节奏美。马克思提到过："人的感觉、感觉的人性，都只是由于它的对象的存在，由于人化的自然界产生出来的。"音乐体验是一种认识的过程，只有通过音乐的对象和人自身产生实践体验，将人的体验作为主体才能由外在演变为内在，达到内化的效果。

案例5：《放牛山歌》是三年级上册第四课中的一首作品，这首作品是一首以农村题材为主要内容的歌曲，具有浓郁的生活气息，曲调欢乐、活泼，

表现了牧童娃娃愉快劳动生活的欢乐情绪以及对生活的热爱之情。

在导入环节，聆听大自然声音（小溪流淌的声音、鸟的叫声、牛的叫声、牧童吹奏笛子的声音）作为歌曲的前奏，请同学们自由地坐在地上，做出吹奏笛子的动作，教师预设形象，用语言描绘场景，想象自己就是那个放牛的牧童，在这一过程中学生也产生了自己想象和通过想象而产生的动作，有些同学翘起了脚摇晃，有些同学用手做出枕头的动作并哼起曲调，有些同学做出挥起鞭儿等一些十分悠闲放松的姿势。谈到感受时，有同学这样说："我觉得放牛好好玩，又可以呼吸新鲜空气，又可以爬到石头上看牛儿吃草，还可以牵着牛儿跑，对于我来说这种劳动太好玩儿了。"也有同学这样说："做任何事情只要怀着享受过程发现美的心态去完成，就会让自己感到快乐和喜爱生活。"通过声音和动作模拟情景，想象式体验让学生将人物自我化，使学生更真实地理解主人公放牛时所感受到的自然之美、声音之美以及自我的快乐感，较之单纯的语言解说，情景构造的想象式体验会更容易激起学生产生内心的共鸣，由他人快乐转化为自我快乐，理解到以积极乐观的心态去发现大自然就会收获到美的事物与感受，以勤劳的双手去劳作也会从中发现快乐，从而达到外在体验与内心感受的品格对话。

案例6：《洗手绢》是人民音乐出版社第一册的一课，这首作品以爱劳动为主题歌曲，描绘了一幅孩子和母亲一起劳动的其乐融融的场景，在本课中我采用了"洗衣律动"结合歌曲中的旋律歌词"哎啰哎啰哎啰哎！"让同学们随节奏旋律动起来模仿洗衣服的动作，在音乐中发现旋律的美感，在动作中感受劳动的乐趣，在学唱环节结束之后，我还将小盆、肥皂、手帕、衣架等洗衣用品带到了课堂，平时常见的清洁用具没想到同学们非常的喜爱，都争先恐后地尝试，一边演唱一边劳动，在第二节课上涌现了很多讲述者，他们都在讲述着自己的洗衣过程和过程中收获的快乐。通过这样的实践让他们理解到自己的事情自己做，看似脏累的活其实也蕴藏着快乐，收获到这些同学的反馈我想这节课就是成功，音乐来源于生活，通过生活中的实践体验也可以塑造良好的品格。

作为一名音乐老师应该利用好自己的课堂，设计好课堂里的有效音乐教学活动，有机地将音乐与品格教育相结合，让品格对话沁润在充满美的音乐课堂，让品格对话"润物无声"般陪伴孩子们阳光成长，让每一个孩子都拥有一个"音乐阿嬷"，带领他们积极前行。

感恩最好的注解就是敬业

四川省小学音乐寇忠泉名师工作室　陈俊桦

再一次翻开《感恩做人，敬业做事》这本书，仍如初读一般，心情久久不能平静，书中的每个故事都深深地吸引着我，每一个故事的主人公身上都有着高尚的灵魂。感恩的情怀如温暖和煦的阳光，让我感动满怀；敬业的精神如向阳生长的力量，使我震撼不已。

感恩，让我们收获幸福。人的一生没有一帆风顺，每个人都会遇到失败、碰到挫折，所以大多数人都会感叹命运的不公平，产生消极悲观的情绪，甚至自暴自弃、放弃理想，一生碌碌无为。当我们静下心来回想身边发生的点点滴滴，我们会发现在身边有许多人对我们的关爱，也有许多人需要我们去感激，父母、朋友、同事和学生们，甚至素不相识的陌生人，只有我们对生活心怀感恩，才会发现世界的美好，才能感到真正的幸福。

乌鸦反哺，羔羊跪乳。感恩是做人最起码的道德品位，感恩的心，让我们学会爱、学会包容和理解。感恩让我们发现生活的美好。我们会发现生活给了我们意想不到的厚爱，我们会品尝到生活的甜美与激情，我们会拥有更加精彩、幸福的生活。

我常怀一颗感恩之心。我感恩各个阶段遇到的每一位恩师，是他们无私的教导，让我一次次地进步成长；我感恩身边每一位朋友，是他们的关心和帮助，让我每一步都走得那么踏实自信。

敬业，将让我们达到人生的巅峰。爱岗敬业，是我们在工作中最熟悉的四个字，但是爱岗敬业不只是一句口号，而是我们要落实到工作中，体现在行动上。爱岗敬业是一位优秀教师所具备的品格，是一个学校长青的基石。在我们身边有许多的楷模，他们在自己的工作岗位上实现了自己的人生价值，他们把工作的态度作为一种人生的追求，把工作作为一种人生的乐趣，他们不是为了生活而工作，而是把工作作为成长路上的阶梯，一步一个脚印，脚踏实地地在工作中收获快乐、收获成长。而敬业的教育工作者是教育事业最重要的人，所以我们要全力以赴，有责任、有义务做好每一项工作。敬业会使我们变得优秀，敬业将带我们走向卓越。

我很庆幸自己找到了一份钟爱并愿意为之付出的职业。是这份职业让我懂得了什么叫热爱，并为了这份热爱而更加努力。我更深知敬业的态度会让我更加充满职业幸福感。我认真对待每一堂课，用心用爱去对待每一个学生。

最大的智慧是感恩，最大的能力是敬业。在日益竞争的年代，对感恩最好的注解就是敬业，敬业不仅反映了一个人的品质，更是一个人能力的体现，是获取能量与成功的途径。放弃敬业就是不懂得感恩。在岗一分钟，奉献六十秒，是我们对工作热爱的表现。在工作中寻找自身的价值，时刻保持积极向上的心态，让我们在平凡的岗位中奉献、成长，去创造属于自己的辉煌吧。

最后，我想说："教育是一种坚守，时代在变，教育的摆渡人初心不变。只要心有光芒，必有远方。"

读《关注音乐实践——新音乐教育哲学》有感

达州市通川区金山下学校 杜发言

我们的导师寇老师曾说过：对于在岗工作的老师来说，不一定专读理论专著，而是学以致用地读，即把学习与工作结合，从中找到工作的乐趣与成就感。作为一名音乐教师除了专业实践还需要更多的理论支撑，便买回《关注音乐实践——新音乐教育哲学》这本书，它是美国戴维·埃里奥特所作。初读前言，感觉到内容特别深奥，于是我用了五天时间把文章通读了一遍，做了一些我认为可取的笔记，第二次研读我把重点要点知识用思维导图的方式做了出来，才对这本书的内容有所认识了解。

何为音乐？音乐在学校教育中是必不可少的吗？如果是，为什么？音乐课该教哪些内容？如何教？本书通过把音乐理解为多样化的人类实践之广义研究，为上述问题提出了新的答案。本书打破传统的音乐教育哲学，为表演、聆听、音乐素养、多元文化、创造性活动、自知自觉、课程发展等多方面的自然属性和意义提出了创造性的反思和透析。全书分三个部分，第一部分探讨古往今来的哲学与音乐教育的关系。第二部分在音乐的本质和价值的新思维方式上构建了音乐教育哲学。第三部分为音乐教学提出了一种新的音乐课程发展观。

在第一章当中，它描述了好的哲学像一幅好的地图，基于对我们想去的地方的仔细考虑，它告诉我们到达目的地的最好路线。明确前提，音乐教育的本质取决于音乐本质，音乐教育的重要性取决于音乐在人类生活中的重要性，而音乐从前世界的角度看，则是为了不同听众制作的多种多样的音乐的形形色色的人类实践。

如果在以前你问我什么是音乐？我会被问得哑口无言，音乐这个概念太广了，怎么样来解释什么是音乐呢？于是我仔细阅读了当前的《音乐课程标准》，里面这样说：音乐是人类最古老、最具普遍性和感染力的艺术形式之一，是人类通过有组织的音响实现思想感情的表现与交流必不可少的听觉艺术，是人类精神生活的有机组成部分；作为人类文化的一种重要体态和载体，音乐蕴含着丰富的文化和历史内涵，以其独特的艺术魅力伴随人类历史的发展，满足人们的精神文化需求。对音乐的感悟、表现和创造，是人类的一种基本素质和能力。因此音乐课的价值在于：为学生提供审美体验，陶冶情操，启迪智慧；开发对世界音乐文化丰富性和多样性的认识和理解；促进人际交往、情感沟通及和谐社会的构建。本书的第二章，就明确了音乐的概念。音乐是存在于许多不同音乐实践和音乐中的一个多样化的人类实践。每一种音乐实践包括了音乐聆听和音乐创造两个相应的互补的活动。通过这个概念可见，在我们平时的音乐教学当中，特别我们的地方名歌教学和研究，更能体现音乐实践是多么的重要。怎样去设计音乐实践活动是我们每一位音乐教师的重要任务，是丰富音乐课堂教学的重要途径和方法。

第二部分《音乐与音乐教育》，总共分成了七个章节包括音乐制作、音乐聆听、音乐作品等。在这几个章节中，提到最多的一个词就是音乐素养。核心素养是当下比较热门的话题。什么是音乐素养呢？音乐素养包括正规音乐知识，非正规音乐知识、印象性音乐知识和指导性音乐知识。音乐素养只能形成于学校课程条件下的积极音乐制作。音乐素养的提高和整合，使教师要求学生也不断去面对越来越重要的音乐挑战；音乐素养和聆听素养是同一硬币的两个面。音乐聆听的教育要求学生通过有意义的音乐制作而沉浸于音乐实践中。怎样让学生有效聆听音乐，这又要求我们老师去研究探索。在我平常的音乐课堂中，在引导学生聆听音乐时常常用多种形式去有效聆听：1.创设问题情境。这种方法是利用学生好奇、好胜的心理，激发他们认真听的兴趣。所提问题应适合不同年龄段学生的心理特点。2.引导学生演唱或演奏主题旋律3.引导学生听音乐后想象音乐，音乐是抽象艺术，它不同于美术。比如画上有树林、小溪、阳光、房屋、鸟等具体的形象，而音乐不能再现事物的具体形象，它是由许多音乐要素构成的某种特殊的声响。4.引导学生听音乐做动作。人们在欣赏音乐的时候，往往会随着音乐旋律的起伏、节奏的变化而晃动自己的头和身体，这是一种很自然的对音乐的体验。因此，用形体动作来表现音乐是欣赏音乐的一种活泼的、令人精神愉悦的方式。5.多媒体的适时运用辅助音乐聆听。以上只是在音乐欣赏教学中引导学生参与学习的一些手段和方法，还须我们多在实践中总结经验，加强探索与研究，运用这些过程后，是不是有效聆听呢？我们有没有去培养学生的聆听素养呢？这是值得我们去深思和总结的。

第七章当中提到：即兴表演和表演应是在音乐课程当中教学与学习的根本的和首要的音乐制作形式，将学习者带入音乐实践的心脏。创作也是一种重要方式，音乐的感受是教不会的，音乐教师的责任是搭个桥，帮助学生进入音乐中去。在音乐教学中如何开展创编表演活动呢？即兴创作好比在一个巨大的格子里，竭尽全力创造性的才能临时组织表达方式的能力，只要在这个格子里随便怎么碰撞都可以。巧妙引导学生理解所要表达的音乐内涵。围绕音乐创编的主题展开想象，有兴趣用自己的表现方式表达音乐主题，音乐创编表演活动就有一个良好的开端。所以引导想象，激发创造非常重要。

第三部分《音乐教学与学习》，共分三个章节。所有的音乐课程都应按照内省的音乐实践来组织和实施准备和策划实践。实现自我成长的流畅所必需的音乐素养并非通过偶尔的浮光掠影的涉猎所能实现的。自我成长、自知自觉、音乐沉浸和自尊依赖于学生们在音乐规则和实践中的深入参与。将学生引入不同的音乐文化可能是实现更大的教育与目标的最强有力的方式之一。在我们平时教学中，我们教师要做好音乐教学的设计。音乐目标的确定、音乐教学内容的分析、教学过程的设计还有选择有效的音乐教学方法，包括音乐课堂教学中的预设与生成。在音乐教学中要处理好教与学的关系，创造性地使用教材等。这样才能让我们的音乐课有质量、有灵魂。

一个优秀的学校音乐专业反映了除了在音乐、教学法、哲学，心理和政治上精明能干的一个和多个音乐教师的心血。提高我们作为音乐家和教师的素养，提高我们的课程以及对音乐教育的长期保障而努力的持续必要。最后还是以寇老师的勉励话结束我的成长读悟：人，因真诚而动人，因学习而丰厚，因思想而深邃，因尊严而高贵！我们要继续做有尊严、有素养的音乐教师。

生命因音乐而美好

——读《情趣交响》有感

巴中市通江第二小学　郑　丽

　　"音乐教育是为了让人更有尊严、更美好地生活！"这是寇忠泉老师的教育思想。

　　当我读到这句话的时候，心灵为之一振。不禁为寇老师的教育思想所折服，同时备感音乐教育的责任重大。

　　其实在 2015 年我就认识了寇老师，当时寇老师作为培训专家为参加国培的我们做讲座。寇老师用朴实、亲切的语言讲述着他的教育经历，瞬间拉近了我们之间的距离，随后又毫无保留地分享自己的教育实践经验和教育故事，给我们耐心剖析音乐教育新课程改革的新要求。也非常感谢寇老师的指导和教诲！结束也不忘给老师们加油鼓劲，同时赠送我们每人一本《情趣交响——寇忠泉音乐名师工作室成员成长录》。我们如获至宝，很是感动！上天非常眷顾我，在 2018 年 12 月的某一天，我接到了寇老师的亲自来电，荣幸地成了四川省小学音乐寇忠泉名师工作室的一员，如愿来到了这个温暖的集体。

　　这本《情趣交响》给了我方向，指引着我前进的路。寇老师写的《为生命的尊严与美好而教育》《追求情趣交响的音乐课堂境界》以及教育论文《"声—景（境）—情"三位一体的音乐教学模式实践研究》，我都非常认真地读了至少三遍以上，里面的每一句话每一个词语都散发着温暖，将我久违的教育热情重新点燃！从寇老师真挚而温暖的话语中，真切地感受到寇老师对音乐教育的无限热爱与执着。

　　"音乐教育的全部价值在于使生命更美好。"

　　"教育就是心灵的对话。"

　　"让人与人走近的是心灵，使心与心相贴的是情感，用教师真挚的情感走进学生心灵的天空，教育的前景无限。"

　　正因为寇老师秉承着这样的教育理念，在身兼多职的繁忙工作中，仍不忘音乐教育的研究；在各种教育平台上为老师们上示范课、研究课；除了学校的常态教学，课外还担任学校社团的训练与指挥工作等；不管是自己赛课还是指导青年教师参加比赛，寇老师都获得过傲人的成绩。无论对学生还是中小学音乐教师，寇老师都不遗余力地帮助他们成长，给予他们信心，不愧是孩子们心中的偶像，老师们人生的引路人。从寇老师的文字当中，不难看出他扎实的文学功底和丰厚的文化底蕴，在各种教育刊物上发表了许多教育专著和学术论文，着实让我钦佩！这都基于寇老师是一位善于学习、思考、探索，喜欢记录和写作的学者。

"我敢说，教育是天底下最深奥的职业。因为它面对的是思想丰富的人！教师是世界上最高级的'工程师'，因为它每天要解决的问题纷繁复杂。如此，我们不终身学习行吗？不思考并探索教育基本规律行吗？"从寇老师的话中，足见寇老师非常注重思考和学习。做一名教育思想者，是他的职业理想。

"学习丰厚生命，思考智慧人生。""如果思想的速度超越了时间，我们就可以洞察未来"。这是他一贯的观点。这样一位在教育界德高望重的导师，都不忘终身学习与思考，正值锦瑟华年的我们凭什么停滞不前？我陷入了沉思，并暗自下定决心，把握现在珍惜机会，努力朝着寇老师引领的方向一路向前！

寇老师对音乐课堂的深入研究，总结出了"声—景（境）—情"三位一体的音乐教学模式，成了我们教学道路上的一盏明灯，同时也成了我们的方向标。以前一堂音乐课学会一首歌或学会一种节奏等，就觉得教学任务就完成了，没有注重学生的情感体验，当然课堂肯定也是无味无趣的。后来虽有些改变，但注重教学成果还是远远大于注重情感体验，因此这也违背了音乐课程标准。课程标准指出：音乐教育以审美为核心，主要作用于人的情感世界。再一次明确了音乐课程的核心价值是培养学生的审美素质。

寇老师的"声—景（境）—情"三位一体的音乐教学模式，完全契合课程标准。寇老师深入细致地剖析了"声""景（境）""情"这三个重要因素，以及它们之间的关系和连接。"情动于心而载于声，声源于情而系于景（境）。声是情的传达，情是境的升华。把'声''景（境）''情'结合，为学生乐而教，为音乐美而学，于声中感受情感，在情境中体验乐趣，这三要素在课堂教学中既具有各自独立的学习价值，又相互作用构成完整的教学过程关系。"在优美的音乐声中感知音乐形象，或是创设一个舒适的环境来欣赏优美的音乐，让学生有一个轻松、愉悦的情感体验。主模式体现了音乐课堂教学的根本逻辑结构，变式则使音乐课堂更加的多样化。不管是主模式还是变式都只是一种有效的教学手段和策略，在运用它时要注意"善于用声，巧于塑景

（境），精于传情。"寇老师的句句金言都需要我们好好去咀嚼和领悟，所以我将还会再读、再悟！

书中还有名师工作室成员们的读书心得、教育感言、教学论文、教学设计……我都一一认真拜读，很多时候都能看到感同身受的教育感言，比如帮助一个孩子从内向腼腆到活泼开朗的成长过程，进而得到情感的触动和升华，非常有共鸣。蒋珂老师的《做一个有心的老师》，由一张照片引起的回忆，回忆里记录着同孩子们参加活动的点点滴滴，虽然老师的付出和努力描述不多，但她们的成长历程少不了老师的引领和陪伴。万里燕老师的《他"长高"了》，讲述了一个叫"政"的孩子从差到好的变化过程，不难看出老师的关注和爱对孩子来说多么重要。万老师的另一篇《小老师大作为》，读起来最有共鸣，因为在教学中我也经常用这个方法，所以就像万老师说的：一位智慧的老师一定会是一位好的引导者，他总会整合利用各种资源为教学服务。我想成为一位有智慧的老师，为此我会继续努力。

还有很多老师的文章我都认真阅读，非常受鼓舞。比如《做一个有教育理想的音乐教师》《做快乐的音乐老师》、《音乐教学中的情感交流》、《奖励两颗糖》《让批评结出美丽的果实》等，这些教育感言既阳光又温暖，字里行间无不渗透着对教育的无限热情。还有许多的读书心得写得也很精彩，激发了我对未读书籍的阅读欲望。最让我顿足不前的还有老师们优秀的教学设计，每一个课例我都对照教材认真阅读，跟着教学意图和教学环节边思考边记录边学习，真是受益匪浅。从老师们的文章里，我感受到了她们的成长和收获，我不由得心生羡慕，她们的学习机会，她们的丰富阅历，还有她们的美好青春，都让我羡慕不已。更敬佩她们的职业情怀和敬业精神。虽然我已不再年少，可我依然年轻，当然这是自嘲了！所以我一定珍惜每一次学习的机会，不做最好，只做更好的自己！

可能我们都是最基层的教育人吧，在教育的路上都会有各种滋味伴随我们，不管有多累，不管有多繁杂，不管有多不被人理解，只想告诉自己，不要被苦辣打垮，努力寻找心里的那份甜吧！

书中重遇"彩虹"

——读《音乐教育的哲学》有感

西南财经大学附属小学 张文婷

当我刚拿到这本《音乐教育的哲学》时，看着充满深意的书名，我便默默想，我定看不懂这样的书，过于深奥，超出了我平常所触及的范围。让人欣喜若狂的是，这些天看了这本《音乐教育的哲学》后发觉对自己热爱的职业有了新的认识，也有了更加深刻的感受。这些认识和感受消散了环境带给我的迷茫，这些认识和感受弥补了我自身的不足，《音乐教育的哲学》让我再次看见"彩虹"，给了我一道新的光彩。

书中第一个章节便解答了很久以来心中的困惑，也坚定我读下去的心。"如果我们的职业在我们看来是重要的，我们对之抱以尊重并从而能够既丰富了我们自己也丰富了社会，那么我们不会不感到自己的一生多半是重要的，值得尊重的，充实的。"在工作期间，我常常在意他人（包括学校同事与家长）对音乐科目的态度，那些所谓的不重视都在一次次打击着我的积极性，消磨着我的喜爱。可现想来这是毫无必要的，不成熟的想法。自己是否努力为何要通过外界来决定呢，自己喜爱的职业又为何因别人的想法而左右呢？价值是需要自己创造的，靠努力创造的，"假如我们感到自己的工作不一定有价值，感到相关领域的其他人对它都不够尊重，感到自己通过工作所做的贡献是可有可无的，那么我们只能感到自己的大部分人生同样不一定有价值"。是啊，其实更重要的是自己的感受，自己的想法更为重要不是吗？想要获得尊重和认可，更重要的是自己对自己的职业、学科充满信心，坚定信念，将所学的专业技能发挥到极致。不断学习，不断思考，不断进步。这样一来，一切也将被赋予新的意义。

一堂音乐课，究竟让学生在课堂中学到什么？我的音乐课堂应该是怎样的课堂？我常常问自己。在书中我常看到"审美"一词，看到这个词我认为太过于深奥，究竟什么是美呢？书中说"审美也许就是指观察和欣赏的行为，而这一行为在音乐教学中涉及聆听、表演、编创、律动、游戏活动等方面，是可变的、灵活的"。这句话让我不断思考，在课堂中基于音乐审美的基础上，应该如何让学生聆听，听什么，为什么听？所谓的世界名曲才能提高或是培养学生的审美能力吗？世界名曲固然是美的，但我认为我们需要培养的审美能力是能够感知向上的、积极的，能够激起一些共鸣或想象的感受。比如民歌的教学，民歌的教学过程是文化的传承，也是一方面审美能力的培养，能够从歌曲中感受的方方面面。大到民族文化的伟大、国家的富饶，小到少数民族小朋友游戏的欢乐节日的氛围。能够体验不同民族音乐的不同风格特征，也是一种能力。这些能力也就是在各种音乐活动中去发掘，有直观的感受，有情感的体验。

说到情感体验，书中提道："音乐教育是在其使得音乐的感觉更容易达到并且更深地内在化的尝试，可能被视为一种感觉教育，帮助所有人能够更有效地'从内心认知'音乐，是这个事业的首要目标。"是啊，音乐本身就是主观的，同样的音乐对于不同的人都会有不同的感受，没有准确答案，也没有唯一的答案。此时我在想，在音乐课堂中，请学生聆听音乐谈感受时，也会得到不同的回答，一段抒情的旋律有的孩子感觉来到了海边，有的孩子感觉来到了树林，有的觉得在妈妈的怀抱里。我不想说这些答案都是正确的，我想说这些都是美的感受。

"音乐的声音有一种特殊的力量，加强了人类情感体验的复杂性、微妙性和力度。"我个人特别喜欢这句话，让我更加认为音乐课堂中，真正学到了什么知识远远不及体验到了什么感受到了什么重要。也许这首歌曲会给孤单的孩子带去力量，让不自信的孩子找到自己的闪光点和信心，让他们感受到无尽的快乐是件多么美好的事情。在这一章节中还提出许多值得思考的问题，其中两个我印象至深："在音乐体验中，情感，或者感觉，究竟从何而来？""声音毕竟是声音，声音何以具有这样深的打动那些参与其中的人的力量？"我想大概是因为人的情感本是丰富的，对待不同事物本身有自己的见解和看法。人的情感本是乐观的，心底本身就有无穷的力量，音乐作为一个媒介去打开他，去发掘其中的奥秘和美好！音乐课堂是为词提供的一个场所，我们就是那个幸运的组织者，在本身纯净的孩子们身边，通过音乐去发掘他们身上更多的光、更多的美！与其说是通过音乐活动去感受音乐的美，不如说是通过音乐去感受儿童的美好！

以上仅仅是阅读时的些许拙见，也许对书的理解还不够彻底，思考得也较浅较片面，但对于我而言依旧感到力量无限！我想，也许这就是阅读的意义。

感恩这次阅读的经历，让我更加理解自己的职业，在解答了内心对于这份职业疑惑的同时，给予了我十足的信念感！我也深刻感受到音乐教育路上需要哲学这盏明灯，为我这样年青一代音乐教师指明努力的方向，能有所依地自由翱翔，像飞上天空的彩色气球，五彩缤纷，美好可及。

愿未来，美好可期！

音乐教育需要思想

——读《音乐教育的哲学》有感

成都市泡桐树小学（天府校区） 万里燕

美国音乐教育家雷默先生《音乐教育的哲学》一书，被美国和世界各国音乐教育领域广为接受。音乐教育为什么需要哲学？雷默先生说："如果一个人想胜任自己的专业，如果一个人的专业要在整体上卓有成效，那么某种哲学——有关该专业的本质和价值的整套基本信念——则是需要的。"这一段话让我懂得，为了更好地开展音乐教育工作必须学习音乐教育哲学，因为音乐教育哲学是音乐教育的基础。

带着一探究竟的心态，郑重地捧起了这本带着理性光芒的书。说实话，阅读哲学书籍我有些吃力，必须反复咀嚼那些理性的文字，并结合日常教学中的场景才能大致理解作者想表达的意思。为了不放弃阅读，我采用属于自己的"深度"阅读方式：一边摘录，一边批注进行阅读。就这样，我一点点地读完了全书！通过阅读，我更深刻地认识到音乐学科的价值和意义，也更清楚未来教育努力的方向和重点。

我想从音乐教育与感觉、音乐教育与艺术创作、音乐教育与审美体验几方面谈谈我的读书感悟。

一、音乐教育需要发展学生感觉

书中这样一段文字让我意识到发展音乐感觉的重要。"音乐教育是通过培养对音响的内在表现力的反应来进行的人的感觉教育。音乐教育最深刻的价值，同所有人文艺术学科教育最深刻的价值一样：通过丰富人的感觉体验，来丰富他们的生活质量。"难道不是这样吗？在生活中我们常常赞叹朗读绘声绘色的人：语感真好！赞美看一遍数字就能记下来并加以运算的人：数感真好！而对富有感染力的演唱者和演奏者，我们则赞叹道：乐感真好！语感、数感、乐感都是人的感觉，感觉能力可以提升人的生活质量。所以，我们要创造条件发展学生的音乐感觉能力。如何发展？当然不是通过讲或者告诉的方式，而是通过体验活动获得。这里举一个例子。

　　同事余老师曾执教《转圆圈》一课。《转圆圈》这首歌曲的难点之一是准确掌握混合节拍——二拍子和三拍子不断变换,学生准确掌握有难度。余老师采用色卡加声势的策略,制作了表示二拍子和三拍子的两种色卡,并设计了表示二拍子和三拍子的两种声势,通过视觉的直观感受和身体动作的变化来帮助学生突破难点。教学设计巧妙、操作性强,学生们练习的兴趣很浓厚。但下课抽查,发现仍有不少同学不能准确拍击节拍的变化。这是什么原因呢?经过认真反思后我们发现:借助色卡,虽然能从视觉上让人一眼"看"出是三拍子或者二拍子,但只是"看"到而已,并没有真正"感觉"到节拍的变化。拍击身体的动作也是依赖对老师的模仿,没有训练出内心的节拍感。色卡和声势是辅助学生感觉节拍的方式,最终音乐感觉发展起来了,才能像司机开动汽车一样对节拍做出自然而准确的判断。由此我领悟到:音乐课堂要丰富参与体验音乐的方式,让学生行走、哼唱或者跳动起来,以促进他们的音乐感觉变得灵敏起来!

二、音乐体验活动其实是创造性的表达自我

　　书中关于"创造性"的两段文字让我印象深刻。

　　一段:"使音乐教育能够让人更接近音乐的创造性本质的第二项原则是,必须使学生有很多机会来施展音乐方面的创造性。有三个基本途径:听赏、作曲、表演。"

　　二段:"音乐教师所做的一切,从学龄前到成人教育的所有阶段,学习的一大重点必须通过旋律、节奏、和声和对位、音色、力度、织体和形式的相互作用,放在音响富有表现性的组合上。也就是说,音乐学习应当被导向与音响品质更深的相互作用方面,艺术家的创造性决定,就是关于音响品质的决定。那种相互作用有思想、有感情,正是音乐体验的目的所在。"

　　这两段文字让我明白,创造是一个"输出"的过程,体验音乐是接受艺术家的"输出"并创造性地再"输出"的过程。我用两个例子说明我的理解。一个是我在参加国际三大教学法培训中,上课的老师会即兴弹奏钢琴(通过琴声输出她的创造),并让我们听着琴声进行即兴表演,让我们将聆听音乐的感受个性化地表现出来(接受输出再创造性输出)。对于音乐的体验和感受,每一个人的反应是不一样的。将感觉和感受表达出来的过程其实是创造的过程,同时是深度体验的过程,也是提高审美的过程。通过感受—探索—表现—再探索—再表现的过程,我们加深了对音乐的体验和理解。第二个例子是同事邓老师在执教《雪花带来冬天的梦》一课中,引导学生通过嗓

音、铝片琴、图形谱、即兴动作等方式营造了北风呼啸、雪花漫天飞舞的情景，给我留下了深刻印象。学生乐此不疲地参与到多种方式的即兴编创活动中，既创造性表现了歌曲的意境，又深度体验了歌曲特点。由此我领悟到：音乐课堂要关注学生体验音乐中的个性化表达，那是他（她）在创造性表达自我，教师要将这些美好创意捕捉到，进行强化和分享，激发更多孩子表现的愿望。

三、音乐教育与审美教育的关系

前面我提到过：《音乐教育的哲学》一书，对确立审美教育的哲学起到十分重要的作用。那音乐教育与审美教育有着怎样的关系呢？书中这样几段文字为我指明了方向：

"审美教育的目的，是提高所有人获得审美体验的能力，提高所有人的审美感受力。音乐教育怎样才能成为审美教育，是《音乐教育的哲学》要回答的中心问题。"

音乐教育如何成为审美教育？雷默给出了三条原则："该如何教音乐呢？第一，各个层次和各种活动的音乐教育所采用的音乐，应当是好的音乐，也就是真正有表现力的音乐。第二，必须不断提供机会，使人感受到音乐的表现力。这就是说，必须始终把作品作为一个统一体来体验。第三，音乐教育最重要的作用就是帮助学生逐步增加对音乐要素的敏感，包括可以获得感觉体验的那些条件。"

这让我领悟到，音乐课必须为学生提供途径，让他们获得审美观察和审美反应的机会，从而获得审美体验。那具体说来音乐课上我们该如何做呢？以我曾执教的《加伏特舞曲》一课为例。

在乐曲 B 段我采用了图形谱、打击乐、律动等多种方式，引导学生感知音乐节奏的变化并做出反应。学生通过肢体动作、音画结合和打击乐合奏的方式，充分体验了节奏的密集抑或疏松变化。当学生沉浸在音乐中，尝试着行走、舞动来表现感受到的变化时，当学生目光清澈明亮专注地用打击乐表现音乐的变化时，整个课堂呈现出和谐、灵动的美，这种美潜移默化感染着课堂中每一个人……由此我领悟到：为学生体验音乐选择合适的方式和合适的路径多么重要！教师的专业能力固然重要，但通过合理的设计激发学生的学习愿望更重要！音乐的知识与技能不是靠音乐教师讲会的，而是靠教师不断激发学生充分而美好的体验习得的。

《音乐教育的哲学》一书还让我看到了未来教育努力的方向和重点。

（一）备课的重点在活动的设计：为学生体验音乐提供可能性

在《音乐教育哲学》中雷默先生说："好的彩排、好的课堂教育、好的课程之所以好，就因为在理解作品的整体影响和掌握构成这种影响的技术——音乐的细节方面，都有进步。一个好的老师指导如何平衡整体体验与'挖掘'。那要求真正的音乐性、卓越的教育技巧，对那个年龄段和当时那个特定时刻的学生的敏感，以及保持授课活跃而令人感到有回报的想象力。在对老师的要求方面，没有比这更富于挑战性的了。"

在未来的音乐课备课中我会更多关注音乐作品的音乐要素，并将音乐要素的感知设计成一个个面向全体的活动。这些活动要形成序列，在不断复习巩固中渗透新的内容。并保证教学的流畅性，使活动间通过音乐自然串联起来。让课堂呈现出有序而灵动的美。

（二）实施教学的重点在关注生成：为提升学生表现力提供可能性

除了要求自己不断创新的同时，关注现场生成，利用学生资源进行即兴活动，促进师生间的深度体验。课堂教学应该是一个动态的过程，不同的学生有不同的想法和不同的感受，因此会有不同的表达。教师要留心观察不同学生的表现，帮助他们指向共同的表达，强化最恰当的表达，生成课堂的精彩。

（三）教学过程的关键是活动质量：为实现审美教育不懈努力

还是引用美国教育家雷默先生在《音乐教育哲学》中的论述："在音乐教育的'学习'部分——也就是深化对音乐的审美体验的部分——注意力应集中在得到观察后，能够引起审美反应的事物上。"一言以蔽之，音乐学习的重点内容应是学生通过聆听后最有表达愿望的地方，针对这样的内容展开学习，让学生充分感受和表达。同时音乐课堂上呈现的所有内容都应该是美的、动听的。无论是学生的嗓音反应、肢体反应、声势反应还是打击乐演奏，都应该讲究身心愉悦、音响和谐，其实做到这样就是在做审美教育了。

以上所谈就是我阅读《音乐教育哲学》后的一些思考，未来，希望自己能更理性地思考音乐教育，更感性地实施音乐教育。以更敏锐的判断，整合多种教育资源并通过多种途径为学生体验和表现音乐搭建平台，从而服务他们的完整成长！

在不断的自我修行中，遇见更好的自己

——读《中外童声合唱作品教学》有感

德阳片区 陈 勇

本学年在工作室期间我认真阅读了关于合唱方面的书籍——杨鸿年教授编著的《中外童声合唱作品教学》，也找到了新的学习动力，对于我们基层的音乐教师来说，合唱指挥的学习也显得尤为重要。所以，在假期我也认真收集合唱相关书籍，并认真研读了《中外童声合唱作品教学》以及网络书籍教程。

《中外童声合唱作品教学》是一本由杨鸿年教授编著的关于童声合唱教学方法和作品分析的书籍。本书中杨鸿年教授侧重于对童声合唱的组建以及排练进行分析，然后通过不同作品的分析，不同声部的解读以及和声的编配来拆分作品，使我们对于合唱作品的分析理解有了进一步的了解，从而为我们的排练提供更科学更有效的理论支撑。

《中外童声合唱作品教学》书中介绍，合唱艺术原本根植于西方宗教音乐之中。20世纪初叶，随着西方文化在中国的传播，合唱艺术也开始在中国萌芽，尽管合唱艺术源于西方宗教教义，然而合唱艺术在中国的发展，却从一开始就摆脱了宗教的束缚，而始终与人民大众的现实生活紧密结合。合唱教学和学习对于中小学生来说具有非常重要的因。它能够培养学生的歌唱兴趣和改变学生的歌唱习惯培养学生的听觉艺术，增强自身音乐审美能力，特别是对培养队员之间相互协作的团队精神具有重要作用。

这本书在训练的各个环节要求都是很明细的，它要求在发声练习时要对姿势、口形、呼吸、发声等方面进行严格的训练，通过训练达到掌握一定的技能技巧，并运用到歌曲演唱中去。在合唱训练之前必须做好放松练习。如打哈欠，让喉咙打开、颈部放松、气息流畅自如。不管是怎么样的练习都不能在音量上过早要求，直到大家在歌唱时做到完全打开喉咙，彻底放松下巴，呼吸自如，气息匀畅，这时，再去考虑声音的力度问题。这种合唱发声训练所产生的力量是使声音稳定、灵活、有弹性、流动。声部内各成员在呼吸的运用、发声的位置及共鸣、音色、吐字的方法等诸方面都应基本达到统一，才能使整个声部的声音达到一致，清晰、准确地唱出作品的歌词。读这部分时我认识到学习和教学其实也是一个循序渐进的过程，在合唱队训练以及今后的音乐教学中都必须重视过程和方法，否则就会对学生产生消极的影响。所以，读一本好书的启迪不仅仅体现在某一方面。

在平时课堂教学或生活中，单声部曲子占多数，在二声部歌曲学习就显得很困难，大家都喜欢唱第一声部，也比较习惯于唱高声部，不喜欢也不习惯唱二声部，容易走调。针对这种情况，在声部训练中，就采用先易后难、先入为主的方法，这就要求相互协调而做到配合默契、主次分明。不仅仅合唱中是这种要求，生活和教学中也要求主次分明，与同事相互配合，相互协调。

通过这本书的阅读，我发现最多的还是大家在教学时，不仅仅是音乐学科在教学中的问题。比如说书中介绍说应该针对具体的乐曲首先对音乐创作背景及其时代背景进行总结，在具体乐句以及个别音的训练上都应该讲解和独立训练。增强自身的修养是很有必要的，俗话说："要给学生一杯水，自己就必须有一桶水，甚至一缸水。"只有自己的修养高了，处理教学才会得心应手，思考问题才会敏锐，才能教出出色的学生。学会具体知识，具体讲解。各位教师还要不断地完善和丰富自己的学科以及其他学科的知识。

合唱队是个大家庭，队员之间一定要团结。合唱训练中，要平衡各声部的音量，同大同小。队员在演唱时要能听到其他所有声部的声音。合唱教学一样是一个连续而又循序渐进的过程，绝不能急于求成。它要求大家各方面全身心地投入，互相配合来演绎优秀的作品。

总之，合唱是一项长期而又复杂的工作，需要我们音乐教师坚持不懈，只有这样我们的音乐事业才能更快更好地向前发展；也相信在我们音乐工作室的各位家人的齐心努力下，把合唱教学工作的一些收获和心得分享给身边的每一位同仁，让他们也参与到我们的活动中，感受合唱的魅力，感受音乐的快乐！

读《音乐课例与专家评析》有感

德阳市实验小学　刘宇桐

　　在疫情期间，躁动的我们需要沉静下来的一颗心，我拿出了这本《音乐课例与专家评析》。在疫情之前我们市教研员李新炽老师就给我布置了一个任务，收集一首地方民间音乐，然后传播给孩子们，做一个民族音乐文化的传播者。所以我想从这本书里去寻找一点灵感，去学习，去模仿，去创新。这本书汇集了小学音乐省、地、市级公开教学课例集，可谓是百里挑一的好书，其中有欣赏、唱歌、唱游、打击乐、创作、奥尔夫教学等课程，包括了整堂课的教学设计、说课稿、教学实录。为什么会选择这样一本书来进行阅读？因为在工作的这四个年头里，我越来越深刻体会到一名教师要上好一堂课，上优一堂课是多么重要，而且在加入了"寇校名师工作室"后更加让我有了这一感触。多看好课，多学前沿的教学理念是在自己的教学道路上必不可少的。

　　通过读吴瑶香老师的《音乐课例与专家评析》一书，再通过实践课例中感受寇老师的教学模式，发现不论是吴老师还是寇老师，都一定是在教育经验里走出来的，所以内心的感触油然而生，"身边就有一位这样带领我们向前奔跑的从一线走出来的专家，积累了众多经验还不吝赐教，我们还有什么理由不努力，不向上，不去追求做一名好老师呢？

　　让我记忆犹新的是，在德阳市2019年中小学生音乐教师培训上，李新炽老师邀请了寇老师来到德阳给我们讲授"小学民歌教学策略与方法"，当天我上了一节研讨课《打猪草》。课前，我还是比较有信心的，因为在私下已有无数次的教案修改和磨课。当天上完课，寇老师用了他的教学模式、思想和理念以这堂课做点评。首先说到的"情景"是怎样让孩子置身于音乐中，环境氛围的营造必不可少，从而使孩子们更能够享受音乐、理解音乐，所以从导入就进行了修改。再说到"语境"，自己表述一段话都不可能是一个语气，更何况还是一节40分钟的音乐课，如果声频太高会让孩子们很累，不放松，如果声频太低又缺乏课堂的生动与灵气。所以，怎样把握好自己的度在课堂教学中极为重要。寇老师说："今后大家在民歌教学中，如果对作品把握不准，就按照作品解读的五点策略进行，一定会很不错的。"果不其然！讲座结束后，各培训小组按照步骤分组进行实操，每个小组都完成得非常好。这更让我体会到：一位好老师，要对学生、对自己所从事的事业充满热爱、充满热情；一位好老师，应该善于挖掘音乐作品的童趣和意境美，激发学生学习音乐的由衷的情感；一位好老师，应该会找准切入点，凸显情感与态度目标，重视训练点，合理把握知识技能目标，抓住互动点，强调过程与方法目标；一位好老师，不仅要自己教好课，更重要的是要让学生会学、爱学、主动地学、创造性地学！在以后的教学实践中，我将向吴老师和寇老师学习，满怀爱心，用心教学，以审美为核心，将音乐基础知识和基本技能的教学有机地渗透在音乐艺术的审美体验之中，做一个美的传播者！

用爱灌溉生命

——读《爱心与教育》有感

成都墨池书院小学 杨昕珏

"'生命是多么深邃的话题，它包含着人世间一切最极致的体验，生命可以是能够被毁灭，但不能够被打败'那般顽强，也可以是'亦余心之所善兮，虽九死其犹未悔'那般博大。生命如果有颜色，会不会看上去就像凡·高的《向日葵》和《星空》。生命如果有态度，是不是听上去就是贝多芬的《田园》和《英雄》。"这是朗读者里面的一段话，可见生命是独一无二的，生命是如此厚重的，生命是如此坚毅的，生命是如此炫目的，生命是如此博大的。作为一名音乐教师，除了教授音乐知识外，我也是教师，我将面对许多的生命，他们每一个都是独一无二的，善良的，单纯的。可以说他们就像是拼图，需要我们用爱、用耐心、用智慧帮助他们并且和他们一起拼出美丽的图画。我已数不清阅读李镇西《爱心与教育》时落下的眼泪，作者李老师与学生相处的种种都是我期待的我的模样。作者夹叙夹议地讲述着关于他与学生的故事，这些文字像从他脉搏里跳动出来的文字，是从血管流淌出来的温情，是被汗水浸泡过的文字，是蘸着泪水与欢笑的文字，怎叫人不感动？

当我在书中读到他从不忘记学生的生日，在学生生日时给学生送上一份生日礼物；在课间经常和学生一起活动；在课余时间或假期中带领学生一起走进大自然；对班级中的优生、中等生、学困生坚持按号轮流家访，为学生煮鸡蛋等，敬佩之情在我心中油然而生。他与学生万同的故事让我充满了感动，万同同学偷了其他同学的随身听，他第一时间不是责备而是聆听学生的想法为他解决问题建立信任。问他记得老师第一次与他们见面时送给他们的话，万同回答："让人们因我的存在而感到幸福。"让他没想到的是万同同学居然是班里好事做得最多的人。万同在老师、同学的帮助下从作弊再到认识错误改正，请李老师替他写"情书"，写检讨书让李老师回来当班主任等，这一点一滴，一个个鲜活的故事让我看到孩子因老师的付出而成长，因老师的关爱而学会关爱，因老师的善良而学会正直。在阅读中，我不断地被感动，不断地反思自己检讨自己：对于教育我是否有做到问心无愧？是否对每一个孩子都做到了因材施教，做到了足够的耐心？我想我应该可以做得更好。书中万同同学因为李老师的爱心、耐心、信心而发生一点点变化，不论是朝着哪个方向，都牵动着老师的心。而万同身上所体现的"反复"，足以考验老师的爱心，只有爱心的坚持才能创造这样的奇迹。

李老师对学生说"做一个使别人感到幸福的人"，是的，李老师的学生是如此幸福，李老师的行为与语言不仅扎根在万同同学与李老师的其他学生心中，也深深扎根在我的心里，它一直触动着我，让我在生活中、教学中得到了很多很多的启发。例如，在生活中我并不是一个爱笑的人，但或许多笑一笑周边的人的幸福指数也会增加。在与学生相处的过程中遇到上课捣乱的学生，我弄清楚状况再与他们讲道理使他们自己改正，用更多的耐心去引导他们朝着正确的方向发展。我相信让学生感受到老师的用心与老师一味地批评带来的效果是完全不一样的。从每一件小事做起，将心比心，用自己的爱心与耐心浇灌一个个特别的可爱的种子，让他们发芽成长。在寇老师的名师工作室里我也看到了这样一群值得尊敬与学习的老师，为了让学生在音乐课堂中获得更多的审美体验、获得更多的知识、拥有对音乐更多的兴趣，老师们加班加点地磨课学习，就为了更好的教育！

就像柏拉图所说："音乐教育比其他教育重要得多，节奏和乐调有最强大的力量侵入心灵深处，如果教育合适，他们就会拿来浸润心灵。"是啊，当孩子们一看到美的东西，就会赞美，心灵就会吸收快乐，有了这些美的滋养，自然性格也变得高尚优美。教育不是成绩是一个个鲜活的生命，是让他们在我们的爱中成为一个正直、善良、能够让别人幸福的人！老师们，让我们一起用爱灌溉生命吧！

美丽心声

——读《音乐学习与教学心理》有感

成都高新区尚阳小学 周梦娅

音乐教育，一门启迪"美"的教育。身为一名小学音乐教师，不能只关注学生的音乐学习成果，还应当密切关注学生的心理状态，从而选择适当的音乐教学方法。拜读了曹理老师的著作《音乐学习与教学心理》，感触颇深，现将结合教学实践，从以下五方面来谈谈感悟。

一、巧用策略培养自信

在音乐课堂上，自信心着重表现在学生的表现能力和表演能力上。有些学生敢说敢唱，有些学生不敢表现，有些学生在歌唱时面部没有表情，声音又小又无力，呆板得像在背书一样，还有些学生直接拿书遮住脸。种种现象表明，这些都是不自信的表现，如果这个现象不加以重视，不帮助学生们建立自信，将会出现"蝴蝶效应"，影响整个课堂风气，从而导致音乐学习的失败。所以，必须培养学生的自信，于是，我采用两种策略，一是"手拉手"策略。和好朋友一起表演，共同感受成功的喜悦；如果遇到实在放不开的学生，那就降低要求，不用高标准来要求他们，衡量他们的实力，而是比一比谁的声音最清晰、谁敢于亮相。这样一来，加上我大力的鼓励鞭策，学生们慢慢地有了转变。从一开始的扭扭捏捏不敢歌唱，到找伙伴壮胆演唱，再到镇定自若地演唱，现在积极踊跃地表演，不仅提高了学生的表演自信心，而且激发了学生学习音乐的兴趣。二是，在音乐课上，设立"我要上舞台"这一环节，先让学生在课前自己自组编排节目，我以学生身份加入他们的队伍中，用这种"师生反串"模式，无意识地给课堂注入了民主、平等、团结、合作的新鲜空气，缩短了师生之间的距离，让老师更容易走进学生的心里，进而让学生更喜欢上音乐课，喜欢表演。

二、用歌词敲响心灵

歌曲离不开歌词，要充分理解歌词所表达的意义后，才能真正地唱好一首歌。在学习新歌之前，除了让学生了解歌曲的创作背景、作者简介、歌词意义外，我还会让学生去聆听歌曲所要表达的情感，从而有节奏、有感情的来朗诵歌词，然后，再进行下一步的教学环节。例如，五年级《爱的人间》这首抒情优美的歌曲，向我们表达着丰富的情感内涵，歌词非常形象地刻画了一位盲童的内心世界，以第一人称"我"的形式向社会各界给予盲童关爱和帮助，表达他的感激之情。所以，我在设计教案时，以"爱"为主要线，通过"看""听"结合，"读""唱""表演"等四部分内容一层一层推进，旨意让学生在丰富的音乐实践活动中，去感悟"爱"的真谛。

三、用心聆听培养情操

俗话说，"音乐是听觉的艺术"。在新课标里，听觉被放在了十分重要的位置，在"听"中求思索，不仅训练了学生的听觉，而且培养学生良好的音乐鉴赏力。但是，音乐欣赏课不是单纯地听听音乐而已，而是要在教师的引导下通过有声的旋律，陶冶情操，获得无声的情感体会，最终达到德育的目的。简而言之，要在艺术的求知过程中，通过听、想、议、唱、动、奏中获取思想品德教育的内容。例如：在聆听民乐合奏《三个和尚》，教师一连三问：为什么一个和尚挑水吃，两个和尚抬水吃，三个和尚没水吃？先让学生们自行讨论。然后教师循循善诱，通过三个和尚没水吃，到不用挑水而有水吃的过程，讽刺那些互相推诿、斤斤计较的人，启发我们只有团结合作、勇于承担责任，把个人的智慧融入到集体中去，发挥集体的力量，才能克服困难，最终取得成功的道理。

四、开展活动升华品德

丰富多彩的课外艺术活动，如合唱、舞蹈、演奏器乐等。学生在活动过程中，都会碰到许多的困难，如枯燥乏味的发声练习、器乐练习、难度很大的舞蹈动作等。每当遇到这些情况，教师都要及时地鼓励，引导他们直面困难，锻炼坚强的意志，以及当别人有困难时应该去帮助。对于参加比赛时，排名情况学生比较在意，难免会有压力。遇到这些情况，教师要对学生进行正面的引导，使学生知道"重在参与""友谊第一，比赛第二"，让学生克服过大压力，发挥正常水平，培养学生优良的心理素质，培育出德、智、体、美、劳全面发展的新一代人。

总而言之，音乐教育以审美教育为核心，并不是为了培养音乐家，而是为了培养心理健康的人。所以，在音乐教学过程中，教师要避免生硬的、烦琐的技能训练，而是应该从学生出发，为学生所想，给他们营造多一点的自由空间，去发现美、创造美，激发他们热爱美、传播美的热情，从而使"美"能在学生纯洁的心灵中生根、发芽、生长、壮大。

美育·美乐

——读《美育十五讲》有感

电子科技大学实验中学附属小学 罗竟慧兰

美育既是一种教育形式，又是一种教育观念，缺乏美育的教育是不完全的教育。《美育十五讲》淡雅的封面镌刻着这几行字，此书包含了众多美育名家对美育的定义抑或自己的理念，它涵盖着各个领域，将不同的声音一一包容，融会贯通。初识美育，我也只是粗浅地从字面理解为美育：美的教育，但究竟为何物却不能说出一二。经过这几年的学习和耳濡目染尤其是拜读过《美育十五讲》后我渐渐有了些自己的感悟：美育不仅仅是一个单一狭隘的概念，它是美的表达、美的途径、美的方法。

美育的价值在于对人的内在"美化"，它不是一种急功近利的说教，而是一种潜移默化的熏陶。站在教育的角度我们常常思考应该教育出怎样的人，蔡元培先生说："美育之目的，在陶冶活泼、敏锐之性灵，养成高尚纯洁之人格。"美育可以养成人美好的品格，高雅的审美。如书中所讲："随着人类社会的不断发展，人类日益摆脱粗俗的、原始的、物质需要的束缚而发展着社会的、精神需求，其中就包括高级的审美需求。"不言而喻，审美力是社会主义新人所不可或缺的一种能力。

记得三年级第一次播放《春天的芭蕾》这首歌曲给孩子们听的时候，几乎所有的孩子都哄堂大笑，这让我有些不知所措，心里竟觉有些失落。或许是孩子们没有接触过这类作品，但这也足以说明我们平时给予孩子的教育是不全面的，他们的审美过于狭隘。费尔巴哈也说过："如果你对音乐没有欣赏力、没有感情，那么你听到的最美的音乐，也只像是耳边吹过的风，或者脚下流过的水一样。"现在网络发达，在家庭和社会中孩子们接受了大量的流行音乐，他们认为流行的才是最好的，不可否认每个人都有年少的时期，喜欢流行和前卫，我能理解他们。我也承认高雅艺术的受众人群一直以来都是小众。但他们对高雅艺术的嘲讽实在让我有些痛心，任何一个国家都不能将流行的东西作为主流，我不盼望他们每一个人都喜欢，但我希望他们可以理解、尊重，尤其是我国传统艺术文化，这更让我明白审美教育的迫切。美学家张世英说："人生有四种境界：欲求境界、求知境界、道德境界、审美境界。"审美即为最高境界，如今高速发展的中国似乎对美育并没有从上而下地落到实处。其实中国并不缺乏优秀的审美，中国戏曲中的唱、念、做、打与丝竹萦绕声声入耳，国画中浓、淡、干、湿的渲染，山水花鸟的融合抑或磅礴大气抑或清新精美，中国建筑的大窗、飞檐、小品搭配风水、布局、结构演绎着中华民族几千年来的人文底蕴。又例如当今网红李子柒，纵观李子柒的视频，一茶一饭、一草一木，日出而作日入而息。操作台上跟随季节不断变更的插花，果蔬花树将院落点缀得色彩斑斓，床头柜精心设计的树枝灯，餐桌上造型精美的碗碟杯筷，每一处都透着中国精致的审美。

人之初，性本善，小学教师犹如白纸画家在孩子的初心播下种子，小学教育是培养孩子良好审美认知的启蒙阶段。"音乐是审美为核心"（《音乐课程标准》2011版）在小学音乐教育教学中，教师不能只关注音乐技能和音乐理论的教授，而忽视了孩子在音乐学习中的审美能力的养成，审美能力的培养更多的是需要实践、感知、体验。就像书中所说："所谓审美体验首先是一种基于感受的、对于对象的遭遇和情感的亲身体会。因此，任何审美都是由感官对于审美对象的感受开始的，没有感受就没有审美"人有眼、耳、鼻、舌、身五种感官，因而形成视、听、嗅、味、触五种感觉。对音乐感知而言，用得最多的是听觉和视觉。在教学中要多引导学生主动聆听，通过音程、和声、不同种类器乐的聆听训练孩子耳朵的灵敏度和分辨能力，通过聆听各类乐曲、歌曲积累去感知、辨别音乐的美。除了必须的教唱，尽量尝试让孩子们学会视唱歌谱，在刚开始的阶段一个班的孩子会出现较大的视唱能力差异，呈现的效果往往没有教师教唱的效果好，但孩子能在这样不断的自我尝试中去调整音准、记忆知识、创造演唱。这对于他们来说唱歌识谱就不只是简单的模仿，而是自我音乐能力的提高。当然这些需要长期践行和引导，有时候甚至会觉得没有任何让人可见的欣喜成果，但或许就是一次音乐活动的创编、一次旋律的共鸣就能够让孩子感受到音乐的美。

美育是一种综合教育，并不是专指艺术教育，但艺术教育是实现美育的重要途径，但在实际操作中教师应该思考如何将美育与儿童结合起来，用他们能够接受的方式践行美育。这也让我对自己的教学进行了反思。这两年我有意识地收集表现形式适合儿童的艺术作品，如民乐演奏的哆啦A梦动画主题曲、交响乐版本的猫和老鼠主题曲、歌剧猫、儿童话剧寻找声音的耳朵等，孩子们开始对除流行音乐以外的艺术形式产生了兴趣，至少我认为这是一个好的开始。

如今的中国如一头雄狮屹立东方，除了经济的繁荣，必不可缺的还有文化的发展，审美能力的提高。不要让对物质生活的追求取代对美的追寻，不要让对艺术的无知无措，成为一代孩童的遗憾。作为基础教育阶段的教师，我更有义务承担起这份责任，于生活于工作都该抱有一份对美的渴求，坚持以音乐审美为核心的教育理念，将其贯彻于音乐审美教育的全过程，给孩子们的童年埋下一颗叫"美"的种子。

Yes，I can！

——读《教学勇气：漫步教师心灵》有感

成都龙泉区第五小学　张　雯

我们对日子感到"苦"，恰恰与其心中挚爱息息相关。如何在崩溃与无助中守卫自己的热爱？《教学勇气：漫步教师心灵》这本书中探索了教师生活的内在景观，唤醒教师，它说"真正好的教学来自教师的自身认同与自身完整"，同时它还说"教学的勇气就在于勇气保持心灵的开放，老师要在学生面前呈现真实的自己，给了教师力量，陪伴教师前行"。

Yes，we can！这是美国总统奥巴马在竞选演讲中说的一句话。他说："Yes，we can！"今天，在这个舞台上，我也想告诉大家："Yes，I can！""是的，我能！"前段时间网上流传这样一个段子，问："你除了当老师还会干什么？"我的天哪！我都笑了。当老师要具备以下条件：会电脑、会说话、会断案；会算账、会社交、会看人；能沟通、能写作、能讲课；能熬夜、能早起、能受气；懂舍得、懂政治、懂娱乐；受得了忙，伺候得了人。只要在这个行业混上几年呀，估计不成精也看破红尘了。你以为当老师这么容易啊？

当老师，我们是认真的！

大家听了这个段子，心里都在默笑，可是教师这个职业就真这么消极吗？2013年11月23日，我在三方协议上跟龙泉驿区教育局签了约，从那一刻开始我正式成为了一名人民教师。说实话，当时的内心并没有欣喜若狂，对未来一片茫然。因为我不知道我能否胜任这份工作，我给在教育事业上奋斗了快三十余年的舅舅、舅妈打了电话，听着他们的话语我的思绪飞到了小学时代，数学一直是我求学路上的拦路虎，有一天被数学老师提问"张雯，你回答一下平行四边形的概念。"我战战兢兢地站了起来，回答道："平行四边形是，是……"我支支吾吾说不出来，特别担心老师批评我，然而老师轻声细语说："坐下吧，老师再来说一遍，希望大家都能记住。"他把他的拐杖放在一边说："对边相等，对角相等，这就是平行四边形。"全班同学哈哈大笑，也都在模仿老师的动作，老师也笑了，却没有因为我们笑他而尴尬。是的，年近六旬的爷爷做出这个动作很滑稽，可就是这个动作让我把这个知识点铭记于心。他本应退休在家享受天伦之乐，却倾其毕生精力在教育事业上。求学之路十多年，我不能说老师教的知识我都学会了，但是"平行四边形的概念"给了我后来的求学之路莫大的力量。在我的心中，正是教育的力量让我的老师的一生无比辉煌灿烂。

以前我总以为小学生都很乖巧，正式踏上讲台后，理想与现实还是有差距的。有一次我在课堂上严厉地批评了一个聪明但又很调皮的小男孩儿，从那之后他在我的课堂上一直面无表情、沉默不语。后来我了解到他父母离异，自幼跟随爷爷奶奶生活。为了让他知道老师是爱他的我专门找他聊天，刚开始他还是一副吊儿郎当的样子，可当我说到他的妈妈时，他的情绪低落了，眼泪夺眶而出。听着他的心声，我的鼻子酸酸的，原来他总是用他自认为的方式想引起老师的关注。我一个成年人都想每时每刻得到父母的疼爱，更何况他还是一个孩子。我告诉他我不仅是你的老师，在学校里我也是你的张妈妈。从那以后，这个男孩儿变了，在我的课堂上由原来的调皮变成了活泼，他始终是最认真最积极的那一个。教育的力量深不可测，我为我能从事教育事业而骄傲。上班两年多了，不管是校内的课堂展示还是区上的公开课，都经过了试讲、讨论、再试讲、再讨论，然而这些都是校领导和音乐组老师陪伴我走过，这份感动一次次地推动着我，让我从零基础一步步、一次次地提升自己、突破自己、挑战自己。最终我获得了区教坛新秀和区课堂大赛一等奖，这些成绩不是因为我幸运，而是在各位领导的支持和前辈们的帮助下点滴成长的结果。

在从教之路上，一切都会改变，可不管怎么变只有一点不变，那就是我们的教育初心，不忘初心，方得始终。小小的三尺讲台承载了所有老师的教育梦，师者，所以传道授业解惑也。一切为了孩子，为了孩子们的"梦"，为了"中国梦"，老师们为他们插上飞翔的翅膀，让他们展翅翱翔，搏击长空。愿我们奋斗在教育事业一线的老师桃李满天下。我想说："Yes，I can""是的，我能！"我相信大家也一定是 Yes，we can！

作为教师，我此生无憾！

我的教学有良方

——读章连启《音乐教育教学经验》有感

泸州市泸县玄滩镇学校　刁正会

清代刘开《问说》中说："理无专在，而学无止境也，然则问可少耶？"作为一名从事音乐教育教学的"新手"，在日常教学当中，经常会遇到一些教学问题，由于教学经验的匮乏加之学校教研条件的不允许，所以，只能依靠学习借鉴前辈们优秀的经验进行不断摸索和实践，以下是我读章连启《音乐教育教学经验》一书的一些收获和思考。

本书编写的基本思路是从多角度谈音乐教育教学的经验，淡化纯理论的探讨，化繁为简，注重解决实际问题。包含了音乐教学的宏观构想、课前准备工作、道德情操教育、关于双基教学、唱歌教学、音乐欣赏教学、器乐教学、音乐创造教学、组织教学及课外音乐活动等内容。适用范围广泛，对中小学音乐老师来说，它可以是老师们教育、教学工作中的好参谋、好助手；对高等、中等师范院校音乐系的学生来说，它可以是同学们学习音乐教育学、音乐教学法的参考书；对音乐教育科学研究工作者来说，它是来自音乐教育第一线的第一手研究资料。

就课前准备工作而言，该书给了我一些方向和启发。教学结构犹如建筑房屋的框架，框架的好坏，直接影响教学质量的高低。教学结构是由若干个教学环节组成，各环节按照一定的顺序和时间分配进行。每个环节都有其相对的独立性，但是每个环节又都与其他环节有着内在的联系，相互作用相互影响。教学结构的环节一般包括组织教学、复习检查、引入新课、新课教学、巩固教学、布置课后练习及课堂小结。当然，在教学过程中，这些环节有可能全部呈现，也有可能呈现其中的某些部分。教学中究竟呈现哪些环节，要依据教学的实际情况而定。引入新课又叫导入环节，这是一个过渡性的教学环节，主要作用是把学生的注意力和兴趣引导到新课题上，并要激发起学生的学习欲望，形成一种积极参与的精神状态，为新课教学打下良好的基础。导入新课的方法，有直接从内容、形式、体裁、风格上导入的，也有从新旧知识中联想导入的。观看实际教学视频中有的教师把导入环节设计得太复杂，从相关文化、习俗、文学、历史等，五花八门，有喧宾夺主的感觉。我认为，导入应该把握住时间和整堂课的结构布局，音乐为主线，按照新课标"以音乐审美为核心，以兴趣爱好为动力"的基本理念，强调音乐兴趣的爱好与音乐审美能力的培养，通过音乐教育开发创造潜能，培养全面、和谐、充分发展的个体。在人音版八年级下册《唱脸谱》教学中我的导入环节，基于对教材的分析和学生情况的分析，我选择了体裁风格上的导入，运用了激趣法和教师示范法。以教师表演激发学生学习兴趣，导入歌曲选择《新贵妃醉酒》，一来耳熟能详调节轻松愉悦的上课环境，二来歌曲属于创新性体裁的歌曲，与本课所学的《唱脸谱》相似，时间安排上选择演唱歌曲第一段，并和学生一起完成，拉近学生之间的关系。

新课教学是课堂教学的核心环节，是教学结构中的主体部分。新课教学的主要任务是学习音乐知识，培养音乐技能技巧，从事艺术实践，发展音乐能力及音乐审美能力，传承民族优秀文化，进行思想品德教育等。教新课的时候，作为音乐教师应该注意下述问题：

1. 正确处理教学关系，既要发挥老师的主导作用，又要发挥学生的主体作用。在我们的音乐课里，不能只顾按照已设计好的环节进行教学，要从学生出发，考虑课堂突发、临时应变等因素，应充分发挥学生学习的主动性。教师作为教学的组织者和指导者，是沟通学生与音乐的桥梁，应加强教学过程中的师生互动交流。

2. 因为音乐教学是一种艺术教育，所以要把艺术实践、音乐审美教育摆在教学的重要位置上考虑。引导学生发现问题、解决问题，参与讨论，更深刻地体会音乐的独特魅力，调动学生将课堂变成展示自我的舞台。有的教育，老师大多起到的是传道授业解惑的作用，看似没有问题，但与学生没有太多的互动，并且只给标准答案。科学的教育，老师大多会根据每个学生的不同性格，因材施教，激发他们独立的思考能力，鼓励学生挑战老师的权威，因为这世界上没有绝对的标准答案。比如，在解决乐曲音乐情绪方面，确实没有固定的答案，因为学生是个体，个体感受是不尽相同的，这就考验我们老师在课堂问题设置上多下功夫。

3. 音乐教学要突出重点、明确难点、优选教学方法，力求巧妙而有实效。初中音乐课程里设置了唱歌课和欣赏课，唱歌课不单纯是唱歌，作为教师我们应该联系学生实际情况进行发声训练和培养学生积极表现创造的能力。有时候学生们在课堂里专学唱歌，长久以后，学生就会感受到音乐课里的歌不好听、不流行，把注意力集中到朗朗上口的流行歌曲里。欣赏课可以适当地创设情境，语言文字解说不宜过多，要留余地给学生去思考、去领悟、去想象。这样学生的音乐作品才会积累得多，对音乐的感悟才有独到的见解。

4. 教学模式的科学化合理化，对于培养学生对音乐的兴趣起着非常重要的作用。教学设计如果能够贴近学生心理，学生自然就能保持一种对音乐学习的积极心态融入音乐课。在音乐教学过程中，我们需要培养学生爱好音乐的情趣和丰富的感受音乐的能力，陶冶高尚情操，抛弃过去偏重音乐知识的思想倾向性，更多地让学生通过欣赏、感受，到模仿、创作，实现情感态度与价值观、过程与方法和知识与技能三维目标的有机整合，从而实现教学目标。

最后，我想谈一谈对书中没有提及的拓展环节。适度地对音乐课教学内容进行有效拓展是我们教学中应该提倡的。但是前提必须是教师全面理解和掌握音乐教学各领域的内容要求及其相互联系，并在教学中将其融合成有机整体，全面提高学生的音乐素养。只有这样的拓展教学设计才能加深学生对音乐的理解，才能更有效地为达成教学目标服务。很多教学设计为了让课堂"华丽"而拓展，生硬地加入拓展环节，反而使得音乐课堂偏离了音乐教学。有的甚至偏离了学科，使得学科性质不突出。我认为就拓展而言，可以适当加入新的教学法，例如柯达伊教学法、奥尔夫教学法等。其中，奥尔夫教学体系中的声势训练，用身体作为乐器，以拍手、跺脚、拍腿、捻指等身体律动来进行节奏训练。在八年级欣赏课《G大调弦乐小夜曲》实际教学中加入声势训练，同学们热情很高，能把乐曲主题音乐节奏记住，并主动自制简易乐器。当然，音乐审美教育的优势是培养人们的审美情感，而审美情感往往和人的道德情感相联系。而音乐课程的价值在于：为学生提供审美体验，陶冶情操，启迪智慧；开发创造性发展潜能，提升创造力；传承民族优秀文化，增进对世界音乐文化丰富性和多样性的认识和理解；促进人际交往、情感沟通及构建文明和谐社会。

《礼记·学记》有句话说得好："是故学然后知不足，教然后知困。知不足，然后能自反也。"作为教师，不论其专业水平多高，对教材多么熟悉，经验多么丰富，在科学文化飞速发展的今天，在思想无比活跃的学生面前，都必须对教育教学实践进行再认知、再思考，并以此来总结经验教训，进一步提高教育教学水平。总之，现在的音乐课堂仍需要我们广大的音乐教师不断地学习和反思，才能使我们的音乐教育不断完善和发展。当然，如何调动每一个学生的学习积极性，今后还需努力。只要我们多花些心思，我相信学生们就会从中得到快乐的体验！

讲策略 促发展

——读《小学音乐教学策略》有感

成都龙泉驿区第一小学 李 东

2018 年 9 月，在龙泉驿区音乐教研员王大东老师的推荐下，我有幸加入了四川省小学音乐寇忠泉名师工作室，成了名师工作室的一名学员。在加入工作室之前，虽然从事小学音乐教师也有近四年的时间，但在教学方面还是有很多的困惑和不足，尤其是在进入了名师工作室以后，寇老师每一次活动都会给我们安排优质展示课，观摩和学习了许多节名师工作室同伴们的优质展示课，我更加清晰地认识到了自己在音乐教学中的不足以及需要提升的短板。在寇老师为我们搭建的优质平台里，有名师的指导和讲座，还有优秀同伴的现场优质展示课，给我在音乐教学方面带来了很大的帮助，我也从中受到了一些启发。

为了能紧跟上工作室其他优秀成员和学员的脚步，我在工作之余认真地阅读了郑莉老师的《小学音乐教学策略》这本书，使我对音乐教学的认识发生了很大的改变，对音乐教学策略所研究的内容、价值与发展趋势有了更加深入的了解。这本书从下面几方面进行了阐述：小学音乐教学策略概述，"感受与鉴赏"领域的教学策略，"表现"领域的教学策略，"创造"领域的教学策略，"音乐与相关文化"领域的教学策略，小学音乐教学方式实施策略，现代音乐教育技术应用策略，小学音乐课堂突发事件应对政策。

《小学音乐教学策略》教我们怎样理解和运用新课程标准、怎样培养学生对音乐的兴趣、如何去激发孩子们的情感体验、如何开发学生的创造力等一些常见的问题，作为音乐教师的我们在教学第一线必须积极探求方法、寻找应对策略，对教学实践环节中的不同问题进行认真的分析，使新课程理念能够真正地运用到我们的课程当中去。现在学生之间的合作，我们学校在大力倡导小组合作、互助学习，合作学习是在每个小组成员进行充分的独立思考的条件下进行的，要给一些思维稍显迟钝的学生思考的机会，合作的目的就是让每一位学生都尝到学习的快乐，让每一位学生都积极地参与课堂。所以我们设计的合作环节应该是目的明确、关注全体的活动。

郑老师在这本书里，重点强调"教学策略"这四个字。回想起我的音乐教学大部分还是停留在如何把教学过程这一环节梳理好，但是做好这一点是远远不够的。在课堂中为了提高教学的实效性，要根据教学条件的特点，对教学任务的诸多要素进行详细的规划，以及依据规划在教学过程中想好所运用的具体方法。随着新课程标准的实施，为了达到教学目的，完成教学任务，将我们所设计的教学活动进行适度的调节与有效的控制，让学生能够保持比较高的学习热情，积极思考，主动学习，达到较为理想的学习效果。书中还采用理念引领、案例说明的方式诠释文本，理论联系实际，看着那些详细的案例，再把新教学理念加以结合，对新的"教学策略"有了一些了解。音乐学科的基本理念中强调音乐以审美为核心、以兴趣爱好为动力，所以我们在教学中要注重情感体验，随时关注学生。音乐是抽象的，所以在一堂课之初应重视创设音乐的情境，当学生在教师的引导下进入音乐情境后，便会主动参与体验音乐，教学效果也变得尤为显著。我们应该明白音乐教学更多在体验，通过想象、聆听、律动、表现、创编等活动，与音乐作品产生情感共鸣，我们的课堂就会无比的活泼而生动。例如，在学习俄罗斯著名的舞曲《天鹅湖》选段《四小天鹅舞曲》时，原来我的课堂是先给学生播放这首作品，然后带着学生跟着音乐做律动。而现在我改变了原来的教学方式，让孩子们随音乐的律动走进教室，既使学生对音乐有初步的印象，又让他们觉得这种方式非常的有趣。走进教室之后，我向学生展示了交响乐团演奏的盛大的音乐会，视听结合的方式让学生体验了交响乐队的魅力所在，然后再出示课题，我接着说：让我们一起走入俄罗斯这个神秘的国家（播放俄罗斯民间舞蹈、展示俄罗斯的建筑图片）。孩子们在音乐的旋律中，津津有味地感受着异国风情，很快进入本课的学习中，为后面的教学奠定了良好的基础。又如《春晓》这首唱歌作品，我先采用配乐诗朗诵的方式，让学生在音乐声中按节奏朗诵歌词，感受古诗的韵律和韵味，孩子们自然地就进入了歌曲的意境，连那些平时上课总爱说话的学生也被吸引了。这就说明，我们要在音乐教学中给学生创造一个既和谐又生动的教学氛围和教学环境，学生就会不由自主地进入音乐的美好世界里，而他们的表演欲望也会被激发出来。

《小学音乐教学策略》让我深刻地认识到教学策略在普通音乐课上，对学生学习效果的重要性。教学是一个系统的过程，教学的各个环节、各个元素之间相互影响、相互制约，作为教师只有充分考虑各环节元素之间的关系，采取恰当的策略，充分发挥各因素的作用，协调好各种关系，才能使教学效果达到完美化。在小学音乐教学的过程中，要完善和学习的地方还有很多很多，"教学策略研究"是我们在实践中需要积极探索的，为了能使孩子们全面发展，积极向上，有较高的音乐素养，使他们能够在学习音乐中享受到欢乐与喜悦，作为音乐教师的我希望和孩子们在音乐的世界里一起畅游、一起进步。

借他山之石　守望"梦田"

——读《给音乐教师的建议》有感

泸州市纳溪区云溪实验学校　王　俊

遇见更美好的自己，最直接的方法莫过于读书。手捧《给音乐教师的建议》一书，更坚定了自己用心耕耘"梦田"的决心。

浓情万缕　守望流动的音符

本书记录了一位从教二十多年的小学音乐教师王艳芳在教育教学生涯中的探索和感悟。她的音乐课上得非常鲜活灵动，贴近孩子，富有特色。书中一个个突发奇想的小妙招、一个个鲜活的故事，实践性和操作性很强，非常实用，从中我们也可以看到这位教师的教育智慧和对孩子的爱心。它不仅是音乐老师要看的好书，更是对所有老师心灵的启迪！

赞同以爱为主的教学理念。对孩子的爱，能够使一个老师变得聪明起来，能让自己和孩子的生活充满诗意、充满故事。正是因为王老师对孩子们的爱才能写出这么多精彩的小故事供我们赏析和借鉴。当王老师即将担任一年级的音乐教师时，她利用暑假给未曾谋面的孩子和家长写信，启迪孩子认识音乐、喜欢音乐、享受音乐。她在给家长的一封信里谈道："家长朋友，可以说我们是教育孩子的同行，我想请您帮忙：请把孩子的生日（阳历）通过博客告诉我，孩子生日那天，我们将在音乐课上一起为他（她）唱支生日歌，表达我们诚挚的祝福。"家长成为教育的好伙伴、好资源的同时，我们看到了课堂延伸，更感受到王老师真诚的爱。

钦佩丰富多彩的教学形式。王老师的上课形式丰富多样，她使孩子们的音乐课不仅仅是单纯地对着书本学习那一段段歌词歌旋律，而是在学习课本内容的同时有效运用了故事、绘画、编歌谣、扮角色等多种形式手段使音乐课更加丰富、更加美，也更容易让孩子们喜欢和接受，同时又润物细无声地渗透了德育，让孩子充分发挥想象，提升其创造力。王老师看见有孩子喜欢吃棒棒糖，就在音乐课上创作歌词只有一个"棒"字的"音乐棒棒糖歌"鼓励学生。就连整个音乐课堂也创作上课歌、坐下歌、放下课本等音乐来提示孩子，以培养孩子对音乐的敏感和喜好。其中有奖励孩子的一个方法——每班有个"好事罐"让我记忆深刻。王老师每周都努力"当场抓住"唱歌、发言、纪律最好的学生，让被"抓住"的学生把自己的名字和所做的事写在纸片上，然后把纸片放入一个"好事罐"里。每到星期五，从"好事罐"里随机取出几张纸片，给被选中的学生发小奖品。

感叹笔耕不辍的成长妙计。王老师勤于钻研引领课改，笔耕不辍记录成长。起初，王老师的文笔生涩，为了使自己获得提升，她花费大量时间搜集教育经典，并坚持阅读。她脚踏实地地做好每一天的教育，然后用笔忠实地记录自己的教育生活，包括自己的教育行为、故事、感悟；等等。正如朱永新教授所言："要想写得精彩，必须做得精彩、活得精彩！"是呀，只有做得精彩，才能写得精彩；而精彩地写，才能促使我们更加精彩地去做。她是这样想的，也是这样做的。

且思且行 奏响最美的乐章

在我们的视野中，名师大多是语数教师，可王老师作为一名音乐教师，同样将教育做得有声有色。这不得不让我们汗颜。现在多数音乐老师牢骚学校不重视自己所教学科，一边满腹牢骚的同时，一边又在得过且过，敷衍教学。如果把音乐教学这条道路比作一行行五线谱，那么作为出行者的我们就是一个个跳动的音符，走得平坦，奏出的音乐平淡无味；走得此起彼伏，奏出的音乐优美动听。要想所教的学科受重视，首先自己要自强。

心怀一亩田。"天地生人，有一人当有一人之业；人生在世，活一日当有一日之勤"，一个社会角色、一份社会责任。作为音乐教师，我们要忠于音乐教育事业，把音乐教育当作一种情怀来影响人、培养人；坚守责任担当，以"爱的名义"不虚此生。"兴于诗，立于礼，成于乐"，中华民族自古以来就重视美育对人和社会发展的重要意义。我们要扎根时代生活，以美育人，引导青少年寻找人生意义，追求更高、更深、更远的境界。

耕耘一亩田。孩子会因为喜欢一位老师而喜欢一门学科，会因为讨厌一位老师而讨厌一门学科。每个孩子都是家庭的希望，作为老师，我们首先要关爱学生。关注每个学生，欣赏每个学生，以爱心呵护孩子的童心，以童心换取孩子的真心，以真心赢得教育的开心；其次，勇于探究。《柯达伊音乐教育思想与实践》一书中强调：音乐是每一个孩子与生俱来的权利，而不是某些音乐天才的特权。要让音乐属于每一个孩子，让每一个孩子都能在音乐中感受到快乐，在教授儿童音乐知识与技能的过程中，就得探索适合儿童的音乐教学，进而优化课堂教学、全面提高教学质量；三是学无止境。学习的唯一真正的途径是身体力行地去做。作为音乐教师的我们更要坚持学习，学习学科知识，学科教学知识，学科专业能力、教学能力，好读书，读好书。苟日新，日日新，又日新。只有凝聚底气，方有行稳致远。

守望一亩田。世界上没有任何一条通往成功的捷径，我们要有麦田守望者的精神。守望我们的事业，干一行，爱一行，钻一行，精一行。守望我们的学生。电影《一生只为一事来》主人公支老师由于她的坚守，让淘小子、笨孩子等都走出大山，让乡亲们意识到了教育的重要，让多少"放牛娃"能去上学，让多少人多少家庭摆脱困境，让商人董大山迷失的心又重新回归。守望一亩田，因为坚守，才有希望！

它山之石可以攻玉，让我们浅浅爱，轻轻笑，稳稳走，心中的"梦田"终会繁花似锦、果实累累！

读《小学音乐教学策略》有感

达州市宣汉县柏树镇中心校　朱姗姗

音乐作为一种优美的艺术形式，对培养审美情趣以及价值观、人生观具有重要作用。小学音乐教学中，学音乐从生活的角度出发激发学生的学习兴趣。但教学设计与教学方法尤其重要。《小学音乐教学策略》这本书从以下几方面进行了论述：小学音乐教学策略概述，感受与鉴赏领域的教学策略，表现领域的教学策略，创造领域的教学策略，音乐与相关文化领域的教学策略，小学音乐教学方式实施策略，现代音乐教育技术应用策略，小学音乐课堂突发事件应对政策。其中给我影响最深的是小学音乐教学方式实施策略。

假期，我细读了郑莉老师编著的《小学音乐教学策略》一书，对教学策略研究的意义、价值与发展趋势有了更深的理解。以前上课备课总是糊里糊涂，在教学中寻找教学方法，教学后也不知道怎么去反思，也不知道教学设计与方法真正的好与不好。教学总是跟着感觉走。但看了《小学音乐教学策略》这本书后才知道所谓教学策略即在特定的教学任务中，为了提高教学的效率和效果，在一定的教学观念、理念和原则的指导下，根据教学条件的特点对教学任务执行过程中所采用的具体措施。在小学音乐教学中就是音乐教师在现代教学理念的指导下，为了达到教学目的，完成教学任务，将所涉及的教学活动进行适度的调节与有效的控制，使学生能够保持高昂的学习热情，积极思考主动学习，以达到理想的学习效果。

一、营造环境，保障教学效率

如今网络的发达，使得歌曲教唱的形式变得丰富起来。小学音乐教学中，通过教学设置和教学内容符合的教学情境，才能让学生保持持久的学习兴趣。郑莉老师在书中写到传统的音乐教唱，多是教师教唱与学生跟唱相结合，教学中仅仅用抽象的语言符号来引导学生理解歌曲所表达的情感，学生往往难以接受，理解起来也相对较为困难，演唱时往往是机械地重复而缺乏感情。现在通过多媒体描绘歌曲所表现的景象，帮助学生在理解基础上学唱，则更容易学会、唱好。如在执教《少先队员采茶歌》这首歌曲时，通过多媒体播放采茶画面，从而让学生根据采茶场景，创编采茶动作表演，让学生主动参与发挥。因此，教学情境不仅能引导学生主动进入歌曲，还能将感情带入教学中，提高学生学习兴趣，让课堂教学效果更佳！加入信息技术把音乐汇入学生的生活、情感融为一体，真正触动学生的感情世界，才能够更为有效地完成歌曲的教唱。

二、课堂互动，解决枯燥学习

乐理对于小学生而言学习起来比较枯燥，难度较大，学生对于有关的名词、乐理知识学习相对于小学生而言也比较枯燥。但通过课件形象化的展示，老师再加点游戏学习，让学生在学中玩、玩中学，更容易掌握对于小学生较枯燥的乐理知识。音乐概念理解起来也比较困难，再要进一步学习更深层次的节奏、速度、高低音就显得力不从心了，现在信息技术的引入解决了这一难题。使用多媒体课件可以将抽象转化为具象，如在学习节奏时，可以一边播放不同节奏的歌曲片段，一边呈现与之节奏对应的乐谱，通过同步动画的演示，可以让学生轻松掌握各个节奏的不同特征，学生学习乐理的兴趣也得到了提高。

三、反思教学，落实理论实践

读了《小学音乐教学策略》这本书，我真正理解并掌握了小学音乐课堂到底怎么上、怎么教，才能将郑老师的教育精髓真正地落实到教育教学中，服务课堂，提升课堂质量。

1. 理解了音乐教学中准备策略的重要性。我会在课前提前布置好这节课的教学准备，如课件、乐器、服装、教学情境等，这是对教学实践以及课堂质量的有效提高。

2. 掌握了音乐教学中的基本实施策略。如在教唱歌曲四年级《苹果丰收》之前，通过课件播放朝鲜族人民衣着华丽的民族服饰，载歌载舞的丰收景象，主动给学生创设情境。让学生置身于有声、有色、有情、有景的热闹氛围之中，仿佛自己也成了幸福的朝鲜儿童，在这种情感的感染下开始学唱就能更加准确地把握歌曲的内涵。

3. 运用了音乐教学中唱游教学策略。小学生天性活泼好动，一节课四十分钟只是枯燥地学习乐理知识与歌唱很难激发学生的学习兴趣，甚至还会渐渐对音乐这门课失去兴趣。我读了《小学音乐教学策略》书中说到的唱游教学策略，小朋友天性好奇、好问、好玩，从而让学生能在学中玩、玩中学，所以课堂中我通过一些师生之间的互动游戏、歌手大 PK、音符角色扮演，节奏训练时用跑与走、快跑与慢走等语言帮助学生掌握音符的节拍长短、探索空间，等等。通过这些游戏方法我发现上课时教学课堂变得活跃了起来。学生主动参与的积极性明显提高！

4. 了解了教学方案巧妙设计的方法。《小学音乐教学策略》讲到，教案中的教学设计决定这堂音乐课精彩与否。要经过教材分析—课堂设计—教学中组织与实施能力—运用评价的过程。通过读悟在平时课堂中执教三年级《我是草原小牧民》，第一环节——师着蒙古族服装表演蒙古族舞蹈，让学生直观感受。第二环节：参与蒙古族骑马、摔跤、射箭、跳舞等活动了解蒙古族。第三环节：体验小牧民，争当主人翁参与蒙古族跳舞唱歌。第四环节：学习歌曲，通过创编等环节掌握歌曲内涵。本堂课孩子们学习互动性强、参与性强，学习效果好。这都得力于巧妙地设计教学环节。这样，结合音乐特点、内容特点、声音特点、情绪特点、语言特点、审美特点、节奏特点、舞蹈特点更好地设计适合本课的教学活动，在探究、合作、综合与模仿中解决本课教学难点。改掉以前上课流程单一的弊端，让课堂变得巧妙有趣。

总的来说，读了这本书，使我充分认识到教学策略在日常教学过程中，对学生学习效果的重要作用。每一节课都要采用"准备—学习—实践，思考—反思—讨论"的结构，既要注重理论又要注重实践。实践教学是一个系统的过程，教学的各个环节、各元素之间相互影响、相互制约，让我明白作为教师要充分考虑教学中各环节元素之间的关系，充分发挥各因素的作用，协调各类关系，才能使教学效果达到最优化，读完这本书我感触颇深，使我对实践教学有了更深一步的了解。在后续的教学过程中，我会努力实践所学到的教学策略理论，认真思考、积极总结，为进一步提高教学的效果和效率不断努力。

第三章

创美：成长课例

民歌教学设计——《采花》

学　　校：成都市泡桐树小学（天府校区）

执 教 者：余世凤

任课年级：五年级

【教学内容】唱歌综合课四川民歌《采花》

【教材分析】

四川民歌《采花》歌词描写花开满园，四季采花的情景，表达人们企盼采得鲜花之情，热爱生活的状态。切分节奏贯穿全曲，歌曲中的一字多音，要唱得连贯、圆润，歌曲旋律流畅婉转，朗朗上口，简短的三乐句一气呵成：一乐句，返回式旋律，婉转动人；二乐句，旋律发展，大弧线，情感起伏较大，与第一句形成对比；三乐句，节奏密集，收拢，比较稳定欣喜的心情，表现出四川人民婉约的性格特点。

【学情分析】

小学五年级学生经过五年的音乐课学习，对音乐充满浓厚兴趣，对国内国外民歌都有所了解，有较强的民族自豪感、自尊心，有归属感，具备以音乐表达生活、情感的基本能力。也是世界观、人生观、价值观形成的关键时期，对这个阶段的孩子进行民歌传承学习，对孩子树立民族自信具有重要价值。

【教学目标】

1. 学生乐于用四川盘子及声势、游戏等形式愉悦地参与学习、体验活动。

2. 学生能熟练背唱第2、3、6段歌词，并情绪饱满地参与课堂体验活动。

3. 学生能通过学唱《采花》了解民歌的价值，乐于传承，为弘扬民族文化而努力。

【教学重点】

1. 以饱满的情绪声势参与体验活动。

2. 以丰富的形式参与歌曲学唱活动，并记住部分歌词。

【教学难点】

学生能在具体活动参与中，将歌曲唱会、唱好、唱熟，直至背唱第2、

3、6 段歌词。

【**教学用具**】钢琴、多媒体、课件、四川盘子。

【**教学过程**】

一、**声势游戏导入：模仿打盘子的声势**

设计意图：通过直观模仿，学习声势，为以盘子为伴奏做铺垫，并且始终贯穿教师的哼唱，熟悉歌曲曲调，符合民歌的口传心授学习方式。

1. 教师直接示范模仿打盘子动作，理清音乐结构。

师：欢迎走进音乐课堂，首先请观察老师是怎么做的。动作与音乐有什么关系呢？

2. 示范后的分析：

师：老师哼唱的这个曲子由三个乐句组成。目的，说明动作与乐句的关系。

3. 一起来做吧！

师：做后加间奏，间奏提醒：间奏跺脚踏 4 步，注意声响好听一点。

4. 两人合作玩声势游戏。

5. 和音乐律动。

师：前面 2 段，单人做，后面 4 段和小伙伴合作玩（播放有间奏的范唱）。

6. 介绍四川盘子。

师：示范，并问：知道刚刚一直在做的这个拍手动作是在模仿什么吗？其实是在模仿一种乐器的演奏，是什么乐器呢？瞧，就是它，生活中的盘子，到了艺术家手里就成了一件美妙的乐器，而且在舞台上还会用各种各样的动作来美化表演呢。赶紧一起来欣赏一下吧，生活中的盘子在舞台上是怎么表演的？

师：哇！来为艺术家的精彩表演鼓鼓掌吧！一起来了解一下，盘子，也叫四川盘子，是四川曲艺的一种，它综合了四川清音、四川民歌的表演风格，是一种风格独具的歌舞剧，演唱时，无乐器伴奏，拿筷子自敲瓷盘击节，所唱曲调多为民间小曲。

7. 盘子的演奏姿势：

师：你们也想来学习盘子了吧？师示范并学打盘子。

8. 生盘子伴奏，师演唱。

师：请你们用盘子为我演唱伴奏吧！并请认真听，我唱到了什么花？

二、**聆听部分范唱及完整范唱，以四川话读第 2、3 段歌词**

设计意图：在歌曲学习中注重整体聆听，不要教唱，学生始终在有任务驱使的活动中进行积极主动的学习，并且课堂有动有静，便于学生良好学习习惯的养成，重视四川方言在表现四川民歌韵味中的重要作用。

老师范唱第 2、3 段。

师生活动：学生打着盘子，教师清唱第 2、3 段。

听后问：打着盘子演唱好有氛围！你们听到了什么花？

揭题：刚刚演唱的就是一首流传最广，很经典的四川民歌《采花》，用四川话说一说呢。

生："采花。"

师：好有味道，说得再喜悦一点。

师：四川话，我来问、你来答。

师：拿起盘子，用相同的节奏接龙说，我说前，你们接后。

安静聆听教师完整范唱全曲。

师：这首歌曲一共唱到了多少个月？还有哪些花？请大家认真安静听听老师范唱。

听后交流：多少个月？还听到哪些花？学生回答，老师顺势将花的卡片交给学生。

再次认真聆听学生范唱版本，分析歌词规律。

师生活动：师贴月数，拿到卡片的同学，随着演唱依次贴花的图片。

师：其余同学，边听边思考：听听歌词有没重复，是哪一句在重复呢？歌词还有什么规律？

三、学唱环节，学生只唱第 2、3、6 段歌词，老师唱第 1、4，5 段歌词。

设计意图：通过接龙的方式，让学生从容易入手的重复乐句接唱，进入口传心授的民歌学习活动，学习效率高，学生体验参与丰富，有趣有效。

1. 师生合作演唱第一段。

师：老师唱前，你们在歌词重复的这一句接唱进来，可以吗？

2. 师生打着盘子合作唱第一段。

师：打着盘子，再来一遍。

3. 师生完整合作接唱全曲，师领生合。

4. 歌词过渡到曲调学习。

师：哇！看着这么多美丽的鲜花，一月接着一月地开放，好开心呀！各种各样的花，代表着季节的变换，也表达着人们对生活的热爱！孩子们有没注意到，每一段变的是歌词，而不变的是？曲调。这朗朗上口的曲调是怎么唱的呢？请听，师示范演唱曲调。

5. 我们一起用 LA LA LA 来唱。

（1）遍，生唱，师画。

（2）遍，分析，曲调就像当地高高低低的山峰一样，时而盘旋环绕，时而挺拔险峻，那我们的声音也要这样婉转优美，上扬明亮，又收着、柔美地唱（指着旋律图说）。

（3）遍，生再唱，边唱边画，师伴奏。

6. 学生学唱第2、3段歌词。

师：带着这优美婉转的旋律，我们一起来唱唱3—6月的花吧！（尤其注意"海""尖"，一字多音，这婉转优美的韵味儿。

师：再唱一遍，注意韵味。唱后评：有了四川民歌韵味儿！）

师：边打盘子边来唱，可以吗？

7. 强化记忆3—6月的花。

师：下面要来考考你们的音乐记忆力了，老师取掉时间卡，你们可以背唱了吗？

8. 教师民歌新唱范唱第4、5段歌词。

师：你们的演唱已经把我带入了那美的山、秀的水之间，面对这情、这景，我忍不住想自由地歌唱起来。

师：好听吗？喜欢吗？民族歌曲、时尚表达，将民歌新唱，也是一种传承、创新。

9. 学唱演唱第6段歌词。

师：10月过了，就是11、12月了，在民间人们又把11、12月称为冬月、腊月，正是四川的寒冬时节（唱：冬月里腊月无哟花采），哎！只有什么花便自开？（师唱：霜打的梅花便哟自开）让我们用歌声赞美它吧！

师：注意这个"采"字哟，"霜打的梅花"声音扬起来，赞美它。

10. LA LA LA 演唱表达无尽的幸福、赞美。

我们的世界远不止这些花呢？让我们用 LA LA LA 来表达，对美好生活的赞美和追求吧！

11. 师生合作完整演唱全曲。

四、总结并完整演唱。

设计意图：总结民歌就是记录人们的生活，传唱民歌、传承民族文化的意义。

四川民歌《采花》记录了一年中每个月的代表性花卉，也表达了人们对幸福生活的热爱、赞美和对美好明天的向往，让我们一起做传唱民歌、传承民族音乐的使者！最后，以我们优美的歌声结束今天的课吧！

民歌教学设计——《放牛山歌》

学　　校： 成都市天涯石小学
执 教 者： 张　琪
任教年级： 三年级
指导教师： 伍娜、寇忠泉

【教学内容】《放牛山歌》(内容来源：人音版三年级上册第四课《放牧》)

【教材分析】

音乐特点：2/4 拍，五声徵调式，歌曲为六个乐句构成的一段体。音乐素材简练、朴实，富有浓郁的生活气息。

文化特点：歌词中四川方言"哟喂""啥""哥儿啰喂"等衬词的运用，增强浓郁的地方特色。

声音特点：山歌。

情感特点：曲调生动、欢乐、活泼，表现了牧童娃娃愉快劳动的欢乐情绪。

教学重难点：歌曲的方言学唱、莲萧学习。

教学策略：听唱学歌（断、连音方法）、游戏中培养乐感（节拍、节奏）、在方言与莲萧的学习中体验传统文化。

【学情分析】

1. 学生对民歌学习有较强的兴趣，学习民歌的态度积极、思维敏捷，有一定的自我主张，接受能力较强，在小学低段接触过部分民歌教学，能演唱和表现一些旋律较为简单、歌曲较为短小的民歌。

2. 三年级学生已形成较稳定的认知观，能在评价中发现自身的价值，并产生兴奋感和自豪感。喜爱在玩中创造，在游戏中体验教学内容。他们大都活泼可爱，并且喜爱音乐，喜欢唱歌与唱游相结合的形式。已掌握基本的歌唱技巧和正确的歌唱姿势，能用自然的发声方法独立、自信、有表情地进行律动和即兴动作。希望在别人的评价中能发现自身的价值，产生兴奋感、自豪感，对自己充满信心。

3. 针对学生情况在教学中挖掘作品的音乐要素，注意对音乐作品分析、理解到位，从音乐要素上入手，是歌曲的歌词有特色和趣味性，还是在旋律节奏上有一定的规律性，根据这样的特点设计教学环节，更好地将歌曲呈现给学生，让学生喜爱并能轻松掌握。

【教学目标】

1. 体验四川儿歌《放牛山歌》通过劳动所获得丰收的喜悦心情。

2. 能够用四川地方语言唱出山歌风格。

3. 用明亮的歌声演唱歌曲《放牛山歌》，表现四川牧童欢乐、愉快劳动的心情。

【教学重点难点】

重点：准确表现歌曲《放牛山歌》的四川山歌风格。

难点：用明亮的歌声演唱歌曲《放牛山歌》。

【教学用具】 莲箫、双响筒、PPT、教材

【教学过程】

一、感受体验，情境创设

设计意图：用孩子们熟悉的四川方言问好，为学习这首具有山歌风味的四川儿歌以及用四川话表现歌曲做铺垫。

四川方言问好：

师："同学们好！"（四川话问候）

师："今天，张老师就要带着大家走进咱们四川的山野间，学习一首具有山歌风味的'四川儿歌'。"

二、引出莲箫，处理节奏难点

设计意图：莲箫作为四川民间乐器，在学习四川歌曲的同时让孩子们感受四川民俗文化，用莲箫引出歌曲难点，有节奏跟读歌词，在加深这一句歌词的印象的同时提前解决学生歌词唱不清晰、节奏易错的问题，并为后面用莲箫表现歌曲做铺垫。

师："此时此刻传来了什么声音？"（牛儿的叫声）

1. 读歌词，处理难点句节奏。

师："放牛娃每当放牛的时候，还会念着歌词给自己助兴。"

× × × × × | × ×. | × . × × × × | × ×. |

背上　那背　个（哟啥）　一大　　　背　兜啰

2. 介绍莲箫，学打莲箫。

师："知道老师刚刚打的是什么乐器吗？"

师："莲箫，我们也叫它'花棍'，'打莲箫'是咱们四川非常盛行的民间

舞蹈，不仅如此，莲箫还被列入"四川非物质文化遗产名录"。

三、以情带声，学唱歌曲

设计意图：这首《放牛山歌》歌词量较大，一课时的教学设计中，我让孩子们只学一段歌词，充分运用唱歌课的基本要素：听—想—唱—演进行教学设计，从围绕如何唱好歌、唱好山歌进行环节的设计；用莲箫感受歌曲的乐句，熟悉歌曲的同时也用好莲箫表现歌曲；这是一首咱们四川的歌曲，为了充分让孩子们感受地方特色的歌曲，尝试用四川方言演唱这首具有山歌风味的四川儿歌，让孩子们能够以更加饱满的情绪和贴近生活的方式演唱歌曲。

1. 初听歌曲，揭示课题，感受歌词内容。

师："我们一起来走进这首《放牛山歌》，听听歌曲都唱了些什么？"

2. 简要介绍四川山歌，聆听歌曲情绪。

师："在咱们四川，'山歌'占了十分重要的位置，山歌是人们在山间、野外劳动时演唱的短小民歌，今天我们就来学习一首具有山歌风味的四川儿歌，我们一起来听听放牛娃放牛时的心情怎么样？"

3. 莲箫表现，感受歌曲节拍和乐句。

师："一会大家来数一数这首曲子一共几个乐句？"

4. 复听歌曲，听听歌曲有哪些方言。

师："知道这些四川方言是什么意思吗？实际上，它们并没有实际意思，只是加强语气的表达，突出四川儿歌特点，同时作为歌词填充，表现欢快愉悦的情绪。"

5. 读歌词，熟悉歌曲歌词内容和歌曲节奏（双响筒伴奏）

6. 师范唱歌曲，生跟琴声在心里演唱。

7. 生完整演唱歌曲。

8. 男女生对唱。

9. 用四川方言朗读歌词。

师："刚才这段吆喝声有什么特点？"（四川话）

带领学生完整用四川方言朗读歌词。

10. 用四川方言领唱+齐唱的形式演唱歌曲。

师将前奏钢琴伴奏拉宽拉长，并将领唱的一、二乐句速度放慢和拉宽演唱，更好体现山歌风格，和学生合作演唱。

四、合理拓展，综合表现

设计意图：莲箫运用在歌曲的表现中，把四川文化元素在教学中一以贯之。

跟着放牛娃一起上山去放牛，来感受下当放牛娃的喜悦之情。

师："请一名上台来当吆喝大家上山的放牛娃，我们先来排练一下。"

五、升华情感，正面激励

设计意图：通过莲箫舞蹈的观看，升华学生的情感体验，提升学生对四川民俗文化、四川民歌的兴趣。

师："张老师曾带领我们天涯石小学红舞鞋舞蹈社的孩子们用莲箫编排了一段舞蹈，2016 年我们天涯石红舞鞋舞蹈社带着这支舞蹈登上了四川电视台庆六一晚会，大家想不想看看？让我们一起欣赏《太阳出来喜洋洋》。"

师："孩子们，四川民歌和四川民间艺术需要你们来传承，希望在今后的学习中，你们能够学会更多的民歌，让民俗文化发扬广大！孩子们，再见。"

民歌教学设计——《豆腐谣》

学　　校：成都玉林中学附属小学
执 教 者：陈珉洁
任教年级：二年级

【教学内容】《豆腐谣》(内容来源：采风原创歌曲节选)
【教材分析】
音乐特点：《豆腐谣》2/4 拍，有两个短句一三个乐句。
文化特点：方言、推石磨做豆腐的生活场景。
声音特点：自然活泼。
情感特点：生动、充满童真童趣。
教学策略：《豆腐谣》以乐感：音色、节奏、2/4 拍强弱规律作为学习条件，完成音乐课的音乐感知目标，在此基础上与文化感：方言、筷子与推豆腐的生活情境的体验结合，从而让孩子们从内心深处去感知和体验，生成快乐的情绪即豆腐谣的歌曲情绪，又表现出孩子们童年纯真的情感。

【学情分析】
　　二年级的小学生以形象思维为主，好奇、好动、模仿力强。但是他们对民歌的了解非常少，本课是以童谣的方式切入，符合学生的年龄特点，为了激发孩子们的学习兴趣，在教学设计中我用上了筷子作为打击乐器，同时还加入了电子琴中的流行音乐节拍作为伴奏。在课堂中我尽可能多地给孩子们提供丰富的参与方式，让孩子们在体验中学会歌曲。

【教学目标】
　　1. 能用轻巧有弹性的声音演唱歌曲《豆腐谣》，并能在童谣部分结合律动、声势生动诵演。
　　2. 用图形谱、体态律动的方式感受歌曲喜悦、得意的情绪特点，用筷子敲击、童谣诵演结合的方式感受歌曲结构特点。
　　3. 了解豆花制作的大致过程，乐于参与小组合作表现歌曲，激发进一步了解四川美食与民间音乐的愿望。

【**教学重点难点**】能在记忆歌词的基础上小组合作综合表现歌曲。

【**教学用具**】钢琴、多媒体、筷子

【**歌曲乐谱**】

豆 腐 谣

陈冬天 词
陈冬天 曲

【**教学过程**】

一、感受、体验歌曲情绪,创设生活情境

设计意图:筷子的运用既是给孩子们探索的学具,同时也是来源于生活中熟悉的东西来帮助他们建立新的学习经验。通过一个小儿歌规范孩子们的演奏动作,敲击的声音有控制、有强弱;紧接着引入了本课歌曲的童谣部分,在筷子的伴奏下诵读,顺应了孩子好玩的天性。通过2/4拍的情境身体律动,把"推磨做豆腐"的地域文化用小学生喜闻乐见的学习活动串联起来,充分调动了学生的学习兴趣,在"演着学"的学习情境中,更深刻地感受、体验了歌曲情绪。)

1. 模仿筷子节奏,激发学习兴趣。

师:孩子们好!有同学肯定好奇,陈老师为什么手里拿了双筷子。这个筷子不仅是我们吃饭的工具，它还可以当乐器呢！你听："小小筷子手里拿，轻轻敲，真好听！"

师：你们想不想试试？轻轻拿起老师为你们准备的筷子，跟我一起敲一敲。

2. 方言童谣诵读，地域文化感知。

师：今天这个筷子还跟今天音乐课中的美食有关，它就藏在我的童谣里，听我念一念。如果你能用刚才的节奏为我伴奏就更好了。

生：谢谢孩子们的合作，是什么美食呀？豆腐！

师：在陈老师的家乡宜宾呀，豆腐是深受大家喜爱的特色美食。宜宾沙河镇的豆腐制作工艺，还是宜宾的非物质文化遗产。有机会啊欢迎你们来品尝。

师：刚才我就是用宜宾话念的童谣。哪些地方和你的家乡话不一样？（是这几个地方吧。晌午细娃儿不吃……）

师：想不想学一学，敲起你的小筷子，跟着老师一起来！

师：哇，你们的宜宾话也很地道哦！

3. 推磨体验活动，感受歌曲情绪。

师：豆腐制作的第一步是做什么呢？嗯！有同学知道！是磨豆浆。豆浆要用石磨来做会更香。

师：你们推过磨吗？陈老师带你们去看一看。

师：刚才我们看到的是农村传统的推豆浆的场景，需要用到石磨和推杆。我邀请你们来学一学。双手握住推杆，右脚往前蹬地。比比看，谁推的豆浆最香！跟着节奏一起来。

生：在节拍中体验推豆浆的场景。

二、揭示课题，展开歌曲学习。

设计意图：这一部分的设计我遵循的是听觉领先、体验为主。比如我先让学生靠自己聆听歌曲提取歌词信息，再借助跟歌词有关的图片和律动加深对歌曲的印象，增添歌词学习的趣味，帮助孩子们快速记忆歌词；通过图形谱让孩子们形象地感知、体验歌唱声音的高位置，培养自然放松的正确歌唱习惯。在这些活动中不知不觉解决了歌谱中的难点，从而增强其自信心完成本课的教学目标。

1. 师生合作，完整聆听歌曲。

师：好玩吗？除了推豆浆，豆腐的制作还需要很多工序呢！接下来的歌曲里会有线索。请你找一找。如果听到我们熟悉的童谣时请你们加入我好吗！

师：听到了锅、炉膛……小耳朵真灵！

2. 出示课题，聆听歌词内容。

生：我们的豆腐呀就是通过泡豆、磨豆、煮浆、点兑后压模成型。今天我们一起来学习的这首来自陈老师家乡宜宾的歌曲《豆腐谣》，你感受到歌曲是什么样的情绪吗？开心、愉悦的！嗯！歌曲里的小朋友开心得跳起来了。

3. 学习歌词，感知做豆腐的过程。

师：我们来读一读这个有趣的歌词吧！你一句你重复。

师：加上做豆腐的动作接龙读一读。我在前，你接后。

师：交换接龙。

4. 旋律模唱，进行声音状态的调整。

师：孩子们的节奏感真好！现在跟随好听的音乐用"lu"模唱旋律。（声音要像火苗烧得旺旺的，做出来的豆腐才会更香）

师：换一换，用"beng"模唱歌曲旋律，声音像圆滚滚的豆子一样饱满。

5. 师生接唱，歌曲声音指导。

师：记住声音的状态，跟随老师的钢琴声，填上歌词唱一唱。我在前，你接后。

6. 完整演唱，表现快乐情绪。

师：我们完整唱一唱。

三、综合表现歌曲，拓展与小结。

设计意图：本环节展现本课的学习收获，了解学生的接受程度。并且培养学生的合作和表演能力，让学生进一步感受到地方歌曲的魅力及歌曲快乐的情绪。也通过视频引导孩子读万卷书行万里路，在生活中积极发现探索我们的传统音乐文化。

1. 小组合作，综合表现歌曲。

师：为了让歌曲带劲啊，我们把前面学习的方法都用上，唱的部分你们可以站起来用你喜欢的动作表演唱，念的部分请第一组的同学轻轻拿起你的筷子为我们伴奏，二组的同学用上推磨的动作表演。

2. 小结课堂表现。

师：孩子们表演得真精彩！这就是我们今天一起合作的歌曲《豆腐谣》。和孩子们一起上课我感觉特别幸福，看了你们的表演我就仿佛回到了老家一样。谢谢你们。我也想听听你们有什么收获啊？

生：学会了《豆腐谣》这首歌，了解了做豆腐的过程。朗诵了宜宾的方言，还体验了有趣的推磨的场景。

3. 拓展了解宜宾相关文化，提供校外学习途径。

师：你们的收获可真多！宜宾是一座怎样的城市呢？我们通过短片一起去看看吧！

师：在我们四川啊还有很多有特点的城市，也有很多好听的民族民间歌曲。有机会和爸爸妈妈一起去走走，同时别忘了听一听、学一学当地的音乐。今天的音乐课就到这儿。孩子们，再见！

民歌教学设计——《种杉树》

学　　校：成都市泡桐树小学（天府校区）

执 教 者：何国英

任教年级：四年级

【教学内容】《种杉树》（选自《歌声飞出大凉山》地方教材）

【教学目标】

1. 能用轻快、活泼的语言生动地演唱歌曲《种杉树》，表现歌曲充满童趣的音乐形象。

2. 借助彝族传统乐器口弦的模具体验和表现歌曲独特韵味。用 x-x|　x-- 的节奏模仿口弦演奏为歌曲伴奏，营造愉快的彝族劳动场景，用模仿口弦舞的方式感受三拍子的韵律和体验长短乐句的变化。

3. 用学习彝语、模仿口弦演奏、欣赏彝族舞蹈等方式，激发学生对民族民间音乐的兴趣，有进一步学习民族音乐文化的愿望。

【教学重点难点】

1. 用圆润的语言模仿彝语的发音，按节奏念歌词。

2. 第三、四句相似句中出现的音准易混淆：1—3 ｜ 1—2（夺罗义）和 321 哈哈的区别。

【教材分析】

音乐特点：歌曲《种杉树》2/4 拍，主旋律共 22 个小节，四个乐句，歌曲的每一个乐句后边都有旋律 ｜ 6-6|5-　-|，彝语歌词"牛牛尼"，在传唱中表现亲切的口语特点。

文化特点：用地道的彝族语言说歌词，以彝族典型乐器口弦为载体，表现彝族儿童的快乐生活。

声音特点：以高亢的原生态唱法、带有鼻音的彝族歌声，表现彝族儿童的生活乐趣。

情感特点：生动、活泼，充满童趣（用声音与表演唱出歌曲的高亢是本课教材的审美重点）。

【教学策略】

1. 口弦律动声势学习——用 6-6|5---| 演奏口弦骨干音，表现旋律的特点。

2. 在故事中理解故事——说出彝语单词。

3. 记忆演绎歌词——用图文结合的方式记忆歌词。

4. 彝语演唱和口弦演奏、口弦舞蹈结合——用文化线索来帮助更好地理解少数民族音乐的情趣内涵。

【学情分析】

四年级学生有了一定的音乐基础和音乐体验，乐于参与、挑战尝试比较新奇的事物，虽对于传统音乐较为生疏，却对少数民族音乐和故事充满了好奇。

【教学用具】 口弦模具

【教学过程】

一、感受体验，情境创设

设计意图：先入为主解决音准难点（用科尔文手势的高低来表达不同的音高，让学生从视觉＋音响的方式感受出旋律的出现的不同，分清两句容易混淆的地方，而这个小小的板块又是从典型的节奏 665 开始的，不断地进行叠加，降低了孩子学习的难度。

1. 情境导入，呼吸练习。

师：老师带大家去美丽的大凉山走走，那里的空气十分清新，我们一起来呼气、吐气。

2. 感受旋律片段，模仿演唱。

师：听，山那边传来了优美的歌声：

生：6-6|5- -|

3. 再次感受，区别两条旋律的不同。

师：在 6-6|5- -| 的前面分别加入什么？

生：1—3 | 1-2 和 2-32 | 1-2 |，

师：并牢牢地记住这个手势变化引起的音响的变化。以"1"开头的用手势"1"表示，以"2"开始的用手势"2"表示。

4. 巩固整个句子，完整地唱准确。

师：放入更长的句子里（歌曲的第三乐句和第四乐句），能够听出这两个句子，并用手势 1 和手势 2 来表示，并哼唱。

二、抓歌曲的音乐特点，紧扣文化主线口弦，用 6-6|5- -| 的音高做情境发声

设计意图：激趣教学情境发声练习（用身体动作感知和情境发声来感受

音乐形象，定位在与劳动相关的歌曲，营造劳动氛围，情境结合就不由得发出了与劳动相关的歌声，用模仿口弦演奏的声响来哼唱，师加入二声部歌曲范唱，让歌曲的导入变得自然。

1. 认识口弦，模仿演奏动作。

2. 创设情境，用 6-6|5-- 为口弦伴奏。

教师范唱：6-6|5- -|（niuo niuo nie），学生聆听并加入劳动的动作来体会，-- 反复的力度体验中加入 niuo niuo nie 的哼唱。

师：听，山下传来了口弦演奏的声音。

3. 二声部声势活动，感受彝族大山的劳动场面。

音老师用手势来引导孩子，声音由远至近，由近至远，不断地看手势变化在山间的这种声音，最后保持住，老师加入二声部的叠加，用原生态的唱法唱出《种杉树》。

三、利用生活中的场景，理解记忆彝语歌词

设计意图：根据儿童心理，孩子喜欢故事，在故事中就隐藏着许多的彝语单词，也为后面彝语歌词的导入埋下了伏笔。用图卡和体态律相结合的方式记忆歌词（从母语开始学习，从生活经验开始学习，用身体感知来学习），并用角色的扮演来巩固和强化彝语的语境，是彝语的学以致用。

1. 揭示课题彝语：si zi si ma tie，学说彝语。

师：刚才我们合作的歌曲就是雷波县彝族儿歌《种杉树》，它是一首完整的彝族语言歌曲，我们今天就要去学它。设问，找到歌词中的关键词。

师：故事中的阿公和谁在对话，哪里的树种找到了？

师：阿公和谁在对话？

生：妞妞。

2. 出示彝语单词，动作记忆歌词。

师：妞妞——牛牛 小孩子——阿依子 小孩子蹦蹦跳跳——阿依子哈哈

师：哪里的树种找到了？

生：坝上。

师出示彝语单词片：坝上——觉果（niuo guo）

拿到坝上——色拉觉果（re la niuo guo）

打乱单词卡片，进行再次认读。

3. 用彝语讲述故事，扮演角色。

四、利用彝族场景升华音乐主题，唱演彝语歌词

设计意图：以"牛牛尼"展开的接龙学习，再抓典型节奏，简化学生学

习整首歌曲的难度。

1. 聆听范唱，听清结构。

师：那里的阿依子是怎么来唱这首歌的？

师：安静聆听，在间奏后尾奏时加入动作，听完回答歌曲唱了几遍？

回答问题，并带着想唱的心情去完整地哼唱旋律。

师生以"6-6|5- -|u 的哼唱"为主，进行接龙和交换接龙哼唱。

2. 难点突破：用手势来 1 和手势 2 里帮助记忆。

唱准两句歌词。

3. 歌词接龙，完整演唱。

4. 聆听师唱，唱出味道。

师：发现老师怎么用小鼻子歌唱的。

5. 完整演绎。

师生合作，口弦模奏，口弦舞，彝族语言。

五、拓展，综合表现

从彝族乐器＋彝族歌曲到彝族舞蹈，上升到对民族音乐文化的强烈热爱之情。（设计意图：启发孩子们有一双发现的眼睛，发现生活中的点滴，是艺术的创造来源，有强烈的文化自信，鼓励更好地去传承民族文化。）

小结收获：学会了彝族语言，还会唱《种杉树》歌曲，知道了每一首歌曲背后都有一个有趣的故事。

师：每一个民族民间音乐背后都有故事，课后孩子们多去聆听，传承我们民族的音乐——民族的就是世界的。

民歌教学设计——《一窝冬寒菜》

学　　校: 成都市泡桐树小学（天府校区）
执 教 者: 万里燕
任教年级: 四年级

【教学内容】《一窝冬寒菜》(泸州市泸县民歌）

【教材分析】

音乐特点：歌曲《一窝冬寒菜》4/4拍羽调式，主旋律共七个小节，三个乐句，歌曲中有较多大跳音程和切分节奏，在传唱过程中有老师加入了男女生对话的生活化语言，表现诙谐、幽默的情绪特点。

文化特点：用泸州方言说唱方式，以冬寒菜这一当地盛行食用的蔬菜为载体，以泸州当地厨房常用的炊具为打击乐伴奏，表现当地人特有的生活情趣。

声音特点：以高亢婉转的声音，说与唱相结合，用速度变化和对话形式表现人物心理活动。

情感特点：诙谐、幽默、俏皮。

【教学重难点】准确演唱一字多音、六度和七度大跳音程、切分节奏和附点节奏的部分。

【教学策略】

1. 声势律动——用推磨的动作感受体验歌曲旋律和情绪特点。

2. 模唱骨干音——结合"磨盘"旋转的次数，听辨音高、排出音列从而熟悉歌曲旋律。

3. 记忆歌词——以图文结合的方式介绍和记忆歌词内容。

4. 生活打击乐合奏——联系生活情景引导学生用生活用品编配打击乐伴奏。

【学情分析】

四年级的同学已经通过教材学习了一些民歌，因教材中选择的民歌大多节奏鲜明、情绪生动活泼，大多数同学对民歌学习有浓厚兴趣，但对于民歌中大跳音程、密集节奏型完成起来有一定难度。另外，民歌表现的生活情趣和生活场景与学生生活有一定距离，需要在教学中通过合理情境创设引起学生情感共鸣。

【教学目标】

一、尝试用泸州方言说唱歌曲《一窝冬寒菜》，表现歌曲诙谐幽默的情绪特点。

二、用声势律动、模唱骨干音等方式，掌握一字多音、大跳音程、切分节奏和附点节奏等难点，并探索用厨房中的物品编创节奏进行合奏。

三、小组合作进行歌表演，体会来自平淡生活的幸福感，并有进一步探索用多种方式表现歌曲的愿望。

【教学用具】 PPT、实物卡片、筲箕、筷子、碗、锅铲、勺子、调味瓶等

【歌曲乐谱】

一窝冬寒菜

四川泸州民歌

【教学过程】

一、创设情境，感受体验

设计意图：通过风景和人物图片、方言对话等方式，将学生带入泸州乡下寻常百姓人家，营造一种愉快的学习氛围。运用音乐的弥漫性，让学生在体验推磨的乐趣中熟悉歌曲《一窝冬寒菜》，并通过游戏化听音活动，初步感知歌曲旋律音高，为后面唱会歌曲打下基础。

1. 声势体验活动：推磨。

（1）创设情境，引出生活场景——推磨。

师：假期里我回了一趟乡下老家，那里空气清新，风景如画，老远就有乡亲热情地招呼我：幺妹，你从过回来了嗬？我笑眯眯地说：我回来吃豆花撒！

师：原来豆花是我家乡的一道美食，瞧，这是我最爱吃的豆花！（点PPT）用石磨磨制的豆花啊，特别香！推磨是个有趣的劳动（点PPT出现推磨的照片），来，跟我一起，加入推磨的劳动中吧！（起音乐）两脚分开，站牢，双手扶着磨杆……推出去再拉回来……石磨转起来啰！（播放伴奏音乐，学生模仿老师动起来）

（2）声势活动，感知节拍和速度。

师：为了让推磨更带劲，在推出去的同时，我们一起用脚拍打地板一次，像这样……一起来！（播放伴奏音乐，学生模仿老师动起来）

师：我的乡亲们一高兴，就会一边推磨一边哼起小曲来，我也来哼一个……（老师用"啦"清唱小曲）请你们留意，小曲哼完，我的石磨转了几圈？（老师边清唱曲调唱名边做推磨的动作）

师：对，是七圈！用掌声鼓励自己！

2. 情境发声——模唱骨干音。

（1）听辨每小节第一个音。

师：请你再听听看，我每推一圈唱的第一个音是什么音呢？（辅以磨盘卡片，提示学生）

（2）在情境中模唱骨干音。

师：我们将这些音连起来唱一唱吧。（排出音列）

师：想象自己站在高高的山上，声音传得远远的！（边弹琴边引导学生唱准音高）

（3）师生合作模唱歌曲旋律。

师：我们一起哼着小曲来磨磨吧！我们来合作，你们只唱每一小节的第一个音，我唱其他音。（师生边唱边推磨）

师：我们合作挺默契的！加快速度来一次。

师：我们用好心情磨制的豆浆赶紧送进灶房去加工吧！这是哪儿呢？（用四川话说，指着屏幕）灶房（引导学生说出来）。

二、揭示课题，学习歌曲

设计意图：在上一环节充分聆听和感受的基础上，这一环节用辅助图片的方式帮助学生形象直观记忆歌词，辅以动作和语言的渲染帮助学生准确演唱大跳音程、切分节奏和附点节奏等难点。

1. 聆听全曲，认识冬寒菜。

师：听，漂亮幺妹在喊我们！赶紧来听听看她请我们吃什么好吃的呢？

（播放范唱）

师：……对头，是冬寒菜！用四川话说一次：冬寒菜！

师：（课件展示）冬寒菜是一种极易栽种的蔬菜，泸州栽种冬寒菜的历史要追溯到南宋。新鲜翠绿的冬寒菜可做汤，可熬制稀饭，据说用二郎井煮出的冬寒菜，特别浓稠鲜香，耙笼笼地硬是巴适得很！（后面这句用四川话说）你学我说一下呢？

师：幺妹种的冬寒菜长得好不好呢？我们从歌词中来寻找答案吧！

2. 教师范唱，出示歌词内容。

师：（老师唱）一窝冬寒菜噻发了几十根苔，你要想吃它嘛就刀儿要磨得快，笋兜不好装噻，最好是要用那大篮子来抬。（出示实物图片）从这些内容可以想象到幺妹种的冬寒菜怎么样？

3. 结合歌词内容，展开学习。

（1）口传心授，辅以动作。

师：我们一起用歌声来赞美一下幺妹吧，我唱你们模仿。（老师唱学生模仿，口传心授）

师：幺妹的冬寒菜长得又嫩又长，我们用动作帮助一下自己。

师：我用琴声帮助一下你们，你们的歌声就会更美的！（老师单手弹琴学生模唱）想象自己站在高高的山顶，和幺妹一起去摘那些绿油油的冬寒菜吧！

（2）纠正字音，唱出"川"味。

师：为了让我们唱得更加地道，老师要把几个重要的方言告诉你们。贴出板书（老师逐句范唱，引导学生听辨。"噻"唱成"se"在乐谱上点出来，"几十根"的"十"，想吃的"吃"唱成"ci"，"刀"唱成"刀儿"，"磨得快"中的"得"，"笋兜"唱成"笋兜儿"，"装"要唱成"zuang"）

4. 丰富演唱，加入"说"的部分。

师：新鲜翠绿的冬寒菜从地里弄回来了，听听看乖巧的幺妹接下来做了什么？看！（出示念白内容并念出来）

师：老师为了表现幺妹的麻利，速度怎么样了？

师：对，我加快了速度。

师：你跟我一起表现一下幺妹的麻利吧！（师生合作完成念白）

师：这样源自天然的食材，并不能得到小伙子的喜欢，姑娘和小伙展开了一段对话。我们来试一试，能否表现出他们当时的心情呢？（师生合作表现）

5. 初次完整表现歌曲。

师：我们来合作表演整首歌曲吧，这次我来唱，你们来说，请留意什么地方加入说，看看我们是否有默契？

三、拓展活动与小结

设计意图：为了更充分体现民歌来源于人民的生活，是人民表达情感的方式。在这一环节根据歌曲表现的场景，将厨房用品作为打击乐器加入歌曲的演唱，让学生在探索为歌曲编配打击乐伴奏的过程中，体会来自平淡生活的幸福感。不仅如此，"一方水土养一方人"，每一首民歌都与当地的风土人情、地理环境息息相关，在最后播放了一段介绍泸州的视频，为学生了解更多四川民歌打开了一扇窗……

1. 发现身边的"打击乐器"，并探索演奏方式。

师：豆花和冬寒菜都快做好了，此时的厨房热闹极了，你想象一下这时厨房里会发出一些什么声音？

师：对，有人在洗菜，有人在切菜，还有人在摆餐具。人们一高兴了，哼着小曲，随手拿起身边的东西就敲起来。你们瞧，这个是用来装菜的筲箕，四川话筲箕，和它配对的是刷把，清洗完毕，刷把总会拍拍筲箕，你们听像什么声音？（老师演示）

师：厨房里一定还有锅铲在锅上摩擦的声音……随手敲起碗和筷子的声音……

师：今天老师为你们准备了一些厨房里的物品，请你听着音乐试试看，能演奏出喜欢的声音吗？（播放伴奏音乐）

师：我请同学分享一下编创的节奏。（学生分享，老师板书出相应节奏）

师：同学们编创的节奏都呈现在黑板上了，我们按照这些节奏合着音乐一边唱一遍演奏，听听看我们的作品怎么样？（播放伴奏，注意引导学生轻轻敲并唱起来）

2. 梳理演唱顺序，完整表现歌曲。

师：在我们即将品尝豆花和冬寒菜时，让我们用歌声一起来回味整个劳动的过程。（出示歌谱并辅以图片说明演唱顺序）和幺妹一起上山摘冬寒菜——摘、洗、制作冬寒菜——厨房交响曲——一起回味冬寒菜的味道……现在我们完整演一遍。（老师钢琴伴奏，学生完整表现）

3. 介绍泸州，激发进一步学习愿望。

师：今天我们一起了解了泸州美食豆花与冬寒菜，而且在了解的过程中，我们还学会了一首泸州民歌：《一窝冬寒菜》。那泸州到底是一个怎样的地方？请跟我一起走进泸州吧！（播放泸州宣传片）

师：泸州美吗？那就将你看到的美景、学到的泸州民歌《一窝冬寒菜》带回家，分享给你的爸爸妈妈吧。欢迎同学们到泸州做客，到四川做客，同学们再见！

民歌教学设计——《上茶山歌》

学　　校：成都高新新科学校
执 教 者：何艾蔬
任教年级：四年级

【教学内容】《上茶山歌》(内容来源：地方教材)

【教材分析】

音乐特点：2/4 | x x x x x x | x x x | x x x x x | x－ |

文化特点：这是一首川东民歌，描写"川东门户"达州万源茶山上山花烂漫、春暖花开的时候，人们上山采茶的快乐心情。

声音特点：轻巧有弹性的声音，演唱出带有装饰音的韵味。

情感特点：愉悦、丰收的喜悦之情（用声音与表演唱出歌曲的快乐是本课教材的审美重点）。

教学重点、难点：用生动、有趣的动作感受音乐的节奏，体会《上茶山歌》的快乐情绪。用明亮轻快、有弹性的声音唱出山歌的味道。

教学策略：围绕《上茶山歌》的节奏、旋律、音色、2/4节拍等音乐特点，将音乐与采茶表演相结合，将音乐与曲艺相结合，用听、唱、模仿、表演、演奏等方法，以及轻巧有弹性的声音学唱歌曲，培养学生的乐感，激发学生进一步了解川东民歌和四川传统文化的愿望。

【学情分析】

四年级学生天真活泼，拥有一定的演唱和表演能力，喜欢唱歌、跳舞等各种艺术形式，乐于参与到音乐活动中。但是，孩子们觉得民歌听着土味儿、不时尚；再加上对民歌的起源，民歌的演唱技巧不太熟悉。所以，需要在教学中创设情境，用生动的视频资料告诉孩子们民歌来源于老百姓的生活，让孩子们产生兴趣；并且在学唱民歌的过程中，通过多次聆听、演唱、表演感受民歌独特的魅力，从而喜欢上民歌。

【歌曲乐谱】

上茶山歌

1=G 2/4

原生态

【教学目标】

1. 初步了解川东民歌《上茶山歌》的音乐特点，以及上茶山背后的故事，同时认识到民歌来源于劳动人民的生活。

2. 准确地感知音乐愉悦的情绪，以及《上茶山歌》独特的节奏，体会唱山歌的乐趣。

3. 能够用四川话，以及明亮欢快、有弹性的声音唱山歌，并尝试用四川清音的哈哈腔来表达劳动人民采茶的快乐。

4. 尝试用四川盘子为歌曲《上茶山歌》伴奏。在综合表现歌曲的过程中，感受上茶山歌的魅力，让学生喜欢四川民歌。

【教学重点、难点】

1. 重点：能够用生动、有趣的动作和表演感受音乐的节奏，体会山歌的魅力；用明亮轻快、有弹性的声音演唱全曲。

2. 难点：通过对比聆听感受、模仿等方式能够准确地唱准歌曲中出现的装饰音，唱出山歌的味道；尝试用四川清音的哈哈腔来表现《上茶山歌》的欢快；尝试用四川盘子为乐曲伴奏。

【教学用具】钢琴、四川清音乐器、四川盘子、教学PPT

【教学过程】

一、体验感受歌曲旋律

设计意图：通过聆听哈哈腔、学唱哈哈腔，感受四川清音中哈哈腔独特的音乐特点快乐；欣赏民歌视频，知道民歌来源于生活，感受民歌的内容和情绪，为主题形象的进入做铺垫。

1. 教师范唱四川清音片段，感受哈哈腔独特韵味。

师：嘘！老师给你们带来了一套乐器，是什么呢？我先卖个关子（神秘地）。不过，我要用它给你们唱一首歌曲，你们听听这里面有什么独特的唱法？

生：哈哈的声音。

师：对了，我刚才唱的就是四川清音中的哈哈腔。

师：你们感受到什么情绪？

生：欢乐。

2. 学唱哈哈腔，感受情绪。

师：那请你们把快乐的笑声送给我，好吗？

师：你们的笑声很甜，但这是生活中的笑声，让我们把笑声艺术化一些，变得再美一点。像我这样用哈哈腔来演唱——哈哈哈哈。现在，老师给你们一个音高，老师弹一次，你们听清楚以后，用哈哈腔再模仿我。

生：发声练习。

3. 介绍四川清音。

师：孩子们的哈哈腔真好听。现在，我要给大家揭晓——我唱歌使用的乐器——就是四川清音演奏者的常用的三件法宝檀板、竹鼓、签子。他们清脆的声音跟我们的哈哈腔完美地融合在一起。我们劳动人民不仅创造了四川清音这种美丽的曲艺，还创造了形式多样的民歌。

4. 观看《上茶山歌》歌曲视频，了解歌曲创作的背景。

师：下面，我们一起来听一首民歌，你们听听歌曲里面唱的是什么？他们是用的什么方言在演唱？（观看音乐视频）

师：歌曲里面唱的是什么？

生：采茶。

师：你们同意吗？对，这描写的就是春天漫山遍野的茶叶生长，人们上山采茶的场景。

师：使用的是什么方言？（如果说不出来就再看一遍，注意一边听一遍看）

生：四川。

师：你们说的大致都对了，这就是一首用四川方言来演唱的四川民歌，叫作《上茶山歌》。来跟我一起读一读——上茶山歌。它是一首来自达州万源的民歌。达州万源是我们四川东部的门户，每年春暖花开、山花烂漫的时候，人们就会上茶山采茶。

师：跟随老师律动，体会音乐的情绪。

师：下面，让我们一起再次聆听歌曲，模仿老师，体验茶农采茶的心情。像我这样（手势引导），身体也要动起来，我们一起试试。很好，现在跟随音乐，感受歌曲的情绪。

师：茶农采茶的时候，心情怎么样？

生：欢乐的。

师：对，是快乐的。因为茶农们劳动有了大丰收所以他们的内心是高兴幸福的。

二、学习歌词，体验四川方言的味道

设计意图：从方言入手，体验四川民歌的韵味；通过采茶表演，让学生体验二拍子的韵律，感受采茶的快乐，更生动地演唱歌曲。

1. 方言诵读感受歌曲的节奏。

师：现在，我们一起用哈哈腔的感觉把《上茶山歌》的歌词读一遍。

伸出你们的双手，把我们的节奏打起来，做得不好没有关系。左、右，12、12，身体随着头走动。对，就是这种感觉。用四川方言带着哈哈腔的感觉来读。（跟随老师一起读）

师：孩子们读得基本正确。注意手和身体一定要有韵律感，要想象着茶农采茶时快乐、愉悦的幸福情景。

2. 学生随老师力度变化学习歌词。（加入响板为歌曲伴奏）

师：现在，老师给你们打节奏，请你们把声音变小一点，跟着我的强弱变化，带着喜悦劲儿读一次。

3. 跟随音乐模仿采茶，学习歌词。

师：同学们，这首《上茶山歌》描写的就是茶农上山采茶的快乐场景。你们采过茶吗？现在，我们来表演采茶。谁来扮演茶树？我要选几个孩子来扮演茶树。我需要各种姿态的茶树，你们可以摆出自己最有特色的茶树造型。很棒，你们都是最有型的茶树，现在，一棵棵可爱的茶树都种好了。谁来扮演采茶娃？

师：怎么采茶呢？你们根据自己的经验来表演一下。

学生表演、师示范。

师：你们表演得都很好，让我们把生活中的采茶动作舞蹈化。请你们拿起篮子，像何老师这样，右手拿着篮子的边儿，左手采茶叶、放茶叶，采茶叶、放茶叶。来，我们跟着歌词的节奏来试试，我来指挥大家，两边的孩子负责读歌词，后面的孩子负责度哈哈腔，中间的茶树一定要摆好造型，采茶姑娘们做好准备，123 走。所有的孩子都要把歌词读出来。请大家注意我的手势，拿出最喜悦的心情来表演哈。

师：孩子们表演得很好，来，请茶树们回到座位上，我们的采茶姑娘来扮演茶树，摆出你们最漂亮的造型。我再找几个最乖的采茶娃。像我这样拿好篮子哟。（交换表演一次）大家看我的手势，让我们随着优美的音乐上山采茶。

三、创设采茶情境、学唱歌曲

设计意图：感受川东民歌的风格特点，在情境中引导歌唱状态，唱出弹性明亮的声音；融入哈哈腔感受歌曲的快乐。

1. 老师范唱，学生体会歌曲的旋律特色，学生初次学唱旋律。

师：孩子们，收获了这满山的茶叶，心情怎么样？

生：愉快！

师：站在茶山上，微风拂来，深吸一口气，闻到什么香味？茶山的景色真美呀，我想把这美丽的上茶山歌唱给你们听，好吗？

师：请你们用愉快的感觉，连贯的声音唱出这两个乐句！请同学们跟着钢琴用"lu"模唱全曲。

2. 解决旋律难点，前倚音、颤音。唱出川东民歌味道。

师：不过，有这几个地方老师唱得跟你们不太一样？听听它们有什么音乐特色？

生：歌声里拐了个弯。

师：对了，因为人逢喜事精神爽，茶农们收获了这满满一山的茶叶，肯定是高兴得摇头晃脑，唱歌也带着几道弯儿。这两处是前倚音，还有一处是颤音，这就是我们川东民歌的特色，让我们把民歌的味道唱出来。来，请你们把手拿出来，跟我一起演唱。

师：现在让我们完整地把全曲歌词加上唱一遍，让我们跟随钢琴演唱。

3. 唱歌词，尝试用哈哈腔感受歌曲的快乐。

师：孩子们唱得真棒！现在，让我们把表达快乐的哈哈腔也加进来吧。

两边的孩子注意，不要把我这个字忘了哟。现在，我们怀着激动的心情把全曲唱一遍。

四、巩固与拓展 综合表演

设计意图：学习四川盘子的演奏方法，在演唱中为歌曲伴奏，进一步感受民歌的欢快的情绪；融入哈哈腔、采茶表演，全面感受川东民歌的音乐魅力。

1. 介绍四川盘子的演奏方法。

师：你们的歌声很美，今天我还给大家带来了一样宝贝，让我们用它来伴奏。

师：这是什么？盘子和筷子，也叫四川盘子，让我们用这样的方法来伴奏——打、点、颤。

2. 使用盘子随乐为歌曲伴奏。

3. 全班合作表演。

师：一部分同学随乐表演盘子，一部分同学随乐表演采茶。全班同学都要边表演边演唱全曲，演唱出采茶人的快乐。

五、升华情感，正面激励

设计意图：回味本堂课的内容，最后唱响《上茶山歌》，加深孩子们对民歌的理解和认识，让孩子们爱上民歌。

师：孩子们表演得真棒。请大家回到自己的座位上。我们四川是一个幅员辽阔、崇山峻岭、风景秀丽的地方，这里的劳动人民勤劳、朴实，他们每天都在用双手创造幸福的生活。这首《上茶山歌》描写的就是茶农们通过自己的劳动收获茶叶的幸福情景。最后，让我们一起唱响《上茶山歌》，唱出独特的哈哈腔，回味山歌的魅力，走出音乐教室。

民歌教学设计——《南瓜藤》

学　　校：电子科技大学实验中学附属小学

执 教 者：罗竟慧兰

任教年级：三年级

【教学内容】四川童谣《南瓜藤》

【教材分析】

《南瓜藤》是一首极富生活情趣的四川童谣，歌曲为 2/4 拍，四川方言的运用给歌曲增添了强烈的地域色彩，整首歌曲活泼欢快，朗朗上口，充满童趣。

音乐特点：2/4　| × 　× | × 　× 　× 　|

文化特点：方言、儿童生活表现

声音特点：跳跃、饱满。

情感特点：生动、充满童趣。

教学重难点：歌曲的方言学唱，二拍子韵律感知

教学策略：在南瓜传递的游戏中感受二拍子韵律，在方言与锣的学习中体验传统文化。

【教学目标】

1. 能充满童真童趣地熟练演唱童谣《南瓜藤》。

2. 感受四川童谣《南瓜藤》所表达的地方文化色彩。

【教学重点难点】

重点：1. 能用四川方言熟练演唱童谣《南瓜藤》。

2. 在方言与锣学习中体验四川传统文化。

难点：把握童谣节奏，在节奏游戏中体验《南瓜藤》活泼欢快的韵律感。

【教具准备】钢琴、仿真南瓜、锣、响板

【教学过程】

一、节奏游戏、创境激趣

设计意图：引用生活中传递南瓜的场景，设计二拍子节奏游戏，引出课题，创境激趣，初步感受念白部分节奏型。

1．认识南瓜，明白学习主题。

师：孩子们，你们认识这是什么吗？南瓜是我们南方人生活当中一种常见的食物，它香甜可口可以做成各种小吃。除了果肉它的藤、瓜蒂、南瓜子都可以食用。每到南瓜丰收的季节，一片南瓜地都是金黄的南瓜，人们常常会用传递的方式来收采南瓜。要想顺利地收采可是有讲究的，请你先来观察一下老师是怎样传递的。

2．南瓜游戏，感受节拍强弱韵律。

师："拍"在自己面前，"放"往右边放在下一位同学的面前，听老师的提示我们一起来试一试。

师：现在老师请你们来听一段音乐，当你听到刚才传递南瓜时的音乐，请你举起你的小手，好吗？（听音乐特点）

3．完整聆听音乐，尝试有节奏地传递南瓜。

师：你听出了什么特点？那我们一起来试一试，耳朵注意听，在有节奏点的地方才开始传递南瓜。

4．听着节奏做南瓜传递游戏，教师在旋律部分加入拍手律动。

师：你们传得真不错！有了你们这群小帮手，相信今天南瓜的收采一定会很顺利。

二、趣学歌词、文化感知

设计意图：在反复聆听中引导学生学习童谣念白部分，以南瓜生长形态为记忆线索，采用范读方式指导学生四川方言的学习。让学生在传递南瓜的节奏游戏中进一步感受童谣二拍子的韵律感。

1．观看南瓜生长视频，说一说南瓜的特点。

师：刚才我们一起收采了那么多的南瓜，可你们还不知道南瓜是怎样长出来的吧？现在我们就去看一看南瓜的生长过程，请你仔细观察南瓜的生长经历了哪些样子。

2．教师范读学生聆听，聆听模仿中学习念白部分。

师：南瓜是经历了小苗、藤蔓、花朵才慢慢长成了果实，南瓜既可爱又好吃，很多人都喜欢南瓜，他们用各种方式来表达对南瓜的喜爱，其中有这样一首童谣："叶子儿……"谁来说一说老师刚才那一段念白用的是什么地方的语言？哦，是我们大家的家乡话，四川话。

教师指导四川方言的发音，学习念白，节奏伴奏。

师：我们一起尝试用四川话来读一遍好吗？

3．演着学习念白，指导整理动作。

师：老师看到有些孩子的表情特别开心，韵律感也很棒，现在这就是一片南瓜地，你们就是小南瓜，生长在阳光绿叶下，藤蔓攀上高墙努力生长，你会用哪些动作表现南瓜生长呢？你们想怎样表现叶子呢？花儿呢？真好看，让我们加上动作来表现一次吧！

4. 完整聆听，加上律动和动作表现念白部分。

三、学唱童谣、感受情绪

设计意图：在初步掌握四川方言的基础上，在反复的无谱聆听中，引导学生高效聆听，记忆歌词和旋律，让学生在听、唱、演、奏中体会歌曲活泼欢快的情绪。

1. 聆听全曲，感受情绪。

师：可爱的小南瓜们，能猜一猜这首童谣的名字吗？这首四川童谣的名字就叫《南瓜藤》。让我们先来完整地听一遍吧。在聆听中感受歌曲的情绪。

2. 再次聆听，记忆歌词。

师：那你记住了哪些歌词呢？请在这次聆听中记住你最喜欢的歌词，记得最多的孩子有惊喜哦！

3. 出示歌谱，跟琴学唱童谣演唱部分。

师：当我们看到南瓜不断地生长变化到最后结满果实，我们能感到非常开心、满足对不对？那现在我们就看着歌词跟着老师的琴声，用开心的心情来唱一唱。（声音富有弹性，跳跃。二拍子韵律感，念唱衔接处音准准确，南瓜压矮渐强，饱满有情绪。）

4. 完整演唱童谣，尝试背唱。

师：这一次老师感觉到了你们的开心。现在小南瓜想要和你们玩一玩捉迷藏的游戏，等会儿你们演唱的过程中，歌词会一句句地藏起来，你们还有信心唱好吗？

5. 完整演唱歌曲。

师：你们的记忆力真棒！还记得之前唱歌和扮演南瓜时的动作吗？让我们加上动作完整地演唱一遍吧。老师得看看哪个南瓜长得最好看！

四、深入体验、创造表现

设计意图：认识民间传统打击乐锣，了解其基本演奏方式，将锣和响板演奏加入演唱中，丰富整体表现，加深学生对民族文化的感知。

1. 认识锣，在前奏和演唱中加入锣和响板的敲击。

师：老师今天还带来了一位乐器朋友，锣是中国民间的一种打击乐器，广泛运用于戏曲、民间舞蹈中，街头的小商贩为了招揽生意也能用到它。你们听一听，敲击起来有怎样的感觉？（热闹，喜庆）谁想来试一试？今天是南瓜丰收的日子，让我们一起热热闹闹地唱起来，老师在这里还加入了响板，谁想来试一试？剩下的同学你们来唱，我们来为你们伴奏。

2. 分组讨论设计，综合表现。

师：孩子们，现在你们已经是非常优秀的南瓜收采员了，我们一起准备南瓜的大丰收好吗？刚才负责锣和响板演奏的同学请到前面来，剩下的孩子你们就是南瓜收采员，罗老师给你们一分钟的时间商量练习，准备好了吗？

3. 全体学生围成圆圈在演唱中律动表现，进一步感受童谣《南瓜藤》欢快的情绪。

师：今天我们的收成这样的好，我想和你们一起来庆祝一下，让我们一边唱一边跳起来好吗？现在请全体起立用最快的速度全班围成一个大圆圈。老师想用这样的舞步来庆祝，请你为自己设计一个动作，表现你的开心，你也可以跟着老师一起跳，前奏间奏的部分我们就在原地跟着音乐自由摆动身体，在唱歌的部分我们就开始跳舞，在念白的地方用我们之前扮演小南瓜的动作自由表现。清楚了吗？

五、文化感知、课堂小结

设计意图：课堂小结，点明主题，升华民族文化的浸润。

1. 教师小结。

师：孩子们，今天我们学习的这首四川童谣《南瓜藤》只是我国众多民歌中小小的存在，却带给我们很多欢乐和意义。老师希望你们以后能传唱更多的民歌，让我们宝贵的民族民间文化和中华民族的文明永远传承下去。

2. 完整演唱。

师：今天的课就到此结束了，请你像老师这样，想象背着今天收采的最大的南瓜，唱着我们的歌儿回家吧！

民歌教学设计——《数蛤蟆》

学　　校：成都市龙泉驿区第五小学校
执 教 者：田艺帆
任教年级：二年级

【**教学内容**】湖南文艺出版社版《川腔蜀韵》上册第二板块歌曲《数蛤蟆》

【**教材分析**】

《数蛤蟆》是一首四川民歌，歌曲旋律流畅轻松欢快，可爱富有趣味性，表现了小朋友们在数几只蛤蟆有几张嘴、几只眼睛几条腿时的欢乐心情，饱含着浓郁的童趣。通过感受音乐、学唱歌曲、创编歌词和乐器伴奏活动让学生了解蛤蟆的生活习性及基本特征，体会四川民歌的特点以及风格。

【**学情分析**】

二年级学生以形象思维为主，好奇心强，活泼好动，善于模仿，表现力强。对音高、节奏、力度、速度等音乐要素有了初步的认识和了解，具有一定的听辨、表演能力，在聆听、演唱方面养成了较为良好的学习习惯。但注意力集中时间不长，利用多媒体的直观性，以故事、游戏等活动调动学生学习兴趣辅助教学，寓教于乐。

【**教学目标**】

1. 通过活动激发学生学习兴趣，并能用轻松愉快的声音演唱歌曲。

2. 在演唱歌曲、画蛤蟆、四川方言朗读歌词、创编歌词等各项音乐活动中为学生提供多方面的感受，进一步激发学生学习兴趣，发挥学生的想象力和创编能力。

3. 通过歌词创编、打击乐器节奏创编，培养学生创新精神。

【**教学重点**】在熟悉旋律的同时为歌曲创编歌词以及乐器节奏创编。

【**教学难点**】附点节奏的准确掌握。

【**教具准备**】钢琴、多媒体、蛙鸣器、头饰、板书

【**教学过程**】

一、导入

设计意图：播放和表演歌曲《小跳蛙》，通过老师扮演青蛙，引出青蛙兄

弟——蛤蟆,蛤蟆受邀参加晚会表演,寻求小朋友们的帮助,揭示课题。

1. 教师扮演青蛙,音乐律动激趣导入。(通过表演《小跳蛙》,调动学生学习积极性,活跃课堂气氛,引出青蛙兄弟——蛤蟆)

(1)师:小朋友们猜猜我是谁?(青蛙)

(2)师:欢迎加入我们青蛙家族,前段时间我们家族有一首歌十分火爆,叫作《小跳蛙》,你们会跳吗?看来你们都走到了时尚的最前沿,那我们一起来表演一下吧。

师播放音乐《小跳蛙》,带学生表演律动。

2. 引出蛤蟆,揭示课题。(通过介绍青蛙兄弟——蛤蟆,以小蛤蟆受邀参加晚会表演,需要演唱歌曲《数蛤蟆》为故事线展开教学,揭示课题)

(1)师:孩子们的表现力真不错!今天我要给大家介绍一个我们家族的另外一个兄弟(蛤蟆)大家跟它打声招呼吧。

师切换 PPT,出现动态有声蛤蟆。

(2)师:蛤蟆兄也跟我们打招呼了,听——

(录音)蛤蟆:嗨,小朋友们大家好,我是青蛙的好兄弟,我叫蛤蟆。我近期遇到了一个难题,我受到四川电视台的晚会邀请,要参加表演,需要演唱一首四川民歌《数蛤蟆》,请你们帮帮我吧!

3. 出示课题(板书出示)。

师:原来它要参加表演,那我们一起帮帮它好不好?

师出示课题,张贴板书——《数蛤蟆》。

二、初听音乐,感受歌曲情绪、旋律、节奏

以帮助小蛤蟆为故事线展开一系列活动,意在感受歌曲情绪,了解音乐旋律,记忆歌词,为学唱歌曲做前期铺垫。

1. 初听歌曲,感受音乐情绪。

(1)师:我们一起先来感受一下这首歌曲的情绪吧。

师播放音乐《数蛤蟆》,生聆听。

(2)师:我发现咱班聆听音乐的习惯都特别好,谁来分享一下,你觉得这首歌曲的情绪是怎样的?

(随机抽学生回答)

(3)师:我发现你们的感受和我是一样的,我也觉得这首歌曲的情绪是欢快、高兴的!

师总结音乐情绪——欢快、高兴的。

2. 帮蛤蟆设计声势动作。(根据音乐 2/4 的特点,加入奥尔夫音乐,让学

生在体验中感受强弱拍，掌握节奏）

（1）师：不瞒大家说，我的这位蛤蟆兄啊，是当地小有名气的表演型歌手，我们试着给它配个声势动作吧。

（2）师：先跟随我模仿做一个动作，请小朋友们拿出左手，一拍二落，有没有发现，第二拍落下去的手刚好又能拍到右边小朋友的左手上？

师示范动作，学生模仿。

师：我们跟着音乐来一次。

师播放音乐，学生随着音乐加入声势动作。

（3）师反馈：你们的节奏感真好！蛤蟆兄说了，谢谢你们的设计，我很喜欢！

3. 随音乐旋律画蛤蟆。（根据音乐旋律画蛤蟆，了解歌曲的结构；通过让学生画蛤蟆，了解蛤蟆的基本特征，为后面创编歌词做铺垫）

（1）师：刚刚你们在听这首歌曲的时候脑海中有没有出现一只小蛤蟆的形象啊？那我们一起随着音乐的旋律把它画出来吧。

师随音乐旋律画蛤蟆简笔画，学生空中临摹。

（2）师：音乐刚好结束，一只蹲在荷叶上的蛤蟆也画好了，你们画的跟我一样吗？

（3）师反馈：蛤蟆兄说，你们不仅是设计师，还是名小画家呢。

4. 咒语召唤蛤蟆，处理附点节奏。（通过设计咒语，意在掌握附点节奏和四个十六分音符的节奏，为下一步准确朗读歌词做铺垫）

（1）师：蛤蟆兄可激动了，想来到大家身边，我们一起用一个咒语把它召唤出来吧。来看一下是什么咒语。

X XX X. X | XXXX X |
快 出 来 呀 蛤蟆快出 来

师出示板书，学生自由朗读

（2）师：接下来我来读一下，看看我读的和你们读的有何不同？

师朗读示范，学生听辨不同，并抽生回答。

（3）师反馈：你有小音乐家的耳朵，原来有一个附点节奏，那你们来模仿一下。

（4）师：我们配合一下，我读前半句，你们读后半句。（配合朗读，意在让学生精确掌握节奏）

（5）师：那你们能不能给这个咒语配上一个动作，表现出我们也是急切热情地想要邀请它来到我们身边？

抽生来表演。

（6）师：我喜欢你的设计，请小朋友们一起来模仿一下，边读边做动作，热情地把小蛤蟆邀请来。

生生学习，巩固难点节奏。

5. 蛤蟆现身，画旋律线条。（随音乐旋律画图形谱，利用多媒体吸引学生注意力，让学生直观感受音乐旋律的起伏变化）

师：快看，我们的咒语说对了，它们迈着这样的步伐走来了！一起随它的脚步画一画。

师播放视频，带学生画旋律线。

6. 听歌填词。（通过聆听音乐填空，目的是让学生熟记歌词，了解歌词内容以及衬词用意，掌握节奏）

（1）师：小蛤蟆的步伐是不是特别的帅气，具有跳跃性?！我们跟随蛤蟆的脚步熟记了音乐的旋律，现在我们就为这首歌曲填词！

师播放音乐，生通过聆听音乐填词。

（2）师反馈：你们都有一双小音乐家的耳朵，看来聆听也是种收获！

（3）师：我有个疑惑想请教大家，为什么说蛤蟆不吃水，是太平年？

（4）师：蛤蟆不吃水，吃什么？蛤蟆帮助农名伯伯保护庄稼吃害虫，没有了害虫来年庄稼就会丰收。

（5）师：那荷儿梅子兮，花儿梅子兮又是什么意思？

师：它本身没有特殊的意义，但是有了它，会让歌曲民族风味更浓，所以它们都是"衬词"。

7. 师生互动，有节奏地朗读歌词。（通过师生配合朗读歌词，在巩固节奏的同时调动学生学习积极性，并为下一环节准确演唱歌曲做铺垫）

师：现在我们就来配合朗读一下歌词，注意这是一只非常可爱又活泼的蛤蟆，大家读的时候声音也要有弹性哦。

8. 用方言齐读歌词。（根据四川民歌的特点，用方言读歌词，激发学生学习兴趣，感受地方特色）

（1）师：我们配合得真默契！其实啊这是一只来自我们身边，是一只龙泉湖的小蛤蟆，你们用四川话和它打声招呼吧。

（2）师：那你们会不会用四川话读一下这首歌词？

师提醒学生读歌词也要注意轻声、高位置，唱歌的状态；生用四川方言有节奏地读歌词。

（3）师反馈：你们好能干哦，读得真叫一个巴适，巴巴掌送给自己。

三、学唱歌曲，引导学生用轻松愉快的声音演唱歌曲

以教小蛤蟆唱歌继续故事贯穿，通过师生唱、生生唱、一起唱的多种演唱方式，让学生在轻松愉快的氛围下演唱歌曲。

1. 教小蛤蟆唱歌。

师：一切工作准备就绪，现在我们就来教教小蛤蟆唱歌吧，给它做个示范，打个样。跟着我的琴声我们一起唱一唱。准备好唱歌的小朋友小背打直，注意表情，轻声高位置。

师弹琴，生演唱。

2. 师生演唱。

师：孩子们小老师当得特别好，歌声也好听，我也想加入你们，我们配合演唱一下，我唱前半句，你们唱后半句，唱歌要起立哦，看谁的反应最快，唱得又好！

3. 生生配合演唱。

（1）师：我们配合好默契，现在我们来比一比咱班男生唱得更好还是女生唱得更好呢？女生先唱，男生后接唱，我们来个接龙比赛。

（2）师反馈：咱班的小朋友实力旗鼓相当，唱得都好听！掌声送给自己！

4. 随音乐加入声势动作伴唱　为小蛤蟆表演助力。

（1）师：小蛤蟆在我们的帮助下成功学会了这首歌曲，它要准备一展歌喉了，我们用我们的歌声和声势动作为它加油打气！蛤蟆蹦蹦跳跳的，那你们演唱的时候声音也要有弹性的、跳跃的。

（2）师反馈：小蛤蟆说谢谢你们的助力，有了你们的鼓励我的演唱也变得更加自信了！

四、创编、升华歌曲

通过创编歌词、说唱表演、乐器伴奏三种不同的活动来表现歌曲，来帮助小蛤蟆完成最后的晚会表演，目的是进一步激发学生学习兴趣，发挥学生的想象力和创编能力。

1. 为歌曲创编歌词。（创设情境，更多蛤蟆加入表演，通过创编歌词，体会"数"蛤蟆的乐趣）

（1）师：快看孩子们！美妙的歌声吸引了更多的小蛤蟆都加入这场表演了。数数看，来了几只呢？同桌之间讨论一下，算一算，唱一唱。

师出示板书，生生讨论并抽生完成板书补充

（2）师：嗯，你的口算能力很不错，那我们一起唱一唱。

（3）师：其实不仅来了三只小蛤蟆，我还私自邀请了一只，现在一共是四只蛤蟆，你们再来算一算哦。

（4）师：你们反应好快，好机智，那我们再来唱一唱四只小蛤蟆。

（5）师反馈：小蛤蟆们说你们不仅唱歌好听，数学也学得好，为了鼓励大家，特意准备了一个小礼物，可爱的小头饰，请戴上它。

师评价反馈，学生戴头饰。

2．加入歌曲说唱。（为表演增加气氛，加入二声部说唱组合，让学生体会不同的演唱形式所带来的不同风格的感受）

（1）师：为了让这场表演更精彩一点，气氛更热烈一些，我想到了一个创意，左边小朋友演唱，右边小朋友用方言来读，我们一起来个说唱表演吧！

（2）师反馈：说唱的演唱风格真是别有一番风味！给你们一个大大的赞！

3．乐器伴奏，创编节奏，丰富歌曲。（以小蛤蟆演奏家加入表演创设情境，引出蛙鸣器，通过教师示范展示不同的乐器演奏形式和演奏姿势，激发学生创编节奏的灵感）

（1）师：告诉你们一个秘密，小蛤蟆家族中有一个小小演奏家，它给大家带来了一个神奇的乐器，可以让歌曲更丰富有趣，一起看看我是怎么玩儿的。我看小朋友们跃跃欲试，徒手模仿一下吧！

师示范演奏形式，学生徒手模仿。

师：这个乐器宝宝是不是很神奇啊？它的演奏方式有很多种，可以刮奏，可以敲击，可以晃动。它不仅神奇，它还有一个专属的名字，叫作"蛙鸣器"。

师示范乐器演奏姿势，出示乐器名字。

4．小组合作，创编节奏，为歌曲伴奏。

（1）师：我看到孩子们都迫不及待了，请小组内选一种你们都喜欢的方式来演奏，创编节奏，为歌曲配乐，让它在你们手里发出动听的声音。

师巡视课堂个别指导，学生小组内自由创编节奏。

5．展示创编成果。

（1）师：这一小组小朋友创设的演奏方式很独特，节奏也很整齐，小组合作有效。那请所有小朋友拿起乐器，用你们小组的方式，我们一起来为歌曲伴奏。

（2）师：孩子们，你们个个都是小小演奏家，很有演奏家的气质。

6．在欢歌跳舞中结束。

师：不知不觉正式表演时刻终于到啦，我们一起奉献一场精彩的表演吧！欢歌、跳舞、乐器伴奏，用你们最喜欢的方式展现舞台！

生表演，随音乐离开教室。

民歌教学设计——《薅秧新歌》

学　　校： 泸州市泸县城北小学校

执 教 者： 谯春霞

任教年级： 五年级

【教学内容】《薅秧新歌》（内容来源：泸州市《故乡的歌》）

【教材分析】

音乐特点：2/4 旋律，有连音、波音、顿音、后倚音、下滑音装饰音。

文化特点：泸县方言、泸县人文景点表现。

声音特点：欢快抒情结合。

情感特点：学唱歌曲《薅秧新歌》，感受民间歌曲中的优秀文化，培养学生对家乡土地的热爱之情。

教学重难点：能用自然的声音，恰当的速度、力度演唱歌曲《薅秧新歌》。能准确把握歌曲演唱的速度、力度、色彩及波音、顿音、下滑音、衬词。

教学策略：通过聆听、对唱、合作等方法，学习民间歌曲《薅秧新歌》。在方言与学习中体验传统文化。

【学情分析】

1. 五年级的学生对泸州民歌有一定的了解，大部分学生能简单地哼唱一些音乐片段，学生们对家乡的歌曲非常喜欢，因为家乡的歌曲旋律极具地方色彩，所以学生们在没有学习歌曲之前还不能完整准确地演唱歌曲。

2. 五年级的同学已经有了一定的演唱能力和欣赏能力、分析表现音乐的能力。

3. 针对学生的情况在教学中应注意培养他们对音乐的兴趣和热情，还要注重演唱习惯的培养，使其形成良好的持续发展的态势。

【教学目标】

1. 能用自然的声音、有感情地演唱歌曲《薅秧新歌》，并且能唱准歌曲的拖腔部分，唱准歌曲旋律中的装饰音，用声音表现出泸县地方歌曲的独特韵味。

2. 运用视听结合、找区别、模唱、跟琴唱等方式，体验歌曲中拖腔部分的韵律美，表现歌曲《薅秧新歌》四平腔的风格特点。

3. 学唱歌曲《薅秧新歌》，感受民间歌曲中的优秀文化，培养学生对家乡土地的热爱之情。

【教学重点难点】

1. 重点：能用自然的声音、恰当的速度、力度演唱歌曲《薅秧新歌》。

2. 难点：能唱准歌曲的拖腔部分，能准确把握歌曲演唱的速度、力度、色彩及波音、顿音、下滑音、衬词。

【教学用具】多媒体课件、书本、钢琴、课题卡片

【歌曲乐谱】

薅秧新歌

张永宽传谱
刘建国改编

1=♭E 4/4

活泼的 用泸县方言演唱

【教学过程】

一、组织教学，师生问好（20分钟）

二、视频导入（8分钟）

设计意图：激发兴趣。

1. 老师：同学们，我们国家的民歌分为劳动号子、山歌、小调三种。老师和大家欣赏一段《刘三姐》电影里面的歌曲。你觉得它是属于号子、山歌、还是小调？请欣赏。

（教师播放刘三姐的《心想唱歌就唱歌》视频。学生边欣赏视频边思考问题）

学生：山歌。

老师：对，这首歌曲是民歌中的山歌。我们中国历史悠久，文化源远流长，在劳动中产生了很多经典的、优秀的山歌，比如说采茶歌、栽秧歌、车水歌，等等。在我们家乡泸县玄滩镇也有一种《薅秧歌》，它是一首非常具有泸县地方特色的山歌，今天老师给你们唱一首。（先鼓掌后欣赏）

学生鼓掌。

2. 老师合视频伴奏范唱《薅秧歌》之《下田薅秧》歌曲。学生聆听欣赏。

老师：什么是薅秧子？

学生：栽秧苗。

老师：薅秧子其实就是给水稻拔杂草，人们在薅秧子的时候唱的歌曲，就是薅秧歌。我们去采访玄滩《薅秧歌》传承人张永宽老人的时候，他说以前的玄滩《薅秧歌》有很多种唱腔，现在保留下来的就只有三种唱腔了：高腔、喊歌、四平腔。今天我们学习的这首歌曲《薅秧新歌——泸县欢迎你》，是70多岁的张永宽老人根据我们泸县的文化特色创作而来，腔调不变。刘建国老师根据他的演唱进行了整理创编，呈现在大家面前，下面我们一起来学习这首《薅秧新歌》。

（老师展示课题——《薅秧新歌》）

三、聆听音乐，感受音色、演唱形式和感情情绪（7分钟）

设计意图：集中学生的注意力，提高学生的听辨能力。

1. 教师播放《薅秧新歌》歌曲，学生看谱安静聆听歌曲。（2分20秒）

问题一：你听到了歌曲中有哪些音色、演唱形式？分别体现在哪些乐句中？（2分钟）

学生：听见有男声、女声的音色。有独唱、齐唱。

老师：介绍男声唱的部分为歌曲主唱部分（独唱），众人唱的是歌曲的伴唱部分。（也叫帮腔，主要由衬词组成，其演唱形式为齐唱）

问题二：主唱有几句，是哪几句？

学生动手找出谱子中的四句主唱乐句，并且朗读出来。

老师：介绍主唱和伴唱的情境。（在薅秧时边薅秧边唱歌，很累，唱完一句歇一下，然后旁边的人帮忙接着唱，就产生了主唱和帮腔）

2．教师再次播放歌曲，学生看谱聆听歌曲。

问题三：你听到歌曲中的语言有什么特点？

学生：歌曲中的语言是泸县地方话。

老师：泸县地方话的特点是平翘舌不分。

问题四：旋律有哪些特点？

学生：旋律有时活泼欢快，有时抒情绵长。

老师：主唱部分的情绪是抒情的，伴唱（帮腔）部分是活泼欢快的。

（老师引导学生找出歌曲的四句主唱乐句）

问题五：主唱旋律有什么特点？

学生识谱回答：有连音、波音、顿音、下滑音、后倚音装饰音。

老师区别范唱第一句主唱乐句。（有装饰音和无装饰音的区别唱）

学生聆听回答：有装饰音的旋律更富有地方色彩，更能体现我们民歌的韵味。

四、以情带声，学唱歌曲（15分钟）

设计意图：解决教学中的重难点。

学习歌曲主唱部分。（主唱乐句总共四句，学唱歌曲的同时处理歌曲感情）

1．老师加动作引导学生有节奏朗读主唱的四句歌词。

2．老师弹琴引导学生跟琴学唱第一句主唱乐句。

A．学生跟钢琴听唱。听唱一遍后学生提出学习难点——拖腔（拖腔的节奏、音准、装饰音）。

老师用"一字多音"的办法解决第一句主唱乐句中的拖腔难点的节奏，引导学生用正确的方式唱准休止符的节奏，学习的同时引导学生养成边听唱边打节奏的好习惯。老师示范唱，学生模仿唱，解决拖腔中的音准问题。老师用对比唱的方式引导学生对装饰音的理解认识，然后学生分别听琴学唱波音、顿音、下滑音、后倚音这些装饰音。老师发现学生唱错了，待学生唱完后，老师示范唱学生听后模唱，帮助学生纠正错误。

B．学生跟钢琴完整练习唱第一主唱乐句。（2~3遍）

3．老师出示四句主唱乐句，请学生找出四句主唱的乐句的相同点、不同点。

学生：四句乐句节奏不同、旋律不同，相同之处是每一乐句都有一样的装饰音，都有拖腔。

4. 师分别弹奏 2/3/4 句主唱，学生听琴学唱。（听唱的同时提醒学生能用自然的声音，恰当的速度、力度演唱。能准确把握每一乐句演唱的速度、力度、色彩及波音、顿音、下滑音、衬词。）

5. 完整跟琴唱 4 句主唱。

五、合理拓展，综合表现（4 分 40 秒）

设计意图：巩固练习，提高学生参与的积极性。

1. 师生接龙唱歌。（师唱歌曲伴唱、生唱主唱。提醒学生们用自然圆润的声音演唱，用泸县方言演唱歌曲，唱出薅秧歌的韵味，正确演唱装饰音，唱准拖腔难点的音准、节奏）

2. 学生合歌曲伴奏完整唱。（边唱边打节奏）

六、总结（1 分钟）

设计意图：回顾本堂课的知识要点。

老师引导学生回顾知识要点。

1. 学习了《薅秧新歌》

2. 了解了薅秧子就是给秧苗除杂草，也学会了用泸县方言演唱。

3. 歌曲里面有上波音、顿音、下滑音、后倚音装饰音，歌曲因此而富有韵味。

4. 难点：歌曲的拖腔。

七、升华情感，正面激励（2 分钟）

设计意图：美育和德育相结合，引导学生为传承家乡文化贡献一份力量。

1. 引导学生说说泸县的民歌、特色、特产、文化。

师：同学们，这首歌曲是玄滩《薅秧歌》的继承人张永宽老人，依据《薅秧歌》的腔调，加上泸县的名胜景点而创作的，里面有玉蟾山、龙脑桥、玉龙湖，我们泸县是龙城，龙文化特别丰富，那你们还知道哪些特色呢？

学生：有雨坛彩龙、百合莲枪、潮河龙眼，等等。

师：我们泸县有玉蟾山，有龙脑桥，有玉龙湖。作为泸县人我自豪、我骄傲，我们爱这片生我养我的土地。欢迎客人来我们家乡做客。

2. 老师引导生下去创编歌词。

《薅秧歌》的腔调是祖祖辈辈传承下来的，但是我们可以根据政策的变化给它创编不同的歌词，比如说热爱大自然、热爱生活、赞美祖国，等等。

3. 老师：前辈边劳动边唱歌，用歌声表达对这片土地的挚爱之情，而这种通过口口相传的音乐已经慢慢地随着前辈的逝世而消失，而近 70 岁高龄的张永宽前辈，为《薅秧歌》的传承奉献了自己毕生的力量，老师希望更多的人把我们民族的、地方的文化传承下去。

八、观看视频结束课堂（2分20秒）

老师播放《薅秧新歌》展演的视频，学生欣赏结束课堂。

九、板书设计

1. 课题：薅秧新歌

2. 泸县地方方言演唱。

3. 音色：男声、女声。演唱形式：独唱（主唱乐句）、齐唱（伴唱乐句）。

4. 难点：拖腔（波音、顿音、下滑音、衬词）。

民歌教学设计——《七月里来拌桶响》

学　　校： 泸州市兆和学校
执 教 者： 先本霞
任教年级： 小学四年级

【教学内容】《家乡的歌》
【教材分析】
音乐特点：2/4　| x　　x x　　x　x x | x　　x　　|

文化特点：方言、劳动表现。

声音特点：断连结合。

情感特点：表现丰收的场景。

教学重难点：歌曲的方言学唱、连厢学习。

教学策略：听唱学歌（断、连音方法）、在游戏中培养乐感（节拍、节奏）、在方言与连厢学习中体验传统文化。

【学情分析】

1. 小学生对民歌兴趣较小，了解较少。

2. 四年级学生对音乐知识有初步的了解，能感知音乐美，对音准节奏有所把握，创编出不同的表演形式。

3. 针对学生的情况在教学中应注意课堂的把控。

【教学目标】

情感、态度与价值观：通过聆听、演唱和表演歌曲《七月里来拌桶响》，感受音乐所表现的七月丰收的场景，表达对丰收的喜悦之情。

知识与技能：能用愉悦的心情完整演唱歌曲《七月里来拌桶响》，了解莲枪舞的基本动作。

过程与方法：以体验为主，用猜谜、闯关、聆听、合作编创等相结合的方法进行学习。

【教学重点难点】

1. 重点：用愉快的声音、活泼的情绪表现歌曲。

2．难点：清晰演唱歌曲衬词。

【教学用具】连枪　钢琴　多媒体课件　拌桶　稻谷

【歌曲乐谱】

七月里来拌桶响

1=G 2/4 ♩=88

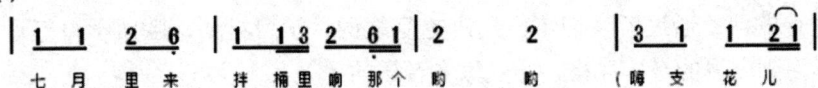

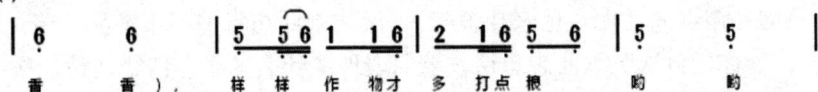

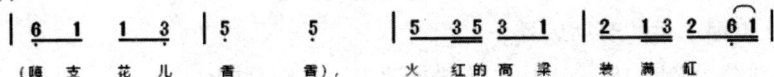

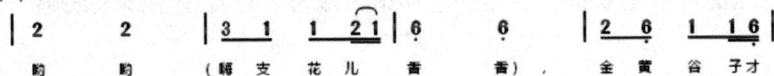

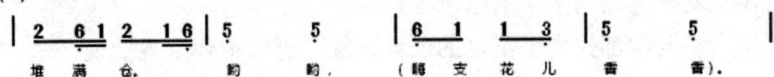

【教学过程】

一、感受体验，情境创设

设计意图：通过情境导入把学生的注意力和兴趣带到课堂中来，为学生营造一个轻松愉快的学习环境。

师随音乐前奏扫视学生跟音乐表演打谷子的场景。（打谷子动作是莲枪舞的基本动作）

师：孩子们，刚才老师表演的是什么，你们知道吗？

生：打谷子。

师：你们知道老师打谷子用的劳动工具叫什么名字吗？

生：拌桶。

师：先老师小时候也经常帮爸爸妈妈打谷子，你来看看我是怎样打的？（播放音乐）（师表演打谷子——莲枪舞基本动作）

师：请大家站起来和我一起参加劳动吧！（师播放视频并教莲枪舞动作）

二、以情带声，学唱歌曲

设计意图：通过师生互动、生生互动，小老师示范让学生循序渐进地学习这首歌曲，通过解决情绪、找出重复歌词、学习衬词、歌曲学习等让学生能学习到家乡的音乐风格，感受家乡音乐的美）。

1. 出示课题。

师：真是爱劳动的好孩子，刚才我们听到的歌曲就是一首富有浓郁的地方特色的民俗歌曲《七月里来拌桶响》，流传于四川省泸州市泸县一带（出示地图），请你们再次听歌曲想想这首歌曲表现了什么场景，情绪又是什么？

2. 解决情绪。

师：你们认为歌曲表现了一种什么场景呢？

生：表现丰收的劳动场景。

师：嗯，那我们应该用什么情绪来演唱这首歌曲呢？

生：热烈、欢快……

这首歌的情绪是欢快、热烈，老师请大家带着这样的情绪来演唱一遍歌曲。

3. 师播放歌曲生找重复歌词。（4分钟）

师：大家哑唱了歌曲，想想哪句歌词重复得最多。（师用头带孩子动起来）请听出重复歌词的同学举手示意老师。

哇，这么多同学都找到了重复的歌词，好，老师请你来说一说。

生：嗨支花儿香香。

4. 讲衬词并学唱衬词。

第一个知识点：讲衬词。

师：赞同他的请举手，嗨支花儿香香是衬词。

（嗨支花儿香香确实没有实在意义，因为它是歌词里的衬词）衬词：无实在意义，突出歌曲的民族风格和地方特色，渲染歌曲气氛，表达歌曲情感。

学习第二个知识点——唱衬词。

师：现在老师播放音乐，孩子们在听到这句衬词时跟着轻声地唱。（坐直，注意歌唱状态）（师手拿莲枪做动作）（出示有色块歌词）

师：孩子们，你们会唱衬词部分了吗？

生：……

现在，老师要升级难度了，老师再次播放音乐，在唱到衬词时 孩子们轻轻地跟着老师做同样的动作。（跟师动作）

5. 学习全曲。（15分钟）

读歌词——整张歌词全部出示。

师：孩子们完成得不错，请你们模仿老师有节奏地读一读歌词。（幻灯片涂色）

师：读得真棒，节奏感真好，现在请孩子们完整地读一遍歌词，七月里来一二一起。（师先示范两拍）

6. 逐句跟词，及时指正。

师：孩子们刚才读了一遍歌曲，现在有信心把歌词唱好吗？

生：有。

师：那老师弹一句，你们唱一句。准备好了吗？

生：准备好了。坐直，注意歌唱状态（及时纠正第三句，第四句音准），跟琴完整唱（弹琴稍微快一点）。

师：声音再竖起来一点就更完美了，现在啊，跟着老师的琴声完整地唱一遍。

7. 接龙唱。

师：孩子们真棒，现在现在我们来做一个接龙我们一起来玩一个游戏吧！由老师唱白色区域的正词，你们唱黄色部分衬词，间奏的时候我们交换演唱。

跟伴奏唱。

师：我们的合作真愉快！接下来请孩子们跟随伴奏唱一遍歌曲。

师：很好，对。请大家带着这样的情绪用你最美的声音再唱一遍歌曲。（播放伴奏音乐）

三、合理拓展，综合表现

观看莲枪舞视频。

师：老师仿佛看到了一个热火朝天的劳动场景。孩子们，刚开始上课时老师为大家介绍了莲枪，你们还记得吗？

生：记得。

师：老师手里拿的就是莲枪，莲枪又名莲花闹，源于叫花子乞讨，经过几百年演变成汉民族独特的道具舞蹈艺术，体现了中华民族不屈不挠的精神和勤劳善良的精神风貌。刚才我们参加劳动时的动作就是莲枪舞的基本动作，现在请孩子们轻轻拿起莲枪和老师一起表演一次。（再次播放音乐）

莲枪是泸州的特色文化项目，是四川非物质文化遗产，老师这里特意准备了一个莲枪舞的视频，你们想看吗？（生：想）请大家在观看视频的时候选择一个你喜欢的莲枪舞蹈动作来学一学，并进行展示。待会儿我们要做一个交流。

选莲枪舞动作表演歌曲。

师：看了视频我相信大家都选好了自己喜欢的莲枪舞动作，现在我们分小组讨论你学到的动作，开始。请你们在组内分享，小组长选择一句歌词来展示你们的动作。

（师：用莲枪打节奏（请安静））（老师循环指导）

师：哪一小组来展示你学到的动作，哪一小组愿意先来展示你们的动作这位孩子你先来。

（站到中间后开始展示）

师：老师非常喜欢你的这组动作，全班同学跟他一起学习吧。

我们试着唱第一句歌词把动作加进去。老师也加入你们的行列。

（完成后把学生用动作带到相应的小组前面）

师：哪位孩子来推荐你们小组学习的动作？这位同学。

（生展示动作）

师：请下一组。（好，你来）

生：表演。

师：老师从这组动作中感受到了欢快的情绪。我请全班同学跟着一起学习。

让我们带着欢快的情绪来表演第二句歌词。

师：下一组孩子谁来？你来。

我们一起来边唱边跳第三句歌词。

师：这一组的孩子谁来？你来。

今天我们每一组的同学都非常棒，我们跟着这位同学跳起来，唱第四句歌词。

师：孩子们，刚才我们分享了四句歌词的动作，现在我们跟着四位小老师一起来完整地跳一遍。老师加入你们当中来。

四、升华情感，正面激励

设计意图：通过总结式的结尾，让学生能热爱我们的本土民间音乐，传承民间音乐文化，弘扬民族文化精神，将德育渗透。

师：这节课孩子们表现很不错，今天我们学习了本土的民间歌曲《七月里来拌桶响》，也初步学习了本土的特色民俗文化——莲枪舞。随着时代的发展，越来越多的本土民间音乐文化在消失，这节课老师带着大家做了一件有意义的事情，就是学习传承民间音乐文化，通过本课的学习，希望孩子们能热爱我们的本土民间音乐，传承民间音乐文化，弘扬民族文化精神。最后，请孩子们带着你们最饱满的激情再来表演一次歌曲。

（播放音乐，前奏时安排学生分角色表演歌曲）

结束语：（歌曲第二遍引子部分说）孩子们，今天这堂特别的课结束了，希望你们把这首《七月里来拌桶响》唱出教室，唱给更多的人听。

民歌教学设计——《一个麻雀》

学　　校： 泸州师范附属小学城西学校
执 教 者： 黄岚岚
任教年级： 四年级

【教学内容】《一个麻雀》(选自《故乡的歌——泸州市民间音乐文化教学资源集萃》)

【教材分析】

歌曲《一个麻雀》是一首民间小调，由教师在农村采风得来，歌曲为G调，2/4拍，五声调式，由12个乐句组成，节奏简单，旋律简洁。歌曲从20世纪50年代流传下来，产生于当时麻雀成灾，在粮食成熟时成群结队来偷吃，人们敲锣打鼓驱赶麻雀，生动地展现了小麻雀活灵活现的形象和劳动人民对它又爱又恨的情感，易于演唱和表演。后人经过传唱和改编，在民俗活动"鱼儿灯"中，也常见这首歌曲的表演。

【学情分析】

四年级学生以形象思维为主和好奇、好动、模仿力强的身心特点，具有自然的嗓音，初步了解了正确的歌唱状态。能够从简短的音乐材料中，感受音乐所表现的形象，能结合自身对动物的了解，从而用自己的声音或灵巧的形体模仿其音响和特征。采用歌、视频、对话、情境等生动有趣且相结合的综合手段，进行直观教学，更易被这阶段的学生接受。

【教学目标】

1. 知识与技能目标：能用欢快、有趣的情绪，用方言完整演唱歌曲《一个麻雀》，并能在间奏部分进行编创表演。

2. 过程与方法目标：以体验为主，用感受、聆听、合作编创等相结合的方法学习歌曲，感受歌曲的地方特色。

3. 情感态度价值观目标：通过聆听、演唱和表演歌曲《一个麻雀》，感受地方歌曲的特色，从而激发学生热爱民间音乐、热爱家乡的思想感情。

【教学重点】

1. 有感情、有表情地演唱歌曲。

2. 掌握歌曲中器乐伴奏部分,能够边演唱边表演歌曲。

【教学难点】

1. 用方言演唱歌曲。

2. 对歌曲间奏部分进行编创表演。

【教学用时】1 课时

【教具准备】PPT 课件、钢琴、小镲、采风记录表

【歌曲乐谱】

一 个 麻 雀
(鱼儿灯)

传唱:刘宗平
采录、记谱:课题组

1=G 2/4

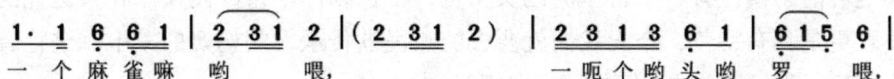

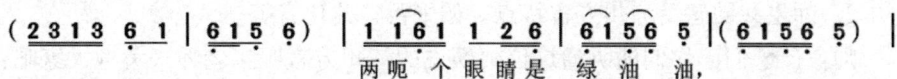

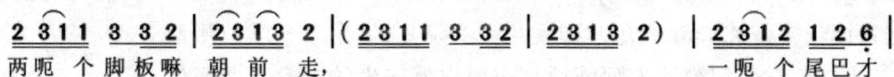

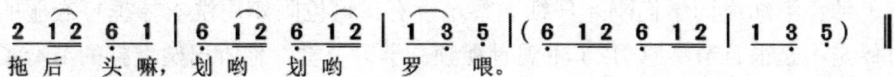

【教学过程】

一、组织教学,导入新课

【设计意图】通过介绍家乡特色,激发学生的学习热情,以"采风"作为主线,并向学生明确采风任务,让学生充满挑战意识,全情投入歌曲学习之中。

1. 教师演唱歌曲《醉美泸州》片段,介绍家乡泸州的特色。

师:孩子们,上课之前老师想给大家唱一首我家乡的歌曲《醉美泸州》,请大家欣赏吧!(我们这里喝酒像喝汤,最美泸州好地方,敬你一杯泸州酒,祝你健康岁岁平安。)老师的家乡泸州有"中国酒城,醉美泸州"的美名,是

一个以酒文化闻名四方的城市，那除了酒，你们对泸州还有其他的了解吗？

生：有……有……

2. 创设采风情境，出示采风记录表，导入新课教学。

师：看来啊，大家对泸州都非常的了解，但是大家有一点还没说到，我们泸州还有一样非常宝贵的东西，那就是传统的地方民歌，今天，黄老师就要当导游，带领大家一起去到我的家乡进行音乐采风。

（出示采风记录表）师：出发前黄老师有要求，这次采风活动我们除了要学习有趣的民歌，还要由大家来共同完成这张采风记录表。准备好了吗？那我们就出发吧……（播放视频）

二、学习歌曲

（一）观看采风视频第一部分，进入采风情境。

1. 视频解说：沿着成自泸赤高速公路，在离泸州最近的一个出口下道，我们就来到了本次采风的地点——泸州市胡市镇，这是一个被沱江、濑溪河环抱着的小镇，有着千百年的码头文化，小镇物产丰富，民风淳朴，这儿的民歌更是具有特色，今天我们就要去泸州民歌传承人刘奶奶的家中，进行音乐采风，我们先向这位阿姨问问路吧！

2. 师生共同感受泸州方言特点，如平舌、儿化音等。

师：孩子们，你们能听懂这位阿姨说的泸州方言吗？老师来考考大家吧：个（guo）、绿（lu）、脚（jio），后面（后头），泸州方言还有一个特点就是儿化音比较多，比如麻雀儿、脚板儿、院院儿。（生学一学泸州话）

（二）学生观察洗衣阿姨捶打衣服自然产生的节奏，并模仿。

师：不知道同学们刚才仔细观察过没有，这位阿姨用洗衣棒捶打衣服的时候是不是很有节奏感啊？（生观看视频，学习节奏）你听出她敲打的节奏了吗？谁可以来模仿一下？其实我们的艺术就是来源于生活，阿姨用木棒捶打衣服的节奏其实就是这条：× × | × × × × | 。我们用拍手的方式再来练习一下吧！（引导生进行节奏练习）你们的节奏感真不错，孩子们，接下来，我们就前往刘奶奶的家中吧！不过我们第一次去到刘奶奶家里，一定要遵守纪律，安静仔细地听刘奶奶说了些什么、唱了些什么。

【设计意图】学生通过说方言，感受方言特点，模仿生活中自然出现的节奏，在营造地方民歌学习氛围的同时对后面的学习进行铺垫。

（三）观看采风视频第二部分，感受歌曲。

1. 初步感受歌曲，揭示歌曲名称，说一说歌曲带给你什么样的感受？

师：孩子们，这位老奶奶就是我们今天采风的对象——泸州民歌的传承人刘奶奶，这次采风我们主要向刘奶奶学唱刚才我们听到的这首歌曲，大家知道这首歌的名字吗？（揭示课题《一个麻雀》）黄老师觉得这首歌曲很有趣，也很想给大家唱一唱，请同学们仔细听听这首歌曲带给你什么样的感受？（教师加入动作范唱，引导学生说出歌曲情绪：欢快、有趣地）

2. 感受用方言演唱歌曲，并理解用地方民歌方言演唱的原因。

师：为什么我们要用方言来演唱这首歌曲而不是普通话呢？（指生答）虽然用普通话演唱容易演唱和理解，但不容易凸显地方民歌中的特色，所以我们才会用到方言来演唱。

3. 再次感受歌曲，找出歌词特点。

师：孩子们刚才说得都非常好，那我们这首歌的歌词也很有意思，我想请你们再仔细地听一听刘奶奶的演唱，感受一下歌词有什么样的特点。（指生答）

4. 介绍衬词，引导学生有节奏地读歌词。

师：大家都找到了，在我们歌曲当中啊，出现了很多像呃、哟喂、啰喂等这样的语气词或者形声词，我们把这样的具有衬托性的词语叫作"衬词"。有没有同学知道衬词的作用是什么啊？（指生回答）衬词的作用就是突出地方特色，渲染歌曲气氛。大家可以用方言自由地读一读歌词，注意泸州方言语气语调都比较重，下面老师用泸州话教一教大家有节奏地读歌词。（师加入动作引导学生有节奏地读歌词）

【设计意图】学生通过观看采风视频，感受由民歌传唱人原汁原味演唱的传统民歌，深切感受到地方民歌用方言演唱才能凸显特色，让学生产生学习家乡民歌的兴趣。

（四）用多种方法学唱歌曲。

1. 用地方民间音乐传统的口传心授的方法学唱歌曲。

师：孩子们，我们读完歌词了，你们记得黄老师跟刘奶奶学唱这首歌用的是什么方式吗？对了，像刘奶奶这样一句一句地教老师唱歌的形式，就是我们民间音乐传统的学习方式，叫作"口传心授"。我们地方民歌都是靠口传心授的方式在民间进行传播，我们大家就用轻声唱的形式跟着刘奶奶用这种传统的传承方式来进行学习这首歌曲。

2. 教师解决较难乐句。

师：你们觉得自己唱得怎么样？有没有觉得哪一句唱得不够好，需要老师或者同学帮助的？（解决较难乐句）

3. 跟琴完整演唱。（视现场教学情况而定，如学生演唱情况不好就再继

续处理难点，让学生能准确演唱）

4. 处理歌曲演唱情绪。

师：同学们把歌曲是唱会了，但我觉得大家的演唱还差一点点东西。你们觉得差的是什么呢？对了，情绪，刚才我们说到了歌曲的情绪是——欢快、有趣地，现在黄老师来当听众，听听你们能不能完整地、有感情地合着伴奏来演唱歌曲。（生跟伴奏完整演唱）

【设计意图】学生用到"口传心授"这个传统的民间文化传承方法来学唱歌曲，能更好地感受传统音乐的特点，唱出歌曲原生态的韵味。

三、拓展与创编

（一）观看采风视频第三部分，了解歌曲的起源和历史背景。

1. 从视频中找出农民伯伯驱赶麻雀的方式，引导学生用自己创造性的方式来表演驱赶麻雀的场景。

师：孩子们，接下来我们继续采风，听刘奶奶说一说歌曲的由来。（视频二）孩子们，你们看完视频之后了解到歌曲的由来了吗？那你们觉得农民伯伯对贪吃的小麻雀是一种什么样的感情？（又爱又恨，喜欢它可爱的模样，但又讨厌它偷吃本来就收获不多的粮食）那农民伯伯们为了保护粮食用了一些什么样的方法来驱赶小麻雀呢？（吆喝、剁脚）你们能不能模仿一下这种场景呢？能不能就地取材呢？（引导学生用多种方式表演驱赶麻雀的场景）

2. 学生聆听音乐，听出教师在歌曲间奏部分用到哪种民间打击乐器在歌曲的间奏部分进行伴奏，教师出示打击乐器小镲。

师：孩子们，你们的表现都非常的棒！看来，大家都传承着农民伯伯们身上这种善良、勤劳、智慧的优良品质，不忍心伤害麻雀，想出了这么多方法赶走它。老师也想了一种办法来驱赶麻雀，大家想不想知道是什么？答案在音乐里去寻找吧，仔细听，老师用到了哪种具有地方特色的打击乐器来驱赶麻雀？（指生说）

【设计意图】学生通过观看视频，了解歌曲的来源和产生的历史背景，加入就地取材还原历史场景的表演，激发学生的创编能力和表现能力。

（二）认识打击乐器小镲，并有节奏地为歌曲伴奏。

1. 教师介绍打击乐器小镲，学生学习演奏姿势。

师：那现在我们就来认识一下刚才我们说到的这种打击乐器：小镲。我们来听一下它的声音，怎么样，它的声音是强还是弱的？这种乐器的声响强烈，节奏鲜明，是汉族民俗文化中不可缺少的打击乐器之一。

师：有没有同学想来试一试小镲？（指生演奏小镲，学会乐器的正确演奏

姿势，讲解乐器的正确演奏方法）

2. 师生合作表演，生自己聆听间奏中小镲演奏的节奏型。

师：同学们，你们觉得这样的声音能不能吓走麻雀啊？我们让小镲有节奏地进行演奏好不好？这样，我们来进行一个小小的表演，黄老师来扮演农民伯伯，你们扮演小麻雀，在歌词演唱的时候你们就来偷吃麦子，间奏部分我按节奏演奏小镲，你们听到小镲的声音就立刻停住，并且专心听小镲的节奏，一会儿黄老师会请同学进行模仿。（师生共同表演，师示范节奏，生进行模仿，师在黑板上写出节奏）

3. 引导学生合着音乐来进行乐器伴奏，在间奏处用拍手的方式模仿小镲演奏为歌曲伴奏。

师：孩子们，你们的节奏感真好！我请几个孩子来演奏一下小镲。其余孩子我们可以寻找身边的乐器，比如凳子、地板、身体都可以成为你的乐器哦！

4. 合作表演，用乐器加上自主创编的节奏共同表现歌曲。

师：太棒了！黄老师给你们点个赞。如果刚才大家创作的农民伯伯驱赶麻雀的方式加上老师的打击乐器一起来驱赶麻雀效果会不会更好呢？我们一起来试一试。

【设计意图】用常见的民间音乐打击乐器小镲作为伴奏乐器，与采风视频中提到的"敲锣打鼓"相得益彰，学生对这一乐器也相对熟悉，非常积极地想要参与伴奏，极地发挥了学生的自主能动性，再次调动学生的学习积极性。

四、课堂小结

1. 观看采风视频第四部分，学生说说感受。

师：孩子们，我们今天的采风活动就要结束了，刘奶奶还有一些话想要告诉大家，我们一起来看。

师：刘奶奶告诉了大家什么啊？指生回答。

师：是啊，我们国家有着许许多多优秀的民间音乐文化，却很少有人去挖掘、保护和传承，作为小学生，我们只有去保护和热爱中国的传统文化，才能更加热爱自己的家乡，将来不论时代如何发展，我们的中华民族的"根"始终不变。

2. 教师小结，下课。

师：今天大家学到的这首歌曲也被黄老师收录在这本民间音乐校本课程读本中，这本书是黄老师和其余几位热爱民间音乐的老师一起，历经两年时间，采风、收集、整理、二度创作以后得来的，老师希望你们能和我一样，做民间音乐文化的保护者和传承者，让我们一起读出这句话：热爱民间音乐，传承地方文化。（生齐读）孩子们，我们今天的采风活动就此结束，希望下次有机会黄老师能够再次带领大家去到我的家乡泸州进行音乐采风，孩子们，再见！

【设计意图】通过课堂总结，梳理采风过程，对学生的情感态度价值观进行升华，激发对家乡、对家乡传统文化的热爱之情，培养学生对地方音乐文化的兴趣，能有意识地进行保护与传承。

【板书设计】

一个麻雀

采风记录表
采风地点：泸州市胡市镇
传唱人：刘奶奶
歌曲名称：《一个麻雀》
歌曲情绪：欢快、有趣地
歌曲特点：方言、衬词
流传方式：口传心授
伴奏乐器：小镲
采风感受：热爱民间音乐、传承地方文化

民歌教学设计——《螃蟹歌》

学　　校：绵阳市石塘小学

执 教 者：鲁　庆

任教年级：二年级

【教学内容】《螃蟹歌》(花城出版社二年级下册第十课《中外民歌、童谣》)

【教材分析】

音乐特点：2/4　|　x　xx　　x　xx　|　x　xx　x　|

文化特点：方言、儿童生活表现。

声音特点：断连结合。

情感特点：生动、充满童趣(用声音与表演唱出歌曲的童趣是本课教材的审美重点)。

教学重难点：音区跨度大，节奏短促紧凑。

教学策略：听唱学歌(断、连音方法)、在游戏中培养乐感(节拍、节奏)、在方言学习中体验传统文化。

【学情分析】

1. 现在很多四川小朋友对四川民歌、童谣接触不多，很多孩子的四川方言发音并不准确，而且现在的孩子没有去河边玩耍、捉螃蟹，以及被夹的生活体验，用四川方言准确演唱也就存在一定的难度，加上这首歌速度快、一字多音，前八后十六节奏的反复出现，让学生不容易唱清楚歌词。

2. 二年级的孩子以形象思维为主，好奇，活泼好动，模仿力强，喜欢参加音乐活动，更容易接受与生活经验有关的一些知识。

3. 根据对学生的分析，在教学过程中根据学生年龄特点设计学生喜欢的、跟生活经验有关的音乐活动，由浅入深突破教学重难点，达成教学目标。

【教学目标】

1. 能用轻快、活泼的声音生动演唱歌曲《螃蟹歌》，并用能用轻松自然的声音表现出四川民歌的独特韵味。

2．运用诵、舞、歌、图片和音乐游戏等方式，体验歌曲的童趣，表现四川童谣诙谐、滑稽的风格特点。

3．在学生通过唱、表演、游戏综合表现歌曲的过程中，感受四川童谣的韵味，激发学生对家乡文化的了解和热爱，并进一步学习或传播四川文化。

【教学重点难点】

1．重点：学生能用轻松自然的声音有表情地唱出歌曲风格；记住歌词。

2．难点：记住歌词，并能在音乐游戏中有表情地唱出歌曲风格。

【教学用具】钢琴、PPT、螃蟹道具、头饰、假石头

【歌曲乐谱】

螃蟹歌

四川童谣

$1=^{\flat}E$　$\frac{2}{4}$

中速　风趣地

$\underset{\cdot}{5}$ $\underset{\cdot}{6}$ 1 $\underset{\cdot}{5}$ $\underset{\cdot}{6}$ 1 | 5 2 3 5 | $\underset{\cdot}{5}$ $\underset{\cdot}{6}$ $\underset{\cdot}{1}$ $\underset{\cdot}{6}$ $\underset{\cdot}{5}$ $\underset{\cdot}{3}$ | 2 3 1 2 |

螃呀么螃蟹　哥(呀哩哥)，八呀么八只　脚(哟嗬嗬)，
横呀么横上　坡(呀哩坡)，横呀么横下　坡(哟嗬嗬)，
夹呀么夹得　紧(呀哩紧)，甩呀么甩不　脱(哟嗬嗬)，

‖: 5 5 6·5 | 3 53 231 | $\underset{\cdot}{6}$ $\underset{\cdot}{5}$ $\underset{\cdot}{6}$ 1 $\underset{\cdot}{6}$ | 5·6 5 :‖

两只哟　大夹夹，一个　硬壳　壳　哟，
那天从你　门前过，夹住了我的　脚　哟，
求求你　螃蟹哥，放放　我的　脚　哟，

【教学过程】

一、感受体验，律动导入

设计意图：让学生感受四二拍的节拍韵律，又可以让学生能够快速进入情境，并为后面的音乐游戏做准备。

教师播放音乐带领学生律动，感受音乐的节拍，初步了解歌曲。

二、综合手段，学唱歌曲

设计意图：让学生的认识从感性认识逐步提升为理性认识，从而为学生

能有表情地演唱打下基础。在第一段已经能够准确演唱的基础上学习第二、三段歌词，第二、三段与第一段旋律一样，通过已知经验学习新内容，降低学习难度。二年级学生以形象思维为主，通过角色表演游戏让学生对歌词内容和表现的音乐情绪有了更直观的感受，也更容易掌握。

1. 初听歌曲。

提问：歌曲中唱到的是哪一种小动物？用什么语言演唱？

出示课题，用四川方言念课题。

出示四川方言特点，请学生带上高位置的特点再念一次课题。

提问：这首歌曲表现的是一只可爱的小螃蟹还是一只威武的小螃蟹？它是怎样走的？

请学生模仿威武的螃蟹横（huan）着随音乐走一走。

2. 提问：它长什么样子？引出歌词。

3. 出示歌词，用四川方言高位置朗诵歌词。

4. 教师示范加上衬词后的歌词，让学生进行对比。

5. 出示旋律线，带领学生画旋律线。

6. 提问：通过观察与聆听，小螃蟹哪一句爬得高，哪一句爬得低？

总结歌曲结构。

7. 教唱歌曲第一段，并对学生的演唱进行评价、纠正。

8. 学生完整演唱第一段，教师伴奏。

9. 通过角色表演学唱第二段。

出示第二段歌词。

（1）提问：老师从这只小螃蟹家过时发生了一件有趣的事，仔细听。

教师表演第二段。

追问，里面有几个角色？是谁和谁？

（2）教师给学生分角色表演。

提问：小螃蟹应该用什么语气演唱？被夹的"我"应该用什么语气来演唱？

教师伴奏。

纠正音准，提示情绪。

（3）学生分角色演唱。

纠正情绪、音准。

10. 通过"螃蟹夹"的游戏，巩固第二段，通过"解救螃蟹"的反转游戏学唱歌曲第三段。

（1）宣布游戏规则，示范游戏玩法。

播放音乐。

（2）邀请学生加入游戏，提醒节奏和演唱。

（3）教师表演示范第三段。

（4）播放音乐，帮助学生顺利游戏。

（5）总结：学了几段歌词呀？这首歌曲叫什么名字呀？它是一首哪个地方的童谣？

11. 请学生看乐谱再完整聆听一次演唱，找出与学唱的不同处。

播放音乐，学生听音乐思考。

12. 请学生按照乐谱完整演唱一次。教师伴奏。

三、合理拓展，激发兴趣

设计意图：通过师生之间的共同探讨，激发学生对四川童谣儿歌的学习兴趣，也为学生课后的学习和积累起到穿针引线的作用。

请学生说一说自己会的四川童谣或儿歌。

师：咱们四川除了这首四川童谣《螃蟹歌》，还有很多童谣、儿歌，分享听过的四川童谣或儿歌。

学生思考、回答。

四、升华情感，正面激励

设计意图：让学生从始至终都在音乐活动中，并将这样的学生兴趣延伸至课后。

师：这首风趣、幽默的四川童谣《螃蟹歌》是我妈妈教我唱的，今天你们学会了也请你们回去唱给自己的爸爸、妈妈听，也期待你们的爸爸、妈妈教给你们更多的四川童谣，今天的课就上到这里，让我们一起在《螃蟹歌》的歌声里一起说再见。

民歌教学设计——《打双麻窝子送给你》

学　　校： 达州市通川区金山小学校
执 教 者： 杜发言
任教年级： 五年级

【教学内容】《打双麻窝子送给你》

【教材分析】

音乐特点：2/4拍，一段体，节奏以八分音符、十六分音符相结合，旋律共三句，以小跳、级进交替进行，节奏规整，旋律流畅明快，极富川东民歌特点。

文化特点：方言拟声词"嘎拉拉西、嘎拉拉嘎拉拉更更贡贡"。

声音特点：高亢明亮，富有生活情趣。

情感特点：活泼、欢快，乐观、热情，表现军民鱼水情。

教学重难点：拟声词的模仿，把握川东民歌的演唱风格。

教学策略：听唱学歌、在游戏接唱中培养乐感（节拍、节奏）、在方言与人物角色中体验传统文化。特别歌曲中拟声词学习，既是抓语言又是抓情绪、用它来学节奏、用它来练声音、它来调动情绪、用它来演角色、用它来创作、创编，"嘎拉拉西，嘎拉拉嘎拉拉更更贡贡"贯穿整个课堂。

【学情分析】

1. 本课的教学对象是五年级学生，他们对四川民歌学习态度很鲜明，很喜欢，觉得非常有趣，同时有责任和义务做新时代的文化传承人。

2. 根据五年级学生的年龄特点、随着生活范围和认知领域进一步扩展，学生的体验、感受与探索创造的活动能力有较大的增强。他们能自信地有表情地演唱，乐于参与其他音乐表现创造活动，培养艺术想象力和创造力，培养乐观的态度和友爱精神，增强集体意识，培养合作能力。能够创编歌曲情绪一致的律动并参与表演。所以在歌曲学习前我用学习拟声词"嘎拉拉……"让学生联想到乡亲们打麻窝子的声响，以及打麻窝子的角色场景。

【教学目标】

1. 能用轻快、活泼的声音生动演唱歌曲《打双麻窝子送给你》，用形象的拟声词表现出四川南江民歌的独特韵味。

2. 能够自信地运用方言演唱歌曲，根据打麻窝子的歌曲意境、听唱、模仿、接唱、对唱等方式，体验打麻窝子的热闹场景。

3. 通过学习歌曲了解南江民歌的特点，同时以麻窝子为契机追忆红军精神，感受当年红军穿着草鞋远征的崇高信仰，让同学们产生不忘历史热爱祖国的情感。

【教学重点难点】

1. 重点：有感情地演唱歌曲，能够体验南江民歌特点。

2. 难点：能从拟声词"嘎拉拉更更贡贡"的学习中，以搓、拉、打的方式体验角色扮演，以体验歌曲的节奏、情绪、情感以及表现军民鱼水情的情感。

【教学用具】钢琴、草鞋、稻草、多媒体课件

【歌曲乐谱】

打双麻窝子送给你

1 = D 2/4

四川南江民歌

中速、稍快

（乡）叫 声 红军 嘛 嘎拉拉西 你 听我 说嘛 嘎拉拉西 我
（军）叫 声 乡亲 嘛 嘎拉拉西 你 听我 说嘛 嘎拉拉西 我

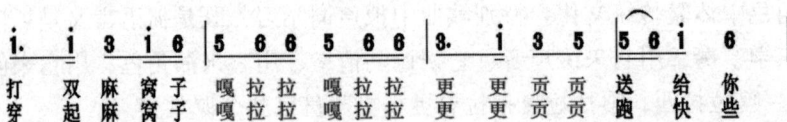

打 双 麻窝子 嘎拉拉 嘎拉拉 更 更 贡贡 送 给 你
穿 起 麻窝子 嘎拉拉 嘎拉拉 更 更 贡贡 跑 快 些

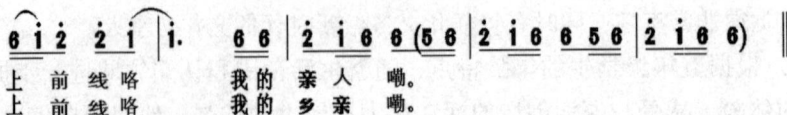

上 前 线咯 我的 亲人 哟。
上 前 线咯 我的 乡亲 哟。

【教学过程】

一、唤醒激活，感受体验

设计意图：学生在《十里送红军》的音乐声中走进教室，初步了解红军故事，让学生感受军民鱼水情。

1. 师生问好！

2．谈话导入。

师：红星闪闪放光彩，红军精神代代传，孩子们刚刚听到的音乐是《十里送红军》，在革命战争年代，我们的红军战士经过 11 个省，翻过 18 座大山，跨过 24 条大河，爬雪山，过草地，想想在那么艰苦的年代，红军是穿的什么鞋踏遍了二万五千里呢？猜一猜？（草鞋）在我们川东地区叫麻窝子。

红军的麻窝子是谁打的呢？（老百姓）是啊，穿着老百姓亲手打的麻窝子，是多么的贴心啊，看似一双简单的麻窝子，但它饱含父老乡亲的浓浓深情和军民团结一家亲的鱼水之情。（点课件，看陈列馆红军穿过的草鞋等图片）

1．师范唱歌曲。

师：孩子们，老师今天给你们带来一首家乡的红色歌曲，请孩子们认真听，然后把你觉得最有特点、最特别的地方告诉大家。

2．单独学习拟声词部分（当练声曲）。

设计意图：通过对唱、接唱，通过速度变化的唱，通过力度变化的唱，孩子们在不知不觉中很快解决了歌曲的难点（难点前置）。

二、以情带声，学唱歌曲

设计意图：能够自信地运用方言演唱歌曲，根据打麻窝子的歌曲意境、听唱、模仿、接唱、对唱等方式，体验打麻窝子的热闹场景。

1．听范唱。

师：孩子们，刚刚老师唱的歌曲讲的是什么样的故事？接下来我们一起学习这首很有地方特色的南江民歌《打双麻窝子送给你》。（点课件，打开歌谱）

2．体验四川话朗读歌词的韵味和曲调的联系。

师：歌词里面拟声词"嘎拉拉西，更更贡贡"，语气词嘛、咯、勒等就是川东民歌的特点（节奏规整，旋律流畅明快，表现力强，歌词口语化，夹杂拟声词，语气词，用四川话更能体现韵味儿）。

3．师生互动、生生互动学会歌曲演唱（接唱、对唱、领唱等）。

4．体验、感受打麻窝子的视频（让学生尝试搓—拉—打的过程）。

设计意图：介绍打麻窝子的流程，学生看视频（传统技艺打麻窝子），让孩子捕捉打麻窝子的几个关键动作——搓、拉、打。大家拿着身边准备的麻绳和稻草进行尝试、探索声响、节奏，结合歌曲重点练习节奏型及劳动场景，稳定节拍的两小节四分节奏 × × ｜ × × ｜（用 CI）；体验重拍（敲打）× o ｜ o o ｜（弹舌头声）；及歌曲节奏型（<u>× × ×</u> <u>× × ×</u> chua）三种声响创设打麻窝子的劳动场景等。

师：在那个艰苦的年代，麻窝子是怎么做的呢？想知道吗？麻窝子已经淡出了我们的视线，我们不能遗忘这传统技艺，打麻窝子是件很不容易的事，一起来看看视频，注意观察，都有哪些动作。

（1）看视频。

（2）创设打麻窝子的声响。

（3）师拿出已打好的草鞋给孩子们触摸、观察（体验艰苦的年代，军民的浓厚情谊）。

5. 师生对唱的方式在拟声词处学生用搓拉打的动作体验打麻窝子的场景。

6. 处理歌曲情绪，以情带声。

三、合理拓展，综合表现

设计意图：（把学生围成几个圈）不断让学生去演唱，假如我就是个老太太，我在跟红军打麻窝子，假如我是个小伙子，假如我是个姑娘（嘎拉拉嘎拉拉……）在深情的演唱中体验军民鱼水情的浓浓深情。不断地形象化，速度加快，音乐形象感就出来了。整堂课学生始终在体验聆听的过程中完成活动。在歌曲学习中既抓语言又抓情绪，用它来学节奏，用它来练声音，用它来调动情绪，用它来演角色，用它来创作、创编，"嘎拉拉嘎拉拉更更贡贡"贯穿整个课堂。

师：孩子们今天我们了解了麻窝子的红军故事，唱了为红军打麻窝子的歌曲，最后让我们带着对红军的崇敬，假如我们就是在革命战争年代，我们可敬可爱的红军战士马上要上前线了，我们分成三组，你们作为老百姓、作为乡亲们，你们想用怎样的方式表现歌曲呢？给你们一点时间，开始准备你们的表演吧！

1. 分组编创场景（老太太打麻窝子、小伙子打麻窝子、小姑娘打麻窝子）。

2. 小组展示。

3. 全班合作完整表现。

四、升华情感，正面激励

同学们，（点图片）这是纪念红军长征胜利 80 周年大会上用 80 双草鞋拼成的中国地图，"草鞋"作为一个历史符号，它不仅是当年千万红军战士艰苦跋涉、浴血奋战的一个历史见证和象征，同时它也寄托着我们对革命前辈的无限崇敬和热爱，不仅仅在于是否拥有一双红军草鞋，而是如何把红军草鞋所凝固的长征精神永远发扬光大下去，永远传承下去。好，下课！

民歌教学设计——《薅草锣鼓》

学　　校：达川区实验小学
执 教 者：陈俊桦
任教年级：四年级

【教学内容】《薅草锣鼓》
【教材分析】
音乐特点：一领众和的演唱形式，民歌和响器相结合的形式。
文化特点：方言、劳动生活表现。
声音特点：高亢。
情感特点：生动、充满劳动的气息。
教学重难点：感受薅草锣鼓伴奏特点及"一领众和"的演唱形式，体会薅草锣鼓的风格特点。
教学策略：通过听辨、律动、演唱、合作、编创等方式，引导学生表现薅草锣鼓的风格特点。
【学情分析】
1. 学生对于民歌的了解还不多，特别是对民歌的形式、特点还不太了解。
2. 学生对基本的节奏型还是有所掌握，在"一领众和"演唱形式的学习时学生掌握起来还是比较轻松。
3. 在教学中还是要多用有趣的语言和方法来吸引学生学习民歌的兴趣。
【教学目标】
1. 通过聆听、体验，引导学生了解宣汉土家族独特的民族民歌艺术形式——薅草锣鼓。
2. 通过欣赏、感受、体验薅草锣鼓伴奏特点及"一领众和"的演唱形式。
3. 通过听辨、律动、演唱、合作、编创等方式，引导学生表现薅草锣鼓的风格特点。
【教学重点难点】
1. 重点：通过体验，感受薅草锣鼓伴奏特点及"一领众和"的演唱形式。

2. 难点：体会薅草锣鼓的风格特点。

【教学用具】锣、鼓、小镲

【教学过程】

一、感受体验，情境创设

设计意图：通过创设情境，带领孩子们体验上坡干农活，模仿干农活的动作，让孩子们感受薅草锣鼓产生的特殊环境，带学生一起律动进教室，播放薅草锣鼓音乐。

1. 情境体验活动：乡间劳作。

师：孩子们请模仿我的动作伴着音乐走进教室吧。

师：孩子们，你觉得我们刚才表演的是什么情境下的活动？

生：我觉得刚才的表演像是在劳动。

生：好像有拔草的动作。

2. 由劳动情景引出薅草锣鼓。

师：我们就是在农田里除草、插秧等，咱们表演的就是在干农活，你们知道吗？在我们达州的宣汉县土家族聚居地，那儿的人民勤劳善良，能歌善舞，他们喜欢在薅草季节集体去田间劳动，今天，就请大家和我一同走进土家，一同去体验那里独特的民族民间艺术——薅草锣鼓。（引入课题）

二、以情带声，学唱歌曲

设计意图：通过聆听、感受的方式，让学生体验薅草锣鼓的风格特点。在体验伴奏乐器、"一领众和"的演唱形式的过程中，了解体验薅操锣鼓。加深学生对这一民歌风格特点的了解和掌握。

1. 欣赏视频：薅草锣鼓，初步感受这一艺术形式。

师：请一边欣赏视频，一边留意观察画面中令你印象深刻的地方。

2. 交流感受，梳理特点。

师：你们来谈谈自己的发现吧！（引导学生说出方言演唱等）

生：说的是当地话。

生：他们的演唱方式很特别，有时候又在念唱词。

简介宣汉薅草锣鼓（歌郎等），国家级非物质文化遗产。

师：同学们知道吗？薅草锣鼓也叫薅草歌、薅草号子，是土家民歌的一种俗称，是一种伴随劳动生产民歌和响器相结合的一种形式。薅草锣鼓主要以锣鼓伴奏，演唱者叫"歌郎"，一人领唱，众人合帮。宣汉薅草锣鼓是川东土家族薅草锣鼓，原生态地保留了巴人从原始狩猎向原始畜牧业、原始农业转变时期诸多的生产生活习俗：打锣鼓和唱歌同步进行，锣鼓引子、唱腔曲式调式、唱词的内容到形式，特别是三至五人打唱的被称为武锣鼓的打法是这里独有的。薅草锣鼓在这里的土家族人代代传承，一群人在地里锄草唱和，两人在地头敲锣打鼓领唱，使得劳动者减轻疲乏，提高了生产效率。2008年，川东土家族薅草锣鼓被国务院公布为国家级非物质文化遗产。

3. 分段聆听。

师：我们再次聆听一段音乐，说说你印象最深刻的乐器。

生：我听到了乐曲中有鼓的声响。

生：还有锣的声响。

4. 体验锣鼓伴奏。

师：锣和鼓是薅草锣鼓主要的伴奏乐器，我们一起来练习这个节奏。

2/4　鼓：　x．x　　×|x．x　　×|x．x　　x．x|x．x　　×||

　　　　锣：　　×—　　0|×—　　0|×—　　x—x|x—x　　×||

（先用手拍击节奏熟练后再敲击锣鼓）

师：大家练习得不错，可以控制好音量，让锣鼓节奏更悦耳一些吗？

5. 体验"一领众和"的演唱形式。

师：前面有同学说到，有人在前面唱，有人在后面和，谁知道这种演唱形式称为什么？

师：对啦，是"一领众和"（板书）。

（1）聆听范唱

师：我们再次来感受"一领众和"这种演唱形式，请大家仔细聆听

（2）集体感受演唱形式。

师：你们也想来感受一下"一领众和"吗？老师来扮演歌郎，你们来随我和唱吧（出示一领众和歌词）。

三、合理拓展，综合表现

设计意图：抓住薅草锣鼓"一领众和"这个风格特点，让学生在创编的过程中感受薅操锣鼓的文化魅力，体验并传承这一民歌的文化。

1. 分组自主编创一段念唱词。

师：一起感受了薅草锣鼓"一领众和"的魅力，你们也想成为歌郎，来带领大家一起在劳动中歌唱吗？那我们分组来试着编创一段唸唱词，现在请分组讨论创作一段具有场景且积极向上的念唱词。

情境创设表演。

师：看到大家都这么积极地创作，忍不住想为你们点赞，我看到有的组

创作的是拔河时的场景，有的是劳动的场景……请分组来展示你们的表演吧

三、拓展

设计意图：对民歌歌舞《幸福生活抿抿甜》的欣赏，让学生体验民歌的魅力，新民歌的改编让学生体会到弘扬传统音乐文化，任重道远。

欣赏《幸福生活抿抿甜》。

师：为了让更多人了解薅草锣鼓，由宣汉土家薅草锣鼓改编而成的大型土家原生态给《幸福生活抿抿甜》，展现土家族人劳作时聚在一起斗嘴、斗歌、斗气力，晒田、晒果、晒幸福，并成功登上央视《直通春晚》栏目，让我们一同感受传统音乐文化的魅力。

四、升华情感，正面激励

设计意图：激发学生对本土民歌的热爱，感受家乡传统文化的魅力，激发学生对传统文化以及对民歌的传承，培养学生的民族自豪感。

师：同学们，为了保护好薅草锣鼓这一非遗文化，宣汉县创建了薅草锣鼓保护协会，还在薅草锣鼓源地建立了保护区，对薅草锣鼓代表性传承人发放传承津贴，鼓励扶持传承人建立了薅草锣鼓传习所。当地薅草锣鼓传承人也举办培训班，向孩子们传授这项非物质文化遗产。同学们，也让我们行动起来，热爱我们家乡的本土民歌，为传承本土民歌出一份自己小小的力量。

民歌教学设计——《摆起你的手来》

学　　校：万源市第一小学
执 教 者：王　翠
任教年级：三年级

【教学内容】

1. 土家族风土人情、风俗习惯、语言了解。
2. 土家族摆手舞单摆手、双摆手、回旋摆动律。
3. 土家族童谣《摆起你的手来》。
4. 鼓点节奏。

【教材分析】

文化特点：《摆起你的手来》是土家族儿童进行大摆手活动时所唱的童谣，2/4 拍，其 na、nie、suo、re 是汉语一、二、三、四的意思，童谣节奏轻快、豪迈有力，展现了土家族儿童豪放的性格和快乐的生活，传承了土家族的深厚文化。

声音特点：自然纯朴。

情感特点：摆手歌是伴随舞蹈演唱的，而舞蹈又踩着锣鼓点跳动，情感真挚深情。

教学策略：听唱学歌（断、连音方法）、在游戏中培养乐感（鼓点节奏）、观看土家族舞蹈视频体验传统文化。

【学情分析】

1. 三年级学生系统学习的少数民族歌曲较少，对民歌音乐充满好奇心。
2. 三年级学生目前已有民歌相关知识储备，具有初步情感体验，但具体歌曲接触较少，节奏韵律容易掌握不好。
3. 针对学生的情况在教学中应注意让学生深刻体会传统民族文化特点，掌握土家族歌曲的节奏韵律，多训练节奏难点。

【教学目标】

1. 通过学习鼓点节奏以及童谣感受土家族的音乐风格。

2. 在学生对土家族摆手舞动律的模仿、体验、创编的过程中，开阔学生视野，激发学生对民族音乐的热爱。

【教学重点难点】

1. 重点：摆手舞单摆、双摆、回旋摆的基本动律。

鼓点节奏。

2. 难点：鼓点节奏。

【教学用具】多媒体、中国鼓

【歌曲乐谱】

摆起你的手来

【教学过程】

一、创设情境，审美感知

设计意图：一开始使用土家族语言，模拟土家族生活情境，使学生身临其境，利用图片向学生提供较为真实、完整的感性材料，创设良好的教学情境

1. 师生问好。

师：今天老师用这样的方式向你们问好，你们听有什么特别的？

师：老师用的是土家族语言向你们问好，你们能试一试吗？老师您好

（坡嘎，呢岔），同学们好（早咕爹、岔），请坐（格裂翁）。

生：模仿老师，感受土家语言特点。

2. 观看视频。

师：土家族是我国少数民族之一，主要生活在湘西、鄂西一带，在我们四川达州的宣汉县，也居住着土家族的人们！

师：他们的生活习惯和我们有什么不一样呢？他们快要过节了，我们一起来看看土家族的人们都在忙些什么吧！

师：家家户户都在缝制新衣，衣服的颜色丰富多彩，有鲜明的民族特色，新打出的糍粑香甜可口，用来招待尊贵的客人，土家族的吊脚楼更是世界非物质文化遗产，整栋楼都用木头拼接而成找不到一颗钉子。瞧，他们正唱着山歌，伴着满山的茶香跳着摆手舞呢！

二、出示课题，展开学习

设计意图：一开始出示课题，先入为主，让学生从名字就能理解到摆手舞的特色就是各种方向的摆手，配合鼓点形成了一段段优美的摆手舞。

1. 视频观看，欣赏达州宣汉县土家族村庄原始的摆手舞。

师：同学们，摆手舞的队形都是以圆形为主，中间放一个大鼓，鼓点、山歌（童谣）、摆手舞动律是摆手舞的三大要素，其中鼓手敲出的鼓点节奏控制全场，起着非常重要的作用，唱山歌或者童谣能使摆手舞的氛围更加激烈。

2. 学习摆手舞基本动律，单摆、双摆、回旋摆。

单摆（老师直接讲授）

（1）教师讲解动律特点。

师：顾名思义，同学们可能都知道了单摆手动律就是单手变换方向摆动，老师这里合着童谣做四个八拍大家感受一下（观看动律的时候老师哼唱童谣，不经意间让学生聆听、感受土家族民歌风格）。

（2）以选鼓手为由，引导学生学习鼓点。

师：土家族人们性格豪放，从歌声和舞蹈都能体现出来，现在如果有同学能用中国舞敲击黑板上的节奏为我伴奏，我的歌声和舞蹈会更有气势。注意歌曲中 na、nie、suo、re 是汉语一、二、三、四的意思。

（3）找出个别学生试一试拿着鼓槌敲击鼓点的感受，其他同学跟老师一起演唱歌曲，潜移默化地让民歌歌词和旋律在学生心目中生根发芽。

双摆（学生创作）

（1）教师敲击难一点的节奏学生模仿，突破难点。

师：鼓点敲击力量集中在鼓槌，敲击鼓面中间，快速收回，这样鼓声就会清脆响亮，配合的民歌和舞蹈也会铿锵有力，老师给大家敲击一段，同学们可以模仿。

（2）给出整条节奏，让学生找出难点节奏所在的地方，并能完整敲击出整条节奏，根据学生完成情况，选出每组的鼓手。

（3）加入双摆手的动律，学生根据动律名称创作动律，教师选出优秀的动律作为教材。

师：单摆手延申，双摆手就是双手配合摆动，特色有顺拐、同边手，老师也可以来一段，同学们观看后自己创作一段试试（表演双摆手动律老师还是哼唱同一首童谣，选出的学生鼓点伴奏，同学们对童谣和鼓点会再次熟悉）。

（4）将动律、鼓点、童谣相融合，跟土家族音乐一起完成双摆手动律。

师：同学们的双摆手豪放有力，鼓点清脆，歌声响亮，一段声势浩大的摆手舞离我们越来越近了。

回旋摆（观看视频学习动律）

（1）观看视频，学生跟着视频直接学习。

（2）教师讲解回旋摆的含义。

师：同学们观察得很仔细，回旋摆主要是绕圈，单、双手都可以回旋摆，力量在手臂上，动作和节奏相吻合。

（3）教师敲击鼓点，学生跟着视频演唱和表演。

（4）讲解鼓点中的附点节奏，引导敲出强弱、长短的对比。

3．综合表现。

（1）师生合作编创摆手舞。

师：摆手舞的动律还有很多很多，今天我们将学习的三个动律连起来，就是一段豪放热情的摆手舞了，我们以小组为单位试试（老师到各小组指导，也可以跳出创编的摆手舞，引导学生创编的思路）。

（2）小组展示编创成果。

师：三个动律是学生自己创作而成，每小组有歌手、鼓手、舞者，老师体验到劳动的乐趣，都是大家完美演绎，接下来选出每小组的歌手、鼓手、舞者，角色清楚，合作表演，将摆手舞的气势表演到极致吧！

（3）全班合作表演，童谣反复播放，每小组争先表演，歌手鼓手豪迈，让学生真正体验土家族人们勤劳质朴以及豪迈的性格。

三、拓展活动，评价小结

1．观看万人摆手舞视频。

师：三个动律还可以发展变化，摆手舞还可以更加丰富，我们可以像土家族人们一样围成大圆圈，围着中国鼓豪迈表演。让我们走进大山深处，去感受摆手舞的盛况吧…………

2．课堂里的"万人摆手舞"。

邀请现场的老师们一起来，营造万人摆手舞的氛围！

3．结束语。

师：伴随着激情的鼓点、优美的舞蹈，我们今天的音乐课就要结束了。希望我们每一个人都能热爱我们的民族音乐，传承、弘扬我们的民族文化，今天的课就上到这里，感谢今天在座的老师们。我们用土家族语对现场的老师们说"坡嘎　埃查拉呼"，意思就是"谢谢老师"。师生齐说"坡嘎，埃查拉呼"！

民歌教学设计——《羌寨童谣》

学　　校：成都市新都区泰兴镇中心小学校
执 教 者：宋钰一
任教年级：三年级

【**教学内容**】《羌寨童谣》

【**教材分析**】

音乐特点：2/4 拍，五声调式徵调式二段体结构。

文化特点：羌寨儿童幸福生活场景表现。

声音特点：断连结合。

情感特点：欢快的童谣民歌再现羌族人民歌唱美好生活的状态。

教学重难点：羌族特色演唱以及羌族沙朗舞学跳。

教学策略：情境感知（听辨）、听唱学歌（断、连音方法）、生活场景模拟实践（节拍、节奏）、羌族舞蹈体验传统文化。

【**学情分析**】

1. 三年级孩子活泼好动，好奇心强，善于模仿。通过一、二年级的音乐课学习，掌握了一定的音乐基础知识，对音高、节奏、力度、速度等音乐要素都有了一定的认识和了解，由一定的听辨、表现能力，在聆听、演唱方面也养成了良好的习惯。

2. 三年级学生通过二年级的短小简单的民歌学习，对于民歌的认知有一定的了解。

3. 由于年龄阶段与认知能力的不足，需要在民歌教学的课堂中以丰富的亲身体验活动来使之感受民歌的特点和民歌的学习。

【**教学目标**】

1. 能用自然、朴实带有羌族特色的演唱风格演唱歌曲，表现出歌曲真挚热情的情绪。

2. 通过听、唱、演、跳等羌族特色活动的教学方式感受羌族的民族特色以及羌族歌曲的演唱特点并表现出其羌族演唱特点。

3. 通过歌曲的演唱学习激发起学生对民族民间音乐的兴趣与喜爱，以及对民族音乐的探索发现精神。

【教学重点难点】

1. 重点：能表现作品热情欢快的情绪并演唱。

2. 难点：能准确唱出歌曲的连断性。

【教学用具】钢琴、多媒体、课件、羌笛

【歌曲乐谱】

羌寨童谣

汶川羌族民歌

【教学过程】

一、感受体验，情境创设

设计意图：运用乐器与羌族民歌演唱，初步感受羌族音乐特点，为后面的羌族音乐学唱做准备。

1. 聆听观察。

师：同学们，今天老师带来了一首歌曲和一样乐器，它们会通过声音带我们走进它的民族，讲诉它们的故事，让我们一起走进它们的民族吧！（学生围圈席地而坐，师坐于圈中讲诉）（视图师演唱）

师：通过刚才的聆听你觉得它们的民族是怎样的，带给你一种什么样的感受？（神秘的，悠久古老的……）

师：刚在我所吹奏的乐器叫羌笛（齐勒），所演唱的歌曲《jiang de li xuo》是很开心的意思，也是羌族古老的民歌。是的，它们带着大家走进了它的民族——羌族（云朵上的民族），让我们一起走进这个古老且又神秘的民族吧！

2. 随视频观看了解羌族特色。

师：羌民族经历了漫长的岁月，也创造了灿烂的文化艺术，有太多的东西值得我们去挖掘和探索。

二、以情带声，学唱歌曲

设计意图：通过羌寨上学情景加入同节奏动作为后面学唱过程的节奏大侠铺垫，通过绣羌绣感知旋律的音高变化及宽度变化使学生直观感受旋律，通过大山寻歌曲让学生体验羌寨孩童的演唱乐趣及羌族自由高亢的演唱特点。

1. 聆听律动，初步感知。

（1）（初听歌曲，师做律动生模仿）师：同学们，在今天我也带了来自汶川羌族的孩子们送给大家的歌曲，我们一起听一听感受一下这首歌曲，你觉得他们所表达的是怎样的情绪呢？

生：高兴开心。

师：今天宋老师也教大家一句羌语表示高兴开心的话 jiang de li xuo（有节奏）。

（2）（再次聆听，站起来律动，图片出示上学路上）师：羌寨的孩子们正在踏着轻快的步子，唱着动听的歌儿走在上学的路上，瞧。时不时还有小石头和它们玩耍（模拟动作），我们也一起加入他们的队伍中去走进它们的羌寨里！（加入动作）

师：和他们一起去上学你们开心吗，高兴吗？（jiang de li xuo）

2. 走进秀坊，观看羌绣，旋律实践。

a. 聆听观察。

师：在羌族随处都能听到动听的歌声，仔细观察宋老师的动作你猜一猜我们到了羌族的哪一个地方？（播放音乐，师做刺绣动作）

生：绣坊。

b. 出示刺绣图片讲解绣法。

c. 出示旋律线，聆听师范唱旋律，生聆听并用手画初步感受。

师：孩子们，请你们一边观察模仿聆听，歌曲旋律与针法图有什么联系？

（旋律的音高变化与针法图的变化一样，快慢与针法图的密集程度有关）

d. 随旋律练习挑花（学唱旋律）。

（1）随钢琴用"啦"唱旋律（及时解决演唱中出现的问题，两乐段的跳跃与连贯体验引导）。

（2）完整随钢琴旋律演唱。

（3）完整随音乐伴奏绣心中所想，送给羌族孩子。

师：孩子们，我们一起在音乐中体验和感受了羌族的羌绣，你们的觉得羌绣有没有趣，开不开心（jiang de li xuo）。

3. 走进大山，回声玩乐，寻找唱词。

师：羌族是一个享有"云朵上的民族"之美称的民族，源于它的地理位置和居住位置，他们的村寨建在高位置的高山峡谷地带，同时他们也是非常喜爱唱歌的民族。歌曲都是通过口传心授的方法学会的，大山之间时常都会传来动听的歌声，接下来我们也让我们一起投身于羌寨大山之中感受平时羌寨孩童的演唱快乐，在这大山之中找寻歌曲吧！

（1）师唱学生感受找寻歌词（背景视图）。

师：坐在石头上感受山间清新的空气，感受山间翠绿的美景，羌族的孩子们唱起喜欢的歌儿，你听，在大山之间荡漾着动听的歌声，还有那连绵不断的回声，接下来我们一起和回声玩一玩，宋老师演唱你们来扮演回声。

（2）生生扮演（在演唱中及时地纠正问题）。

师：同学们，通过刚才在羌绣中绣出流畅的旋律，在大山里寻找快乐的歌声，我们一起体验了羌寨孩子们的日常生活，一起收获了羌寨孩子们送给我们的歌曲，你感受到了羌族孩子们在山间唱歌的心情是怎样的吗？（开心、高兴，jiang de li xuo）

三、合理拓展，综合表现

设计意图：羌族沙朗舞具有鲜明的羌族特点，学生学跳沙朗舞使"声在景中美，舞与声相融"，激发学生学习兴趣，更加深刻地体验和体会羌族人民热情奔放的性格特点及演唱特点，学习源于生活体验，投入其中体验更为直观真切与深刻。

1. 师展示沙朗舞。

师：在羌族每一种场合每一种心情都会有舞蹈的相伴，有歌必有舞，听到你们这么动听的歌声在这么欢乐又高兴的时候，不禁让我想跳起羌族特有的舞蹈莎朗舞，下面我就给大家跳一跳，也请同学们配合我，为我拍手为我打气，（播放有喊词的伴奏 jiang de li xuo）你们的加油很重要哦！（出示乐谱

含 jiang de li xuo）

2. 学跳沙朗。

师：沙朗又称羌族锅庄，以轻快、热烈而著称，在羌族人高兴时、节日时、寿礼时或在某种特殊盛况下都会跳起锅庄，沙朗是由祭祀舞演变而来的，多在火塘或者围绕房顶白石塔跳。舞蹈的动作也是根据其歌曲节奏而来，动作的变化形式是自由的，无严格的规范性，每一支舞蹈根据其演唱的歌曲风格节奏为主，多采用重复动作，有"一边顺"的特有之美。

3. 师生合作。

通过歌曲的学唱以及舞蹈的学习，师生围圈进行歌舞表演。

4. 欢乐锅庄。

生将红色凳子推向中间像篝火，围圈跳锅庄（伴奏稍快版），边唱边喊（jiang de li xuo）。

四、升华情感，正面激励

师：孩子们，通过歌曲的学习我们一起认识和感受到了神秘古老的羌族音乐，这个云朵上的民族传递给了我们太多的正能量，让我们一起传递羌族民歌，传承羌族文化。

设计意图：学生如画卷般回顾羌族民歌的学习过程，感受学习羌族民歌的特点以其快乐的学习体验上升到对民歌的探索喜爱之情。

民歌教学设计——《彝家娃娃真幸福》

学　　校：通江县第二小学

执 教 者：杨　朝

任教年级：二年级

【教材分析】

《彝家娃娃真幸福》是一首根据彝族民歌音调创作的儿童歌曲，歌中采用了"阿里里"这一具有彝族韵味的衬词，使歌曲极富民族特色。作品通过对彝家娃娃在喜庆佳节时欢快歌舞这一生活场景的描写，热情洋溢地展现了彝族儿童的幸福生活。

情感特点：生动、充满童趣（用声音与表演唱出歌曲的童趣是本课教材的审美重点）。

教学重难点：能用愉悦的心情、明亮而富有弹性的声音演唱歌曲。

【学情分析】

本课的教学对象是二年级的小学生。低年级的学生的特点是都爱动、爱跳、表现欲强，但他们年龄小、认知能力差、注意力集中的时间短。学生对我国少数民族了解得少，因此，在教学中，教师可适当向学生渗透民族教育，让学生了解我国是一个多民族的大家庭，了解彝族是我国的一个少数民族。

【教学目标】

1. 能用愉悦的心情、明亮而富有弹性的声音演唱歌曲。

2. 感受彝族音乐风格，学习彝族简单舞步，体验彝族风俗人情，增进对少数民族文化的理解，尊重和热爱民族歌曲，激发学习兴趣。

3. 建立音高概念。

【教学重点难点】

能用愉悦的心情、明亮而富有弹性的声音演唱歌曲《彝家娃娃真幸福》。

【歌曲乐谱】

彝家娃娃真幸福

1=F 2/4

中速 热烈地

黄有异 词曲

6 6 6 5 3 5 | 2 2 2 | 6 6 6 5 3 5 | 2 2 2 |
银项链 罗 阿里里，白衣白 帽 阿里里，
又跳舞 罗 阿里里，又唱歌 罗 阿里里，

f

2 1 6 1 2 | 3 5 3 | 6 6 6 5 3 5 | 6 6 6 |
彝 家娃娃 阿里里，真快活 罗 阿里里。
彝 家娃娃 阿里里，真幸福 罗 阿里里。

【教学过程】

导入——律动表演

设计意图：借音乐的节奏来培养学生的韵律感，使他们能融入音乐的欣赏与表演之中。从而达到增强学生节奏感，培养学生音乐创造力与表现力的目的。

1. 教师示范动作，生模仿。

师：请同学们跟着老师活动活动！"请你跟我这样做。"生："我就跟你这样做。"

2. 师生随歌曲《彝家娃娃真幸福》做律动。

新授——学唱歌曲

一、反复聆听，熟悉歌曲。

设计意图：引导学生注意聆听音乐，感受音乐情绪和风格特点，学生在体验、模仿中感受歌曲中"阿里里"的音高变化，建立学生音高概念，为学唱歌曲做铺垫。

1. 聆听歌曲录音，听辩"阿里里"。师：请同学们看一看、听一听，老师拍手的时候歌曲中唱的是什么歌词？生：阿里里。

2. 观看PPT，初步感受彝族文化，出示课题。

师：那"阿里里"是什么意思呢？（视听结合）

师："阿里里"是我国少数民族彝族人民在歌唱时表达高兴心情的一个衬词。来，让我们一起来感受他们的快活心情。（播放PPT）

师：今天我们就要学习一首新歌《彝家娃娃真幸福》。（板书课题）

3. 教师边跳边唱第一段，学生找出歌中有几个"阿里里"。

生：四个，学生听辩四个"阿里里"的高低位置。

师：那我们就和这四个"阿里里"做个游戏吧！来，看老师的手，这是低位置，这是高位置，那这是——中位置。我们再来听一遍，看谁的反应最快，能用小手摆出这四个"阿里里"的低中高位置。

师：第一个阿里里住在什么位置呢？

生：第一个是低位置、第二个是低位置、第三个是中位置、第四个是高位置。（学生边说边在黑板摆出不同高低位置的四个"阿里里"磁性卡片）

二、师生接唱，练唱歌曲（出示歌谱）

接唱形式：男女生分组、分四个小组。

三、学唱歌词

1. 观看 PPT，了解歌词内容。

师：祝贺同学们，我们已经成功翻越了"阿里里"这四座大山啊，终于来到美丽的彝家山寨，让我们赶快去看看，彝家娃娃喜欢戴什么、穿什么、干什么呢？

师：瞧，谁来迎接我们了？是神气的彝家娃娃（老师手拿自制的彝家娃娃图片走到学生当中）。咦，她脖子上戴的是……生：银项链。师：他们穿着……生：白衣白帽。你能唱唱第一、二句，用歌声夸夸他们吗？（单独唱—全班唱）重点启发学生用"试试眉开眼笑轻轻唱"的状态来获得轻巧有弹性的声音。

师：同学们唱得这么好，我也想夸夸他们，听听老师是怎么唱后面两句的。（教师唱—全班唱）重点练习最后一句用稍强的力度演唱，体现快活心情。随钢琴，全班轻快演唱第一段。

2. 自主学唱第二段。

师：彝家娃娃打扮得这么漂亮、神气，去干什么呢？

生：跳舞唱歌。

师：啊，他们真幸福呀！

（1）学生自告奋勇演唱第二段。师生进行评价，引导学生将第一段的歌曲处理运用到第二段。

（2）全班有感情地表演第二段。

（3）载歌载舞表演第二段。

（4）全班有表情地演唱全曲，感受欢快的情绪。

（5）全班分为歌唱组和舞蹈组合作表演歌曲。

师：下面咱们分两个组比比，看谁唱得好听，看谁跳得漂亮。

生：互评。

（6）全班表演全曲。

（7）闯关游戏，知识复习、巩固。

（6）师：好消息！彝家娃娃看到同学们那么出色的表演，要邀请咱们去参加他们最热闹的火把节，同学们想不想去呢？

拓展——体验彝族歌舞

设计意图：创编情境表演，增强学习兴趣，体验彝族舞蹈特点，感受彝族歌曲韵律，培养表现能力。通过合作表演，在欢快热烈的氛围中尽情享受彝族音乐乐趣，此环节使本课达到高潮。

A．踏着歌曲节奏的步伐，老师带学生围成大圆圈席地而坐。

B．观看火把节视频，师生讨论火把节上有什么庆祝活动。生：跑马、跳舞、唱歌、点火（篝火晚会）。

C．体验篝火晚会，师生合作表演彝族歌舞。

师：火把节上的活动真多呀，不过最热闹的就数篝火晚会了，咱们又会唱又会跳，就在音乐室开个篝火晚会，怎么样？但是，看看咱们的篝火晚会还少了什么呀？

生：火。

师：看，这像什么？（教师舞动红绸）

生：像火。

师："小火苗"只能在歌曲中"阿里里"的地方起立舞动红绸两次，其他时候要乖乖蹲在地上，不然很容易着火哦。（教师边讲解边示范动作）

师：来一起练练，看谁的火烧得最旺。（教师选出 10 名学生到中间围成小圆圈）

师：同学们准备好了吗？老师也打扮打扮（戴上彝族银项链）。好，激情的篝火晚会现在开始！（播放音乐）

四、小结

同学们，时间过得真快啊！今天的彝族山寨之旅就到这里了！让我们在欢快的彝族歌舞中挥手跟彝家娃娃说再见吧！（随音乐边唱边跳离开教室）

民歌教学设计——《中江挂面》

学　　校：四川省德阳市实验小学校
执 教 者：刘宇桐
任教年级：五年级

【教材分析】

音乐特点：2/4　| x．x　　xx　| ×　×　|

文化特点：具有浓郁的中江地方特色，用中江方言演唱，是中江人民在做手工挂面时流传下来的民间音乐。

声音特点：方言演唱，平生与吊嗓。

情感特点：生动富有情境（用声音与表演唱出歌曲中对"中江挂面"的赞美是本课教材的审美重点）。

教学重难点：歌曲的方言学唱。

教学策略：视听结合、方言学习。

【学情分析】

1. 对于学生来说，民族民间音乐接触较少，相对来说是比较陌生的。

2. 五年级的学生，接受新知识以及理解能力较好，也有相对较好的视唱能力，所以学习歌曲相对来说较易吸收。

【教学目标】

1. 知识目标：通过学唱歌曲，从旋律特点、唱腔、语言初步了解川西民歌特点。

2. 能力目标：能用相对地道的语言和唱腔演唱歌曲，体会四川民俗文化与音乐之美。

3. 情感目标：了解四川中江的民俗文化，更好地把握歌曲情绪，进而感受非物质遗产文化应深受保护和传承。

【教学重点难点】

1. 重点：学唱歌曲《中江挂面》，感受川西民歌音乐特点。

2. 难点：能用四川方言演唱歌曲，感受民族民间音乐特点。

【歌曲乐谱】

中江挂面

1=G 2/4

```
( 6.1 61 | 5  2 | 3 - | 3 - ) | 6.161 33 | 232 16 |
                                  提起那个中江   面哪

6.161 33 | 11 616 | 6.161 61 | 6  3 | 3 - | 3 - |
四川那个人人  都称赞嘛  细如那个头发  能  通  风

3532 63 | 3 2 1 | 3.1 6135 | 6  - | 3532 63 | 3 2 1 |
过夜 回锅 嚏是  煮不烂咯           过夜 回锅  嚏是

1  5 | 6  0 | XXXX | X.XXX | X.XXX | XX  X |
煮 不  烂     猪油葱花  清汤面哪  再加几根  豌豆 尖

( 2.3 23 | 1656 1 ) | 5.2 52 | 3. 2 | 2312 315 | 6  - ‖
好好 吃哦          香喷香喷  嚏是  味道 鲜咯    喂
```

【教学过程】

一、感受体验，情境创设

设计意图：兴趣是最好的老师，是最直接的学习动力。此环节，我结合学生的日常生活实际，用四川方言、金钱板导入，增添了地方特色，创设了教学情境和语境，能很好地激发学生的学习兴趣，充分调动学生学习的内驱力，为学习新歌做好铺垫。

师："幺妹儿！端面！""来咯！"（师唱歌曲出现）

师："吃的是啥子嘛？"生：面。

师："是哪里来的面？"生：……

师:"中江的面,我就是地道的中江小幺妹儿。"(师打竹板"英雄的故乡,和谐那中江,问我怎么样?听我给你唱——英雄故乡中江县,丘陵地带近河畔,芍药谷里芍药花,八宝油糕人人夸,北塔寺上北塔现,手工挂面人人赞,那个人人赞!")

二、以情带声,学唱新歌

1. 欣赏歌曲,了解歌曲风格

设计意图:中江挂面是四川省非物质文化遗产项目,学生经常吃面,但不知道它的历史。我通过视听结合的方法,先让学生通过视频直观了解中江挂面,从食物过渡到音乐,再了解歌曲类型,让学生知道民歌来源于生活,进行点题教学——民歌。

师:中江挂面浓淡可调,味道巴适,你们看(播放吃面视频)。

师:我看很多同学已经垂涎三尺了,因为它汤鲜味美,深受人们喜爱,其中还有一首以"中江挂面"命名的歌曲也在当地广为流传,我们一起来听一听,思考歌曲属于哪种类型,是流行还是民族民间?

生:民族民间。

师:非常棒!当地人在做面时经常唱起,产生且口口相传于民间,具有浓郁的地方本土特色,我们把这样的歌曲叫作民歌。

2. 通过学习做面工序,学唱歌曲

设计意图:在这个学唱歌曲环节中,我抓住歌曲的主要特征,充分发挥学生主体作用。结合中江挂面的制作工序——和面、盘面和上面,对应歌曲的要素——旋律、帮腔、念白,注重学生的参与,设计了有趣的音乐活动,让教学更生动具体,学生感触更深,重难点易于突破,同时达到了学习歌曲的目的。

(1)"和面",找出旋律主音。

师:这不,一位老面匠又开始哼着歌曲做了。(播放音乐加做面视频)

师:要想做好一碗地道的中江挂面,要经过众多烦琐工序,我们来看看第一个工序。(PPT出示和面图片)

生:……和面。

师:为了使面条Q弹有韧性,第一步和面显得尤为重要,和面的同时还要不停敲打面团,你们看。(师做师范一次,师带生一次,师唱旋律带生一次)

师:你们看,老师刚才唱的就是这条旋律,请你们跟钢琴视唱一遍,并找出旋律的主要音符是哪几个。(生视唱旋律)

生:6 1 3。

师：你们的视唱能力真棒！旋律中出现了多次"6 1""3 1"音程关系，所以更能体现出川西民歌的音乐特点。

师：让我们再随琴声感受一次。（加上歌词再来一遍）

师：和好的面团静静地等待第一次发酵。

（2）"盘面"，找出帮腔唱法。

师：在等待发酵的同时，我们来看老面匠又在干什么？（播放视频，观察第二个步骤）

生：……

师：老面匠把发好的面团开始切条，并由两人配合一人搓一人盘进木桶里，我们把这一步骤叫作盘条。

师：你们一起来学一下。（师带生做一次，师唱旋律一次）

师：请你们观察这两句旋律，有什么特点呢？（师随琴演唱）

生：相似，开头一样。

师：加入歌词来一遍！（解决问题）

师：再来听一遍，音频里演唱这两句时人数有什么变化吗？

生：第一句人少，第二句人多。

师：耳朵真灵敏，我们把这样的演唱形式叫作帮腔，前一句一个人演唱，后一句因多人一起帮唱，即现在请你们来帮我！（师生合作）

师：加上动作来一次。（请一同学演唱，其余帮唱）

（3）"上面"，找出念白部分。

师：唱得很不错，经过盘条，还要再等4小时后，才能开始下一步骤，我们先来看看下一步骤是什么？（播放视频）

生：……

师：这个是上面，先用两根竹根插入两个小洞里，再把面条分别左右交叉，套进竹竿里，上完一根最后，还要拉拉面条！（你们跟我一起做一做）（师带生做一次，1—8，拉一拉，师唱歌词）

师：同学们学得真不错，有没有细心的同学发现老师刚才唱的时候加入了什么？（再唱一次）

生：念白。

师：那现在请你们来念念白部分，我来唱其余部分。（师生合作，再交换，再加动作）

三、合理拓展，综合表现

设计意图：我让学生通过对比聆听，感受地方民歌的演唱特点与咬字发音特点，再通过模仿的学习方式唱出民歌的韵味，达到教学目标。

师：通过我们共同努力学习，你们看一面面像瀑布一样的挂面映入眼帘，随着这美丽的一幕，我们完整地演唱一遍歌曲吧！

师：同学们演唱得非常准确，但是缺乏中江地域的民俗风味，我们再来听一遍原唱，你能从她的演唱中领会到咬字或者唱法吗？

生：……

师：找出中江话发音，"那""过""是" si。（带生读一次）

而且每一句都是有七个字，跟着节奏再来一次。（注意咬字清晰有力，强调字头）

师：加上旋律再来演唱一次。

师：因为这是一首川西民歌，在之前川西地区有大粮仓，所以比其他地区更加富有，说话办事也自有一股稳重劲，说起话来慢条斯理，字头漫长，字尾下滑，其他川人都说川西人说话"嗲"，所以这歌曲的每一句乐句开头都以附点节奏开始。（师范唱一小句，生跟唱）

师：带着这种感觉再来演唱一遍歌曲。（生唱）

四、升华情感，正面激励

设计意图：学习这首歌曲就是要让学生唱家乡的歌，了解地方音乐，了解家乡文化，通过了解再到喜欢，最终达到传承的一个目的。所以在学唱歌曲后做一个情感的衍生，是对孩子"情感—态度—价值观"这一维目标的体现。通过学习民歌，使学生热爱民族音乐、热爱家乡文化、热爱家乡，达到情感的升华。

今天我们通过学习《中江挂面》这首歌曲，了解了旋律是由"613"组成，演唱形式有帮唱和念白，唱腔婉转却咬字有力，我们把这一类歌曲叫作川西民歌。希望同学们能喜欢我们民族文化音乐，挖掘身边的民间艺术瑰宝，更希望同学们如果有机会去中江看看做挂面，尝一碗地道的中江挂面．让我们随着音乐再一次感受中江挂面的魅力吧！（生随音乐走出教室）

民歌教学设计——《我是草原小牧民》

学　　校：德阳市华山路学校
执 教 者：陈　栎
任教年级：三年级

【教学内容】《我是草原小牧民》

【教材分析】
音乐特点：2/4　×× 　× │ ×× 　× │
文化特点：舞蹈与生活。
声音特点：断连分明。
情感特点：轻快、活泼、自豪。
教学重难点：节奏与舞蹈。
教学策略：音乐与舞蹈结合、音乐生活（骑马、挤奶、摔跤、放牧）。

【学情分析】
1. 学生对草原歌曲十分感兴趣，学习积极性特别高。
2. 三年级学生模仿力强，通过老师表演舞蹈、范演、为歌曲伴奏等形式，能够更大地激发孩子们学习的积极性。
3. 学生对2/4拍的强弱规矩有所掌握，在教唱环节可适当巩固以加深印象。

【教学目标】
1. 了解蒙古族的风土人情，感受和体验蒙古族的音乐和舞蹈。
2. 能用活泼、欢快、自豪的情绪表演唱歌曲。

【教学重点难点】
1. 引导学生运用自豪、欢快的情绪，轻柔而有弹性的声音自信地演唱歌曲。
2. 掌握休止符、装饰音的演唱。

【教学用具】钢琴、课件、双响筒

【歌曲乐谱】

一、感受体验，情境导入

设计意图：通过教师表演蒙古族舞蹈，引导学生走进蒙古族，教师简介蒙古族，生观看图片，初步了解蒙古族的风土人情。跟随教师学做简单的蒙族舞蹈动作，并在学舞蹈的同时用 la 跟唱歌曲，初步感受歌曲旋律。

1. 师表演舞蹈。

师：通过老师的动作，请结合图片，你能猜出是哪个少数民族吗？

生：蒙古族。

师：关于蒙古族你们都知道什么呢？

生：人们生活在辽阔的大草原，住蒙古包，蒙古人最喜爱骑马……

2. 师简介蒙古族。（播放课件）

师：美丽的草原上空气清新、天空明朗，到处绿草如茵。在牧人动听的歌声中，可爱的羊群好像一朵朵白云，马儿也悠闲地吃着嫩草，一切都是那样的恬静、祥和。生活在草原上的蒙古族同胞大多以放牧为生，他们喜欢摔跤、射箭、骑马，马儿在蒙古族人民的生活当中非常重要，他们放牧离不开马，外出也离不开马，因此他们也被称为马背上的民族。

3. 学做简单蒙古舞动作。

师：蒙古族还是一个能歌善舞的民族，他们的舞蹈动作大多来源于生活。骑马动作就经常在蒙古族舞蹈里出现。现在，请同学们每个人摆骑马的动作。

师：下面，大家看老师做一个动作（老师做挤牛奶动作），猜猜牧民们在做什么劳动？

师：做硬肩的动作，这个动作是由一个传统的蒙古族运动演变而来？

师：（播放《我是草原小牧民》歌曲，学生随音乐做动作）

二、新课教学

设计意图：初次聆听，感受歌曲，二次聆听，通过教师范唱让学生熟悉歌曲，感受歌曲的情绪。通过模唱旋律，有节奏地朗读歌词，难点解决让学生进一步熟悉歌曲旋律、内容，通过填词演唱、不同形式表演唱，让学生完全掌握歌曲，表现歌曲。

1. 初次聆听。

师：请同学们静静聆听，在歌声中你的脑海里出现了怎样的画面？

生：……

2. 二次聆听歌曲，师范唱。

师：老师唱歌时的心情是怎样的？速度又是怎样的？

生：心情是高兴，愉快的，速度是稍快的。

3. 模唱旋律。

师：老师发现有的小朋友已经迫不及待地想学小牧民美美地歌唱了呢！别着急，让我们先用 lu 来哼唱一下这美妙的旋律，注意，歌声要动听。

4. 有节奏地朗读歌词。

师：小牧民在歌曲中都唱了些什么呢？我们来读一读，把歌词清晰流畅地朗读出来，能更好地演唱歌曲，请同学们先跟老师有节奏地读一遍。

（1）老师有节奏地读词，学生跟读。

（2）同学们带着高兴的心情完整地读一遍。

（3）师：老师发现同学们在读"啊哈嗬"这句歌词时特别高兴，为什么呀？它是什么意思呢？

生：很高兴的意思。表达很快乐的心情。很开心的吆喝声。

师：大家理解得非常准确，"啊哈嗬"是一句衬词，表现愉快的心情，就像我们平时"哼哼"小曲时的样子。所以我们在演唱歌曲时要怀着怎样的心

情演唱呢?（愉快、快乐）应该用什么样的速度呢?（稍快）

　　5. 再次聆听歌曲，解决难点。

　　师：接下来，陈老师再来唱唱这首歌曲。大家在认真聆听的同时，用你那双机灵的小眼睛，找找有没有我们以前没见过的小音符?

　　师：谁说说歌曲里没见过的小音符在哪里?

　　生：在歌词"肥"字上出现的小音符。

　　师：我们看看它都出现在哪句歌词上?"草儿青青，羊儿肥……"

　　在"肥"字的上面出现了小音符，它叫作前倚音，我们唱的时候要拐个弯，就像小羊儿一样扭起了腰，你听，陈老师是这样来唱的。

　　师：你瞧，"草儿青青"这一句歌谱上还出现的这个符号叫八分休止符，遇到休止符要停一停，在演唱时要有跳跃的感觉，老师来唱一下。

　　你们分辨哪个是加了休止符的?（教师弹奏旋律，学生认真分辨）

　　师：这些音乐符号的加入，让我们感觉好像青青的草儿跳了起来，肥壮的羊儿扭了起来!

　　6. 填词演唱。

　　（1）学生轻声带词半句演唱。

　　师：熟悉了旋律之后，请跟着老师的伴奏轻声地加入歌词，带上开心的表情试着演唱一次。

　　（2）难点句演唱。

　　师：老师发现，小朋友们唱到"啊哈嗬"时，露出了非常开心的笑容，"啊哈嗬"这一句正是表现了小牧民内心无比喜悦、自豪的心情。让我们带着非常高兴自豪的心情再来唱唱这一句。

　　（师在此处示范要到位）

　　师：小牧民看到自己家乡这么美丽、迷人，真是美在眼里喜在心，那我们演唱时应突出哪个字?

　　生：美。

　　7. 完整演唱。

　　师：刚才在演唱时，老师发现有的同学脸上挂着灿烂的笑容，唱得美美的，有的同学眼睛睁得亮亮的，让我们大家都像他们一样，随着老师的琴声愉快地演唱，看看谁的表情和动作最棒!

　　8. 放伴奏跟唱。

　　师：孩子们请起立，下面我们跟随小牧民动听的声音再唱一唱。

　　9. 打击乐器伴奏。

　　师：老师这里有几样小乐器，我分别来敲一敲，你们觉得哪件乐器更像马蹄声?

生:双响筒。

师:老师也认为双响筒的声音更像马蹄声,请你听,我是怎样来敲的?
(此处师要讲解双响筒的使用,有高低之分)

师:现在我想请几位小朋友来试着敲一敲。

师:现在老师把全班同学分为两组,由一组同学来敲双响筒,二组同学来跳老师刚刚交给你们的舞蹈动作,最后,配上我们自己动听的歌声,完整地表演一次吧!

10.师生对唱。

师:下面老师想和孩子们合作演唱,老师领唱,请同学们接唱,请同学们注意力一定要集中。

11.男女生合作。

师:老师请孩子们自己合作一次,分男生组和女生组,女生唱第一句,男生唱第二句,"啊哈嗬"的地方我们一起来唱。

12.师生再次跳起摔跤舞。

师:从大家的歌声中让我感受到你们越来越像个小牧民了。大家还记得蒙古舞中"硬肩"是什么活动演变而来的?老师请一名同学和我一起来跳摔跤舞,请其余同学起立,邀请身边的小伙伴,咱们一起载歌载舞吧!

四、拓展延伸

设计意图:通过教师简介蒙古族乐器"马头琴"的背景故事,让学生进一步认识、了解蒙古族音乐的魅力。

师:小朋友们表演得可棒了,蒙古族是一个能歌善舞的民族,那里的人民多才多艺,他们还有一个最特别的乐器——马头琴,马头琴是蒙古民间拉弦乐器。琴身木质,长约一米,有两根琴弦,琴箱是梯形,声音低回婉转。

相传有一个牧人为怀念小马,取其腿骨为柱,头骨为筒,尾毛为弓弦,制成二弦琴,并按小马的模样雕刻了一个马头装在琴柄的顶部,因以得名,让我们来听听它优美的声音。

五、升华情感,结束课程

设计意图:积极调动孩子们的情绪,在生动有趣的氛围中结束课程。

师总结:老师发现我们全班同学今天都像是一个个可爱又神气的小牧民,把蒙古族的歌唱得这么美,这么动听!老师真是打心眼儿里高兴!蒙古族的歌曲、舞蹈多种多彩,蒙古族的人民热情好客,有机会同学们一定要亲自去蒙古族大草原瞧一瞧,看一看它的美!快乐的时光总是短暂的,该到和同学们说再见的时候了,让我们再一次骑着小马儿愉快地离开教室吧!

民歌教学设计——《喜鹊钻篱笆》

学　　校：西南财经大学附属小学
执 教 者：张文婷
任教年级：二年级

【教学内容】《喜鹊钻篱笆》
【教材分析】

音乐特点：歌曲为2/4拍，五声宫调式。一共分为四个乐句，旋律节奏感强，歌词简单风趣，歌曲展现了孩子们游戏时无忧无虑、无比欢乐的心情。

文化特点：采用少数民族彝族的地方语言，如阿西里西、求堵斗啦来嗡阿；彝族儿童游戏歌曲，展现彝族儿童的游戏生活。

声音特点：断连结合、自然原生态。

情感特点：生动、充满童趣，展现彝族小朋友游戏时欢乐的氛围。

教学重难点：能用轻巧、跳跃的声音演唱歌曲，感受彝族音乐的热情。

教学策略：口耳相传的传统教唱法，听唱学歌（断、连音方法）、律动、在游戏中培养乐感（节拍、节奏）。

【学情分析】

1. 二年级学生已经有了对少数民族的基本概念，但对民歌整体储备量较少，对民歌的感受与认识处于初级阶段。

2. 二年级的学生活泼，好奇心强，模仿力强；能够对不同情绪音乐做出恰当反应。

3. 针对学生的情况在教学中应注意教学设计多加入有趣好玩儿的游戏提高学生的学习兴趣，增强学生的好奇心，准确的引导也颇为重要。

【教学目标】

1. 学生能体会彝族小朋友游戏时的欢乐心情，激发学生热爱中国民歌之情。

2. 学生能在教师采用的传统口传心授及载歌载舞的教学方式下体验彝族儿歌的趣味。

3. 学生能用轻快、活泼的声音生动背唱歌曲《喜鹊钻篱笆》。

【教学重点难点】

1. 重点：能用轻巧、跳跃的声音演唱歌曲，感受彝族音乐的热情。

2. 难点：通过律动的方式熟悉歌曲的节奏，唱准歌曲中歌词密集的乐句。

【教学用具】教材、PPT

【歌曲乐谱】

【教学过程】

一、感受体验，文化传递

设计意图：通过舞蹈视频激发学生的好奇心，初步了解彝族的舞蹈动作以及服装，感受彝族风俗文化。

（一）导入

1. 师：孩子们，今天老师带大家走进一个古老又神秘的民族，首先我们一起来欣赏一支舞蹈。

2. 师：孩子们，你们知道这是哪个少数民族在快乐地舞蹈吗？

生答：彝族。

3. 师：那老师就为大家介绍一下彝族。彝族人民大多数生活在咱们四川、贵州和云南等地。他们穿着颜色鲜艳绚丽的服装，女士的头饰也是非常精致美丽。男士们喜欢披一件羊毛织的披毡，像披风一样，称为"查尔瓦"。今天我们就一起走进这个能歌善舞的民族——彝族！

二、以情带声，学唱歌曲

设计意图：首先通过简单的律动舞步体验歌曲，了解歌曲所分为的四个语句，并在律动过程中熟悉歌曲旋律，充分了解歌词含义。

（一）走进彝族，感受舞步，初步体验歌曲大意。

1. 师：彝族人民最喜欢在重要的日子里聚集在一起围成圈高兴地唱歌跳舞了，今天就请你们跟着老师一起学一学彝族的歌舞，感受彝族小朋友的快乐！来，拉起手，围成圈，先向左边跳起来！

2. 师加入歌曲，生跟做舞步。（反复三遍）

设计意图：老师加入汉语版，民歌就是从事劳作的人民自己创作并利用歌唱的形式表现出来的一种歌曲，是通过口耳相传进行传播的。在这一环节让学生初步感受感受，并熟悉歌曲旋律。

3. 师：（反复三遍后）孩子们真棒！学得很认真，仔细的孩子们有没有注意到刚才这首歌曲一共分为几个乐句？

4. 师：这首歌曲一共分为四句！我们用前后左右四个方向来表现了歌曲的四个乐句。加快速度再来一次！

5. 师：你们都学会了吗？那你们听清歌词中彝族的小朋友们在干什么了吗？他们的心情怎么样？

生答：他们在唱歌跳舞！非常快乐！

（二）走进彝族，学习彝族语言歌曲。

1. 聆听原生态唱法。

师：张老师刚才是用我们汉族的语言来演唱的，其实彝族人民有她们自己的语言，今天老师就为大家请来了一位来自大山里的彝族阿姨，她将弹着彝族最有代表性的乐器——月琴，用最地道的彝族语言来演唱这首快乐的彝族歌曲。让我们用最热烈的掌声请出这位彝族阿姨！（播放视频）

2. 揭示课题。

师：彝族歌曲就要用彝族语言演唱！今天，老师就来教你们用彝族语言演唱《阿斋求堵斗》。

（1）一起读一读。

（2）有节奏感地再读一次《阿斋求堵斗》(强调"求堵斗"）。

3. 学唱歌曲。

（1）师："我们想象现在就穿着颜色鲜艳的彝族服装，戴着漂亮的头饰，男生就穿着查尔瓦，长长的马甲。现在老师教一句，你们学一句！认真听，一会儿我们来比一比谁模仿得最像彝族孩子唱歌。（两遍全体跟唱）

（2）师：请女孩子跟着老师唱一唱。

（3）师：请男孩子跟着老师唱一唱。

（4）师：现在老师手指向谁就请你来跟唱。

三、熟悉歌曲，分组表现

设计意图：通过游戏接龙的方式，让学生能够在快乐的氛围和有趣的游戏中反复演唱歌曲，熟悉歌曲，为拓展环节打好基础。

（一）游戏熟悉歌曲

1. 分组演唱

（1）师：孩子们真有语言天赋，学得很快，现在老师来考考你们！请起立，我们来玩一个接龙游戏。老师把你们分成四组，注意听你是第几组。（师加入手势和演唱进行分组，如第一句：阿西里西，阿西里西。手势1，说第一组，然后依次……）孩子们清楚了吗？

（2）师：彝族的人们召唤好朋友时最喜欢用吆喝声，你们听：哦——哦——！接下来，我的喊声喊向哪个组就请哪个组唱第一句，依次接龙。（传递重复四次，让每一组都完整演唱了歌曲中的每一句，最后一次全部一起）

2. 加入动作完整演唱。

（1）师：加上动作（有节奏地说）哦——哦——！（继续吆喝＋手势）

（2）师：再来一次，加快速度。（有节奏地说）

（二）分组表现

1. 第一组演唱。

师：孩子们学得太好啦，老师想邀请几个孩子一起来表演！其他小朋友就当忠实观众，期待你们的掌声哦！（4个）

2. 第二组演唱。

师：再请几个孩子围着他们成为第二个圈。（10个）

3. 第三组演唱。

师：第三圈的孩子们，我们也来唱一唱！小观众们：待会儿要把掌声响起来哟！

四、升华情感，丰富体验

设计意图：通过游戏的方式引导学生挖掘不同的音乐要素，体验更加丰富的音乐情绪，深刻地感受彝族小朋友开心游戏、歌唱的美好景象。

（一）多样要素丰富情绪

1. 师：孩子们真能干！学得特别好！接下来我们唱着歌来玩游戏吧！先问问大家，我们的游戏想要达到歌声从弱到强、越来越热烈的效果，大家帮老师想想可以怎么做？（可按学生的想法做一次并表扬孩子的想法）老师还有一个好办法就是可以让演唱的人数越来越多，来试一试吧。

师：第一遍老师先来邀请第一圈的孩子们唱歌跳舞，请第一圈的孩子们再用吆喝声邀请第二圈的伙伴儿加入，接着第二圈的孩子们再继续邀请第三圈的伙伴儿，我们要提前做好准备哦！第一圈的孩子们准备好起立！哦——哦——！

师：（结束后）孩子们，我们从第一遍演唱到第三遍演唱，人数越来越多情绪就越来越热烈、欢快。

2. 师：在音乐中还有一个方式可以使音乐的情绪更加热烈，就是不断提高音的高度，比如（教师示范哦——哦——)！

3. 师：刚才我们又通过把音调升高让音乐的情绪更加热烈了，彝族人民就特别热爱这样的音乐氛围，接下来我们就一起带着彝族人民的那种热情完整地来演唱一次，演唱完后我们用嘿——嘿——（和吆喝喊声相同的音高）来表达我们此时的心情。好吗！来先试一试：嘿——嘿

（二）小结

师：今天的音乐课就在我们欢乐的歌声中结束了，孩子们学会了这首广为传唱的彝族歌曲，在歌声中感受了彝族别具风格的音乐，老师感到特别幸福能够将这首歌曲传递给你们，也希望你们能将这首好听的歌曲继续传递。

民歌教学设计——《我抱着月光，月光抱着我》

学　　校：成都高新区西芯小学

执 教 者：冉　宏

任教年级：五年级

【教学内容】《我抱着月光，月光抱着我》

【教材分析】

音乐特点：3/4　2/4 | × 　 ×　 × | × 　 × 　 | 四三和四二混合拍的演唱。

文化特点：撒尼族方言衬词的演唱、撒尼族"跳月节"情景的体会。

声音特点：欢快弹性的声音。

情感特点：撒尼人在"跳月节"上载歌载舞的愉快心情。

教学重点：体会撒尼族音乐特点，唱出撒尼族歌曲的风格。

教学难点：混合拍的掌握，八度大跳旋律的演唱、密集型节奏的演唱。

教学策略：借助"五步舞"解决混合拍的演唱；运用柯尔文手势帮助学生唱准八度大跳旋律；运用快呼快吸、声势律动解决密集节奏、切分节奏的演唱；加入乐器彝族大三弦营造彝族跳月节的歌舞氛围，体验撒尼族节庆文化。

【学情分析】

六年级的同学在以往年级的学习中了解到了一些民歌，大多数同学对民歌、对各民族的文化有着浓厚的兴趣，但对不同民歌的风格表现还需要提高，比如本节课中要表现出撒尼族民歌的风格，就必须要求学生对混合拍、大跳音程、密集节奏型等很好地演唱，但对于六年级学生来说完成起来有一定难度，就需要选择和合适的教学方法帮助他们解决。另外，民歌表现的生活情趣和生活场景与学生生活有一定的距离，需要在教学中通过合理情境创设引起学生情感共鸣。

【教学目标】

1. 能用欢快弹性的声音演唱《我抱着月光，月光抱着我》，表现撒尼族人围着篝火载歌载舞的热闹景象。

2. 运用撒尼族五步舞、声势律动、柯尔文手势、快呼快吸、彝族大三弦乐器等方式，准确表现撒尼族音乐中四二和四三拍的混合拍以及切分节奏、八度大跳音程、密集节奏等教学难点。充分调动学生学习兴趣，积极参与审美体验活动，培养其音乐表现能力。

3. 在唱、跳、拍、奏、听等综合表现过程中，感受撒尼族歌曲的音乐风格，体会撒尼人热爱生活、乐观积极的生活态度，激发学生理解、热爱、传承我国各民族传统音乐的情感。

【歌曲乐谱】

【教学重点】

通过唱、舞、奏、拍、弹等体验活动，体验撒尼族歌曲特点，并用欢快活泼的声音表现撒尼族人在月光下载歌载舞的情景。

【教学难点】

掌握混合拍子、切分节奏、八度大跳音程、密集节奏等教学难点，表现出撒尼族民歌特点。

【教学用具】钢琴、多媒体课件PPT、彝族大三弦

【教学过程】

一、感受体验，解决难点

设计意图：1. 赏舞蹈引入新课，引出大三弦五步舞，为解决第一乐段混合拍做好铺垫。2. 在声势律动中感受混合拍，掌握混合拍的演唱。唱会第一乐段。

（一）赏五步舞，引出混合拍。

出示课件1：播放五步舞舞蹈视频。

师：同学们好！老师为大家带来了一段撒尼组舞蹈，请大家看一看、想一想，这种舞蹈的基本舞步是由几步构成的？

师：由五步构成，又称五步舞，瞧，他们的舞步是这样的。（教师示范）

出示课件2：五步舞典型节奏 ×××|××‖

（二）声势律动，练习混合拍。

师：让我们一起来试试吧。

五步舞：×　　×　　×　|　×　　×　：‖

　　　　踏　　踏　　踏　　踢　　踢

师：熟悉了以后一起来用手拍拍。

声势：×　　×　　×　|　×　　×　：‖

　　　（拍腿）　　　（拍手）

（三）唱拍结合，唱会混合拍。

出示课件3：第一乐句录音。

师：下面我们加入音乐，试着唱唱第一乐句。

$$\underline{1\ 1}\ \underline{2\ 1}\ 2\ \Big|\ \underline{1\ 6}\ \ 5\ \Big|\ \underline{5\ 1}\ 3\ 1\ 3\ \Big|\ \underline{1\ 6}\ \ 1\ :\ \Big\|$$

师：一起跟着琴声边唱边拍，注意琴声的速度变化哟。

二、活动参与，唱会歌曲

设计意图：1. 在声势律动中，通过动作感知切分节奏的强弱变化。2. 在唱旋律时，借助柯尔文手势手位高低来帮助学生唱准八度大跳音准，提示声音的高位置。3. 通过指挥手势，进行快速歌唱时的急呼急吸训练，提示学生在演唱时注意快呼快吸，保证衬词的部分演唱流畅而动感、活泼，学会第二乐段。4. 借助彝族大三弦演奏，引导学生体会歌曲所表达的快乐情绪，在模拟演奏、演唱中学会第三乐段的演唱。

（一）声势律动，解决重点乐句节奏。

师：同学们，撒尼族是一个能歌善舞的民族，每当喜庆的日子，他们就会举行盛大、热闹的跳月节，在跳月节上，男女老少纷纷走出家门，聚集在皎洁的月光下，围着篝火，弹起大三弦，一起载歌载舞。让我们一起来学习一首撒尼族族歌曲《我抱着月光，月光抱着我》吧！结束后，请你说说歌曲中哪一句最有撒尼族特色？

教师随歌曲拍声势节奏：

（ <u>×　　　　×</u> 　　× 　　× 　　× 造词 　　<u>×　　×</u> ）

（拍手　拍腿　拍腿　拍腿　拍手　跺脚　跺脚）

师：是哪一句？（生答）请跟这老师一起来拍一拍这一句的节奏。

先慢后快，然后跟随音乐试一试，在声势律动中感受、体验乐句的节奏。

（二）柯尔文手势，训练重点乐句音准。

师：我们一起来唱一唱这句吧！看看旋律，你有什么发现？

生：两个乐句相似。

师：是的，第一句是5，第二句是低音5，这让老师想象到中音5像天上圆圆的月亮，低音5是小河里月亮的倒影，我们用声音表现出来。演唱时，请你用柯尔文手势配合中音5和低音5的音高位置。

出示课件：

$$\underline{5 \cdot 5} \; \underline{3 \; 5} \; 1 \; \underline{2 \; 1} \; | \; \underline{5 \cdot 5} \; \underline{3 \; 5} \; 1 \; \underline{2 \; 1} \; |$$

赛啰　里赛嗨　哎欧　　　赛啰　里赛嗨　哎欧

师：我们跟琴用由慢到快的速度来唱一唱；在换句时注意老师的手势。

在演唱时注意音准，唱会后加快速度，手势提醒学生用快呼快吸方法演唱密集节奏的长乐句。

（三）画图谱，认识反复记号。

出示课件6：看曲谱聆听录音范唱。

出示课件7：反复记号动画。

师：同学们，一起来听唱歌曲，伸出你的手指，跟着动画一起画图谱吧，请你想一想我们整首歌曲的演唱顺序是怎样的？你知道为什么这样吗？

生：因为有一个反复跳月记号。

师：下面，我们跟着钢琴伴奏慢速唱一唱这首歌曲，注意演唱顺序哦！

（教师钢琴伴奏）

（四）奏大三弦，全曲完整跟唱。

1. 教师示范演奏。

师：同学们，我们跟着范唱完整演唱歌曲，老师来为你们演奏撒尼族的乐器大三弦吧！

播课件8：播放歌曲范唱两遍。

学生听唱歌曲，老师演奏大三弦。

2. 了解大三弦。

师：加上大三弦后，我们的歌曲更欢乐了。我们一起来认识大三弦吧！

教师实物解说大三弦：大三弦由琴筒、琴弦、琴杆、琴轴组成，是撒尼族特有的弹拨乐器。在重要的日子里，撒尼族人都会弹起大三弦、唱起歌、跳起舞，尽情地享受欢乐的时光。谁来试一试？

3. 学生尝试演奏大三弦。

学生尝试，同学跟随老师做手势，一起按照节拍扫弦弹奏。

三、合理拓展，综合表现

设计意图：1. 试唱歌曲是反馈学习效果，老师可以从试唱过程中了解到学生歌曲演唱情况，如发现问题可及时纠正。2. 改编歌曲环节，在改变歌曲的曲式结构、演唱形式等方面进行再创作，意在引导学生对作品进行再思考，以拓展学生音乐视野、激发学生创作热情。

（一）试唱歌曲，完整演唱歌曲。

师：小朋友都不错哦，下面老师请一位小乐手来演奏大三弦，其余模仿大三弦演奏动作，一起跟随伴奏音乐来完整演唱这首歌曲吧。

播课件9：播放歌曲伴奏。

（二）改编歌曲，激发创作热情。

师：同学们，听了你们的歌声，我的脑海里一直还在回旋那一句"赛啰里塞姆哎欧"这一句衬词，它不仅能表达了撒尼族人快乐的心情，还能表现柔柔的、朦胧的月夜。让我们走进红河宁静月夜，请你用衬词部分来描绘一下月光下神秘、朦胧的红河吧！跟着琴声一起来试一试。

教师琴声引导。（引导学生用慢速，力度弱、音色暗一点来表现月夜）

加引子部分（注意慢速、把音拉长演唱）：

赛啰　里赛嗯　哎欧　赛啰　里赛嗯　哎欧

师：在这美好的夜晚，撒尼男女老少纷纷赶来，一起欢呼，一起跳月，让我们释放出激情，快乐地唱起来、跳起来吧！（引导学生用热情欢乐的情绪弹起三弦、跳起舞蹈、演着歌曲，在高潮的地方还可以适当加入衬词"哟哟"，以烘托欢乐的气氛）

唱课本歌曲原有部分。

师：快乐的歌舞即将结束，红河又恢复了神秘和宁静。让我们再次慢速唱起衬词部分，用歌声描绘红河的宁静和神秘。教师钢琴伴奏。

加尾声部分（演唱时注意慢速、尾音渐慢拉长）：

$$\underline{5 \cdot \underline{5}} \quad \underline{3} \; 5 \; \underline{1} \quad \underline{2 \; 1} \; \Big| \; \underline{5 \cdot \underline{5}} \quad \underline{3} \; 5 \; \underline{1} \quad \underline{2 \; 1} \; \Big|$$

赛啰　里赛嗯　哎欧　　赛啰　里赛嗯　哎欧

四、模拟展演，升华情感

设计意图：歌曲展演环节，是让孩子们用歌舞再现撒尼人的快乐，提升学生在作品表现中的歌唱、表演能力。体会撒尼人热爱生活、乐观积极的生命状态。

（一）展演歌曲，情景再现。

师：同学们，请跟着老师的手势完整表现歌曲吧！大三弦弹起来、五步舞跳起来、美妙的歌声亮出来，尽情享受跳月节的快乐吧！

出示课件10：改编版伴奏音乐（引子＋原版＋尾声）。

（二）课后小结，升华情感。

师：同学们，欢乐的跳月已接近尾声，让我们带着撒尼人的热情，再次唱起《我抱着月光，月光抱着我》，将撒尼人的快乐和幸福唱出来、传下去吧！同学们再见！

民歌教学设计——《彝家娃娃真幸福》

学　　校：成都高新区尚阳小学
执 教 者：周梦娅
任教年级：小学二年级

【教材分析】

音乐特点：2/4　∣ x　　x　　x ∣

文化特点：衬词、儿童生活表现。

声音特点：起承转合。

情感特点：生动、充满童趣。（用声音与表演唱出歌曲的童趣是本课教材的审美重点）

教学重难点：衬词的学唱、乐器和彝族舞蹈动作的学习

教学策略：听唱学歌、在游戏中培养乐感（节拍、节奏）、在衬词和舞蹈学习中体验彝族传统文化。

【学情分析】

我面对的是二年级的学生，这个年级的学生好奇、好动、模仿能力强，集中注意力的时间短，所以，针对这些情况我引用兴趣引导、预设悬念、图谱示意、节奏律动等教学方式进行教学。我在学法的指导时紧紧围绕教学目标，主要通过"听"歌曲旋律、节奏等要素，让学生去感知音乐，从而感受彝族音乐的特点。通过直观图像来了解彝族的民俗文化。

【教学目标】

1. 指导学生以愉快的情绪、轻松而有弹性的声音演唱歌曲《彝家娃娃真幸福》。

2. 培养学生良好聆听音乐的习惯和积极主动参与音乐实践活动。

3. 在学习中让学生了解彝族的民俗文化，体会幸福感，从而热爱少数民族，增强民族自豪感。

【教学重点难点】

1. 重点：能用乐器和彝族舞蹈动作进行表演。

2．难点：能用轻巧而有弹性的声音演唱歌曲。

【教学用具】

钢琴、多媒体课件、彝族服饰、卡片、响板、三角铁、"火把"道具

【歌曲乐谱】

彝家娃娃真幸福

黄有异词曲

$1=\flat E$ $\frac{2}{4}$

```
6  6  6 5 3 5 | 2  2  2 | 6  6  6 5 3 5 | 2  2  2 |
1.银 项 链  啰   阿 里 里，  白 衣 白 帽   阿 里 里，
2.又 跳 舞 啰   阿 里 里，  又 唱 歌 啰   阿 里 里，

2 1 6  1  2 | 3  5  3 |  6  6  6 5 3 5 | 6  6  6 |
彝 家 娃 娃 (阿 里 里)  真 快 活 啰   阿 里 里。
彝 家 娃 娃 (阿 里 里)  真 幸 福 啰   阿 里 里。
```

【教学过程】

一、感受体验，情境创设

设计意图：音乐律动环节的设计，可以激发学生的学习兴趣，让学生在浓郁的音乐氛围中进入课堂，营造宽松和谐的学习氛围，唤起学生对少数民族音乐的记忆。

师：同学们，音乐旅程开始了，来，模仿我的动作，咱们快乐地进教室吧！（音乐＋彝族舞蹈）

二、以情带声，学唱歌曲

设计意图：通过演示音乐线条，调动学生多种音乐感官进行练习。使学生直观地感受音的高低位置。理解四个"阿里里"旋律走向特点，为解决学唱难点起了关键性作用。

（一）聆听歌曲，学唱"阿里里"。

（1）初听，抓歌词特点，了解其意义。

师：请小朋友们仔细聆听，给你们印象最深刻、出现次数最多的歌词是什么？（生：阿里里）

师：没错，每句歌词里，都出现了"阿里里"。跟我一起读"阿里里"。

（注意生的声音状态）

师：谁来猜猜"阿里里"代表什么意思呢？下面，就由我来为大家解开这个谜。"阿里里"是我国一个少数民族——彝族，彝族小朋友用来表达高兴心情的一个词语，就像咱们汉族歌词里的"哈哈哈""嘿嘿嘿"。

（2）出示课题。

师：今天，我们就一起来学习一首具有彝族民歌特点的儿歌《彝家娃娃真幸福》。（板书）（师注意生的声音状态）

（3）复听，声势律动。

师：让我们跟随着音乐，用拍手来表示"阿里里"吧。心里数数，歌曲中出现了几个"阿里里"？

（4）再听，学唱"阿里里"曲调。

师：一起告诉我，有几个"阿里里"？

师：这4个"阿里里"的音高位置，有些是不一样的，跟我一起去看看吧。

（5）再听，学唱"阿里里"。

师：让我们加入"阿里里"来唱一唱吧。（边唱，老师边在黑板上贴出"阿里里"；注意生的声音状态）

师：我们加上拍手，相信你们会唱得更好。

（6）哼唱歌曲，画旋律线。

师：我也想来唱唱，咱们交换好不好？你们用"lu"来哼唱前面部分旋律，我紧跟其后。

师：这旋律的小山坡不好走，更不好唱，我们让琴声再来为我们带带路。（注意学生的坐姿以及表情，反复一次练习）

师：如果再连贯一点翻越小山坡就更好听。现在，带上你们自信的笑容，我们完整来唱一次。

（二）聆听歌曲，感受彝族文化。

师：祝贺你们，我们终于成功地翻越了这四座大山，来到了美丽的彝家山寨，咱们一起去看看吧。边看边思考，你都看到了哪些事物？

师：（彝族文化图片＋背景音乐）彝族有着悠久的历史和古老的文化，主要分布在云南、四川、贵州三省和广西壮族自治区的西北部……彝族是一个能歌善舞的民族，他们的音乐富有特色，舞蹈多与歌唱相伴。彝族也是一个崇尚火的民族，他们最隆重的节日就是——火把节，火把节多在农历六月二十四或二十五日举行，人们盛装打扮，围着火把，尽情地歌舞，我们也来学一学他们的舞步吧。

（三）学唱歌曲。

师：既然有舞蹈，那就少不了音乐。下面就用我们的歌声来赞美一下彝家娃娃吧。

师：彝家娃娃能歌善舞。来，同学们，我们边唱边跳吧。

三、合理拓展，综合表现

设计意图：通过观看火把节图片、学跳彝族舞蹈，利用画面、动作、声音的紧密结合，激发学生的情感共鸣，帮助学生理解歌曲的意境，让每个孩子都参与到音乐实践活动中，在赏、跳、唱、奏的过程中培养学生的音乐审美能力和综合性艺术表演能力。

（1）乐器演奏。

师：现在，彝家娃娃想要跟我们合作一下，要求我们为他们伴奏，我请来了两位小乐器。

师：正式演出开始了，彝家娃娃呼喊着我们上台表演啦……

师：合作真有默契，咱们自己边唱边伴奏。

（2）歌舞表演。

师：彝家娃娃，看到咱们表演得这么棒，邀请咱们去参加彝族盛大的节日——火把节。走，我们去看看有什么热闹的庆祝活动呢？今天，咱们就在这个舞台上，过一过火把节好不好？我们把红丝带比作小火苗，拿到小火苗的男生请到中间来，我们围成一个圆环，火苗要聚拢，火才能旺呢！小火苗只能在"阿里里"的时候舞动。

师：有了火，没有舞者，火把节怎能热闹呢？

师：小朋友们，火把节正式开始……

四、升华情感，正面激励

设计意图：将歌曲所蕴含的思想内涵和情感意义深刻而有意味地传达给学生。

师：快乐的时光总是很短暂，我们马上就要和彝家娃娃道别了，请你们用一句话向他们道别，也可以说说自己的感受。

师：小朋友们的收获真多，希望你们和彝家娃娃手拉手，用歌声和舞蹈传递快乐与幸福！搭起你们的小火车，出发吧！

民歌教学设计——《我的家在日喀则》

学　　校：绵阳市成绵路小学
执 教 者：欧冬梅
任教年级：二年级

【教学内容】《我的家在日喀则》
【教材分析】
音乐特点：节奏 ×× ×× | ×× | ×× ×× | ×× |　节拍 2/4
文化特点：舞蹈动作（颤膝、抛袖）、头饰、服饰、语言。
声音特点：清脆、自然、有强性（乐句感）。
情感特点：快乐。
教学策略：声势律动学习旋律、节奏歌词学歌曲、语言舞蹈饰服体验文化。
【学情分析】
1. 二年级的学生对民歌有一些初步的感知、了解，学习兴趣浓厚，但对民歌没有更深入的学习。
2. 二年级的学生活泼好动、好奇心强、善于表现，但学习过程中集中注意力的时间相对较短，自我控制能力有待提高；对音乐的情绪、内容等有一定的辨别能力，欣赏音乐的能力有待增强。
3. 根据对学生的分析，在教学过程中应根据课标要求、教材内容以及学生的实际情况，引导学生在体验、感知、参与、表现等音乐实践活动中快乐学习，从而有效地达成预期教学目标。
【教学目标】
1. 在听、演、唱等音乐实践活动中学唱歌曲《我的家在日喀则》，能用活泼、欢快的情绪，有弹性的声音准确地演唱歌曲。
2. 在学唱、表现歌曲的过程中，感受、体验藏族民歌的基本风格，激发学生对民歌的学习兴趣。
【教学重点难点】
重点：用活泼、欢快的情绪，有弹性的声音准确地演唱歌曲《我的家在日喀则》。

难点：歌曲风格的准确表现。

【教学用具】钢琴、PPT、自制头饰

一、组织教学 师生问好

二、律动导入 熟悉歌曲

师：首先请大家跟老师一起来活动活动。

1. 师带领学生学习藏族舞蹈基本动作颤膝，熟悉歌曲。

师：注意合作音乐的节拍，膝盖放松，前奏和间奏的时候我们保持不动，再来一次……（跟着音乐两次）

2. 随音乐用手拍击歌曲基本节奏。

师：这次，老师的动作有些变化，我先做，如果你看明白了请跟我一起来。

×× ×× | × ×

拍腿 拍手

3. 引导学生探讨不用的表现形式。

4. 藏族舞步学习。

师：孩子们真棒！请你再仔细观看老师的动作，看明白了跟我一起来。

（1）坐在凳子上踏脚做。

（2）起立原地做。

（3）围圈走动起来做。

设计意图：通过律动的方式导入新课，让学生在观看、模仿、体验中完成藏舞舞蹈基本动作颤膝的学习；通过多次聆听、节奏感知、表现让学生熟悉歌曲旋律，由浅入深地学习藏族舞蹈的基本舞步，感受歌曲的韵律感，为学习歌曲做好准备。

师：随着音乐舞蹈，你现在的心情怎样？知道我们刚才跳的是我国哪个少数民族的舞步吗？

三、新知探索 学习歌曲

1. 初听歌曲范唱，了解歌曲内容。

师：孩子们了解得可真多！今天，老师给孩子们带来一首藏族儿歌，我们一起来听一听，歌曲的歌词都唱了些什么？

2. 再次聆听歌曲，感受歌曲情绪。

师：藏族小朋友歌唱自己家乡时心情怎样呢？你知道日喀则在哪里吗？

3. 观看视频，走进日喀则。

4. 教师范唱歌曲。

师：老师也想用欢快的情绪来歌唱美丽的日喀则，请大家听听哪句歌词最有特点？

5．师生探讨。

师：孩子们的感受能力真强！那你知道阿索啊索是什么意思吗？

6．师生合作，朗读歌词。

师、生：

我的家在哪里，就在日喀则呀。

阿索阿索玛丽拉，就在日喀则呀。

7．学唱歌曲。

（1）师生接唱学习歌曲。

（2）解决演唱中的困难。

（3）用活泼欢快的情绪、有弹性的声音完整演唱歌曲。

8．师生合作演唱。

学生再次完整演唱歌曲，老师加入二声部演唱。

生：我的家在哪里？就在日喀则呀。

师：阿索阿索，阿索阿索。

阿索阿索玛丽拉，就在日喀则呀。

阿索阿索，阿索阿索。

师：有谁注意到你们在演唱歌曲的时候，老师加入了什么？是怎么加入的？

9．播放歌曲范唱，教师引导学生加入衬词"阿索"。

10．学生分成两组，一组演唱歌曲，一组加入衬词。

设计意图：歌曲短小，通过前面有效的音乐实践活动，学生对歌曲的旋律应该非常熟悉，直接采用接唱的方式学习歌曲，降低了学习难度也保持了学生的学习热情。"啊索"是歌曲中的衬词，衬词的加入使歌曲的藏族音乐风格更加凸显，同时培养学生的多声部听觉和合作能力。

设计意图：在歌曲表现环节围圈一边演唱一边舞蹈，再现藏族人民载歌载舞的欢乐情景，引导学生进一步感受藏族音乐风格特点。

四、情景再现　表现歌曲

师：藏族人民能歌善舞，有歌的时候必有舞，我们一起来看看他们载歌载舞的欢乐景象。

1．播放视频，学生观看感受藏族人民载歌载舞的欢乐情景。

2．播放音乐，引导学生一边演唱一边舞蹈。

载歌载舞表现歌曲（提前用彩色皱纹纸做一些藏族头饰，歌曲表现时分发给学生）。

设计意图：在歌曲表现环节围圈一边演唱一边舞蹈，再现藏族人民载歌载舞的欢乐情景，引导学生进一步感受藏族音乐风格特点。

民歌教学设计——《阿里里》

学　　校：成都市新都区西街小学校
执 教 者：郝太豪
任教年级：二年级

【教学内容】学唱《阿里里》（纳西族民歌）与欣赏体验《阿细跳月》（民乐合奏）

【教材分析】

音乐特点：2/4　|×× 　×|×× 　×|　小三度音程

文化特点：方言、纳西族彝族生活表现。

声音特点：连断结合、欢快活泼。

情感特点：生动、充满童趣，表现生活。（用声音与童趣表现生活是本课教材的审美重点）

教学重难点：歌曲的方言学唱、感受音乐表现生活及风土人情。

教学策略：听唱学歌（断、连音方法）策略、在游戏中培养乐感（节拍、节奏）策略、在方言与律动学习中体验传统文化策略。

《阿里里》是首质朴的云南纳西族民歌，五声羽调式，反复乐句的一段体，2/4拍子。歌曲旋律简洁纯朴，童趣盎然，多次出现的纳西族特色衬词"阿里里"，使歌曲富有浓郁的民歌风韵，同时也表现了纳西族人民欢乐的劳动场面。

【学情分析】

1. 学生对云南纳西族、彝族生活习俗了解较少，但非常喜欢少数民族歌舞。

2. 低年级段学生已具有一定儿歌演唱经验，又喜欢舞蹈体验。

3. 针对学生的情况在教学中应注意多了解民族习俗，多体验生活化场景与音乐。

【教学目标】

1. 能用优美欢快的声音演唱《阿里里》。

2. 认真聆听并体验民乐合奏《阿细跳月》，能感受到彝族人民欢庆节日时欢歌舞蹈的热烈情境，并能随音乐律动。

3. 在音乐体验活动中，能主动及有创造性地参与音乐实践活动。

【教学重点难点】

1. 重点：能用欢快优美的声音有表情地表演唱《阿里里》；能感受《阿细跳月》的欢快情绪，并能参与音乐体验表现实践活动。

2. 难点：能恰当为《阿里里》《阿细跳月》设计伴奏打击节奏、体态表演动作。

【教学用具】 打击乐器、自制课件、钢琴等

【歌曲乐谱】

阿 里 里

1=A   2/4   纳西族民歌

优美 活泼

5 5　3 | 5 5　3 | 3 2 6 | 1 3 3 2 | 1 1 6 |
阿 里 里， 阿 里 里，（阿 喂 ） 里 里（哟格）花 花 赛，
撒 小 秧， 撒 小 秧，（阿 喂 ） 三 月（哟格）撒 小 秧

1 1 6 | | 3 2 6 | 1 3 3 2 | 1 1 6 | 1 1 6 ‖
花 花 赛，（阿 喂 ） 里 里（哟格）花 花 赛，花 花 赛。
撒 小 秧，（阿 喂 ） 三 月（哟格）撒 小 秧，撒 小 秧。

【教学设想】 本课教学内容学唱《阿里里》与体验《阿细跳月》，都是云南少数民族音乐，富有很强的舞蹈韵律感。学生对少数民族音乐喜欢，所以感受体验从纳西族、彝族人民能歌善舞又热情好客及了解云南少数民族生活片段习俗导入学习（设计线路旅游）。接着又通过"唱起来"（学唱歌曲《阿里里》）——体验拓展"敲起来"（节奏练习）、"跳起来"（体验《阿细跳月》），并通过创意拓展活动参与并表现音乐，以此了解并热爱及传承祖国民族音乐文化。

【教学过程】

一、**感受体验，情境创设**

1. 情境创设：学生随音乐《阿细跳月》即兴律动。

2. 描绘意境。

师：欢迎同学们加入我们的"快乐旅行团"。老师当导游，带领小朋友们到云南去旅行。

（出示课件：云南简介以及云南少数民族生活的图片，让学生欣赏）

教学意图：通过图片欣赏，让学生初步了解云南，并从视觉与听觉上真切感受云南少数民族人民的风俗习惯，了解他们能歌善舞、热情好客的习俗，激发学生学习的兴趣，为下一教学环节做铺垫。

师：图片将我们带到哪儿了？图片中的人物都在干什么？（启发学生回答）

师：第一站——云南纳西族。

二、以情带声，学唱歌曲

（出示课件画外音：欢迎大家到我们纳西族做客）

师：你们听，纳西族的小朋友们用歌声迎接我们啦……

1. 初听歌曲《阿里里》。

师：纳西族小朋友唱得好不好听？你听出了哪些歌词？

（引导学生说出"阿里里"）（出示课件：点击出现"阿里里"）

（画外音：真聪明——"阿里里"是云南纳西族民歌中最具特色的歌曲衬词）

师讲解歌词中"花花赛"（高高兴兴）、"撒小秧"的意思，并做做撒小秧的动作，体验纳西族生活。

2. 再听歌曲《阿里里》。

a. 师：仔细地听，看你能不能跟纳西族的小朋友学上一两句。

b. 师：你学会了哪一句歌词？唱给大家听听。

3. 学唱《阿里里》。

4. 为歌曲《阿里里》进行身势伴奏。

师：纳西族小朋友有话要告诉大家。（点击课件画外音：我们纳西族人唱歌时还喜欢边唱边动，你也试试）

a. 师示范：边唱边用身势伴奏。（注意强弱的变化）

b. 引导学生说出：哪儿强些，哪儿弱些，并自己尝试。

c. 全班在老师钢琴伴奏下边唱边用身势伴奏。

5. 纳西族人为什么在撒小秧的时候要唱歌呢？

（引导学生：因为他们劳动时很开心、很快乐，所以情不自禁地唱起了歌儿）

（情绪：优美活泼；速度：中速稍快）

6. 情感处理，用欢快活泼的声音演唱《阿里里》。

7. 表现与体验。

师将全班分成两个快乐小队去帮纳西族小朋友撒小秧，边劳动边唱《阿里里》。

a. 师领唱，学生合。

b. 一组领唱，二组合。（反过来一次）

c. 全队起立用身势伴奏唱《阿里里》，告别纳西族小朋友，快乐旅行团再次出发了。

教学意图：让学生从听觉出发整体感受音乐，认真聆听，记住云南纳西族民歌《阿里里》中最具特色的衬词：阿里里。在一系列的参与活动中使学生对歌曲《阿里里》有更深的理解，并将之学会。

8. 处理歌曲情绪，以情带声。

三、体验拓展，综合表现

1. 整体聆听《阿细跳月》。

师：第二站：彝族山寨，彝族人民为我们送上了美妙活泼的音乐《阿细跳月》；我们正好赶上彝族阿细人载歌载舞地欢庆节日，让我们一起加入吧。

a. 师：听到音乐你想做什么？（引导学生说唱歌跳舞等）

b. 师：为什么？（启发学生说出音乐的基本情绪）

师：你听出哪个音乐重复出现的次数最多？（引出"5 2 1"，让学生哼出来）

2. 细听音乐主题。

（1）唱一唱。

师生合作唱"主题音乐"游戏接龙。

1=G　5/4

（师唱）　　　（生唱）　　（师唱）　　　（生唱）

5 1 3 1 3 5 2 1 ｜ 5 3 3 1 3 5 2 1 ｜

（师唱）　　　　（生唱）　　（师唱）　　　（生唱）

5 1 6 1 3 5 2 1 ｜ 5 3 3 1 3 5 2 1 ｜

（2）动一动。

A. 师示范在"5 2 1"处动起来。

B. 在"5 2 1"处启发学生动一动。（可用声音、乐器、动作来表现）

C. 请学生上台展示自己设计的动作。

D. 全班分成四组进行合作表演，用不同的方式表现主题音乐。

例：

（5　2　1）

a. 声音：嘿嘿　嘿

b. 拍手跺脚：×　×　（也可以是身体动作）

c. 伴奏乐器：×　×（三角铁、铃鼓、响板、沙球、双响筒等）

教学意图：通过听、看、仿、动、敲等一系列的活动形式，让学生充分感受《阿细跳月》的基本情绪，也让学生进一步了解云南彝族人民豪爽的性格与能歌善舞的特点。

3. 音乐实践体验，全班合作完整表现。（民族大联欢）

师：小朋友们，我们今天来到了云南，学会了纳西族歌曲《阿里里》，体验了彝族音乐《阿细跳月》。前面民族团结馆前面的坝子上已燃起了篝火，哦，那里还有纳西族小朋友和彝族小朋友在联欢呢，我们也加入他们一起唱歌跳舞吧。

教学意图：这一环节的设计为教师和学生在《阿细跳月》音乐声中律动。围成一个圆圈参与表现音乐，可以让学生产生身临其境的感觉，更加深刻地体验到《阿细跳月》的情境，以及"跳月"这种彝族舞蹈的基本形式。同时也是更深入了解云南民歌风格韵律特色，以更好掌握演唱歌曲《阿里里》的情绪和表演。

四、升华情感，正面激励

教师和学生加入彝族阿细人跳月（跳舞）的队伍，在音乐声中共同欢庆节日。全班分成两组，一组表演唱《阿里里》，另一组表演《阿细跳月》。最后，教师带领全班同学律动，让全班同学手拉手围成圆圈，老师和节奏乐器表演的同学在中间，尽情地参与表现音乐。

同学们，今天，我们从云南归来，领略了少数民族的风土人情，感受到了纳西族与彝族小朋友的热情与好客，愿我们每位同学都和少数民族的小朋友成为好朋友，也将我们四川的民歌带到云南去。

【教学反思】在本课的教学中，我以兴趣为导向、以学生为主体，抓住学生对少数民族好奇的心理，设计了到"云南旅游"这一情境贯穿课堂始终，巧妙地将两个内容串联在一起，从看少数民族的生活片段导入学习，让学生了解我们少数民族既能歌善舞又热情好客的特点，从而引导学生积极主动地在课堂中学习少数民族小朋友："唱起来"（学唱歌曲《阿里里》）——体验拓展"敲起来"（节奏练习）、"跳起来"（体验《阿细跳月》），并能参与创造表现音乐。

兴趣是音乐学习的最好老师，学生们在情境创设中兴趣大增，教材中歌曲《阿里里》学习与欣赏体验《阿细跳月》两个不同内容巧妙串联，孩子们在轻松愉悦的旅游氛围中记住了学习内容。纳西族、彝族的生活信息包括服饰、歌舞、好客、节日、风俗等被学生知晓，丰富了视野及知识面，也充分领悟到少数民族的特性。

本课注重学生的实践合作，有效地培养了学生实践能力，他们的个性和创造能力得到了充分发展，想象力和创造思维得到充分发挥。劳动场面及节日活动使课堂达到高潮。同时在每个环节中，学生都是主动合作，教师只是引导和参与。

本课教学中要注意学生年龄特点，学生唱动结合是他们的天性，但又要注意把控和引导课堂。

民歌教学设计——《船工号子》

学　　校：成都市新都区三河小学
执 教 者：王彦娜
任教年级：五年级

【教学内容】《船工号子》

【教材分析】

音乐特点：音乐材料单一，多为上下句结构。有的前面有一个长引句。有的为了适应某种复杂的劳动过程，不同号子之间的衔接形成相对固定的组合套式。如澧水号子由"平板""数板""快板"组成，梧州船号由"平水调""过浅调""上滩调"组成。此外，有些船号由于交叉叠置的领和，还形成了简单的多声部形式。

文化特点：在行船中为配合航运、船务等劳动过程而传唱。

声音特点：节奏急促，短领短和，呼应紧凑，多呼喊性音调。少数抒情性强的号子，往往是散板节奏，音调多带有山歌风味。

情感特点：体现了勤劳的劳动人民对生活的热爱、向往和追求。

教学重难点：通过聆听，体验劳动号子的风格与特点。

教学策略：通过节奏对比、律动、师生角色扮演以及乐器创编等不同方式，让学生体会劳动号子的特点。

【学情分析】

1. 学生对民歌有了一定的了解，在此基础上提高学生对民歌的认知范围。

2. 五年级学生生活范围和认知领域进一步发展，体验、感受与探索创造的活动能力增强，但音乐欣赏课还是缺乏耐心的倾听，学生最喜欢律动与音乐活动，在这两方面表现非常好，乐谱知识的学习部分学生仍不是很感兴趣。每班有 25%~30% 的学生唱歌时，五音不全，模仿能力又比较差。其中主要原因是性格内向，也不敢表现自己。

3. 因此在今后的学习中，应加强对这些学生的培养，利用生动活泼、富于艺术魅力的形式，鼓励他们参与到音乐活动中，以此来激发、培养、发展他们的兴趣。对于五音不全的学生，可多鼓励他们参与用课堂打击乐器为歌曲伴奏，以此来培养他们对音乐的兴趣。

【教学目标】

1. 通过聆听《船工号子》了解劳动号子的特点及基本类别。

2. 运用聆听、律动、师生互动等音乐形式，让学生感受四川民歌的独特韵味。

3. 在歌曲的综合表现过程中，激发学生对我国民歌劳动号子的兴趣。

【教学重点难点】

1. 重点：能掌握劳动号子的风格与特点。

2. 难点：知道劳动号子的体裁形式和特点及基本类别。

【教学用具】钢琴、双响筒

【歌曲乐谱】

穿恶浪(呃)踏险滩呦,船工一身都是胆啰。闯漩涡(哟)迎激流哎,水飞千里船似箭啰。

乘风 破浪(嘛嗨哟) 奔大 海呀嘛 嗨哟,齐心 协力(嘛嗨哟)把船扳那嘛 嗨哟。

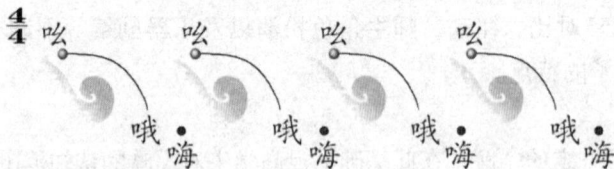

中速稍慢　舒展、悠扬地

涛声　　不断　　歌　不　断，　　回声　荡漾

白云　间啰。　高峡　　风光　　看不　尽，

轻舟　　　　飞过　　万重山　啰。　（后略）

【教学过程】

一、导入

1. 提问：哪些场合会听到"嘿哟"之类的呼号声？

2. 进一步认识劳动号子的基本类别。

教师：请同学们聆听音乐片段，选择与音乐相应的劳动场景。

3. 总结：劳动号子及基本类别。

教师：是产生并应用于劳动的民间歌曲，具有协调与指挥劳动的实际功用。在劳动过程中，尤其是集体协作性较强的劳动，为了统一步伐，调节呼吸，释放身体负重的压力，劳动者常常发出吆喝或呼叫。但根据不同的劳动强度和场景又分为搬运号子、工程号子、农事号子、船渔号子。

设计意图：为新课教学做好铺垫。

二、授新课

《船工号子》欣赏教学

1. 完整聆听歌曲，回答：音乐的速度、力度、节奏要素从开始至结束有没有变化过？请在表格中记录过程。（5次）

2. 分段聆听：

（1）第一段——平水号子。

教师：现在让我们分别来听听这5次是怎么变化的，聆听第一段，感受到什么样的画面？

$\frac{4}{4}$ 吆　　　吆　　　吆　嗬
哦　　哦

穿恶浪(呃)踏险滩嘞,船工一身都是胆啰。闯漩涡(哟)迎激流哎,水飞千里船似箭啰。

教师:再次聆听,感受音乐的旋律、节奏特点。

学生:旋律舒畅、节奏宽长、平和自由。

教师:这样的音乐营造了什么样的画面?

学生:创设了一个平静的江面之境。

教师:这寓意船要起航了,是平水号子!

(2)第二段——见滩号子。

聆听回答:音乐的速度和演唱形式产生了什么样的变化?

乘风 破浪(嘛嗨哟) 奔大 海呀嘛 嗨哟,齐心 协力(嘛嗨哟)把船扳那嘛 嗨哟。

学生:速度加快了,歌唱分为了领唱和齐唱。

互动:那咱们来分角色扮演,我唱号工、同学们唱船工。

教师:最后的歌词我们听一听在唱什么?

学生:领唱者向大家发出了船将行至险滩的号令。

教师:是的,这段音乐是"见滩号子"。

(3)第三段——上滩号子。

聆听回答:聆听第三段,注意节拍转换为几拍子了?节奏变得更加短促还是绵长?

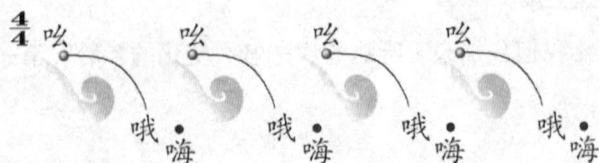

$\frac{4}{4}$ 吆　　吆　　吆　　吆
哦嗨　　哦嗨　　哦嗨　　哦嗨

互动:请同学设计律动来表现音乐的变化。

教师:通过同学们的律动老师已经感受到这段音乐的变化,谁能用语言总结一下?

学生：节奏短促、情绪逐渐高涨。

教师：那这样的音乐是在预示船怎么样？

学生：已进入险滩。

教师：对了，这段音乐为"上滩号子"。

（4）第四段——拼命号子。

教师：现在，聆听第四段，对比三、四段音乐的速度、力度变化，并找出其他号子声。

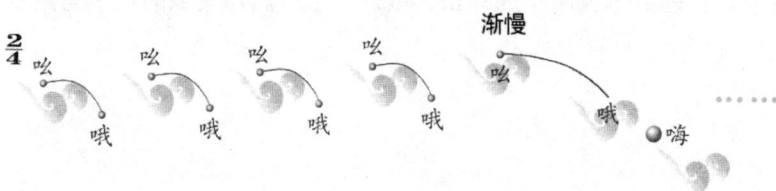

提问：哪一段音乐更能表现船工与金涛海浪搏斗的情景？

再次聆听：什么位置应和出号子声？老师用双响筒带领学生找准位置。

教师：歌词均为喊号声，节奏更为短促，表现出船工们拼着性命与惊涛骇浪顽强搏斗的场景。如果请你为这段号子取个名字，你会取什么呢？

学生：……

教师：嗯，同学们很有想象力！这段音乐为"拼命号子"！

（5）第五段——平水下滩号子。

教师：经过与惊涛骇浪顽强拼搏后，船工们度过了险境吗？让我们一起聆听第五段音乐。

提问：音乐发生了哪些变化？

观察思考：结束音为什么？没有回到主音有何寓意？

4. 总结作品的特点及船工号子。

设计意图：通过分段欣赏，让学生体会不同号子的音乐特点；通过律动、乐器创编等方式，让学生感受体验劳动号子的魅力。

三、拓展创编

欣赏非物质文化遗产黄龙溪船工号子。

设计意图：通过视频了解黄龙溪号子的历史发展以及其特点，通过对比欣赏呼吁学生热爱我们的民族音乐，传承发扬我们的四川民歌。

四、总结结束

设计意图：回顾本课所学的知识，激发学生对四川民歌的认识与热爱。

民歌教学设计——《老画坊》

学　　校：四川省德阳市东汽小学

执 教 者：宋婷婷

任教年级：四年级

【教学内容】《老画坊》

【教材分析】

音乐特点：倚音、附点。

文化特点：四川方言演唱，歌曲以年画为载体。

声音特点：轻巧又弹性。

情感特点：欢快、幽默。

教学重难点：学生能用四川方言有表情地演唱歌曲《老画坊》。

教学策略：听唱学歌、锣鼓经合奏实践、情境创设体验传统文化。

【学情分析】

四年级的学生已经有一定音乐知识基础和演唱能力，但是四川民歌的学习很少，并未学习过用四川方言演唱的歌曲，针对以上情况，可以从方言入手，激发学生兴趣，以年画为主线，通过"看画""听画""作画""创画"四个步骤达到对歌曲的掌握并感受非遗文化的独特魅力。

【教学目标】

1. 初步了解民间艺术表演形式——秧歌锣鼓，并通过"锣鼓经"的体验感受歌曲欢快幽默的韵味儿。

2. 通过聆听、感受，学生能用四川方言有表情地演唱歌曲《老画坊》。

3. 通过感受中国非遗文化的独特魅力，增进学生对绵竹年画的了解和喜爱，激发对家乡的热爱之情。

【教学重点难点】

1. 重点：学生能用四川方言有表情地演唱歌曲《老画坊》。

2. 难点：学生能准确地演奏锣鼓经。

【教学用具】PPT、钢琴、锣、鼓、镲、红绸、年画拓印工具

【歌曲乐谱】

老画坊

作词：李惠新
作曲：李惠新、刘军、李继斌、侯本雄

1=D 4/4

诙谐、俏皮地　　　　　　　　　　mf

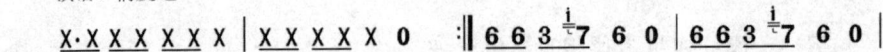

（白）壮且乙且壮且壮　且壮乙且壮　　（唱）隔壁老画坊，　名号响铛铛。
　　　　　　　　　　　　　　　　　　　　画坊老爷爷，　胡子长又长。

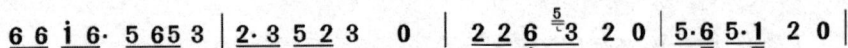

每逢过年 贴门 神，邻居都沾光(哈哈哈哈) 早年行 情旺，　画堆十里长。
（X X X X X·X X）　　　　　　　　（X X X X·X X 0 X X X X·X 0）
（白）画的 年画故事多(唱讽刺又夸张　（白）狗咬假 财 神，猴子把猪烫。

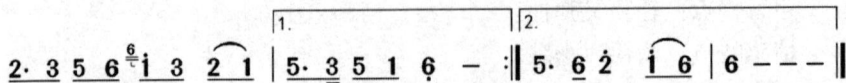

这 家年 画货色好，　销到东南洋，　　场 面喜洋　洋。
老 鼠闺女嫁给猫，

【教学过程】

一、感受体验，情境创设

设计意图：绵竹年画是中国四大年画之一，是国家级非物质遗产项目。本课以画为媒，设计了四个环节，此环节设计为"看画"环节。在上课伊始，我敲着锣、用四川话向学生问好，吸引学生注意，激发学生的好奇心。接着用方言念锣鼓经导入新课，创设特色鲜明的情境。再看绵竹年画的视频，感受年画节热闹喜庆的场面，为新课的学习做好铺垫。

1. 教师敲锣鼓经、念方言导入。

师：（敲锣）上课！（敲锣鼓经）隔壁老画坊，名号响当当，每逢过年贴门神，邻居都沾光……同学们，老师是用什么话念的？

2. 播放绵竹年画视频，看看他们在干吗？

师：画年画！绵竹年画是中国四大年画之一，今天我们就来学习一首关于年画的歌曲《老画坊》。

二、以情带声，学唱歌曲

设计意图：此环节设计了"听画"和"唱画"两个环节。在"听画"环节里，我以方言入手，让学生通过听、说、念的方式感受四川方言诙谐的韵味。再采用视听结合，通过歌曲里三幅年画故事的讲解，进一步理解歌词内容以及绵竹年画的创作特点，为歌曲的学唱做准备；在"唱画"环节，充分发挥学生的主体性，通过接龙唱、对比演唱、哑剧表演、锣鼓经等学习方式，调动学生情绪，掌握歌曲欢快、风趣的特点，并能有表情地演唱歌曲。

（一）"听画"。

1. 初听歌曲，感受歌曲情绪。

师：大家来听听歌曲的情绪是怎么样的？歌曲是用什么话唱的？

生：四川话。

师：四川话和普通话有什么区别呢？……我们四川话没有翘舌音、没有后鼻音。比如，"隔壁""这家""货色""狗咬假财神""猴子把猪烫"……

2. 聆听歌曲，教师贴图画。

3. 聆听歌曲，学生有节奏地学念引子——锣鼓经。

（1）学生念锣鼓经，教师念歌词。

（2）播放伴奏，学生同教师一起有节奏地念歌词。

4. 聆听歌曲，找出念白，教师讲解年画故事。

师：歌曲有唱还有念，念的地方叫"念白"，他们念了什么呢？我们再来听一次，请找出念的句子。

《狗咬财神》：讲的是过年间有个人假扮财神到各家各户说吉祥话讨要赏赐，可这个假财神嫌主人给得太少赖着不走，于是狗都出来咬他。

第二个作品是《三猴烫猪》，这个烫是撒子意思哦你们晓得不？骗，三个猴子联合起来作弊，肥猪输个精大光。

还有一幅作品是唱出来的，那就是《老鼠嫁女》，他们把女儿嫁给他们的天敌——猫，最后被猫吃掉了，你看！讽刺和夸张是绵竹年画最大的创作特点。

（二）"唱画"。

5. 学唱歌曲。

（1）播放音乐伴奏，师生唱念合作；

（2）师生互换，学生唱，教师念白；

（3）学生轻声填词演唱；

（4）难点处理，休止符处拍手；

（5）原速完整演唱歌曲。

6. 锣鼓经合奏。

（1）壮——鼓，且——钹；

（2）分组合作，一部分敲鼓，一部分敲钹；

（3）请两个学生演奏锣鼓经；

（4）教师加入"锣"的演奏；

（5）三个学生合奏，学生完整演唱歌曲。

7. 歌曲处理。

（1）情绪处理，教师带学生跟原唱加动作表现歌曲的幽默欢快的情绪；

（2）学生自己加动作表演歌曲，体验歌曲情绪；

（3）加上歌声完整表演歌曲。

三、合理拓展，综合表现

设计意图：此环节设计为"创画"环节。让学生初步了解并体验"秧歌锣鼓"民间艺术表演形式，感受歌曲欢快、幽默的韵味儿。最后，学生通过观看绵竹年画"拓印"工艺，感受非遗文化的独特魅力。

1. 秧歌表演。

师：我们在什么时候贴年画啊？过年不仅要贴年画，还要穿新衣服、拿压岁钱，走出家门载歌载舞来庆祝！（教师秧歌）老师表演的是什么啊？请轻轻起来跟老师一起做！

2. 秧歌锣鼓完整表演歌曲。

3. 教师拓画展示。

四、升华情感，正面激励

设计意图：通过小结本课所学内容，进一步激发学生唱家乡的歌、传承家乡的文化、热爱家乡的感情。

师：今天我们学习了绵竹歌曲《老画坊》，感受了锣鼓经和秧歌，了解了我们绵竹年画，你看每个地方都有各自的文化精髓，希望你们能将我们家乡的非遗文化一代一代传下去！让家乡的歌唱得更远！下面，让我们唱着家乡的歌，扭着秧歌离开教室吧！

民歌教学设计——《采花》

学　　校：成都高新区益州小学

执 教 者：王　艺

任教年级：五年级

【教学内容】欣赏管弦乐曲《采花》

【教材分析】

　　歌曲《采花》原名为《盼红军》，是流传于四川南坪的民间小调。歌词采用传统的民歌手法，按一年的月序和应时花卉的咏唱，使人们从中获得不少生产和生活知识。语言朴素、精练，每段仅两句歌词。歌曲采用2/4拍。曲调抒情优美，曲折委婉，表现了演唱者的深情和喜悦。歌曲采用分节歌的形式，从正月里唱到十二月。富有浓郁的生活气息。曲调优美抒情，活泼而充满生机，乐曲中加入了切分节奏，使曲调更加轻盈、动感。

　　管弦乐曲《采花》是由四川民歌（汉族）《采花》创作而成。曲式结构简练，全曲分为三段，图式为A—B—A1，属单三部曲式。A段是围绕着音乐主题展开的，两种主奏乐器小提琴、竹笛交相辉映，乐句不断重复主题旋律，节奏舒缓，给人们一种舒适温暖的感觉。B段与A段形成对比，乐曲共八个乐句，前四个乐句节奏紧凑，给人轻快、活泼的感觉，后四个乐句节奏舒缓，仿佛让人们看到一片一片绵延的花海。乐曲A1再现部分和乐曲第一部分相似。

教学重难点：

重点：熟悉音乐主题，有感情地表现音乐主题。

难点：1. 学习四川盘子的敲击方式。

　　　 2. 全班分小组完整表现全曲。

教学策略：

1. 模仿主奏乐器——帮助学生记住音乐主题，用听音乐模仿主奏乐器方式熟悉乐曲旋律。

2. 律动游戏——引导学生用肢体律动体会旋律短促和连贯的特点。

3. 巧用道具——结合乐曲旋律连贯的特点，利用道具"丝巾"引导学生描绘"花海",形象地表现乐曲所传递的情绪。

4. 四川乐器表演——将乐曲与"四川盘子"结合,引导学生敲击四川盘子,集体表现。

【歌曲乐谱】

采花（节选）

（器乐合奏）

佚名根据四川南坪民歌改编

南坪民歌《采花》用朴素的语言把一年中每个月开的花作了生动的描述,富于浓郁的生活气息。

乐曲分为二段,由音乐主题和两次变奏组成。

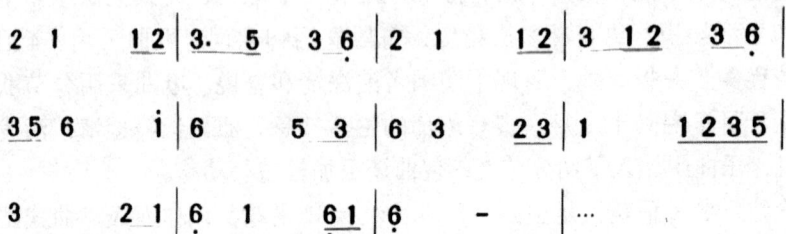

【学情分析】

五年级的同学已经通过教材学习了四川民歌《采花》,对作品的主旋律较为熟悉,同学们对民族音乐的学习大多建立在兴趣的基础之上,因此,要更加注重提高课堂的趣味性,用生动活泼的教学形式和艺术魅力去吸引他们,民族音乐学习要突出民族特性,所以结合民族乐器让学生来表现乐曲,拉近学生与民歌的距离,为进一步欣赏器乐曲打下基础。

【教学目标】

1. 能用自然、优美的声音演唱四川民歌《采花》,体会喜悦的情绪。

2. 欣赏由四川民歌《采花》创作而成的管弦乐曲《采花》,用唱、模仿演奏、敲击四川盘子等方式熟悉乐曲的主题,理清乐曲的结构。

3. 了解四川盘子这种曲艺形式,尝试进行简单演奏,激发学生进一步了解四川民歌和四川曲艺形式的愿望。

【教学用具】教学 PPT、丝巾、串铃、碰钟、四川盘子、板书贴图等

【**教学过程**】

一、组织教学，观看视频

设计意图：伴随音乐观赏视频的方式，将学生带入美丽的九寨沟，有效营造愉快的学习氛围。让学生在轻松愉悦的环境下进入音乐情境。初步感知乐曲的主旋律，激发学生的学习兴趣。

师：孩子们，王老师今天给你们带来了四川美景，我们一起来看看吧。

师：孩子们，你们能猜出这是哪里吗？

二、创设情境，趣味导入

设计意图：引导学生聆听四川民歌《采花》，并用听唱法让学生学唱歌曲主旋律，为进一步欣赏管弦乐曲打下基础。

1. 教师清唱歌曲《采花》。

师：人间仙境般的九寨沟不仅有美景还有动听的歌，我就学了一首小调《采花》，想唱给你们听，请用这样的节奏为我伴奏吧！

2. 学唱歌曲《采花》。

师：我想邀请你们和我一起学习这首歌曲，当我给你手势的时候，请你接唱最后一句。

师：学得这么快，没想到唱得这么好听！那我们完整演唱一次吧！

三、揭示课题，学习歌曲

设计意图：引导学生参与过程，注重培养学生乐感和听觉意识，设计富有生活情趣的活动，帮助学生体会全曲短促和连贯的特点。让学生很准确地感受乐句的划分，感受到乐曲传递的情感。

（一）揭示课题、介绍乐曲背景。

师：一位作曲家看到美丽的九寨沟、听到了这么优美的采花曲调，他将这首采花曲调改编成了管弦乐曲《采花》。

（二）聆听乐曲第一部分，整体感知。

1. 初听乐曲第一部分，感受主题旋律。

师：接下来我们来听，这首乐曲中有没有出现你们唱的采花曲调，出现了几次？

师：到底谁的对呢？

2. 复听乐曲第一部分，再次熟悉主题旋律。

师：那这样，我们再来听一次，请你拿出手指，让我们一起记录一下！
（教师板书随乐曲旋律描绘旋律走向花儿图案）

师：出现了几次呢？

师：刚才乐曲中的采花调是用什么乐器演奏的呢？

师：那我们一起来看看。

3. 观看乐器图片并模仿。

师：瞧！竹笛是这样的，我们来模仿一下，想象这优美的乐曲就是自己吹出来的。

师：小提琴是这样的，试着模仿一下。

4. 最终聆听乐曲第一部分，感受乐曲情绪。

师：让我们合作，提琴演奏时请竹笛组给予这样快乐的节奏，相反你们也是哦！耳朵注意聆听！

（三）聆听乐曲第二部分。

1. 初听乐曲，感受第一乐句旋律节奏。

师：看，你们悠扬的笛声和提琴声就像这高原开放的花儿一样令人陶醉！

师：我想去给花儿拍照，你们听，我拍了几朵花？

2. 复听乐曲，体验乐曲的节拍点。

师：看来你们都会玩拍照游戏，现在我再放音乐，看谁和我手指同步拍下花儿们。

3. 聆听乐曲最后乐句，用肢体感受乐句旋律起伏。

师：一朵一朵花争相开放，连起来就成了花海，让我们用手臂来描绘这美丽的花海吧！

师：你们有注意到吗？我们有小片的花海和大片的花海，你能通过音乐的变化来改变动作吗？

师：如果用上五颜六色的纱巾，花海会更加生动形象。

师：花海有了你们的描绘，显得格外绚丽多彩了，其实刚才我们聆听到的是管弦乐曲《采花》的第一部分和第二部分。

（四）加入歌唱聆听并演唱乐曲最后一部分。

师：其实乐曲还有一部分，来听听看，它和我们之前听过的哪一部分相似？

师：对，和第一部分相似！

（五）完整聆听并演绎全曲。

师：三段音乐连在一起，你能听出来吗？让我们完整聆听全曲，边听边融入你们的表演吧！

四、拓展延伸

设计意图：加入四川特有的乐器"四川盘子"，将乐曲与四川盘子结合，《采花》是一首优美抒情的四川民歌，其旋律与情绪都适合四川盘子的表现，同时拉近学生与民歌的距离。

观看《采花》视频。

师：采花这首曲调深受老百姓的喜爱，他们在农闲时就会演唱这首歌曲，我们一起来看看！

1. 介绍四川盘子。

师：那有没有同学发现盘子呢？

师：你们真是无师自通啊！

师：我也向别人学习了一些四川盘子的演奏方式，比如基本的四种打、扣、点、颤。

2. 学习四川盘子的演奏方式。

师：今天我们先来学习其中的两种，为了让你们快速地学习，老师为你们做了简化，我们用一支筷子来敲击，先看我做一次。

师：请孩子们徒手来试一试！

师：你们学得真快！我请小朋友上台来敲一敲。

师：真是一群聪明的孩子，接下来我们跟着采花歌曲一起来演奏，如果你们能加入一些巧劲，会敲击得更好！

五、小结

设计意图：巩固、加深学生对乐曲的印象，试图通过该乐曲的学习，让学生知道民风、民俗及地理等相关知识。让学生通过音乐亲身体会民族音乐的美丽，民族、民间音乐需要学生们去学习和传承。

师：亲爱的同学们，这堂课我们一起演唱了四川民歌《采花》，并欣赏了根据采花创作而成的管弦乐曲，还在四川盘子的伴奏上演唱了采花，非常开心能在这里和你们一起感受四川民歌的魅力，希望以后我们可以继续探索民歌的奥秘，今天的课就上到这里，孩子们，再见！

民歌教学设计——《荡秋千》

学　　校：成都市泡桐树小学（天府校区）

执 教 者：江　樾

任教年级：四年级

【**教学内容**】《荡秋千》（仡佬族民歌）

【**教材分析**】

音乐特点：歌曲《荡秋千》2/4 拍，是一首曲调活泼跳跃，节奏明快，反映仡佬族儿童生活情境的童谣，结构方整而短小。歌曲是 2/4 拍，一首三乐句结构的单二部曲式。第二部分首句与第一部分的首句同尾换头，其余两个乐句完全一致。旋律为五声 D 宫调式。第一段的第一个乐句有着鲜明的个性，曲调质朴流畅，口语化的旋律平稳而亲切，第二乐句词曲营造的意境浑然一体，旋律上的两个大跳，把秋千"上下来回"荡来荡去的形象刻画得栩栩如生。

文化特点：了解中国最古老的少数民族仡佬族，他们大多居住在风景秀丽的贵州。知道在仡佬族，常用的乐器有二胡、唢呐、锣鼓等。无论是生产劳动还是庆祝节日时都会有乐器的身影。并通过欣赏仡佬族的文化遗产《石阡蹦蹦鼓》的表演感知仡佬族风土人情和音乐风格。

声音特点：以欢快活泼的声音，准确唱出大跳音程，有感情地唱出荡秋千的感觉。

情感特点：快乐、活泼。

教学重难点：能感知荡秋千的音乐形象，并有感情地唱出荡秋千的感觉；歌曲中的大跳音程与休止符的准确演唱；能准确用律动感知音乐；能分工合作，较完整地表现音乐。

教学策略：

1. 情境发声——难点音程前置，情景中演唱。

2. 动作感受——双人模仿荡秋千动作，过程中反复聆听难点乐句。

3. 记忆乐句——以不同颜色卡片提示演唱，加深学生对乐句的印象并能背住；

4. 拓展欣赏——了解仡佬族常用乐器，欣赏仡佬族文化遗产的表演。

【歌曲乐谱】

荡秋千

1=D 2/4

欢快地   仡佬族儿歌

```
3 35 32 | 1. 2 | 55 3 23 | 5 - | 61 5 6 |
伙伴 们  （呀） 来把秋千 荡，  上下

1 13 | 5 56 | 5 60 | 33 23 | 50 5 65 |
来回  荡呀 荡呀，秋千荡得 嘎 吱

3 232 | 1 - | 55 33 | 23 21 2 | 55 3 23 |
响哎   呀，  嘎吱（啦的）响 来  秋千来回

5 - | 61 5 6 | 1 13 | 5 56 | 5 60 |
荡，  慢上 慢下  心莫 慌呀，

33 23 | 50 5 65 | 3 232 | 1 - ‖
秋千荡得 心 欢  畅哎 呀。
```

【学情分析】

四年级的孩子们在音乐课堂上的接受力有了很大的提高，这首歌曲对孩子们来说不难唱，但是要有感情地演唱、有兴趣地学习，就需要根据音乐和孩子们的年龄特点设计合理的活动——游戏、情境，调动起来孩子的兴趣。

【教学目标】

1. 能用欢快活泼的情绪演唱歌曲，感受歌曲旋律的高低起伏以及二拍子节奏表现的"荡秋千"形象。

2. 能听辨和找出歌曲中旋律相同的乐句，并能在老师的指导下准确视唱旋律。

3. 在律动、演唱等活动中体会"荡秋千"的游戏之趣，有进一步了解仡佬族音乐文化的兴趣。

【教学用具】电子琴、课件、颜色卡片

【教学过程】

一、感知音乐，律动导入

设计意图：开始的情景发声解决难点音程，为后面的歌唱教学做铺垫。通过模仿荡秋千动作来感知音乐形象，并在荡的过程中反复聆听难点乐句。

1. 模仿动作，感知形象。

师：快乐的音乐课开始啦！请同学们跟江老师一起开心地动起来吧！

生：在原地随师做动作。

师：同学们，你们玩过荡秋千的游戏吗？

生：（略）

师：你能用一个动作来表现荡秋千吗？

生：模仿秋千动作。

师：秋千就是这样，一会儿高一会儿低，声音也可以用高和低来荡秋千哦，今天我们用声音来荡秋千吧！

2. 情景发声，解决难点音程。

师：弹两遍6 i 1 3，师唱（Lu）6 1 ｜1 3，一起唱。秋千荡得远一点、轻一点（慢速）。生：（唱lu）6 1 ｜1 3。

师：现在秋千荡得可高啦，你听！唱61 13（重音、快速）一起荡（一只手拍出弧线）。

师：请几个同学单独唱一唱（迅速点4个）。

生：四人起来唱。

师：你们的声音让我觉得像风一样，真好听！大家给他们一点掌声吧！现在让我们随着风荡着秋千飘起来吧。弹两遍5 56 5 6 ，师唱两遍。

师：想象一个女孩儿在荡秋千时裙子飘荡的感觉。这边的同学来一次（一二大组、三四大组）。

生：分两个大组唱。

师：我们来个刺激点的吧，弹两遍55 12，师唱两遍。

师：我们要沉得够低够稳，秋千才能荡得更高哦。（做蹲下捻指的动作，裙子扫在地上）

女生唱一次。男生唱一次。

生：男女生单独唱。

师：现在我们来连续地荡。弹一遍 <u>61</u> <u>56</u> <u>1</u> <u>13</u> 5 <u>56</u> 5 6，师唱一遍（跳音唱 lu）用跳跃的感觉来一次。

师：（给手势，分组轮流唱）lu　lu　lu　lu。

生：分组轮流唱。

3. 动作感受，突出难点乐句。

师：你们的声音让我感受到了荡秋千的快乐，我请一个同学来和我合作，用动作体会一下荡秋千的欢畅！请你们仔细观察，我们的动作有什么变化？

<u>示范两人荡秋千动作，双手牵着左右荡。前奏时打招呼（左手挥，右手挥，握手）二、五句放慢 2 小节荡一下，其他句一拍荡一下并且动作幅度小，有跳跃的感觉。</u>

生：观察动作变化。

师：我们配合真默契。刚刚我们有几次荡得高？

师：到底是几次呢？我们检验一下吧！当我和他荡得高时，请你们也做一个甩手的动作。（在第 2/5 句时用 lu 哼唱出来，找荡得好的学生）

师：几次？

生：两次……

师：你们听得真仔细！秋千一高一低为一次，所以是两次。有哪些同学找到了并跟上我们的？

师：现在我请一些聪明的小伙伴加入我们吧！（请 6 个同学）请你们看看他们和我们俩是否一样默契。（在第 2/5 句时用 lu 哼唱出来）

生：6 名同学上台，其余做甩手动作并观察。

师：真棒，他们荡得默契吗？给他们一点掌声吧！刚刚我发现有一对小伙伴特别默契，我们来看看他们在荡得高的时候是怎样荡的？（请其中荡得好的同学荡秋千，师唱这一句，生荡）

生：观察荡得好的同学是怎样荡的。

师：我们一起来学学他们吧！（师哼唱这一句，全班练习一次）这一次我想请你们加入我们，现在请你们找到就近的好朋友站到合适的空位，一起分享荡秋千的快乐吧，在秋千荡得高的时候我们一起用跳跃的声音哼出快乐的旋律吧。没有找到小伙伴的请你挥挥手哦！（在第 2/5 句时用 la 哼唱出来）结束后迅速弹最后两乐句再刮奏。（音乐指令，生回位）

生：听音乐口令回座位。

二、歌曲学唱

设计意图：通过简单的师生二声部合作感受更欢快的荡秋千场景，并为后面的完整呈现做铺垫。以相似乐句为切入点，让学生能找到并准确演唱重难点乐句，并通过色卡的方式强化学生的音乐记忆力。在加入歌词演唱学习中，设计了闯关活动，让学生循序渐进地演唱。

1. 揭示课题，教师范唱。

师：其实呀，荡秋千是我们很多民族共有的体育游戏项目。（几张荡秋千图片滚动播放）在众多的少数民族中，以仡佬族较为盛行，他们喜欢边荡秋千边唱一首歌。我学会了这首仡佬族的歌曲，现在我来唱，请你们为我伴奏吧。

生：观察图片，聆听范唱，做伴奏动作。

2. 师生二声部合作。

师：这就是来自仡佬族有名的儿歌《荡秋千》。你们觉得他们在唱这首歌时的心情怎么样？

生：开心的……

师：秋千也发出了快乐的声音。我们一起来模仿一下吧。"嘎 0 嘎吱 响"（<u>PPT 出示。"嘎"老师手轻轻往上拧，右手点左手手心，做上下两点的动作</u>）

师：请你跟我一起做，声音轻巧有弹性，"<u>嘎 0 嘎吱 响</u>"。

生：边读边做动作。

师：秋千快乐的声音和我的歌声交织在一起。

师生二声部合作。

3. 以相似乐句为切口学习旋律。

师：（出示旋律）我们一起来学习《荡秋千》这首歌吧。聆听这首歌有旋律相同的乐句吗？ 生：聆听。

师：找到了吗？

师：出示绿色卡片，弹唱 2/5 乐句（用卡片）。

生：学唱绿色乐句。

师：让我们一起荡起来吧（边唱边做开花动作）。

生：边唱边做动作。

师：还有相同的吗？

师：我们来唱唱吧。出示红色卡片，弹唱 3/6 乐句。

生：学唱红色乐句。

师：让我们欢快地荡一荡吧。这里有点小陶醉（解决休止符）（边唱边做拍手拍肩动作）。

师：你们学得真快，我们来合作吧，请一二大组的同学演唱绿色旋律，三四大组演唱红色旋律，其他部分我来唱。

生：师生分组接龙唱。

（师第一、四句，一、二组唱二、五句，三、四组唱三、六句。弹唱，出示颜色卡片）

师：（出示歌谱）我们再来合作一次吧，两边交换哦。（与上一环节交换唱，弹唱出示卡片）

师：现在我们带上快乐的心情完整唱一次吧。

4. 加入歌词完整演唱。

师：（出示完整歌谱）现在我们试试加入歌词，打开口腔，带上开心的心情美美地默唱一遍。

生：张口默唱。

师：现在我们来进行歌曲闯关游戏。挑战成功有奖励哟！现在进行第一关，我来唱你来接。

师：这一遍还不错。现在进行第二关，你来唱我来接，温馨提示：如果你们唱得更自信一点就更好啦。

生：完整地有感情地演唱。

师：咱们的秋千荡得越来越自信了。我们用美妙的歌声来闯第三关吧！在荡得高的时候声音圆润一些，其他地方唱得灵巧一些！

师：这次我们合得更好了，声音更动听了。现在我们来到了终极闯关，这一遍我们背唱一次，相信你们一定没问题！

生：原速完整演唱。

三、了解仡佬族文化，多声部合作表现音乐形象

设计意图：在让学生了解仡佬族的文化同时，利用其中的元素服务于歌曲学习，并将学生进行分组，嘎吱声、身体节奏、荡秋千动作加演唱，多声部的合作囊括了这堂课前面所学的知识，最后完整呈现，检验教学成果。

1. 欣赏仡佬族图片与视频。

师：你们的秋千荡得又高又稳，闯关游戏顺利通过啦。现在老师奖励你们看一些有趣的图片。（出示图片）咱们的仡佬族呀，可是中国最古老的少数民族之一，他们大多居住在风景秀丽的贵州。在仡佬族，常用的乐器有二胡、唢呐、锣鼓等。无论是生产劳动还是庆祝节日时都会有乐器的身影。现在让我们来欣赏一下仡佬族的文化遗产《石阡蹦蹦鼓》的表演吧。不过咱们可不能白看，你们可以用拍腿来模仿他们的演奏动作，我们等会儿要用它来做游戏哦。

2. 模仿打鼓动作并加入演唱。

师：我们用快乐的秋千声的节奏来敲起蹦蹦鼓吧！×0　××　x-　腿　腿　腿 举手。

生：模仿打鼓动作。

师：现在让我们一边敲起蹦蹦鼓一边唱起《荡秋千》吧！

生：边打鼓边演唱。

师：咱们的蹦蹦鼓可有气势啦，特别神气！再来一次！

生：再打鼓演唱。

3. 多声部合作，完整呈现。

师：仡佬族的朋友们被我们的热情打动啦，想让我们一起加入他们。我们来分工合作吧。请第二排的同学起立，站在座位后面，两两相对做荡秋千的动作。第一排的同学做刚刚学的打鼓动作并唱歌。现在我请上小老师带着大家练习一次吧。（每组请一名小老师带着做）

生：分组练习第一次。

师：仡佬族的朋友们已经迫不及待啦，让我们一起加入他们美妙的歌声吧！记得带上我们最快乐最自信的笑容哦！准备开始啦！

生：在小老师的带领下练习第二次完整呈现。

四、小结

师：今天我们走进了仡佬族，感受了仡佬族的音乐与文化。我们度过了愉快的 40 分钟，你们今天的音乐记忆力和模仿力都非常棒，出色的表现力让人印象深刻！以后呀，希望同学们能多去聆听、欣赏民族的音乐与文化。最后，让我们荡起秋千唱着歌，愉快地结束这堂音乐课吧！做荡秋千动作出教室。

生：做荡秋千动作出教室。

第四章

韵美：成长教思

巴渠童谣的小学音乐课堂的教学策略

达州市通川区第七小学校　胡庆华

一、明确目标，细化内容

把非遗文化——巴渠童谣，作为校本课程，辅助以创编教材，进入音乐课堂教学，传承弘扬地方优秀文化，让学生感受巴渠传统习俗，受到本土音乐熏陶，这是将巴渠童谣作为音乐校本课程的出发点和美好愿景。在具体施行中，教师备好课、上好课，还得明确各段的教学目标和内容。经过与音乐组教师商榷，我们将各段教学目标和内容确定如下：一、二年级学会介绍巴渠童谣，能把学会的巴渠童谣介绍给同学、老师、父母，重点放在能够流利地朗读和背诵童谣，认识四川盘子、钱棍并可以简单为童谣或歌曲伴奏；三、四年级学生要求会诵童谣、画童谣，重点放在对童谣的欣赏、绘画上，运用四川盘子、钱棍简单创编节奏型和动作；五、六年级要求学生创作巴渠童谣、创编四川盘子、钱棍舞蹈并展示。通过教学目标内容的分步实施，培养学生的言语智慧、创作能力、综合能力，提高学生的思想道德素质，让学生充分享受童年的多彩与快乐。

二、立足课堂，科学施教

课堂是教学的主阵地，抓好课堂教学，是提高教学效率的最有效途径。为确保课堂教学实效，我们做到了三保证。一是保证教学时间。每周星期三，为巴渠童谣的基础音乐课堂。二是保证师资。让非遗文化进课堂，师资是瓶颈，也是保障。通过邀请民间艺人前来表演，邀请专家学者做讲座的方式培训教师，通过校聘客座讲师方式保证师资。三是保证教学效果。课前，音乐组教师认真进行集体备课，认真书写教案，丰富课堂教学内容；课中对学生的学习进行积极有效的评价，调动学生学习巴渠童谣的积极性；课后积极反思。在教学过程中，教师教授每首巴渠童谣都要做到：明确德育的立足点，即在教授每首巴渠童谣时都要知道学生通过学习巴渠童谣，体会我们的父辈、祖辈的生活、学习，从中领悟童年的快乐；让学生读出感情，读出巴山人的豪情。通过教师的指导、示范，学生能够正确、流利、有感情地读出巴渠童谣、唱出巴渠童谣。体会童谣所表达的思想感情；创编动作，让学生在手舞足蹈中感受学习巴渠童谣的乐趣；教给学生改编童谣、创作童谣的基本方法，让高年级的学生能够自己创编童谣。让学生学会四川盘子、钱棍的基本敲法并创编动作，利用敲击的声音在教学中为歌曲伴奏。在具体的实施过程中，我们分下面几点来进行。

（一）创设环境激兴趣

坚持将培养和激发学生的兴趣贯穿在课程实施的过程中。首先，要营造浓郁的巴渠童谣的欣赏与创作环境，良好的环境能起到教育人、鼓舞人、培养人的效果。我们开展巴渠童谣教学要注重创设环境氛围，在音乐教室走廊墙面设立巴渠童谣发布阵地，让学生一来到教室就被这浓郁的巴渠童谣、四川盘子、钱棍环境所深深吸引，于润物细无声中熏陶感染教育学生。其次，要开展丰富多彩的活动，围绕巴渠童谣的欣赏与创作，让学生通过现代媒体、查阅图书资料等多种渠道学习巴渠童谣、吟诵巴渠童谣、感受巴渠童谣、创编巴渠童谣，和家长一起开展"同爷爷一起唱巴渠童谣"活动，利用家里的盘子筷子和爸爸妈妈一起感受四川盘子的魅力，和同学一同制作钱棍并创编敲打动作，激发学生的学习热情。校园动态文化则以校园板报、学习园地、校园广播、校园艺术节为依托，把巴渠童谣、四川盘子、钱棍通过各种方式、多种手段对学生进行浸染和教育，从而达到文而化人。

（二）名师引领促发扬

以四川省寇忠泉名师工作室为依托，举行达州名师工作室学员上课、磨课。达川区实验小学陈俊华老师在《蒿草锣鼓》一课中，在导入和创编过程中充分运用巴渠童谣朗朗上口、通俗易懂的特点，以四川方言、对唱、对诵的形式，让学生对巴渠童谣产生了浓厚的兴趣。例：今年子哟苞谷好哦，高粱熟了好煮酒哦，谷子多哦装满仓哦……哈哈哈哈哈哈。名师工作室达州学员万源王翠老师在《摆手舞》一课中，充分挖掘达州巴渠童谣内涵，以巴渠童谣风格创编《摆手舞》歌词，在有趣、好玩的摆手舞中学习巴渠童谣，让学生在创编中活跃思想、陶冶性情、丰富知识、训练语言、增进智慧。王翠老师的《摆手舞》还被名师工作室推荐到成都参加四川省寇忠泉名师工作室优课展示，得到成都大学教授魏萍、四川音乐学院老师的高度赞扬。并在下午的研讨会中带领来自全省的各位名师感受巴渠童谣、宣汉摆手舞的魅力。

（三）课堂滋生新思路

在每周三的非遗文化课堂中，老师会教给学生各种风格的如催眠曲、三朝歌、颠倒歌、数数歌、诙谐曲等优秀的、积极向上、风趣幽默的健康巴渠童谣，学生们在老师的带领下，学习巴渠童谣、吟诵巴渠童谣、欣赏巴渠童谣、创编巴渠童谣、创作新时代童谣。在这个过程中，老师引导学生在吟唱中学习巴渠童谣的写法，鼓励他们自己尝试着创作充满儿童情趣、反映校园生活、富于时代气息、弘扬高尚情操的新时代童谣。在老师的指导下齐心协力，创编巴渠童谣及新时代童谣，步骤是这样的：

1. 讲故事，让学生认真聆听，互相交流，从故事中提取关键词。

2. 看图片，老师辅导学生一起解读图片，并随机出示关键词。

3. 学生分成四组，创编巴渠童谣及新时代童谣，要求在数字谣的韵味、颠倒谣的节奏、问答谣的趣味中下功夫。

4. 作品展示并互相学习。

5. 表现作品。根据情况各组用自己喜欢的方式表现。

比如：

演一演：演童谣，以巴渠童谣为素材，创编、排演童话剧、走上校园艺术节舞台。

唱一唱：唱童谣，用自己喜欢的曲调重新填词，换上自己喜欢的巴渠童谣唱一唱，也可自己学着给巴渠童谣谱上曲子唱一唱。

画一画：画儿歌童谣，以绘画的形式展示巴渠童谣作品。

在教授四川盘子时，会播放视频直观感受，了解学习常用的《学生歌》《青杠叶》《十杯酒》等。盘子打法灵活，节奏变化丰富。一般是左手持盘，右手持竹签敲击盘边或盘心。老师们常常就地取材用笔、本子、盘子、筷子进行反复练习。久而久之，一只盘子，在孩子们的手里面，能敲出各种各样的节奏，通过敲盘心、盘边等不同部位，还能敲出不同的旋律。孩子们的手就像是装了翅膀，感觉飞起来了。高年级的同学们都能轻松自如表演《剪窗花》《想红军》等四川盘子成品节目。低年级的孩子们也能轻松创编简单的节奏型为歌曲伴奏。

在钱棍教学中，请民间艺人王婆婆到校，从钱棍的历史出发，讲述钱棍过去是人们用作驱逐猛兽的工具，后来人们生活疾苦把它用于休闲娱乐生活方式，再到现在已演变成一种表演方式和体育项目。如今学校让钱棍进课堂，是更好地发扬传承非遗文化。老师在王婆婆的指导下学习领会出钱棍十步法的打法：一打雪花来盖顶，二打两肩抬举人，三打臂膀现原形，四打黄龙来缠腰，五打苦竹来盘根，六打反身半圆形，七打跷脚来定跟，八打梭步往前行，九打些路线扒子，十打还原照样行。老师们根据钱棍十步法，让低年级孩子打肩、打臂，边唱巴渠童谣边打节奏，为课堂增添不少色彩。高年级学生还可以进行二次创作，结果会有不同队形和变化多端的动作呈现给大家。

渐渐地孩子们的手、腰、脚、臂都得到充分的锻炼，也真正热爱上了钱棍这样一种健身方式。

（四）教研引领促发展

为了能够把巴渠童谣课上得丰富多彩，上出成效，学校积极召集语文、音乐老师共同教研巴渠童谣与四川盘子、钱棍的融合教学以及独立伴奏的特色教学风格，积极开展校本教研活动。

1. 定期开展教研活动：教研组活动双周进行。

2. 组织教师相互观摩、开展示课，让大家在教研中不断提高和进步。

3. 开展巴渠童谣创编、四川盘子唱腔法、钱棍动作敲打法，老师们在一起语言碰撞、思维放飞，舞与敲、打与念、唱与动，很快鲜活的案例在老师激情飞扬的研讨中产生了。

2018 年 10 月，四川文理学院音乐与演绎学院一百多名大三学生，在通川一小演绎大厅一起聆听由胡庆华老师执教的《四川盘子——盼红军》，得到在座的同学们热烈追捧，课后一直要求学习四川盘子的敲打法。

三、课外活动保驾护航

（一）学生的创作灵感不仅是产生在课堂上，更多的则是产生在校园里、社会上、大自然中。在课下，我们指导学生用自己的眼睛去观察、去发现，告诉他们，一草、一木、一事、一物，万事万物，只要对你有所启发、有所触动就可以写。相信学生的创造能力，放手让他们走出课堂，到校园，到操场，到各类活动竞赛中，到田野，到公园，去观察，去发现，去感受，去创造。学校通过开展巴渠童谣主题教育活动、巴渠童谣社团学习活动、巴渠童谣校外表演活动，把言语学习、游戏指导、歌曲学唱、文明习惯的养成以及自我保护意识的培养和训练有机整合在一起，让学生在巴渠童谣的学习过程中，潜移默化地受到集体主义教育、法制教育、规则等教育，有效地促进学生主动健康发展。我们相信巴渠童谣必将成为校园文化建设的一大亮点，焕发出生命的活力。

学校收集颠倒谣游、戏数字谣、时令谣、民俗谣等不同题材、不同风格的篇目，整理成校本教材《巴渠童谣》，非常受师生喜爱。由学生创编了一百余首巴渠童谣，精选五十首准备收入我校《巴渠童谣》创编读本。

（二）为了使同学们能更精准、更系统地学习非遗文化，学校在二十几个社团活动中专门开设了巴渠童谣、四川盘子、钱棍等非遗文化社团。具体开设情况如下：

活动内容	活动形式	指导教师	活动时间	考核方式
巴渠童谣	艺术节活动	申 娟 郝莉莉	2018 年 6 月 2019 年 6 月	社团小组评比
四川盘子	社团展示	胡庆华 粟 程	2018 年 6 月 2019 年 6 月	社团小组评比
钱棍	社团展示	杨 莲 赵春林	2018 年 6 月 2019 年 6 月	社团小组评比

1. 选择参加社团对象（一至五年级学生）
2. 确定内容：巴渠童谣四川盘子钱棍
3. 活动形式：分组活动
4. 活动时间：每周三中午托管时间
5. 学习内容的提供：学生自选、教师提供
6. 具体负责：巴渠童谣（申娟　郝莉莉）
　　　　　　四川盘子（胡庆华　粟程）
　　　　　　钱棍（杨莲　赵春林）

学校社团小组，利用节假日参加市、区、社区、乡村的音乐活动，像义演公演、观摩学习、采风体验、与姊妹学校手拉手活动等，从中提高学生的音乐鉴赏、音乐体验、音乐研究、音乐创造能力。

四、取得的初步成果

学校传承非遗文化，师资是瓶颈，也是保障。经过几年的探索与积累，我校已形成以高校学者、民间艺人、一线教师为核心的研究者团队。虽只是"三五成群"，却可以起到酵母的作用。进而影响扩大到我市中小学骨干教师，形成了一种群体的传承现象，他们各有所好与所长，组成一支可以比较全面地利用学校阵地传承发扬达州本土非遗音乐文化的代表作力量。课程研发人、课题主研人员胡庆华老师多次受邀在省市区进行相关讲座与交流。当然，教师在参与探索研究的过程中，专业素养与文化自觉均得到了较大提升。

这几年的实践也告诉我们：对于音乐类的"非遗"传承，课堂教学是关键，演出是重要方式，文化艺术氛围是指引。从课程体系的规划到教材研发再到师资打造，从学校文化氛围的营造到一场场认真的演出，不仅有鼓舞性宣传效应，也能给参与者带来创造的机会与荣誉感。在 2016 年四川省艺术教育整体推进会上，我校组织编排了五百人的大型团体操《巴山钱棍》，以非遗

文化钱棍为主体，加入汉扇、车车灯、汉船等民俗活动，使团体操场面壮观、气势磅礴，获得现场来自省内几百名领导、专家赞不绝口。2017 年 4 月，在通川区扶贫攻坚现场会上，巴渠童谣社团、四川盘子社团的孩子们分别表演了《巴渠童谣音乐快板》《四川盘子盼红军》，得到参会领导嘉宾的一致好评，体现了非遗文化特色社团的高水平高素质。2019 年 3 月，在达州市承办四川省书法教材培训（北师大版）现场会上，孩子们表演了《巴渠童谣翻豆腐》《四川盘子我家有个小弟弟》，孩子出色的表演，让现在观摩的专家老师们赞叹不已。

近年来，学校以生动活泼的形式将音乐非遗保护项目的传承与传播，融进更宽阔的校园生活与课堂中去，主动地参与传播非遗文比活动。这对提高师生的文化自觉与自信具有重要意义。达州电视台曾对非遗文化传承做专题报道，且组织多个学校到校参观学习。达州本土音乐非遗文化只是"非遗"花海中的一朵。但是一朵朵汇集起来，一定能壮实中华民族的文化之"根"，根深叶茂，灿烂的前景是值得我们期待与奉献的。

参考文献

1. 杨慧. 地方童谣在小学音乐教学中的利用 [J]. 教学与管理，2016

2. 曾劲. 试论"桂林童谣"在教学节奏中的运用——以小学一年级音乐教学为例 [J]. 教育观察（中下旬刊），2014

3. 张湘君. 浅谈多种艺术形式的巧妙结合——《童谣说唱》听课有感 [J]. 音乐天地，2009

4. 梁伯霞. 小学音乐教师教育实践智慧的个案研究 [D]. 华东师范大学，2009

5. 陈锦莹. 如何在小学音乐欣赏教学中渗透广东本土音乐 [J]. 教育导刊，2012

地方民间音乐文化走进小学课堂的探索与实践

——以非物质文化遗产"马潭火龙"为个案的研究

泸州师范附属小学城西学校　黄岚岚

地方音乐文化是一定历史时期人民劳动和生活的产物，对于后人了解当时的劳动和生活状况及对家乡的了解和热爱，具有十分重要的现实意义。"马潭火龙"作为省级非物质文化遗产，集舞、乐于一身，作为泸州本土的民间文化，将其带入小学课堂进行活态传承，让学生能从博大精深的民间音乐中汲取精神食粮，产生深深的民族自豪感，使民间音乐文化得以传承与发展，焕发出新的生命力。

一、"马潭火龙"进入课堂的可行性分析

（一）"马潭火龙"由来及文化特点

相传民国二十四年（1935年），胡市久旱不雨，人们被干旱逼得束手无策，桂坝村何氏家族带领村民做草把火龙放在田缺口上求雨，祈求龙王普降甘霖，救助百姓。从民国二十四年至今，已传承9代，2007年，胡市镇"马潭火龙"被列入四川省级非物质文化遗产。火龙长达49米，粗1.3米，由13节组成，表演时需要十几个舞龙人共同合作舞动。火龙前面，还需有一位举着"龙珠"的"耍宝人"，更需要得到锣鼓演奏者的积极配合，锣鼓乐声中舞龙人做着龙抬头、龙抱柱、龙钻洞、龙黏米、黄龙摆、龙跳门、龙重塔、龙舔玄等动作，精彩纷呈，热闹非凡。

（二）伴奏乐器

"马潭火龙"表演的基本伴奏乐器是锣、鼓、钹。锣鼓是四川民俗文化中必不可少的乐器，是戏曲节奏的支柱。火龙的表演具有鲜明的节奏感，锣鼓音乐节奏欢快明朗，给人以热闹兴奋之感。在锣鼓的伴奏下，更容易使表演者与群众受到感染，烘托和渲染气氛。

（三）发展现状

伴随着时代发展，人们的审美意识逐渐呈现出多元化的显著特征，传统民间音乐受到了前所未有的挑战。"马潭火龙"这种古老的表演艺术难以满足当代人的审美要求，尽管老一辈艺人的技艺已炉火纯青，仍遭遇了无人问津

的尴尬，上一代火龙传承人年纪较大，年轻人追求流行音乐，对传统音乐文化不屑一顾，许多高难度技艺得不到传承，在短时间内很难培养出新的传承人，发展严重受阻，正逐渐滑向失传的边缘。

二、"马潭火龙"融入地方音乐课程的实践意义

1. 有利于激发学生了解与热爱民间音乐之情。在民间音乐传承的过程中，学校理应承担起重要而特殊的作用，在小学音乐课程中研发"马潭火龙"这一非物质文化遗产资源，使学生能进一步感受到泸州民间音乐文化的博大精深，从内心升腾起骄傲与自豪感，能积极主动地为保护与传承民族音乐文化做出贡献。

2. 有利于提高教师教育教学水平。将"马潭火龙"引入小学音乐课堂，这使得音乐教师面临前所未有的挑战，怎样发掘有价值的教学资源，怎样合理选择教学内容，运用什么样的方式方法来确保教学质量，这些问题需要教师深思与实践。因此，教师一定要增加自己的文化底蕴，以先进的教学理念来充盈自己，从容迎接时代的挑战。

3. 有利于拓展学生音乐知识。在小学音乐教学中，增加"马潭火龙"的内容，可以有效拓宽学生视野，使他们真真切切地感受到乡土音乐文化的厚积流光。在课堂中，学生可以了解到与之相关的各种知识，如起源与发展、民间习俗、基本动作要领等。

4. 有助于课程资源的开发与运用。教育部门已经意识到地方音乐课程资源的重要意义，及时下发政策性文件对各级各类学校的校本课程进行指导，从目前情况看，各学校已经纷纷行动起来，构建起多元化校本课程开发新局面。泸州是一座拥有悠久历史的名城，在众多民间文化中，"马潭火龙"的影响力较大，它的动作变化丰富多样，音乐强烈鲜明，受众群体广泛，易于学习接受。从开发课程资源层面来看，"马潭火龙"教学具有较强的可行性、易操作性。

三、"马潭火龙"融入地方音乐课程对其传承发展的意义

1. 有利于了解"马潭火龙"的文化和艺术价值。在表演过程中，对表演者有着高要求，手脚动作要灵活而协调，要在龙头的引导下时时变换身姿与节奏，伴奏人员也要留意龙的舞动情况，准确把握好节奏与旋律，既要时时晃动龙身与龙尾，又要保证动作的稳定性，极富民间文化特色。在小学课堂教学中引入"马潭火龙"，可以让大家了解到这一非物质文化遗产的文化和艺术价值。

2. 有利于促进"马潭火龙"的传播。不可否认,"马潭火龙"在长期的发展过程中,与其他传统文化如出一辙,都会受到家族性局限,普通群众只能欣赏其风采,只有本家族或表演班子成员才能得到学习机会,受众范围较窄。因此,将其引入小学音乐课堂,通过传承人进校园精心指导,可以让更多的孩子领略到这种民间音乐文化的独特魅力,使这项传统音乐文化得到大范围流传,逐渐摆脱失传的尴尬。

将优秀的地方民间音乐文化引进音乐课堂中,能促进学生音乐知识的学习,开拓音乐视野,增强音乐表现力和创造力。以"马潭火龙"进小学课堂展开深入探究,以具体教学案例为载体,以开发与运用乡土音乐教学资源来引导学生懂得家乡音乐文化、传承家乡音乐文化,为学生终身学习、传承和发展本地音乐文化打下坚实的基础。乡土音乐教学资源的开发与应用,并非一朝一夕就可以完成的,是一项系统性、长期性的任务,必将充满荆棘与坎坷,音乐教师理应肩负起这一历史重任,迎难而上,为传统音乐文化的传承贡献力量。

参考文献

[1] 陈业秀. 地方民族民间音乐资源的艺术教育价值与实现 [J]. 教学研究, 2009, 11 (6).

[2] 教育部. 音乐课程标准 [J]. 北京: 北京师范大学出版, 2011.

[3] 谢嘉幸. 让每一个学生都会唱自己家乡的歌 [J]. 中国音乐, 2000 (01): 23.

[4] 龚妮丽. 本土音乐在现代音乐教育中的定位 [J]. 贵州师范大学学报 (社会科学版), 2000 (03): 031.

[5] 苏前忠, 张维刚. 论中小学强化本土音乐教育的必要性 [J]. 江西教育科研, 2007 (06): 038.

[6] 罗仕艺, 沈秋鸿, 刘念. 小学音乐教学是本土音乐教育的关键——以重庆接龙打击乐为例 [J]. 电影评介, 2010 (04): 100-100.

小学唱歌教学中的民歌教学策略探究

成都市新都区西街小学校　郝太豪

唱歌是小学生学习音乐的主要方式之一。唱歌教学始于 20 世纪初近代新学制建立后的学堂乐歌，随后到 50 年代叫作唱歌课，再到 1979 年的中小学《音乐教学大纲》始改为音乐课，随后又把音乐课课型细化为唱歌课、欣赏课、器乐课、乐理课、综合课等。实施素质教育到新课改及核心素养发展教育以来，又增加活动课及开放体验课等，不过唱歌课直到现在还是音乐课的课型之一。唱歌是小学音乐课的主要课型和内容，通过歌唱可以学习歌曲演唱及相关的音乐知识及文化知识。在我们的教材"演唱"板块内容，所选曲目都是儿童们喜爱并容易传唱和表演的歌曲。同时为保护学生生理发展，帮助学生建立起循序渐进的歌曲演唱能力，以及情感体验发展，随着学生年级的递增，所选曲目数量及难度也逐渐增强。民歌是各民族劳动人民在长期的劳动和生活中，为愉悦自己身心，或表达自己思想感情，集体创作并流传于民间的歌曲，也有在民歌基础上创作具有民歌风味的改编歌曲。民歌教学属于唱歌教学内容。要谈民歌教学策略必然从唱歌教学说起。

一、唱歌教学模式

1. 旧模式："学科中心"模式，专业化的声乐训练及视唱练耳教学模式（国外教学法引进），即发声练习（开嗓歌唱技能训练）、基础训练（含新歌中的节奏音准等难点）、新歌导入、范唱、教唱歌谱、学习歌词、依谱唱词、歌曲处理、完整演唱等环节。

2. 新模式：以"学生为本""学习为本"教学模式，有突破、创新、探索。比如根据歌曲的情境特色、歌词特点、旋律特点找突破口，百花齐放，百家争鸣。例如，在《数鸭子》《时间像马车》等的教学中，先整体感受聆听学习歌曲，熟悉歌曲后学唱歌词，再唱谱（降低歌曲学习难度，提高学习兴趣，目的是唱好歌词）；然后进行歌曲艺术处理及讨论方式（试试多种处理方式）；最后是歌曲拓展及体验歌曲表现，采用多种综合性学习方式等。

二、唱歌教学特点

1. 音乐是听觉艺术，唱歌课更要让学生学会聆听。唱歌课要让学生充分聆听，听旋律、听音高、听节奏，感受歌曲形象，然后让学生用自己的声音、动作等表现出来。我在教学《月亮月光光》时，就反复让学生聆听。学生进教室的背景音乐、体会意境聆听歌曲、聆听教师范唱及不同版本的音乐，都是《月亮月光光》的音乐旋律或歌声。学生在不知不觉中对该歌曲学习就轻松自如了。因此，学习音乐重在聆听，音乐是在反复聆听中得到感受、得到诠释，学生也就能对歌曲作品充分了解。

2. 唱歌教学要挖掘教材，要与生活联系，要在生活中发现音乐，才能更好处理并唱好歌曲。如在学习川东乡土教材土家族歌曲《摆手歌》前，老师有机会到当地采风，看到当地小朋友围着圆圈，幸福地跳着摆手舞，并欢快地唱起摆手歌，他们是发自内心地歌唱。我随后在课堂上把这段录像给学生们观看，同学们受到生活画面的情绪感染，也就兴奋地跟着唱起来了。

三、民歌教学策略

中国民歌源远流长，内容丰富多彩。民歌教学能带领学生回归生活本源，对本民族优秀民歌文化寻根溯源，在中国传统音乐文化的土壤中汲取营养和动力，并在这一过程中完成知识技能习得并传承民歌文化，同时丰富自己作为国人的灵魂，从而使中国教育能够拥有更骄傲的姿态参与世界性的对话和比较。那么如何让民族气息浓厚、地域特色丰厚的民歌，深深感动学生并植入学生心灵，让学生会唱、爱唱、乐唱呢？这就要提高民歌教学效应及质量，运用好民歌教学策略。

（一）教师个人能力及魅力策略

首先，民歌教学的效果，取决于老师的素养及感染力，是否能激发学生学习兴趣，同时教师是否真正掌握该民歌的文化特点及精髓。因此，作为音乐教师，应该具备良好的民歌素养及大量的民歌素材，能随时做好示范并能精确演绎，要有能演着教民歌、唱中演民歌的能力，以展现民歌所表达的场景及文化魅力。其次，教师的丰富生活阅历及对民歌的了解也是准确把握民歌的要求，要用心思去挖掘民歌内涵，找到歌中最闪亮的"点"，对学生进行合适的指导及引领。

（二）激发学生兴趣策略

学生对民歌学习的兴趣，在于对该民歌是否喜欢，当然也与老师的教学手段有关。兴趣是最好的老师，民歌的特色，包括旋律、节奏、音效、语言等，深深吸引学生，使学生在其所喜欢的氛围中感受与学习，不仅促进了其学习兴趣的发展，也加深了学习效果。同时，教师在完成相应民歌介绍及知识学习的同时，开展多种多样的课外活动，让学生感悟民歌所表达的情景，这种体验式教学会丰富教学手段，激发学生学习民歌的兴趣。

1. 多看多听，让学生充分体验

怎样让我们的民歌教学课堂有效并得到学生喜欢呢？唯有让学生多听多看，调动起学生所有感官，去充分体验民歌音乐。同时运用生活情景（境）教学及音乐形象教学，去挖掘民歌所要表达的有趣的音乐形象，感染学生激励学生，并参与到民歌的表现与活动中。在这一过程中让学生全身心体验，激发学生主动学习。在《太阳出来喜洋洋》（四川民歌）的欣赏及教学中，我让学生了解川东北的地域特点及人民生活习俗，那里的大巴山山高坡陡，山与山有纵深沟壑，所以这山喊那山的人（喊山），需要深深的气息及高亢嘹亮的声音，因此就形成了高亢嘹亮的山歌演唱特点。我就播放当地大巴山视频，展现生活场景，高亢的山歌回响在教室，让学生身临其境，点燃起学生跃跃欲试的演唱激情。同时，我还让部分学生演绎劳动场景，喊着号子数着节奏，又唱又和，让学生来表演，烘托画面气氛。表演和学唱完毕，问学生感觉咋样？学生回答：“唱得巴适、安逸，还想唱……”

2. 做好示范吸引学生，让学生乐于接受

教师要做好充足的示范准备，要具备丰厚的民歌素养及大量的民歌知识。教师要准确表达民歌的音乐意境、语言特点及文化魅力，通过生动语言及丰富多彩的面部表情及体态，恰到好处地创设出教学情境，将情绪传染给学生，使学生身临其境，以激发学生的民歌了解及演唱欲望，这就是教师示范、演示的魅力所在。

（三）多学科综合策略

音乐唱歌课中的民歌教学要与多学科综合，要遵循音乐教学三维目标。民歌教学目标，同样在于相关知识与技能的积累培养、过程与方法的实施养成、情感态度与价值观的塑造健全，三者既彼此独立又相互统一。民歌教学要与姊妹艺术结合，最大化发挥民歌的魅力，让学生喜欢民歌。

1. 民歌歌词及语言魅力

在民歌教学中，教师要引导学生关注民歌歌词，包括歌词的音韵风格，以及不同民歌语言特点，民歌歌词发音吐字技巧等。同时有很多民族及地域的民歌，都有其自己独特的语言特色及方言特点，如藏族、彝族、蒙古族、土家族、苗族等，他们的语言特色都应体现在民歌教学的内容当中。如《北京的金山上》中的"巴扎嘿"、《彝家娃娃真幸福》中的"阿里里"等。

2. 民歌与舞蹈

民歌能体现劳动人民的生活习俗。劳动人民在最初创作民歌时都与生活息息相关，通过身体动作及声音相结合来表达心情，因此有很多少数民族被称为"歌舞民族"。在民歌教学中，充分利用能表达民歌之意的舞蹈及动作，边歌边舞，能引起学生极大兴趣，使课堂充满乐趣并活力四射，使学生能真正理解民歌并掌握民歌，领略民歌文化魅力。达尔克罗兹提道："音乐教学首要是培养儿童运用所有官能参与体验""音乐学习的起点不是乐器，而是人的体态律动"。因此，学生在民歌演唱实践中的身体律动，与所学民歌情感表达协调一致，将会激发学生学习民歌兴趣及领略民歌文化魅力。

（四）丰富校园文化及课堂环境策略

1. 精彩的民歌课堂

德国的蒂斯多惠曾说："教学的艺术不在于传授知识的本领，而在于激励、唤醒和鼓舞。"一首彝族的《赶圩归来啊里里》，歌词那么长，六年级的学生却唱了一遍又嚷嚷着再来一遍，歌中的"啊里里"是发自学生内心的欢快的歌声，仿佛置身于彝族小朋友的生活，同时也表达出对彝族小朋友幸福生活的赞美。安徽民歌《凤阳花鼓》的"得儿铃铛瓢一瓢"，也令三年级学生特别兴奋和喜爱，他们惊奇于歌中所要表达的弹舌头的功夫，积极地学着弹舌，课后还互相交流并切磋，甚至找到老师来评判谁唱得好。而优美婉转的江苏民歌《茉莉花》，更是让许多学生爱不释"口"，成天哼着那江南小调以表达内心的喜悦；学古筝、琵琶等民乐的孩子也时不时来段《茉莉花》，感受并体验中国江南民歌风……

2. 形式多样的活动

校园是学生学习及生活的地方，充分利用校园环境，让学生时时感受民族音乐文化，以增加民族文化氛围。比如，利用校园广播站及网络，在课间午后放上优雅的民歌及民族音乐，在学校的橱窗里贴上学生民乐团演出的剧照图片及民歌民族乐器的介绍，在艺术中心和音乐教室的走廊及墙上挂上民族音乐家的图像和民族乐器的图片，既活跃了校园氛围，又增加了学生对民族音乐的了解。还可以组建合唱团演唱学生喜爱的民歌，组建民乐团并学习民族乐器演奏曲目，通过表演交流，体验民歌文化，培养他们的民族审美观。

民歌教学中，采取多样而丰富的教学策略，引导学生从小喜欢民歌及演唱，并对祖国不同民族音乐文化弘扬传播，让民歌文化得以传承。同时，让民歌的文化魅力焕发强大生命力，并以其光彩滋养每一位学生。让我们共同努力，尽职尽责地把教材中"唱家乡的歌"及"多彩的乡音"有效地传递给学生。让民歌感染学生心灵，使他们对民歌产生喜爱之情，爱唱、会唱并传唱民歌，自觉地去收集不同民族民歌，将民歌文化不断传承下去。只有这样，我们的中国民族文化才能以其独特的意味和深度，永远屹立于世界民族文化之列。

参考文献

[1]《中小学音乐新课程标准》

[2] 童琳：《小学音乐民歌教学策略初探》

中国民族民间音乐在小学音乐教育中的实践

——以《赶猪调》为例

泸州市江阳区梓橦路小学　郑皓月

一、中国民族民间音乐概述

中国的民族民间音乐是当今世界上溯源最久远而又最绵延不绝的东方古老音乐文化的代表。各民族人民共同创造的我国民间音乐，记录着先辈们的劳动业绩，表现出中国人的音乐才能，反映了多彩的社会生活。中国民族音乐风格深受中国传统文化的影响，虽然在音乐形态上由于民族、地区、历史时期、体裁品种的不同而各具特色，但它们仍然有共同的特征，其具体体现是：1. 以线状为主的音乐思维方式；2. 以五声为骨干的调式音列结构；3. 均衡对称的曲式结构原则、均匀平稳的节奏安排；4. 简繁相适、动静相衬的音乐表述方法；5. 与文学、语言、舞蹈、戏剧、造型等姊妹艺术相结合的综合艺术形式，等等。

中国的民族民间音乐是一个浩瀚的大海，若要对其分类是很不容易的，很多问题目前理论界尚在探讨、争论中。不过就今为止，大体可分为三类：

1. 按体裁品种分类

民歌与歌舞：号子、山歌、小调、舞歌等。

民族器乐：独奏（吹奏、拉弦、弹拨）、重奏和合奏（清锣鼓、吹打乐、丝竹乐、民族管弦乐）等。

曲艺音乐：主曲体类（包括鼓曲类、弹词类、道情宝卷类、数唱类）、曲牌体类（包括牌子曲类、时调小曲类、琴书类、舞唱类）等。

戏曲音乐：昆腔、高腔、梆子腔、皮黄腔、说唱类声腔、歌舞类声腔、少数民族声腔等。

仪式音乐：宗教性仪式（寺院宗教、民俗宗教）、非宗教仪式（婚嫁）等。

2. 按风格色彩分类

汉族地区的音乐风格，大体可分为北方和南方两大片。黄河流域及其以北地区为北方，长江流域及其以南地区为南方。苏北、皖北、湖北北部等地，是一条宽长的南北交汇地带。之余两大片内的地方色彩再划分，各种不同的体裁有不同的方法。

少数民族音乐大多个性较强，特色鲜明，不易归类。从风格上讲，各民族的差异很大，不是汉族不同地区的色彩差异所能比拟的。

3．按历史时期分类

按历史时期分类，中国音乐可分为古代音乐和近现代音乐两大类。由于古代没有音响保存技术，记谱法也不完善，所以现在我们所能掌握到的最早的中国传统音乐资料主要是明清传流下来的。而近现代时期，外国音乐文化（主要是西方音乐文化）大量输入，对中国音乐历史的发展产生了巨大的推动力量。但中国传统音乐的原有形式并没有消失，而是在自身传统的基础上汲取外来音乐，在与之碰撞、融合的过程中进行着自身的发展与蜕变。

二、中国民族民间音乐在小学音乐教育中的应用

随着近年来音乐教育事业的不断发展，中小学课程标准也在不断完善，音乐教材也是内容丰富，涵盖了各类优秀作品。同时，音乐教育工作者们也意识到了文化传承的重要性，将文化传承也作为了课程价值的一类。学生通过学习民族音乐，了解各国家和各民族的民族音乐，增进对不同文化的理解、尊重和热爱。

说到中国的民族民间音乐，小学音乐教材从第一册到第十二册都涉及了（此处的教材是人音版）。不论是民歌还是民乐或者是戏曲，每册教科书都有涉及，这足见国家对于民族民间音乐文化的重视程度。

但是由于受到现今的流行音乐影响，小孩子大多都比较追捧流行音乐。流行音乐等现代音乐，与传统音乐的关联几乎没有，这也就导致了学生对音乐的审美倾向，或者说是兴趣所向。也就使得孩子们缺乏对于课堂音乐的学习兴趣，更不用说是与他们年代相隔甚远的或者说是与他们生活不相关的民族民间音乐了。

如何吸引学生注意力，培养学生对除流行音乐以外的音乐的兴趣，就是音乐教师最应该关心的了。学生课堂学习的前提是课堂能够有序有效地进行。要达到这一点，就需要努力做到吸引学生注意力，激发他们的学习兴趣，调动他们的积极性。为此，我由个人拙见总结了以下几点：

（一）导入

1．就中国民族民间音乐的教学而言，可以结合学生实际情况，找到与他们学习生活的共通点，让他们乐于接受，比如，有些流行音乐具有中国民族

民间音乐的元素，便可用其吸引学生眼球，再由此进入课堂学习。

2. 小学生喜欢听故事，可以通过民族民间故事引入教学。

3. 可通过不同民歌风格的节奏练习（拍击节奏）来进行教学。

4. 各民族的特色（服饰、舞蹈、饮食、民族乐器）也是吸引学生的很好的方式。

5. 教师的表演，即教师的"地道"演唱或者演奏可以更直观地向学生展示民族音乐文化。

（二）课程的内容

要丰富、多样。因为小孩子的注意力不容易集中，即使集中了也容易在20分钟后走神，为了能够更好地吸引住学生，课程内容要丰富多彩。除了民族音乐的曲调、节奏，还可增加民族民间习俗、歌舞、乐器、饮食文化、服饰等相关内容。其次还可增加现代元素，比如与民族民间音乐相关的音乐、视频、电影以及其他艺术形式等。总之，教师要善于收集资料，真正让学生了解到民族民间音乐的全面、丰富的信息。

（三）教学方式

教学方法多样、教学形式新颖也是课堂得以良好有效进行的保证。

（四）教学设计

有了丰富多彩的课程内容、有效的导入和多样的教学方式，如何将其有序地串联起来，就得好好设计了。所以，好的教学设计也是必要的。

只要学生乐意学习民族民间音乐，认真投入地感受民族民间音乐，对于民族民间音乐、传统文化的传承就有意义。当然要做到以上这几点，离不开对教师的专业素养的要求。既是与学生讲民族民间音乐，教师自身就更应该熟知民族民间音乐的相关知识。所以，教师也应该进一步学习，掌握科学严谨的专业知识，丰富自身的知识储备。

三、总结

我国各民族优秀的传统音乐作为音乐课重要的教学内容，通过学习民族音乐传承传统文化。站在音乐教育一线的教师们，要努力学习相关知识，认真思考教学实践，根据所教学生的生理、心理特征和接受能力，激发学生主动学习民族民间音乐的热情，丰富其音乐感知的多样性，增强民族意识和爱国主义情操。

识得"泸山"真面目，只缘"生"在此山中

——《恋石情歌》泸县石工号子"采、编、演"侧记

泸州市泸县第一中学　田　间

泸州市泸县教师进修校　杨　莉

一、探寻"泸县石工号子"的历史渊源

传说中，黄帝是女娲的后人。《史记·五帝本纪第一》就铭记着黄帝"时播百谷草木，旁罗日月星辰水波土石金玉"的功绩，一个"石"字，说明我们的文明序曲就吟唱着石头之歌。一个"玉"字，展现的是中华民族温润如玉与"宁为玉碎，不为瓦全"的崇高品质。

我的家乡泸县，被誉为"中国龙城"，更是全国著名的龙城宋韵之乡，石刻文化可追溯到两千多年前的南宋时期。从唐乾元中苏德先"凿双井于城北石洞以供民用"，至宋隆兴八年泸州知州李焘"奏移瑯水开边归池"，到明清时期朝廷下诏"因势修治陡塘湖堰，蓄泄以备旱潦"，先后在濑溪河、马溪河、龙溪河、九曲河及部分支流筑堰，以扩大灌溉面积。这里，至今依然耸立着两座被称为四川省省级文化保护单位的"华丰渡槽"和"胜利渡槽"。原来，勤劳的泸县石工开山凿石、修塘筑堰、架桥引水、与天抗旱的身影；他们开山，撬石、抬石的号子，从来都未曾停歇过……

二、在实地采风中孕育作品结构雏形

熊生烈老师曾经做过石工号子。仔细研读以后发现石工号子资料不翔实，音乐性、节奏感、旋律性不强，缺乏生活气息和艺术性……要做号子没有可借鉴的东西。能不能够创作一个既兼顾借鉴原有的石工号子基本旋律，又能塑造一个有血有肉的、有真情实感、有曲式结构层次和完整的音乐形象的作品呢？

说干就干，随着石工号子采访工作的不断深入，我对泸县的石工号子逐渐有了更加清晰的认识和了解。泸县的石工中，流传着一句"摸到石头就叫唤"的"行话"！因此，石工从早上起床，至中午吃饭，到晚上收工，整个过程的每一个时间段，都有不少的唱段。通常情况下，"早上起来闷炎炎

儿，推开房门看青天儿""竹林斑鸠咕咕咕，催着石匠紧杠箍""洗衣裳""幺妹儿""赶场""烧香大嫂"等意为早上上工及十点前的唱段。十点以后的俗称上午第二排烟，所唱唱段就会涉及"百工祖师鲁班""九天玄女""封神榜""七仙姑"等民间故事及传说等内容，用以分散石匠们的注意力（炎热的工作环境、繁重的劳动强度），打发无聊的时光。到下午时间段，所唱唱段就会与"心上人""堂客""二嫂""舅母儿"等许多美好的人、事、物联系在一起。石匠可说是个个都爱"涮坛子"（开玩笑）。也慢慢知道，泸县石工号子种类繁多，歌词多以比兴手法，借物抒情，现编现演即兴性演唱，风格各异（各师各教）等基本特点。经过多次采访后，收集到的资料中也不乏具有浓郁生活气息的唱段。比方说："油菜花开满地黄，对门幺妹去赶场，脚上穿的绣花鞋，身上穿的是新衣裳""一把扇儿七寸长，我的幺妹儿洗衣裳，清水洗来米汤浆，打扮阿哥去赶场"。同时，也坚定了我要删除掉"天上鹞子飞，地上牛屎堆""姑娘儿十四五，还待不张口""神仙也有思凡时，何况人间小后生"这些相对低级、媚俗或者迷信的唱段！至此，一个完整的作品结构雏形，已经在我脑海中逐渐形成。

采访中还听到一则关于石匠的美丽传说。传说亭子头村最近来了个白头老汉，一直借住在一农户家。村里立石牌坊时，他天天到场观看，就是不语。匠人们架好柱子后，由于额枋重如泰山，大家费尽心机，折腾了几天，怎么也架不上去。这时，众人忙向老人家讨教。老人家说：我都已百岁有余，土拥（瓮）到下巴了，说罢就突然消失了。众人恍然大悟，是示意用土堆法！遂筑起大土堆，人拉牛拽，很快架好额枋。

三、紧扣地方民俗文化突出作品艺术特色

作品中抬工号子环节"前面一枝花，两眼盯到她，她要盯到我，我要盯到她""幺妹好撑展[①]，能干会打扮，前面一片瓦，后面麻花辫"。又如"脚下汤粑儿（小石头），走拢跻（用脚踢）哈儿""有悬崖，趴到来""有个坎，慢慢展（移动）"等原汁原味儿的泸县话。在二嫂送水环节加入的韵白"汗爬戏水、捞脚抹爪、逗毛惹草、使姑弄气、妖艳戏法、毛焦火辣"等均是地道的泸县话。以此增加作品由低到高、由浅入深的层次感以外，更多地为了突出作品幽默、诙谐的语言特色。

善良的石匠们不会拿"幺妹"开过分的玩笑，但和"二嫂"会开那种插科打诨、无伤大雅的"荤"玩笑。石匠们待在山沟里，整天面对的净是些硬邦邦的石头，那种孤独枯燥和无奈是常人难以体会的。石工们唱起这类歌词，总能给他们繁重、单调的劳动带来轻松欢快的气氛，大大激发他们的劳动热

情，同时也寄托了他们用劳动的汗水争取美好生活的强烈愿望。

四、在对石工号子人文情怀的感悟中推敲作品名称

关于作品的名字，还得感谢绵阳师院景安东景教授。景教授读完初稿后，很肯定地对我说，改成"石工情歌"吧，因为我通篇读来都有个"情"字。艺术创作，正是因为和相关的人、事、物有那份"丢不掉、放不下、舍不得的'情'，创作出来的作品也才真正感动他人……是啊，"恋石恋，恋石恋（作者音译），为其恋石当长年"。采访石工时，几乎每个石匠都提到过这一句！我问过很多老石匠，这个"lian shier"究竟所指何物？他们个个讳莫如深、笑而不语。反复推敲，我更多倾向性地认为，"lian shier"就是"恋石儿"，喜欢（或爱上）石匠的意思。"恋石恋"实际是指爱上石匠的恋爱或恋情。斟酌再三，这个作品的名字，姑且就叫《恋石情歌》吧！

《恋石情歌》朴素、简单的歌词和旋律，强烈地唤起了我对少年时候的记忆。《恋石情歌》的采、编、演，圆了我儿时的梦。作品中石工体现出来的"石匠精神"，不正是我们现在推荐和崇尚的"矢志不移、锲而不舍、百折不挠"的人文精神吗？不正是我们"乐观豁达，敢想敢干，笃定方向，永不回头"的"愚公移山"精神吗？不正是我们"精诚所至，金石为开"的"傻帽儿"精神吗？

注释：

①撑展：四川泸州话，漂亮的意思。

参考文献：

[1] 川省音乐家协会编.四川省民族民间音乐研究文集［M］.北京：大众文艺出版社，2008.

[2] 静芳.中国传统民歌概论.上海音乐出版社，2012（02）.

[3] 苗晶.中国汉族民歌.《艺术探索》，1994（1）：13-19.

[4] 李月山.四川汉族民歌"劳动号子"的研究回顾《音乐时空》，2014（15）：84-85.

原生态民间音乐"川江号子"的传承与保护

泸州市泸县太伏镇中心小学校　周建勤

川江船工号子就像是一个升华了的内心世界，因为川江船工号子具有摄人心魄的韵致，所以每每听罢总能让人心驰神往，思绪翩然，但传统民间艺术的保护和传承，却一直困难重重。川江号子一旦失传，就代表了一种文化的没落与遗失，它是我国的一种无形文化遗产，代表着我国劳动人民文化遗产的一种精神高度，保护和发扬其作用，具有极其重要意义。

川江号子是川江船工们为统一动作和节奏，由号工领唱，众船工帮腔、合唱的一种一领众和式的民间歌唱形式。重庆和四川东部是川江号子的主要发源地和传承地，而泸县川江号子的传承，主要分布在沿靠长江的新路码头一带，我们教研小组怀着敬仰的心态，对太伏镇新路码头附近川江号子的传承及往事进行了调查了解。

川江号子是长江的灵魂。学者连波在其著作《国乐飘香》中写道：川江船工号子就像是一个升华了的内心世界，因为川江船工号子具有摄人心魄的韵致，所以每每听罢总能让人心驰神往，思绪翩然。

川江号子包括上水号子和下水号子。上水号子又包括撑篙号子、扳桡号子、竖桡号子、起帆号子、拉纤号子等，下水号子又包括拖扛号子、开船号子、平水号子、二流橹号子、快二流橹号子、幺二三交接号子、见滩号子、闯滩号子、下滩号子等，因此形成数十种类别和数以千计曲目的川江水系音乐文化。

据川江号子的传承者陈邦贵介绍，为了适应行船需要，根据水势缓急，所唱号子的名称和腔调都有所不同，他就整理出26种号子唱腔曲牌，比如在开船时，唱莫约号子；船推到江心，唱桡号子；开始闯滩，唱懒大桡数板；等等。

然而，长江的面貌发生了改变，江水变了，船儿也变了，这扇窗恍惚间像是闭上了，但仍然有几位鹤发老人在踽踽独行，坚毅而执着地守护那窗扉里隐隐透出的灿灿微光——"我们船工日子艰难，风儿牵着牛马走；拉着急流悬岩陡坎，衣服破来裤子烂，羞与人见；病了无人看，死了无人管，尸骨埋于河滩；抛父母弃儿女家庭无人照看，辛酸泪只往肚里咽。"

"巴渝民间艺术大师"陈邦贵13岁开始当船工，并师从久负盛名的彭绍清学习川江号子，他的演唱被同行誉为"川江号子正宗味"。在他看来，川江号子既是技术又是艺术，"那时的船全靠人拉，驾长如同汽车的方向盘，负责船只行走的方向；号子就像汽车的油门，控制船只的行驶速度。"因此，号子能够通过其节奏调节船工的用力，从而能够使船只顺利前行。同时，唱号子讲究嗓门亮、调子好、优美动听，因此，"也是一门艺术"。

我们在太伏镇新路码头有幸找到几位健在船夫，据他们描述，"当年的船工纤夫等，在世的均已是白发苍苍，更多的人早已离开人世，现在没有了渡船，也没有了以前的木帆船，纤夫及船夫早无用武之地，曾经响彻长江沿岸的号子，已经被遗忘在他们这一代人心中了，年轻人不喜欢，也不愿意学习这些缺乏流行元素的曲调。"

国家非常重视非物质文化遗产的保护，2006年5月20日，川江号子经国务院批准列入第一批国家级非物质文化遗产名录。虽然国家已经重视，但是因川江号子分布区域广、传承难度大等原因，川江号子的非遗保护还有很长的路要走。我认为主要可以从以下几方面加强对川江号子等一类民间音乐的传承：

1. 对不同江河流域的川江号子进行采集，在视听设备上对川江号子进行传承。利用现有视听设备，对川江号子进行采集传承，目前已成立了"川江号子学会"对相关资料进行整理。范裕伦录制的《川江号子》长篇在世界青年联欢节上获得了金质奖章。川江号子舞台剧也已搬上舞台。

2. 加强与新闻媒体合作，积极支持并组织新闻媒体开展专题采访、报道。增强全民对川江号子的了解认识，以及对其承载的文化进行认知，同时提高全社会依法对川江号子等非物质文化遗产的保护意识。

3. 加强对川江号子这项非物质文化遗产文化内涵、方式以及不同号子中传承的故事等进行深入挖掘研究，保持对传统民间音乐文化原汁原味的传承。积极发动图书馆、文化馆、博物馆等公共文化机构和非物质文化遗产研究、保护机构及文艺表演团体和场所，举办相关展演、论坛、讲座等活动，促进其传播。

4. 作为一名普通的音乐教师，我对传统民间音乐文化的保护，能够做的仅有尽自己的一份力，在课堂上让更多的孩子了解川江号子等民间音乐，讲述川江号子的故事，增加孩子们对传统民间音乐的喜爱，增强对民间音乐的传承意识，努力让我们祖国的优秀非物质文化遗产在祖国一代又一代的青少年身上发扬光大。

参考文献：

[1] 音乐和曲艺丰富了我的人生——采访《乡试》音乐创作、指挥、配器姚昆宏 [J]. 戏剧之家，2009（05）

[2] 苏建华. 忧郁中的恋歌——浅论马勒音乐语言的诉求 [J]. 作家，2009（14）

[3] 何晓兵. 音乐艺术的文化属性——大陆电视音乐传播的价值观分析（之三）[J]. 中国音乐，2007（04）

[4] 冯光钰. 红土地的音乐之声——《李海涛音乐作品选集》序 [J]. 云南艺术学院学报，2005（02）

[5] 任媛媛. 浅谈音乐审美中的联觉心理与音乐教育的关系 [J]. 网络财富，2009（15）

[6] 晓夜. 从《卡玛林斯卡亚》谈民歌素材在音乐创作中的借鉴与运用 [A]. 中国社会音乐研究论文集 [C]，2006

[7] 邵桂兰，王建高. 论音乐创作与审美心理结构系统中的潜感觉 [A]. 第一届全国音乐心理学学术研讨会论文集 [C]，2003

[8] 袁新荣. 音乐审美心理活动浅析 [A]. 中国社会音乐研究论文集，2006

原生态民间音乐采风体会

龙马潭区小街子小学 谢桂琼

2016年5月，我们学校几位音乐老师带着一颗对原生态音乐的探索之心，来到龙马潭区石洞镇。之前听说这里曾经流传着原生态的歌曲体裁——薅秧歌。

在一条绿树成荫的路上，我们遇到了一位在养老院的老爷爷，便向他问及了薅秧歌的情况，老爷爷情绪激动，不由放开嗓子唱起来，他那淳朴自然的表情和沙哑无音值的声音，强烈感染着我们，也不由自主地跟着打起拍子唱了起来："妹妹早上起来舍梳妆又打扮，对着镜子舍好生羞涩哟……"顿时，这条林荫道上充满了浓浓的原生态的音乐气息。之后，我们听说这是薅秧歌体裁的一种。为了能更加了解当地流传的原生态音乐，我们打听到镇上有几位非常喜欢吹拉弹唱的老同志，经过几经周折，我们找到了其中一位。当听说我们是因为原生态音乐而来，他是既高兴又激动，同时又透着一丝伤感。他高兴的是，我们因为原生态音乐而来，又可以找回曾经的所爱；他伤感的是，如今再没有机会唱本土的原生态音乐了，年龄大了，时代不同了，乡土乡音渐渐离去，心里不免有些黯然神伤。经过两天的时间，老同志找来了他们当年的组合，热情地为我们吹拉弹唱起来，二胡、竹笛额、小钹、小镲、锣……十足的一个民间音乐艺术团队，那高亢洪亮的声音、宛转悠扬的旋律、自由变换的节奏，为我们展现了一幅田间劳作的景象，让我们兴奋不已，更让我们感动的是他们对原生态音乐的热爱和执着促使我想要去了解原生态音乐以及薅秧歌的来历和反映的背景。

回来后，我认真地上网查找和翻阅有关的一些资料，才对原生态音乐和薅秧歌多少有了一些了解，但是，这只是一点皮毛的了解，还需要同人们互相交流，共同探索！以下我把我的所得和大家一起分享共勉吧！

一、原生态艺术
（一）原生态音乐的来历

"原生态"一词是普遍适用于生物学科领域的一个术语。最近一两年，原生态作为一种新生事物，广泛流传在各种媒体之间，作为一个新生的文化名词它的定义为：没有被特殊雕琢，存在于民间原始的、散发着乡土气息的表演形态，它包含着原生态唱法、原生态舞蹈、原生态歌手等新说法，后来在音乐领域里它便成了"原汁原味民歌"的时髦词汇，于是原生态音乐艺术就此开始出现。

（二）原生态民歌

1. 原生态民歌的定义

原生态民歌，顾名思义是我国各族人民在生产生活实践中创造的、在民间广泛流传的"原汁原味"的民间歌唱形式，它们是中华民族"口头非物质文化遗产"的重要部分。原生态的音乐特征就是没有经过加工的音乐。原生态民歌最重要的特点就是声由心发、质朴自然、个性鲜明、不拘一格，地域特征尤为显著，词曲淳朴具浓厚的生活性和乡土风情。原生态民歌是代表中国的民族音乐，通过民族音乐，弥补各民族语言的不通，传递心灵的力量，所以，我们每一个人都应该了解"原生态民歌"，去细品它的滋味，欣赏它的魅力。

2. 原生态民歌的演唱

原生态民歌的演唱法只是区别于学院派民歌唱法的一种唱法，学院派民歌唱法大多吸收了一些西洋唱法，讲究开口和气息的运用以及肢体的表现，而原生态唱法却是一种原始的未经加工的唱法，用没有经过训练和雕琢的嗓音来演唱来自民间没有经过加工和提炼的歌曲，是人们在生活和劳动中自然形成的口口相传的作品，是生活本体的一部分，是保持原始状态的表演形式。许久以来，原生态唱法都没有被学院派所承认，那些年的任何比赛都是学院派正统的讲究方法的歌者参赛，致使音乐比赛的类别单一无生趣，后来以阿宝为首的原生态民歌手的出现，使歌手赛内容更加丰富多彩，让喜欢原生态民歌的爱好者欣喜。

在"第十二届CCTV全国青年歌手电视大奖赛"中，原生态唱法又被给予了和美声、通俗、民族唱法并列的位置，真正地列入了艺术的行列。从此，原生态民歌和唱法成为了一门艺术领域的新星，走入了大家的音乐世界，走进了千家万户。

二、薅秧歌

（一）薅秧歌的来历

薅秧歌是汉族的民歌，反映的是我国南方种植水稻的地区，人们在插秧后不久就进行的一次除草拔秧的劳作。拔秧的目的是为了给秧苗松土，一般情况下，水稻一熟就会进行三次薅秧，薅秧的动作极为简单机械，或用脚踩或用手拔。人们一边薅秧，一边拉家常、谝闲话，或者打情骂俏等，再看到长势苗壮的秧苗和绿油油的无边田野，憧憬着丰收的美好未来，心情十分舒畅，自然而然会让人有感而发。渐渐地，这些相互的交流就成为了简单机械劳作中不可或缺的一部分，正是这一边薅秧，一边拉家常、谝闲话，一边骂俏、一边唱歌的形式，也就慢慢演变成了现在的"薅秧歌"。最有代表性的是开江毗邻重庆的薅秧歌，唐代诗人刘禹锡根据民歌改作新《竹枝词》，重庆地区引用竹枝词，融入本地民歌，代代相传，逐渐形成具有浓厚地域特色的开江薅秧歌，从而使重庆地区的薅秧歌源远流长，历史悠久。

（二）薅秧歌的特点

1. 薅秧歌的歌词

薅秧歌的歌词一般由两句或四句的七言歌词组成一个完整的曲调。随着时间的推移，目前留下来的薅秧歌中，歌词多以反映田间劳作或男女之间酸了吧唧的情歌为主。目前，薅秧歌从歌词内容看大概可分为几类：歌中表现的多以情歌（打情骂俏）类为主。也有讥讽懒惰的、为薅秧而歌的、诅咒稗（bai）子的，等等。

A. 打情骂俏的

"田间薅秧行对行，两个秧鸡在歇凉。秧子林林倒好耍，薅秧棒儿不认黄。半天下雨半天晴，斑鸠爱的刺巴林。鱼儿爱的秧田水，情妹爱的勤劳人。"

B. 讥懒惰的

"歇了会气就起身，莫把地下坐起坑。脚下是个邪魔地，坐断龙脉草不生。"

C. 为薅秧而歌

"田里头稗子多，扯了一窝又一窝。既要弯腰扯稗子，还要抬头唱山歌。大田薅秧不唱歌，薅起秧子懒梭梭。女的连连打哈欠，男的赶倒把烟摸。"

从以上几类歌词来看，不管是哪一类歌词都是淳朴、通俗、自然、直接，更重要的是具有浓郁的地方特色。

2. 薅秧歌的演唱

薅秧歌调子多是民歌曲调，有高腔、平腔、短腔等，曲调复杂，音域广而偏高，有的还有川剧高腔曲牌的痕迹。薅秧歌没有现成谱子，主要靠民间一代一代人口授或耳濡目染地传承。

薅秧歌在歌唱过程中有一人领唱、多人合唱，也有两人对唱的形式。薅秧歌的声腔高亢豪放，调式灵活多变，旋律婉转悠扬，节奏相当自由，能够直接表达演唱着内心的情感和淋漓尽致地展现演唱者的性格。随着原生态音乐的发展，薅秧歌的演唱形式也在不断变化，不仅仅是通过唱来表达情感，还通过演来展现薅秧歌丰富的艺术内涵。

三、感想

民歌具有鲜明的地域风格和欣赏性，我国是一个拥有 56 个民族的大国，有着深厚而优秀的文化传统，是个民歌资源极其丰富的国家。民歌是代表中国的民族音乐，而原汁原味的民歌是民族根源文化的一部分，是我国民族的血肉和灵魂，通过音乐，能弥补和沟通各民族语言的不相通，传递心灵的力量，让各民族更加团结在一起。

通过这次的民间艺术采风活动，让我感受颇深。看到我们的老一代民间艺术家对原生态音乐的执着和热爱，深深受到启发。

随着农业现代化的不断推进，薅秧这种田间劳作渐渐退出了人们的生活，而与薅秧息息相关的薅秧歌则也慢慢地从人们的耳旁消失。而我们这次的采风活动给了老一代民间艺术家无尽的安慰，让他们知道他们喜欢的原生态音乐——薅秧歌并没有失传，我们将继承老一代民间艺术家们对原生态音乐的执着和热爱的精神，挖掘出更多的民间原生态音乐体裁。查阅到2007年3月，薅秧歌也被四川省人民政府公布为第一批省级非物质遗产保护名录。

如今"原生态民歌正面临消亡的危机，民间文化载负一个民族的记忆，失去了记忆就意味着失去了我们的根，失去了我们脚下的土地"。因此，保护原生态民歌已成当务之急，让我们大家都携起手来，为传统文化、为原生态民歌而尽我们的力量，希望"原生态民歌"永远源远流长！

小学音乐课堂中民歌教学方法实践思考

绵阳市成绵路小学　欧冬梅

民歌是民族民间音乐的基础，民歌真实反映了各族人民的生活与情感，是民族音乐中一个非常重要的分支。但在当前，很多少年、青年认为民歌老土，没有趣味、缺乏激情，他们不愿意了解民歌，更不愿意学习与传承民歌。如果不能尽快改变现状，我国的民歌最终会在历史舞台上消失。小学生是祖国的未来，也是民歌的未来，只有让小学生了解民歌、喜爱民歌，学会演唱以及创新创造民歌，民歌才能得到更好的传承与发展。那么，又该如何抓住小学音乐课堂有效进行民歌教学呢？这里提出以下建议。

一、创设教学情境，激发学习兴趣

当代小学生生活的环境是被流行音乐充斥的环境，他们的生活中缺少民歌，因此也不了解民歌。基于此，在进行民歌教学时，教师首先要让学生了解民歌，让小学生准确了解民歌的意义与内涵，了解民歌的魅力，进而自觉转变观念与态度认真学习民歌。由于小学生对民歌了解得较少，没有对民歌的记忆与情感，因此简单的口头讲解无法激发兴趣，很难让学生有画面感。为此小学音乐课堂上教师要能灵活运用多媒体给学生创造情境、营造氛围，以此激发学生情感，培养学生对民歌的兴趣与热爱。《新疆是个好地方》是人音版教材的歌曲，在进行这一课的教学时，我提前搜集整理了一些能展现新疆自然风光特色与民俗人情的图片、视频等，将其整理剪辑然后配上这首民歌制作成课件，教学过程中先让学生聆听感受歌曲的情绪和主要内容，然后播放课件让学生在轻松愉悦的氛围中，在由音乐、画面创造的情境中感受新疆的独特风情，感受民歌的深情悠扬，认识民歌的意义与价值。

除利用多媒体拉近学生与民歌的距离外，教师也可将民歌与民间故事有机结合。小学生普遍喜欢讲故事，在引导学生学习民歌时给学生绘声绘色讲一个他们没听过的、充满趣味与神秘的与民歌相关的故事，不仅能让学生对民歌多了解一分，而且还能激发学生学习民歌的兴趣。

二、结合民俗文化，加深教学深度

民歌是民间文学的一种，每一首民歌的诞生都与当时的社会环境、文化背景有着直接的联系。因此民歌不仅仅是一段旋律，它还是一个故事，是一种民俗。在进行民歌教学时，教师不能仅带领学生熟悉民歌旋律、掌握民歌唱法就结束教学，教师要深挖民歌背后的故事与文化，向学生展示民歌的丰富内涵，进而从本质上改变学生对民歌的认知与看法，为学生的学习、民歌的传承发展奠定良好的基础。具体如，在引导学生欣赏或学习《凤阳花鼓》这首民歌时，教师就可结合图片、视频等向学生详细介绍与《凤阳花鼓》相关的历史文化、民间习俗，引导学生深入了解民歌的内涵，感受民歌的独特魅力与价值。据记载，人们创作《凤阳花鼓》不是为了娱乐，而是为了讨饭、生活。这首简短的民歌描述了过去凤阳人遇到灾荒年景时的悲惨情景。明太祖朱元璋即位后，将江南富户14万家迁入凤阳作为中都。后来在自然灾害、苛政、恶吏等的多重作用下，百姓穷困潦倒，只能逃荒要饭，在要饭时他们经常唱《凤阳花鼓》乞讨。总的来说，在小学阶段教学民歌，教师一定要把握教学的深度，要把握民歌教学的最终目标，避免将民歌教学表面化、形式化。

三、进行民歌鉴赏，提高欣赏能力

在音乐学习中，鉴赏是一个非常重要的学习方式。通过鉴赏，学生的知识储备能得到丰富、知识视域能得到拓展、审美能力能得到提升，同时学生能积累下更多与音乐有关的情感、观念等，学生整体的艺术素养能得到提升。因此在进行民歌教学时，教师还需多引导学生鉴赏民歌。鉴赏时，教师可先不做任何讲解说明，只放曲子让学生认真听、反复听，听完后让学生写下或是与教师分享自己在聆听时的感受，从音乐中感受到的情感、内容以及脑海中的画面等。然后教师再向学生讲解与这首民歌有关的习俗、文化、故事等，待学生对民歌有进一步的了解后教师再指导学生反复倾听并尝试跟唱，让学生补充自己初次倾听时的感受、感悟，教师也可给学生做出提点引导学生拓展思维，从不同角度、不同层次再去感受、品味民歌。在这样的鉴赏教学中，学生能体会到民歌蕴藏的情感，能感受到民歌的美感与艺术魅力。学生对民歌的兴趣会有所提高，对民歌的喜爱程度会有所增加。

四、融合流行元素，优化民歌教学

当代小学生都喜欢流行歌曲，因为流行歌曲的旋律更丰富，歌词内容等丰富多样，演唱起来也比较顺口。在教学时，教师要尊重学生的这一兴趣爱好或是习惯，不应采取强制性手段让学生放弃流行乐而学习民歌，或是将流行乐与民歌放在对立面，利用流行乐的通俗来凸显民歌的魅力。如果采用这样的教学方法只会获得适得其反的结果。在教学过程中，教师要能巧妙利用学生对流行乐的喜爱来激发学生对民歌的兴趣。在四川省"唱家乡的歌"微课展示活动中，成都市龙江路小学王鹏飞老师执教《秀才过河》这首歌曲时，根据歌曲内容巧妙地加入了当下非常流行且深受学生喜欢的说唱，这样多元的教学形式，不仅丰富了教学内容，同时也激发了学生的学习兴趣。

如教师可在教学民歌过程中适当地融入一些流行元素，在引导学生学习欣赏阿宝演唱的民歌时，教师可给学生找来女子十二乐坊的音乐与黑鸭子演唱组合演唱的民歌让学生聆听欣赏，让学生感受民歌与流行音乐之间的和谐，逐步融掉学生对民歌的偏见或是恐惧，让学生喜欢上民歌。

综上所述，民歌是我国民族文化宝库中的瑰宝，是我国音乐文化的重要组成部分，在新的发展时期，必须做好对民歌的教学与传承。在小学音乐课堂上，教师要能根据民歌的特点，根据小学生的兴趣爱好、认知发展规律等采用小学生喜闻乐见的方式引导学生了解民歌、学习民歌，为民歌的传承与发展奠定良好基础。

参考文献

[1] 曾珠 . 小学民歌教学的民族文化策略研究 [D]. 四川师范大学，2020.

[2] 曹静娜 . 小学音乐课中民歌教学的有效融合 [J]. 北方音乐，2020（01）：211-212.

[3] 严丽花 . 小学民歌教学的理论与实践 [J]. 北方音乐，2019，39（11）：118-119.

[4] 李颖 . 鄂伦春民歌在小学音乐课堂的探索与实践 [D]. 内蒙古师范大学，2019.

[5] 韩彦婷 . 民族音乐文化传承视域下的小学民歌教学研究 [D]. 东北师范大学，2018.

云朵上的歌

涪城区教育研究室　张　伟
绵阳市成绵路小学　欧冬梅

　　我国是一个多民族国家，每个民族都有最具特色的音乐和文化。羌族，被誉为"云朵上的民族"，羌族人民在岷江上游地区生产生活，世代繁衍，创造出了绚丽多姿的羌族文化和丰富多彩的羌族民歌。羌族民歌的形成，与羌族人民的农牧生活方式息息相关。在长期的劳动和生活中，羌人自古就喜欢用歌唱的方式来表达自己的情绪。长期闭塞的生活环境与悠久的历史，使羌民族至今仍保留着不少古朴、深厚、独特的民歌。羌民族有语言而无文字，羌族民歌的传承只能是口口相授，在受信息化严重冲击的今天，羌族音乐文化的传承面临着严峻的考验。

一、羌族民歌的艺术特色

　　羌歌源于生活，人们热爱朴实的民歌，并从中得到启示，这是作曲家笔下的作品不能比拟的。羌歌是羌族文化精神的体现，是羌族人民的风土人情以及审美情趣的集中体现。羌族民歌在旋律、歌词、表演形式等方面各具特色，为羌族民间传统文化增添了无限光彩。

（一）调式

　　羌族民歌大多数属于我国古老的五声调式，例如在初中课堂上教唱的《喝酒歌》，它的尾音以6音结束，音阶中仅有1、2、3、5、6五个音，属于羽调式；又例如教唱的另一首歌曲《吹起羌笛跳锅庄》，结束音是5音，同样音阶中仅有1、2、3、5、6五个音，则为徵调式。据统计，羌族民歌也有六声调式的民歌，但很少有七声调式的民歌。学校选择《吉格惹门》和《惹门吉斯鲁》这两首简单的五声调式歌曲进行教学，不仅因为学生容易学唱，也因为它们是极具羌族生活气息的代表作。

（二）类型

　　羌族民歌一般分为山歌、劳动歌、节日风俗歌、巫师歌四种。这些歌曲都和羌族人民的生活密切相关，例如在劳动中或山间劳作时渐渐形成的羌族山歌；山歌后来又细分出劳动歌成为独立的一个类别；风俗歌一般专用于民族的仪式活动，比如族人结婚时唱的婚嫁歌、喝酒时唱的酒歌等。羌族是一个灵物崇拜的民族，他们的历史中保存着许多古老的传说故事，所以巫师歌也就应运而生，只有在特殊的仪式活动上会演唱表演此类歌曲。

羌族的多声部音乐就是和声歌曲，指几个歌者同时演唱，但按照自己的声部来进行合唱，旋律高亢缥缈，婉转优美。

（三）乐器

羌族常见的乐器包括羊皮鼓和响铃，其他常见的乐器还有口弦、羌笛、肩铃、指铃等，这些乐器都有一定的历史年份，成为羌族音乐文化中的瑰宝。

二、羌族音乐在各中小学的境遇

（一）当代中小学生缺乏对羌族民间音乐的了解

笔者的定点羌族音乐实验学校是绵阳市成绵路小学，该学校四至六年级共 36 个教学班，2145 名学生，在音乐课堂里笔者进行了简单的调查，调查的结果真是令人叹息：喜欢羌族音乐的不到 5%，知道羌族文化的不到 15%，能唱《咂酒歌》的不到 3%，能跳莎朗舞的不到 1%。

（二）非羌族地区的中小学音乐教师几乎不向学生传授羌族民间音乐

笔者所在的地区是绵阳市涪城区，对北川中学（北川羌族自治县的一所中学）、绵阳市所有城区中学（非羌族地区的中学）又进行了调查，结果发现：非羌族地区的中小学音乐老师每年所上的音乐课中几乎没有羌族民间音乐的内容。非羌族地区音乐教师对羌族音乐文化缺乏了解，也没有现成的羌族音乐相关资料，再加上学校教育对地方非遗音乐文化的传承没有引起足够的重视，羌族音乐得不到很好的传承和延续。

（三）当代中小学生大多不喜欢当地少数民族民间音乐

很多的中小学生大多不喜欢当地少数民族民间音乐，他们认为民族民间音乐与他们的时代相距甚远，音乐太古老、太传统，没有通俗音乐新颖时髦；还有学生认为少数民族歌曲音调较高不宜传唱，他们就对演唱没信心；也有学生认为自己所在的学校没有发展羌族民间音乐的环境，大家都喜欢流行音乐，一个人喜欢或演唱羌族歌曲，会被同学看成另类。社会传媒中，不管是电台、电视台、音乐网站，还是市场出售的音像制品，羌族民间音乐也非常少，在这样的环境下羌族民间音乐又怎能引起当代中小学生的注意呢？

（四）羌族民间音乐走入中小学音乐课堂刻不容缓

羌族民间音乐是羌族地区传统文化的一个重要组成部分，具有鲜明的民族性，体现了这个民族的性格特征、人文素质与审美情趣，是民族精神的象征，是羌族文化宝库中的珍贵财富。它是羌族民族精神与人格精神的审美体现与高度升华，是羌族人民赖以生存和发展的精神支柱。它对培养当代中学生热爱本民族精神，以及继承羌族民间音乐文化等方面有着积极的潜移默化和不可或缺的作用，尤其是在民族文化传承方面有着深远意义。

对于羌族未来的发展和羌族人民自身而言，羌族民间音乐文化传承和音乐教育艺术传播体系起到不可估量的作用。课堂上需要民族音乐，校园生活需要民族音乐，国家先进的文化需要民族音乐，民族的未来需要民族音乐。然而由于一直以来形成的教育传统观念及现代文化的侵入，使得学校教育与羌族民间音乐教育传承之间存在代沟与脱节现象。因此，学校教育应该作为羌族民间音乐文化传承的主要渠道，传承羌族民间音乐文化是学校教育的重大历史使命。让羌族民族音乐走进校园、走进音乐课堂、走进孩子们的生活，是刻不容缓的大事。

三、通过学校音乐教育保护羌族民歌

对羌族民歌实施保护，这是传承羌族民间传统文化的需要，是时代赋予的责任。羌族是中国 56 个民族中的一员，传承民族文化是每一位公民的职责和义务。学校是知识文化的传播地，学校音乐课肩负着"传承民族优秀文化"的重任，将羌族民歌融入音乐课堂中，让学生了解羌族民歌并演唱它，才能实现民族文化的传承。多年来，通过在区域内实验学校进行羌歌课堂教学实践，以及开展的一系列羌族艺术实践活动，总结出以下几方面来更好地引导学生去了解学习羌族民歌。

（一）视觉激趣

音乐课堂不仅要用美妙的音乐来美育学生，还要引导学生从音乐的相关精神文化层面去了解作品。羌族民歌是羌族宝贵的精神文化遗产和智慧结晶，老师首先要让学生对这些文化感兴趣，才能让学生真正用心地去学习，产生对其学习的愿望。具体的方法有：

（1）播放与羌族文化相关的音画资料。其中包括民族历史形成简介、民风民俗、非物质文化遗产、标志性建筑及物质文化、自然风光等。

（2）穿戴有象征性的饰品衣物。羌族饰品衣物具有浓郁的民族风格，如羌绣荷包、羌绣腰带、羌绣围裙、头饰、云云鞋等，让学生选择自己喜欢的小物件佩戴上，创造一个浓郁的羌族青少年聚会的场景，引起好奇心，激发学习兴趣。

（3）制作介绍羌族文化的 PPT 课件，老师进行直观讲授。讲授法虽然缺乏创新性和实践性，但也是最为直接的一种教学方法，让学生为后面的学习奠定理论基础。

（二）听觉激情

（1）学生就羌族文化中的某一点展开自主性演讲与辩论。在笔者的课堂中，给学生提出了四个问题：羌族的碉楼为何修建得那么高？羌族的滑索有何作用？羌家人屋内摆设的石头有什么寓意？班上有无羌族学生，邀请他演唱表演羌歌，让学生向他提问学习，并交流其民族文化。

（2）现场视听羌乐器演奏的作品，并介绍乐器与羌族民歌的紧密关系以及乐器制作所体现的民风文化。笔者在课堂上为学生简单示范了羊皮鼓的演奏方式，并让他们也来尝试敲打，听羊皮鼓的音色特点，并对此产生探索愿望。

（3）以歌词为出发点，讲故事传说。例如课堂上教唱的《吉格惹门》，它是羌族人民在腊月三十晚上全家团年时演唱的歌曲，家人围坐在一起演唱的一首欢快热情的歌曲，学生能够从歌词中感受到羌族人民在过年时的一种欢乐、祥和、温馨的画面，同时也能体会到羌历年和我们传统的新年一些不一样的东西。

（三）践行传承

如果仅仅是让学生反复听音频资料，是不能产生深刻的感受和印象的。在音乐课堂中，笔者通过多种方法例如聆听、演唱、演奏、综合性表演和音乐创编等来进行教学。具体的方法有：

（1）了解羌族乐器并了解如何演奏。由于羌族乐器稀少难以购买或借用，最后只能自己仿造羊皮鼓的外观制作了一个简易羊皮鼓，让学生来为歌曲拍打节奏和创编简单的舞蹈动作，取得良好的教学效果。

（2）设定题目，小组编排话剧、小品、舞台剧等戏剧形式来表现学生对羌文化的理解和感悟。例如，笔者在课堂上给出一个题目"喜气洋洋羌历年"，要求学生按题目进行创编表演，表演到最后还要演唱《吉格惹门》，让学生感受羌历年独有的风俗特点。

（3）用体态律动教学法引导学生带上肢体的动作协调音乐节奏。例如在《惹门吉斯鲁》的教唱过程中，由于衬词节奏的不规律，很难准确演唱，引导学生用拍手方式表现歌曲中衬词的节奏，同时借用律动表现音乐意境，为歌曲设计表演动作等方式来进行演唱。

（4）教学生跳萨朗舞。在羌族音乐实验学校绵阳市成绵路小学，就开展了以"萨朗"为主题的大课间活动，学校音乐教师教学生学跳了几组简单的萨朗，根据学校场地的实际情况进行了队列队形的变化，孩子们随着音乐跳起萨朗舞，场面热闹。

（5）创设音乐课堂小活动，让学生充分参与。例如，在讲授相关文化知识的过程中，用投票辩论的方式来讨论并解决问题；在歌曲的聆听过程中，用画图的方式来画出旋律线条；在唱歌时，进行歌曲分乐句接龙演唱，优异者加小组分或个人分；击鼓传花的学生上台演唱羌歌或是跳萨朗舞蹈，让学生在欢快的氛围中学习羌族音乐。

（四）弘扬创造

"鼓励音乐创造"是课程标准的理念之一，是中小学进行音乐创作实践和发挥创造性思维能力的过程和手段。具体方法有：

（1）即兴舞蹈创编。引导学生即兴创编同羌族民歌情绪一致的律动或舞蹈，并参与表演。学生亲身参与舞蹈的创编活动，能够获得对羌族音乐最直接的经验和情感体验。笔者所在的学校开展了以"莎朗舞"为主题的大课间活动，在课堂上，请同学们结合音乐根据自己已有的经验进行即兴舞蹈动作的编创，提高学生的舞蹈技能，更好地领悟羌舞的内涵，感受羌舞的魅力。

（2）创编民族歌曲。羌族具有较突出的五声调式特点，虽然中小学生对此理解不是很深刻，但他们对羌族常用五声音阶的组合以及羌族常用的音乐节奏已经有了很深的体验。引导学生以简单的节奏进行歌曲创编，训练音乐创作能力，既让其体会到成功感，又感受到民族调式的音乐美，树立了学生弘扬民族精神的品质。

小结

对于羌族音乐，教育工作者有传承下去的责任，尤其是羌族所在区域的音乐教育工作者，我想尽我的绵薄之力，灌溉给每一位孩子一棵羌族音乐成长的小嫩芽，他们就好像蒲公英，将我们中国伟大的羌族音乐抑或羌族文化，由聚到散，散播到更远。保护并传承羌族民歌至关重要，特别是在汶川大地震后，由于羌族地区遭受重大破坏，保护羌族民歌文化迫在眉睫，让羌族音乐进课堂，让广大青少年学生唱羌歌、跳羌舞，相信羌族民歌一定会永久地传承下去，继续焕发它美丽的光芒。

参考文献

[1]《羌族民歌的演唱特点探微》.四川戏剧，2013（07）.

[2]《灾后羌族音乐文化的多元保护措施探析》.音乐探索，2014（04）.

[3]《21世纪前十年羌族音乐研究综述》.四川音乐学院图书馆，2013.

［4］柴永柏.川北羌族与白马藏族民俗艺术的综合开发与利用研究［J］.音乐探索，2012（02）.

［5］余华君.云朵中的民族羌族［J］.八小时以外，2010（09）

寻找富有生机的民歌课堂

四川大学附属实验小学　伍　娜

寇老师是一位自带光芒的人，对工作他总是热情洋溢，百忙中依然笔耕不辍，着实令人敬佩！在寇老师人格魅力感召之下我加入了他的工作室，开始涉足民族文化传承下的四川民歌教学研究。三年来，我与大徒弟武侯区邹维老师、二徒弟高新区余世凤老师、三徒弟锦江区张琪老师、四徒弟青羊区张文婷老师组成寇忠泉工作室（伍娜）小组。我们师徒五人克服不在一个区、路途遥远、不易碰面的实际困难，通过网络集体研讨、邮件往返传教案与授课视频、每月尽可能调课集中一次以听评磨课的方式进行民歌教学的摸索与研究，试图共同寻找富有生机的民歌课堂的模样。

一、展现原生态民歌的视听冲击

"一方水土养一方人"，每个民族、每个地区都有属于自己的带有浓郁地方性和民族色彩的民歌。如果都用普通话来演唱各地民歌，那么民歌的欣赏价值将大打折扣。因此，介于民歌的"风土性"特征，透过图片、音频、视频简单了解当地民俗文化，聆听带有鲜明地方风俗特征的原生态演唱并学说地方方言，使学生能够走进某一地区、某一民族，与他们的精神世界产生独特的互动并对该地域音乐文化树立正确理解与认识。

张文婷老师在执教彝族儿歌《喜鹊钻篱笆》时，为了让学生享受到最原汁原味的民歌带来的视听感受，她没有图省事直接使用教材配套音频，而是花了大量时间和精力上网查找最原生态的彝族民歌视频资料。课堂上，她和同学一起模仿彝族人围坐火堆边，兴奋地告诉学生："刚才张老师是用我们汉族的语言来演唱的，其实彝族人民有他们自己的语言！今天老师就为大家请来了一位来自大山里的彝族阿姨，她将弹着彝族最有代表性的乐器——月琴，用最地道的彝族语言来演唱这首快乐的彝族歌曲。"学生在对比聆听普通话版本和原生态版本的音乐作品后，又学习用彝族当地语言演唱歌词，这使学生深刻体会到了彝族原生态民歌与众不同的独特魅力。实践证明，只有这样原汁原味儿的民歌才能带给学生强烈的震撼与冲击感，让学生产生对民歌的好奇与兴趣，从而激发学生最重要的音乐品格——自主音乐需要。

二、激发富有情境的民歌想象

民歌是早期劳动人民在劳动生活中创作出来的，有的体现劳动生产习俗，有的体现婚丧习俗，有的体现生活习俗。当下的小学生既缺乏田野劳动经验又对各地习俗和民歌知之甚少，甚至可以说是一无所知。因此教师教授民歌时除了需要先通过课件向学生展示劳动生活场面，给予他们感性认知外，还应尽可能用音乐的方式创设劳动生活情境带学生身入其境，实现正面、积极、优质、充分的民歌音乐情感体验。

张琪老师执教《放牛山歌》时，就很有创意地将前奏钢琴伴奏的节奏拉宽拉长，将领唱的第一、二乐句速度放慢，非常好地强化了歌曲山歌的风格特点。刹那间，一幅山野图呈现在学生眼前。带着这样有情境的想象，有的学生当牛儿，发出哞哞的叫声；有的学生当放牛娃用四川话吆喝："走，上山去喽！"在有情境的音乐想象中，学生唱出了心中的山歌，获得了心灵的满足与飞扬。

三、感知方言与民歌旋律节奏的密切关系

在中国这片广袤的土地上有一百二十多种鲜活的地方语言，每个民族的语言内部又存在方言土语的差别。民歌以方言演唱、以方言传播，在演唱时会因方言的声调和语言节奏而产生截然不同的旋律走向和节奏差异。这也有力地证明了方言和旋律、节奏之间的密切关系。小学民歌课堂教学中无须对此做深入分析讲解，通过歌词的反复念、唱并辅以联觉的支持可有效帮助学生初步感知方言与当地民歌旋律、节奏之间的联系，这也是音乐文化理解的一部分。

余世凤老师在执教四川民歌《采花》一课时，就非常重视学生体验四川方言的语音语调与音乐旋律之间的关系。教师揭题："刚刚演唱的就是一首很经典的四川民歌《采花》，我们用四川话说一说'采花'。我来问，你来答。"教师一边说一边用手指比画出四川语音语调的旋律线条（听觉＋视觉＋声觉）。余教师还尤其注意指点学生"海""尖""采""霜"等字发音的语音语调，并很好地做到了让学生在演唱之前对方言声调的旋律走向有足够想象。

节拍节奏的形成受各民族语言节奏的巨大影响，也和各民族生活环境、生产方式有关。邹维老师在教授朝鲜民歌《桔梗谣》一课时，特别注意让学生感知民族语言与节拍节奏的关系。在学歌词环节老师手拍节奏歌唱（听觉），突出三拍子韵律感，同时请学生用敲长鼓的动作伴奏（动觉），使学生很好地体验到了歌词和节拍韵律的关系。唱歌词时，学生用手指敲击节奏，

在附点四分音符出现的时候用手指在空中画出长长的弧线（视觉）。之后教师提问："同学们，你们知道为什么这首歌的附点特别多吗？因为以三拍为基础的附点节奏形式与朝鲜语言直接相关。朝鲜族语言的单词有长音节和短音节之分，语言重音的安排往往形成前长后短或前短后长的节奏形式。请再跟老师一起读一读（声觉）……"通过拍、念、听、唱等音乐实践活动，促进学生初步理解朝鲜族语言和节拍节奏息息相关。

四、传承口传心授的民歌学习方式

民歌以独特的口传心授的形式流传于民间。虽不知作者姓甚名谁，却通过一传十、十传百、百传千万的集体检验后相传至今，并在流传中不断丰富、完善。起初并没有纸质的乐谱，即便有也仅仅记录一些骨干音，故而容易传唱变异。后来音乐学者千辛万苦采风收集音响资料，再将其记谱整理出来才得以保留下这些珍贵的民歌素材。因此，课堂中采用传统口传心授的方法教民歌，符合民歌的"口头性"特征，在一定程度上来讲也是一种文化的传承。

张文婷老师执教《喜鹊钻篱笆》一课就采用的这种自然淳朴的学习方式："彝族歌曲就要用彝族语言演唱！今天，老师就来教你们用彝族语言演唱《阿斋求堵斗》。我们想象自己穿着颜色鲜艳的彝族服装，女生头戴漂亮的头饰，男生再披上一件查尔瓦。现在老师教一句，你们学一句！"之后张老师又采用分男女小组和通过游戏接龙的方式让学生在快乐的氛围和有趣的游戏中反复演唱歌曲，熟悉歌曲。口传心授学习民歌从音乐学习的角度看还起到了强化学生内容性情感体验、训练学生听觉和音乐记忆的作用。

五、体验载歌载舞的民歌形式

民歌与舞蹈有着十分密切的关系。民间歌舞产生于劳动和休闲娱乐生活，具有歌唱性、律动性强的特点。其丰富的感染力能最直接地表现该民族的性格、气质、思想、文化、情感、劳动方式、生活环境、物质文明、宗教信仰。小学民歌课堂中将参与不同地区歌舞的音乐实践活动作为重要教学途径，必然可以加深学生对该地区民歌风格的理解和认识，使学生获得感性民歌音乐经验，促进学生音乐情感的表达，进而丰富已有的民歌音乐经验。

这一点邹维老师尤其擅长，她年轻时曾是部队文工团舞蹈演员。她执教《桔梗谣》时就通过朝鲜舞让学生深刻理解了朝鲜族人民农耕劳动的特征和人们既含蓄又热情的性格，同时学生也在载歌载舞的体验中感受到朝鲜族民歌节奏之多变、旋律之优美、呼吸之意味无穷。

张琪老师在执教《放牛山歌》一课中更是巧妙使用莲箫作为四川民间乐器，不仅用莲箫引出歌曲难点、解决难点，还在整合歌词、节奏、旋律三要素的同时让学生手舞莲箫载歌载舞加强对四川民俗文化及音乐风格的经验性情感体验。

当然，除了载歌载舞类民歌以外，也有一些民歌属于只歌不舞类，需要教师课前做好作品分析。

六、播种民歌即兴演唱的种子

中国民歌还蕴含"即兴"的特征。即兴编词、即兴编曲是民歌不断发展的主要手段。在口头即兴创作中，民歌总是以朴实简明、平易近人的歌词反映着劳动人民的智慧结晶和自我情绪的表达。当然，即兴绝不等于随意。即兴改词难度不大，而旋律即兴非得建立在大量民歌风格体验和演唱的积累之上，有足够音乐经验才能随性发挥。刚开始我们可以让学生微微触碰、浅浅体会，先一睹民歌即兴的魅力所在！

余世凤老师在《采花》一课中做了一点小小的尝试，效果很好，起到了为小学生了解民歌即兴"打开一扇窗"的作用。四川民歌《采花》是一首分节歌，一段旋律六段歌词。一节课反反复复唱同样的简单旋律难免会产生审美疲劳，余老师则和同学分段演唱："你们的演唱已经把我带入了那美的山、秀的水之间，面对这情、这景，我也忍不住想自由地歌唱起来。你们唱1、2、5、6段，老师唱3、4段。"没有一个学生会想到老师在第3、4段居然演唱出了完全不同的旋律，学生们眼前一亮，教室顿时鸦雀无声！由此，老师的这段SOLO不仅改变了旋律，还把民歌结构也由一段体瞬间变成了三段体结构。坚持长此以往的熏陶与积淀，学生也一定会来上一小段自娱自乐。这，就是即兴的魅力。

富有生机的民歌课堂应该是个什么模样？我想，我们小组已经为她画出了一幅模糊的轮廓。相信在寇老师的引领之下，它的轮廓将会越发清晰。

探析素质教育视域下的小学民歌教学

泉驿区教育科学研究院 王大东

在小学音乐教学中，小学生由于年龄偏小，因此具有极佳的可塑性。通过合理有效的培养，小学生自身将对音乐体系产生浓厚学习兴趣，而民歌教学在小学各年级均有体现，因此，民歌教学对于小学生的音乐构成具有非常明显的重要性。民歌的构成中，除自身优美的旋律外，其自身的歌词也具有非常积极的教育作用，在学习中就可以对小学生的爱国情怀进行充分培养，同时对其正确的人生观、世界观以及价值观的构成也将起到非常重要的实际作用。因此，在小学教育中进行民歌教学，将对小学生的发展起到非常重要的实际效果。

一、在素质教育视域下实行小学民歌教学意义

在我国小学音乐教学中，很多教师将教学重点放在了如何综合有效提升小学生的语文、数学、英语这三大基本科目上，忽略了音乐教学对于小学生的重要性。在教学中，教师为了强化相关知识点的渗透率，通过课堂书本教学以及大量布置练习题为主，使课堂教学呈现一定的枯燥化，严重降低了小学生的学习积极性。对小学生开展民歌教学，在改善课堂授课氛围的基础上将有效使小学生了解相应的民族文化，形成我国独特的音乐审美，提升自我的道德情操。同时通过歌词，小学生将对我国基本民族教育产生相应的红色思想，有效提升小学生的爱国意识，满足教师的教学需求。在教学中，教师对小学生进行民歌教育，需要从民歌的发展背景、发展因素、中心思想等方面进行启发，帮助小学生了解民歌的重要性。通过教师的系统化教学，小学生将有效了解民歌不仅是单纯的歌唱，更是我国人民的美好思想与奋发图强的民族素质融合，是我国独特民族文化的综合产物，是一种精神的精髓。因此，对小学生开展民歌教学将具有非常重要的实际意义。

二、如何在音乐课堂中有效地开展民歌教学

（一）通过游戏课程添加教学趣味

在对小学生进行音乐教学中，教师需要根据小学生的学习特点开展相关

的教学方案，全面提升小学生的学习兴趣。由于音乐教学与语文、数学等文科类学科相比，其自身具有一定的自由延伸性，在教学中教师可以尝试多种新型教学方案，将其与民歌教学进行合理有效的融合，增加其民歌学习效果。例如教师可以开展"游戏化教学"，在课堂教学中，加入相应的游戏环节，启发小学生的活跃思维，同时对于小学生的肢体协调能力起到非常良好的调节效果。在《牧童之歌》的教学中，教师可以临时划分合唱小组，增加学习趣味性，通过不同合唱小组的配合完成歌曲的演唱。由于《牧童之歌》属新疆儿歌，具有非常明显的民族特色，教师可以组织小学生自主地进行民歌表演，让小学生扮演"牧童"，增加其学习代入感，使教师的教学方案以及教学效果得到有效提升。

（二）在课堂教学中通过提问增加拓展深度

民歌的形成具有非常深厚的文化底蕴，通过学习民歌，小学生将得到额外的知识拓展，其学习综合视野将得到显著提升。例如在《牧童之歌》的教学中，为了增加学生的学习记忆力，教师可以开展相应的课堂教学，采取课堂提问的方式增加小学生的学习记忆力。在课堂提问时，教师可以参考"新疆有什么特产？""你喜欢新疆吗？为什么？""新疆的羊肉串与葡萄干你最喜欢哪个？"等轻松欢快的问题让小学生进行踊跃回答，通过小学生的回答，教师可以推断出小学生对于新疆民族的了解程度，便于制订后续的教学计划。在课堂授课氛围达到最高点时，教师顺利引出《牧童之歌》的教学，让小学生对于歌曲产生极高的好奇心，起到自然过渡、完美结合的特点。为了帮助小学生更为有效地学习，教师在教授《牧童之歌》时需要进行试唱，如歌曲中的 9~12 小结，同时学生进行附点伴唱，起到完美融合的效果。

结束语

综上所述，在民歌歌唱教学中，教师需要根据小学生的实际情况制订相关的教学方案，避免教学方案的"架空性"，实现全方位、高效性教学。在进行民歌教学时，教师应注重小学生的审美意识，引导其自主激发创造精神，通过游戏化教学以及课堂提问调节课堂授课氛围，提升小学生的音乐渗透能力。在教师多角度、综合性的教学方法下，小学生的音乐综合素养将得到显著提升，为日后的学习发展起到非常重要的积极效果。

参考文献

[1] 严丽花 . 小学民歌教学的理论与实践 [J]. 北方音乐，2019，039（011）：118-119.

[2] 徐雪姣 . 多维视域下的小学民歌教学初探 [J]. 北方音乐，2018，038（019）：205.

"三味"教学，民歌有味

——《杨柳青》教学反思

成都市泡桐树小学（天府校区） 江 樾

在寇老师和万老师的指导和鼓励下，我进行了江苏民歌《杨柳青》一课的教学设计。我是一个地道的四川人，对我而言要上好江苏民歌难度较大。如何让民歌教学不同于平时的唱歌教学？如何让学生们唱出民歌的味道？我不知道如何找到突破口。正好名师工作室的教研活动中，有许多老师提供了很好的民歌课例，我如饥似渴地从每一节课例中汲取营养。通过这些课例，我仿佛找到了突破口。

一、民歌学习要体现以学生为中心

1. 座位。每堂课的座位队形一定是在课程需求范围内最大限度考虑到学生的活动空间与舒适度，设计合理。

2. 学习需求。大多数孩子现在对民歌没有太多了解，在课前应了解学生的学习欲望点，教师可根据需求结合教学重点，适当调整环节，抓住学生兴趣点深入教学。

3. 教学设计。学生喜欢快乐的唱歌课。这里的快乐要体现民歌独特的"美"。设计教学内容时应用多样的方式营造美的氛围，让学生沉浸在歌曲意境中。在《杨柳青》一课中，我采用了划船、聆听、播种、锄地等方式让学生走进江南水乡，感受劳动氛围，由此唱出歌曲旋律，抒发情感。

二、民歌教学要营造学习的语境

不同地区的民歌风格差异较大，每首民歌的重难点也不一样，有可能是语言、旋律、韵味，甚至是舞蹈、民族乐器，等等。教师需准确找到每首歌曲的难点，将难点分解到各个环节中，也可难点前置，体验过程中顺带就学习了。

如《摆起你的手来》一课中，老师运用了鼓乐器并着土家族服饰，贯穿始终，给学生直观的民族风格感受。教师从一开始就用土家族语言和学生问好，以及课中时不时说几句土家话，一下就有了韵味，把学生带入了情境中，随后从易到难、人数由少到多地参与摆手舞的学习，在过程中反复聆听和体验，最后学生掌握了歌曲。

三、民歌教学要注重拓展与创新

每一节课都有较合适的拓展内容。有舞蹈的、乐器的、聆听欣赏的，而如何去选择拓展内容是一个较难的问题。这些课例中，老师们都为歌曲教学加入了适合本曲的拓展素材，着重于每堂课的教学亮点，抓住了最有特色的部分。

在学习后，我对《杨柳青》一课进行调整。为了凸显民歌教学特点，在寇老师和万老师的指导下，我从三方面进行了调整。

1. 音乐体验要有生活味

民歌是在劳动中传唱出来的，要唱得地道需要加上劳动的动作去感受和体验。所以在教学设计中，我用播种、锄地等劳动动作来辅助歌唱，创设趣味性的音乐学习情境，引导学生积极参与音乐体验。充满浓郁乡土风味的教材内容，富有深厚扬州文化底蕴的民间音乐，很容易唤起学生学习的欲望。当我增加了这些学习方式后，学生从一开始就被吸引，从而有了更深厚的学习兴趣，为歌曲学习做好了铺垫。这也体现前面所提到的"以学生为中心"，营造快乐的学习氛围。

2. 方言要原汁原味

用方言唱《杨柳青》是这首歌曲的特点和重难点，也是民歌的精髓所在，为了更好地营造学习语境，在我准备这堂课时，我找了几位江苏的朋友用方言一字一句朗读并录音，他们的方言有所差异，我从他们的发音中找到了方言的共同点，例如平舌音、前舌音、发音扁扁的。当我用方言范唱歌曲，然后让学生来发现方言特点并尝试模仿学习时，学生有了很大的学习兴趣。从学生学习时生动的表情上，我看到了学生表现出的专注和积极性。因为他们体会到了学习民歌的新鲜感和民歌特有的音乐性。

3. 伴奏要有民歌味

《杨柳青》是在江苏地区广为流传的一首民间小调，歌曲为五声宫调式，全曲欢快活泼、热情风趣。除了演唱，我也在思考还可以用哪些方式或拓展内容去丰富歌曲教学，例如扬州弹词、民族乐器演奏、艺术家演唱等，但是效果一般。于是我想到了用钢琴进行编创，在万老师的帮助下，我前奏采用了五声调式的八度琶音，舒缓而清新，随后渐快的跳音，表现出生机勃勃的景象，最后由高到低的快速五声琶音似是丰润的雨露滋润麦田，回归到播种的平静场景。演唱部分采用五度加二度跳音伴奏（156），给人诙谐、欢快的感觉。在歌曲最有特色的衬词结尾部分 11　10 处，伴奏采用相同的节奏，在加深学生对歌曲印象的同时，也增添了变化的趣味性。

　　现如今是一个新媒体和科技发达的时代，传统民歌文化的传承是一个极大的挑战，让学生了解民歌、喜爱民歌需要音乐老师们的不懈努力。作为音乐老师，有传播民族文化的责任。这只是一个开始，在工作室我需要学习的还很多。人们常说一个人走得很快，一群人走得很远。我是幸运的，有导师的引领，有身边优秀老师的影响和鞭策，我相信不仅是我，工作室的每一位老师都能刻苦钻研，致力音乐文化传承的同时也在专业成长上走出风采，为中国音乐教育贡献自己的力量，让音乐之美浸润每个孩子的心田。

回归母语，回归人本

——《种杉树》教学反思

成都市泡桐树小学（天府校区） 何国英

《种杉树》是彝族雷波县儿歌，是《歌声飞出大凉山》四川凉山彝族自治州中小学音乐学习读本中第一单元阿依伙（儿歌）中的一首歌曲，是全部用彝语来演唱的歌曲。彝语歌词较难，歌曲为五声徵调式。这首歌曲没有音乐、没有伴奏，既然是少数民族歌曲，就要有少数民族演唱风格，于是我找来了和少数民族彝族嗓音很相似的几个孩子录音获得了可以播放的范唱。怎么能让学生们了解这首歌曲，并唱出彝族原生态味道呢？我从以下几方面进行了尝试。

一、分析歌曲风格，了解风土人情

了解歌曲风格对于把握歌曲歌词特点有着重要的意义。歌曲属于什么地方的，其典型的地域文化和风土人情特点是什么，提前把这些任务布置给学生，请他们去查找相关的资料并和大家分享，引导学生成为教学的主动参与者。通过查找资料，他（她）们了解了彝族服饰、彝族饮食、彝族乐器以及歌唱风格等相关文化，为后边民歌歌词的理解埋下了伏笔。

二、巧用典型乐器，贯穿文化线索

口弦是彝族文化的产物，述说人们内心的苦与乐，它也是连接整个歌曲的一条重要的文化线索。而那么多的孩子，无法满足每个孩子都有，而且一般都吹不响，我根据口弦的样子用卡纸制作了口弦模具，也给孩子们一种大胆地尝试的思想，可以利用生活中的材料来进行创造。对于一个陌生的乐器，怎么浅入地让孩子接受，并简化孩子演奏的难度呢？我抓住了音乐的典型节奏、典型音高：牛牛尼。每一个孩子拿来都能上手。它既为后面彝族音乐文化的发展做了铺垫，感受口弦舞等，也在最后歌曲的综合表现中，变成了孩子们一种重要的表演形式。

三、变换策略，说出韵味

1. 创设情境发声，戏剧性表演

更好地理解歌词莫过于让学生参与实践，表演，自信展示自己。创设情境，让学生在游戏里愉快地学习，不知不觉地把握了发声技能。投放地方特色的韵律发声方法既充满趣味，还真正体现了"本土化"教学。

老师创设情境，运用彝族的口语和学生互动，对话式喊歌发声练习：sizisimztie。学生：nionionie。其语言情境表现彝族儿童歌词顽皮和活泼的性格，激发学生唱歌的欲望，为学习彝族语言、语境的歌曲做好铺垫。

2. 对比聆听，专注母语学习

歌词是民歌的"亮点"和"精华"，也是历史、文化传承的重要部分。为了让学生积极体验歌曲特征，提高他们听觉感官能力的培养，通过对方言与普通话的对比聆听，让学生找到区别，挖掘出地域特色的语言要素或发声韵味。

例如：彝语歌词 niu a niu niu luo yi niu niu niu nie

汉语：妞妞 快过来

彝族处于大凉山，语言粗犷豪放，鼻音偏多，声音好似从一座山传到另一座山，有山脊的挺拔，有山峦的绵延，作品风格也体现了这样的音乐形象。

3. "念、做"入手，身体参与体验

让学生"动"起来，"综合式、即兴式"学习音乐，身体参与律动，即兴模仿典型的地域文化动作，更好地体会地域性文化与情趣，既尊重儿童的感知体验规律，也是体验民族文化特点的一个有效途径。

很多少数民族的语言具有特殊性，且和一般的汉语方言发音不一样，所以在发音上有很大的难度。而本课是以彝族语言展开的歌词，孩子不懂也不易学会，为了更好地帮助孩子理解歌词，理解当地的音乐文化，我们结合语言的学习规律并运用身体参与全面学习的方式方法，进行了尝试。根据儿童心理，孩子喜欢故事，在故事中就隐藏着许多的彝语单词，用图卡和体态律相结合的方式记忆歌词，从生活经验开始，用身体感知来学，并用角色的扮演来巩固和强化彝语的语境，学以致用。

例如，制作彝语单词卡，用彝族儿童的图片来表示彝语"牛啊牛牛"，汉语的意思是"妞妞"；用彝族阿公劳动的动作来表示彝语 si zi si ma tie，汉语意思是"种杉树"；用拿的手势图片表示彝族语言 re la，汉语的意思是"拿到"；用山下的拿图片表示彝族语言 nuo guo，汉语的意思是"坝上"。孩子们根据图片的意思理解歌词，并模仿动作，读懂单词。

4. 角色分工，演绎人物

在教学中倡导用多种表现融合在一起，让孩子多方位立体地感受音乐语言。有了前面的语言和典型动做铺垫，围绕故事展开综合性的表演，通过提炼生活经验的单词——学习发音音标，做单词发音，趣情境化的单词读音，放入语境中，生活化的语言情境化，有节奏地读单词进行角色扮演，巩固记忆整首曲子的歌词。

这首歌曲中有两个人物对话，一个是"阿公"，一个是"妞妞"，我们分别模仿两位的语言，"阿公"用低沉的声音对"妞妞"说：妞妞快啦，我们一起去种杉树啦！"妞妞"用稚嫩的声音说：好啊好啊，把树种拿到坝上去，小孩子们一定高兴得拍手叫好！

教师通过惟妙惟肖地表演两个人物的对话，把歌词体现的意思表现得淋漓尽致，孩子们再来选择模仿，角色分工，更好地演绎了人物。

5. 巧用"声势律动"，念出衬词韵味

在传统的教学中，学生生硬地朗读衬词，积极性不高，导致学生对民歌学习不感兴趣。在现代课改里，我们结合衬词的节奏，经常会采用声势律动为歌词伴奏，生动有趣地体现衬词的韵味。

结合声势律动来引导学生感知音乐特色节奏和歌词，我们应当多尝试把具有地域特色的舞蹈动作带到课堂中来帮助解决衬词的朗读和感知。

如：《种杉树》一课用拍手打开的动作来感知衬词，一组是用画长线代表长长的气息来做，孩子通过模仿提供了直观的韵律感知。动作模奏节奏"×.×　×-"，另一组孩子有节奏地念衬词"niuniunie……"。二者的结合很好地为衬词的韵律学习提供了多视觉多感官的参与，让这种参与更加有趣。

6. 关注语境，解决歌曲难点

民歌的歌词具有地方语言特点。理解作者想表达的内心情感，用典型的地域文化语言、语境特点来解决一字多音或一音多字的难点学唱，是达成民歌情感教学的重要手段。使用传统的"口传心授"的方法，孩子们参与学习的效果不佳，而采用探索式的方法，我们就找到了解决一字多音或一音多字的有效途径。

例如，最后一句歌词 niuo guo ayizi haha 的"哈哈"既是一字多音，音调也转了几次，学生在学唱时成为了难点。为感受这个地方的气息长短和一字多音的拖腔，我请了几位同学来根据范唱配口型，而其他同学则以观赏的方式来感受这个"哈哈"字很长的拖腔。从与范唱配合最好的那位同学长长的拖腔声中，大家感受到了"鼻音发"的感觉。如果我们用这样的语境来轻声地念歌词，就能念出这种歌词开阔、粗犷的原生态味道了。

从方言歌词入手，通过对音乐文化了解，创设情境发声，对比聆听，"念、做"入手的身体参与，巧用声势律动，念出衬词韵味，并关注语境中的情感学习等方式，体验了语言向音乐的衍化过程，体会了语言与音乐的紧密关系，也是感受和体验民歌其"神、韵、情"精髓的重要途径。

结语

《义务教育音乐课程标准》（2011 年版）将"弘扬民族音乐，理解音乐文化多样性"重点写入课程基本理念，提出：应将我国各民族优秀的传统音乐作为音乐教学的重要内容。这不仅是要求我们要不断传承民族音乐文化，还和国际教学理念的"本土化"教学不谋而合。而对于我们小学音乐教师，自己首先要有勇气来学习母语歌词，有勇气用母语来进行教学，才能真正意义上地突破歌词难点，唱出民歌歌曲的韵味，从而推动民歌教学的传承和普及。

《永宁河船工号子》教学反思

泸州市叙永县水尾镇中心小学校　沈成露

　　《永宁河船工号子》是一首叙永本地的方言民歌，让同学们通过对本地歌曲的学习，可以使学生基本了解叙永民歌的特点。歌曲《永宁河船工号子》时而节奏舒缓、曲调悠扬，时而节奏有力、语汇简洁，时而节奏急促、音调高亢……准确生动地反映了船工们紧张激烈的行船生活和乐观自豪、坚毅勇敢的性格特点。本曲表现了从风平浪静到遇险滩、抢险滩，到最后战胜艰险继续平水行船的一个完整的行船过程。通过本地的方言进行演唱，更能让学生们走进歌曲，了解地方音乐特色，深切感受船工们艰辛的抢滩过程，从而体会到我们今天幸福生活的来之不易。让他们了解这片自己土生土长的土地上所产生的文化，也让学生了解并热爱祖国的民间音乐文化，体现弘扬民族音乐的重要理念。

　　本课主要是通过欣赏、感受、演唱、模仿、情景再现等活动，让学生们能感受到纤夫们的那种在艰苦劳作中齐心协力共同闯过急流险滩的情感，通过唱、演来表现出抢滩的紧迫感。本课我主要是先通过体会劳动号子与劳动节奏紧密配合并完全依附于每一件劳动方式及具体过程的劳动号子的基本特征，通过演唱歌曲中的片段，并根据音乐表现音乐情绪，把听、唱、动、创造与表现融为一体，培养学生的多元化智能，努力让学生在轻松的环境中学习音乐、感受音乐。

　　本课的教学重点是让学生以多种形式有感情地演唱歌曲，能够理解并掌握一领众和的演唱形式，并在演唱中准确地把握好歌曲中的速度变化。通过学习，简单了解船工号子产生的文化背景，理解并感受劳动人民的艰辛，为叙永的本地文化而自豪。在整个教学活动中，我以审美为核心的基本理念，贯穿于整个教学活动中，在潜移默化中培养学生完美的情操和健全的人格。教师还以学生为主体，让学生了解基本动作、学习歌曲、演唱歌曲，将学生对音乐的感受参与放在重要的位置。本课学习叙永民歌，让学生了解了叙永民歌，弘扬了民族音乐，增强了民族意识和爱国情操，体现了新课标"弘扬了民族音乐"的新理念。

　　在教学环节中，我首先通过兴趣导入，通过"赛龙舟"这个小游戏让学生们先了解到号子的作用，再给他们讲解号子的种类，从而导出船工号子，借助视频简介让学生们对自己家乡的歌产生浓厚兴趣时，通过分段教学，循序渐进地让学生们对歌曲有进一步的掌握，了解船工号子的组成以及了解平水、见滩、抢滩、下滩号子在节奏、旋律、情绪等方面对比出不同的变化，让学生们对《永宁河船工号子》有进一步的理解与掌握。

以下是自己在本次上课过程中发现的不足之处：

1. 教师的表情不够生动，情绪也不够，没有用自我的活力去感染学生，不能充分调动学生们的情趣和学习的进取性。在语言组织表达上要更亲切更有趣味，示范时要表情更丰富，表演时要更夸张到位，学生才能感受到教师的个人魅力，才能把歌曲的情绪很好地表现出来。

2. 教学目标也太过浅显，深度不够，过于简单，像切豆腐块，条理虽清晰却失去了流畅的美感。教学重难点不怎么突出，而且个人感觉授课内容与所教年龄层不符，学生们在拓展环节几乎都是体验到船工们拉船感觉是很好玩，却不能感受到抢滩时的那种艰苦艰辛与万众一心的紧张情绪。总的说这堂课的教学方式是填鸭式，内容过多，却毫无重点，学生玩得是很开心，当下课以后对这堂课的知识点也是一笑而过。

总的来说对于音乐教师而言，除了对课内的知识要熟悉掌握，对于课外的音乐知识也要花时间去学习探究。本课主要是我自己对民间音乐形式了解得还不够透彻，对于这种类型的音乐课自己还需多下功夫，多积累多学习，在以后的教学过程中不断地去探究、学习、总结。

《薅秧新歌》课后反思

泸州市泸县城北小学校 谯春霞

  《薅秧新歌》是泸州市泸县玄滩镇地方民歌中的一首，薅秧歌是劳动人民在薅秧时用以抒发内心情感时演唱的歌曲，这首歌是根据玄滩薅秧歌非遗传承人张永宽先生的演唱记谱整理改编而成，歌词内容表达了人民对故乡自然、人文景观的赞美，体现了对家乡的热爱之情。歌曲节拍是以 3/4 拍为主的变化拍子，旋律优美而抒情、音域适中，表现形式为一领众和，别具一格，其唱腔为薅秧歌中的四平腔。歌曲中运用了波音、顿音、下滑音等装饰音，演唱时用泸县方言进行表演，具有典型的山歌风格的艺术特征，表现了玄滩人民的热情好客和饱满的精神面貌。

  从教学上来说，这首歌曲是极具地方风格特色的民歌，其装饰音多，节奏变化多，对于五年级的学生来说，一堂课要完整地学会会有一定的难度。因此，在设计教学设计时，根据学生的实际情况进行反复思考，把教学目标（知识目标）设置为一个，即学会唱歌曲的主唱部分，主唱部分中主要呈现两个难点就是拖腔和装饰音，只要解决了这两个难点，这首歌曲学起来也就会变得比较容易了。

  本堂音乐课是一节务实的音乐课，让学生们既学会了歌曲的演唱，同时教学重难点也得到了很好的解决，还让学生们学会了如何运用自己家乡的方言来表现歌曲，掌握了波音、顿音、下滑音、装饰音和拖腔的正确演唱。地方民歌风格对小学生来说要唱准、唱会是比较难的，在课堂上需要学习的知识点较多，所以在教学设计时没有太多花哨的活动，为了防止学生们在学习时觉得枯燥无味，我通过多种形式的设问，以让学生思考问题的方式充分参与课堂学习；教学中采用有区别的范唱，学生进行聆听辨别的教学的方式，引导学生积极参与课堂；课堂中先让学生去发现难点、分析难点，然后再进行重难点解决，而不是老师一味地给学生设置特定的教学重难点；同时引导学生寻找旋律中的相同点和不同之处，然后进行区别教学，充分提高学生查找、分析问题的能力；不仅注重个体的发展，也注重面向全体学生，不仅注重知识的新授，也注重集中学生的注意力和激发学生的学习兴趣，当学生不自信或回答出现错误时，我采取鼓励的方式激励学生不要怕，让学生自然地进入课堂，而不是被动地进入课堂。

总体上来说，本堂课思路清晰，各教学环节过渡比较自然，教学上由浅入深，循序渐进，使每一个教学环节都有存在的意义，重难点突出，教学措施得当，使教学目标得以完满完成。学生们既学会了歌曲演唱，还掌握了歌曲的音乐风格特点，也了解了家乡的文化特色，进一步传承了家乡文化，为以后在地方音乐文化方面的学习上做了良好的铺垫。

在民歌学习的课堂中，不仅要注意提高学生的学习兴趣，教师还应注重保护学生的嗓音，不能为了达到教学目的，让学生一直大声喊唱，这样容易损伤声带。所以，在教学时可以引导学生采取轻声唱的方式进行学唱，待学生学会以后再用自然声音唱，另外，学唱歌曲的时间也应设置适当。为了让学生更好地表达作品，老师的专业知识技能也非常重要，这样才能起到良好的示范作用，其中的弹、唱技能是最为重要的素养。老师的教学设计和教学措施也应行之有效，对临场出现的问题要有备用解决方案预设。

本堂课还是有一些问题值得思考。

1. 观众较多，会有点小紧张，还需要多参加各种公开课、优质课锻炼自己。

2. 采取怎样的教学方式才能让自己的地方民歌课堂不断创新，让学生在更快乐的课堂中学习。

3. 课堂中可以加入什么合适的乐器，很好地帮助学生对节奏的理解。

通过这次课我收获满满，展示一次这样的地方民歌学习课对自己是一次历练，也是一次重要的成长，希望通过自己的努力，不断地向各位同行、地方民歌歌手学习，让学生喜欢上先辈遗传下来的歌曲，让我们优秀的家乡文化一代代传承下去。

《苗家欢迎你》教学反思

泸州市龙马潭区玉带河学校　熊贵莲

　　歌曲《苗家欢迎你》选自《故乡的歌——泸州市民间音乐文化教学资源集萃》，这是一首泸州地区的苗族歌曲，该歌曲共四个乐句，情绪欢快活泼，用苗语演唱，极具地方民歌风味。歌曲表达了苗家人的热情好客，展现出每当有宾客远道而来，苗家人会在村头寨口设卡列队，一边高歌，一边向客人敬上自家酿造的米酒，用最隆重的仪式——高山流水待贵客的场景。在本节课的教学中，我本着以新课标的要求为指导原则，强调以学生为主体的教学方式，运用多种形式体会歌曲，感受、听唱歌曲，并使学生能根据歌曲特点，灵活的创作。纵观这节课，主要有以下几个特点。

一、创设情境，激趣导入

　　三年级的孩子活泼好动，对新鲜事物充满好奇心，为了吸引孩子们的注意力，我以导游的身份带学生到我的家乡——泸州苗寨做客，通过多媒体辅助，学生乘上音乐列车来到美丽的苗寨，使学生身临其境，初次感受歌曲的情绪，更是让学生对苗族歌曲产生了兴趣。

二、学说苗语，熟读歌词

　　新歌教学以"苗乡旅游"为主线，每欣赏完一处苗乡的秀丽风景后，和学生一起用苗语夸奖我的家乡，如荣南荣雄荣点球（汉语歌词：好年好月好地方）。通过欣赏风景结合歌词意思创设语景，学生在轻松的氛围中学会说苗语，以小组为单位用苗语读歌词进行 PK，达到熟练苗语的目的，从而为用苗语学唱歌曲做好铺垫。

三、听听唱唱——在音乐感受中快乐学习歌曲

　　感受与欣赏是整个音乐学习活动的基础，是培养学生音乐审美能力的有效途径。学生从课堂导入景点欣赏，不断地听歌曲录音范唱、老师范唱，通

过看短视频等一系列趣味性极强的明线，深深地吸引住学生。在这一系列直观生动的过程中，学生产生了情绪的反应和情感的体验，初步感受歌曲欢快活泼的情绪以及苗族歌曲的韵味，然后我让学生自己说说哪句最有苗族歌曲的韵味、哪句最好听、哪句最抒情、哪句最亲切，接着我们一起再来听一听、唱一唱，进一步感受音乐。另外，我还启发学生试唱对比：假如去掉这些装饰音是怎样的感觉。我和学生一起唱着、听着、比试着，学生的注意力特别集中，仔细地体味着每一句歌曲，一起学唱着他们喜欢的那一句："好年好月好地方，叫一声朋友啊，欢迎你……"；在对比中初步感受了泸州地区的苗族歌曲，体会了装饰音在歌曲中的韵味和情绪方面的重要作用。就这样，在诱人的明线中，学生不知不觉地掌握了本环节的暗线——唱会歌曲，享受了音乐。

四、培养学生创新能力，实现体验教学

音乐本来就是从生活中创造出来的，为了丰富课堂资源，让学生更进一步了解苗族习俗文化，我回到家乡苗寨，拍摄了高山流水待贵客和篝火晚会的场景作为教学素材。在学生学会歌曲后小组合作创编篝火晚会的舞蹈动作，充分调动学生积极性，学生亲身体验、主动参与，边唱边表演，加深了学生对歌曲的内心体验与理解，取得了良好的教学效果。学生在看、听、演、创作等音乐实践活动中以欢快的情绪演唱歌曲，感受苗家人的热情好客，体验苗族独特的习俗文化，进一步培养学生对苗族歌曲的了解和热爱，激起学生对家乡的热爱、对祖国的热爱。

不足之处：在教学中还应该规范自己的教学语言，能够通过自己的激情调动学生的情感，还需要不断地提升教学基本功。

《十二月赞歌》教学反思

泸州市泸县实验学校　雷喻婷

百合莲枪被列入省级非物质文化遗产项目，是泸州市泸县优秀的传统民间艺术。《十二月赞歌》是百合莲枪中最具有代表性的一首歌曲，节奏欢快富有表现性，充分地体现了劳动人民对美好生活的向往和赞美之情。本课教学目的旨在通过对这首歌曲的学习，使学生能对百合莲枪这项优秀的传统民间艺术有初步的了解，激发学生学习民间音乐的兴趣，继而使家乡的民间音乐得以推广和传承。地方民歌教学，尤其是唱歌课，如何提高课堂教学效果，引导学生主动参与，有效提高学生的艺术素养，是值得自己不断思考和探索的问题，以下是我在本课教学中反思总结出来的几点粗浅的看法：

（一）神秘而有趣的导入是课堂成功的关键

在小学高段，学生热衷于流行歌曲、偶像歌星，对教材中的歌曲尤其是民歌类歌曲学习，觉得不慎乏味。因此，在本课开始前，我打破自己以往组织教学的常规模式，用学生们熟悉的四川话问好。饱满的热情，亲切的语言，迅速地抓住了学生的眼球。紧接着拿出同学们不常见的道具"莲枪"，充分地吸引了学生的注意力。学生在好奇中开始了本堂课的学习之旅。

（二）提问明确、难度适中，激发学生自信心

本课我设计了以下几个关键提问：①衬词部分音乐演奏乐器是什么？②歌曲中用方言演唱的歌词有哪些？③观察曲谱，找出相似乐句等。问题具体化、有针对性，与教学环境环环相扣，学生通过认真聆听或观察能够很好地找出答案，教师对问题进行中肯的分析，及时给予真挚的赞扬，使学生信心倍增，更加专注地投入学习。

（三）难点细化，注重细节

用划旋律线的方式重点练习难点部分，这是我们音乐教师常用的教学方式。而在本课第一乐段画旋律线对比学习的同时，我引导学生对歌词进行分析，如为什么歌曲第一乐句较其他乐句相比更为高亢？通过自己理解，有学生认为是第一乐句的歌词中讲一月里来把龙灯耍呀，人们心情激动不已。或认为一月是一年之初，高亢的歌声表达了人们对生活全新的期望。对教材细节的挖掘，在此处既解决了难点旋律的学习，又加深了学生对歌词的印象。

（四）丰富教唱方式，学唱教学落到实处

由于地方民歌具有不易学唱的特殊性，在歌曲第一乐段学唱中，我选用衬词部分作为连声曲，用方言读歌词、师生对唱、男女生对唱、不同的速度和力度演唱等多种不同的形式反复学唱，落到实处，使学生能真正地学会并富有感情地演唱我们泸县民歌。学唱环节通常只能选用一些传统的教学方法，学习容易枯燥无味。教师需深挖熟悉教材，创设更适合学生的学习方法，让教学过程更有吸引力。

（五）在反思中成长

教然后而知困，即使再精心巧妙的设计，在实际教学中总会源源不断地涌现出新的问题。比如，我在本课拓展部分尝试学习莲枪动作表演，由于注意力集中于教学时间的把握，没有很好地掌握学生学习情况，及时调节舞蹈动作的难易。还比如，总是怕自己讲得不够清楚，语言文字解说得多，把音乐课上得类似文学课。教学的语言技巧是教学活动的灵魂，在今后的教学中，应精炼教学语言、积累掌控课堂的经验，更好地感染学生，真正地使课堂活起来。

《我的芦笙有名堂》教学反思

泸州市古蔺二小　朱玉洁

　　《我的芦笙有名堂》是地方资源教材《故乡的歌——泸州市民间音乐文化教学资源集萃》中第六编第二部分中的一首创编民歌。这是一首五声羽调式的一部曲式结构歌曲。《我的芦笙有名堂》流传于叙永合乐苗族乡，由村民熊富明老师传唱。采风时，熊老师边跳芦笙舞边唱，旋律活泼轻快，歌曲以比拟的形象手法来歌颂村民赶苗场、过踩山节的新气象。

　　在亲自参与这次采风活动后，我在想，如何使这节课的教学有新的突破，为此，对歌曲的教学设计我打破常规，做了一些尝试。

　　（一）在音乐教学中融入采风原始视频的欣赏

　　我把本课的教学第一部分围绕"芦笙"这一主题，让学生在采风视频的聆听中感受歌词中出现了几种语言进行展开，从而开始揭示课题，并进行汉语方言和苗语读课题的教学，为接下来对歌曲的演唱教学奠定了基础。

　　（二）在音乐教学中培养学生的合作精神

　　在歌曲教学中，我运用了芦笙对歌曲进行吹奏，并让学生听出歌曲中出现了哪几个音，从而让学生了解民族五声调式，通过"我是小小记录员"将听到的音记录下来，并给学生进行听音练耳，让一名学生在音例中指出老师吹奏的音，全班同学唱出音的唱名，让学生在合作中熟悉歌曲的旋律，用口传心授教学法让学生唱会歌曲。这样既激发了学生的学习兴趣，又让学生进行了师生合作的训练，让学生在倾听和参与中获得对歌曲的初步感知。在歌曲会唱后，还启发学生用肢体律动表达音的旋律的走向，不仅让学生在合作中感受到苗族舞步"双膝颤动""画圆动律"的律动特点，也为第二部分的创编埋下了伏笔。

　　（三）在音乐教学中注重学生二度创编兴趣的培养

　　我把本课的教学第二部分围绕"有名堂"这一主题进行展开，而"有哪些名堂"则是本课的重点也是难点。创编时我提示学生可以延伸不同的"名堂"，并用"我是小小传唱者"拉开创编部分的序幕，用"齐唱""说唱""轮唱"的演唱方式将这首歌进行演绎，最后加上了歌曲的"引子"和"尾声"，就成了学生们自己创编的歌曲。

（四）在音乐教学中注重美的感受和成果的分享

在教学的第三部分，我打破常规，让学生将创编成果进行演绎后又将老师们在采风活动中的情景进行再现，不仅提到了采风的方法，还将老师们二度创编后的成果也分享给学生们欣赏，感受老师们当时创编和演唱的热情。同时还分享了芦笙传承人熊老师对芦笙的简介和学生们的鼓励，让学生们更有信心地知道只要留心、收集、整理身边的民间音乐，每一位同学都可以成为名族音乐的传承者与传播者。

设计好教案以后，我从三至六年级不同年龄段的班级进行了课堂教学，通过磨课，我将上课学龄段定在了四年级。四年级学生不仅有较好的音乐演唱基础和音乐素养，较高段学生的表现而言也更为活泼，针对每一次磨课都将教学设计进行不断的完善。在不同的地点上这节课，针对不同的学生，某些环节的效果还可以有提升，学生是我们教学的主体，在教学设计中要充分考虑学生的水平因素，在下次的备课中会尽可能再备细一点。

以上是《我的芦笙有名堂》一课的课后反思，以供我今后的教学做参考与借鉴，争取在教学中有更大的提升。

《一个麻雀》教学反思

泸州师范附属小学城西学校　黄岚岚

歌曲《一个麻雀》是我与课题组成员于 2005 年 11 月到泸州市龙马潭区胡市镇敦和村，在民歌传唱人刘宗平老人处采风得来的，采录到原始素材后，我们对歌曲进行了记谱和编排，那么如何能把如此原生态的歌曲带入课堂进行教学，让学生广泛地传唱呢？这确实是件很令人苦恼的事，因为我所在的区域，完全没有可以借鉴的资源，我只能摸索前行。在反复多次的备课、上课、反思、改变之后，本课的教学设计成熟许多，也容易让学生接受，更重要的是，我尽最大努力地保留和还原了地方民歌原生态的韵味和特色。

本课的设计中，我创设教学情境，运用了一条主线贯穿始终，那就是"采风记录表"，这张表中设计了采风地点、传唱人、歌曲名称、歌曲情绪、歌曲特点、流传方式、主要伴奏乐器和采风感受共八个问题，在不同的学习阶段学生在我的引导下完成记录表，不仅能够对歌曲进行深刻了解，也潜移默化地让学生了解到什么是"采风"，始终调动着学生的学习积极性，让他们对民间音乐保持着好奇，激发了学生学习民间音乐的兴趣。

在歌曲的学习中，我还注重挖掘歌曲的特点，如方言演唱、衬词、口传心授的传承方式、民间打击乐器的运用等。学生在平时的音乐学习中，几乎从未用到方言演唱歌曲，而我先采用视频"问路"片段，让学生感受泸州方言平舌、儿化音的特点，潜移默化地进行铺垫，在后面感受歌曲、读歌词和演唱歌曲的时候，学生用方言演唱歌曲就比较自然，因为早早地就进入了创设的情境，有了方言演唱的语言环境。

对于"口传心授"这个概念，学生基本是第一次听到，也是第一次知道民间文化的传承方式原来是这样的。既然是学习民间音乐，我也想让孩子们用这种传统的方式来进行学唱，让大家跟着传唱人刘奶奶用口传心授的方法学唱歌曲，也最大化地去感受、模仿歌曲原生态的韵味，自由舒畅地演唱，而不是把它规范化。但较为遗憾的是，学生们在长期接受课堂教学中，已经适应了现代教学模式，运用口传心授的方式不能很好地掌握音准及节奏，还是需要教师利用钢琴辅助教学，进行难点讲解和纠正。

在拓展环节，我让学生通过采风视频了解到了歌曲的来源和历史背景，通过传唱人刘奶奶的介绍，学生对歌曲背景有了一定的了解，更加有助于他们进行演唱、创编和表演。毕竟，如果不介绍歌曲背景，又有谁能想到听起来活泼欢快的这首歌曲，其实是源自 20 世纪 50 年代的时候麻雀成灾，在粮食成熟时成群结队偷吃粮食，人们对它有着又爱又恨的情感呢？也无法想象歌曲中用小镲伴奏的原因是还原农民伯伯敲锣打鼓驱赶麻雀的场景。而最让我意外的收获是，孩子们通过分组创编，利用身边可以用的物品和身体作为乐器，创作声势，很好地还原了这样的场景。在唱、奏、演的过程中，感受家乡的传统音乐，培养学生的人文性，这是我最想要达到的目标。

2018 年 12 月，我在四川师范大学附属上东小学面向全省各地市州 500 多名教师展示了这堂课，在课后的点评中，人民音乐出版社副社长、中央音乐学院硕士生导师、CCTV 全国青年歌手大奖赛视唱练耳评委赵易山教授是这样说的："最让我惊奇的是她用一个采风的故事作为串联，将整堂课带入一个情境当中去，这是第一个值得称道的；第二个值得称道的是她将民歌进行整理、编辑，带到课堂上来，这是非常重要的，有很多采过风的老师都知道，一手上来的民歌相对来说是不工整的，有很多待完成的事情，我觉得黄老师这些做法是造福于我们教材的，而且花了大量的精力，这是很了不起的！"我很感激赵易山教授对我的鼓励，的确，从采风开始，再到记谱编曲，从无处下手再到很好地进行课堂实践，确实是一个不容易的过程。但是，这是一件很有意义的事情，我想一直坚持下去。

记住乡愁，挖掘、整理、保护地方民间音乐；唱家乡的歌，开发、弘扬、传承家乡的传统文化，这是爱好，也是职责，更是使命！

《彝家对歌满筛筛》教学反思

泸州市叙永县两河镇中心小学校　李　梅

　　本课我讲的内容是一首民间歌曲《彝家对歌满筛筛》，本课的歌曲比较特别，是经过我县一些音乐爱好者和音乐教师的辛勤采风，才把它收集、整理、创编成大家现在看到的乐谱。在本课教学中，我让学生在彝族的歌曲、舞蹈中感受少数民族的音乐文化，感受我们彝族人民多姿多彩的生活。这是一首带有二声部合唱的彝族歌曲，对于五年级的学生来说，他们已经接触过二声部的合唱歌曲，所以教学难度相对减少了很多。为了激发学生对音乐学习的强烈兴趣，我在教学过程中渗透了新课程的理念，从感知、体验入手，调动学生的参与意识。

　　对自己设计的这堂课，我自己觉得优点是：教学结构清晰，由简入深，层层铺垫，循序渐进，歌曲教学得比较扎实。一开始我采用提问的方式勾起学生的兴趣，由于本课的难点是二声部的合唱部分，为了使学生能够快速学会二声部的合唱部分，我将这一段的旋律加入我的发声练习中。同时，为了使学生牢记自己这一声部的旋律，我运用了科尔文手势（左手低声部，右手高声部）来对两个声部进行音准的纠正，这样就可以让学生更快地熟悉二声部旋律了。最后又用集体舞蹈的方式将整个课堂气氛调到最高，这节课，我把感知放在重要位置。听，是感知与理解音乐的前提条件，也是艺术实践最重要的过程，因而要从听入手，让学生感受音乐的情绪、熟悉音乐的旋律，再引导学生从歌词中感受歌曲的情感。同时，我还通过视频播放的方式让学生去欣赏彝族水潦乡的景色和彝族人民的生活，在学生欣赏过程中插入老师的介绍词就更完美了。又因为少数民族的歌与舞是分不开的，所以在听赏和演唱过后，我又表演了彝族的舞蹈，并让学生集体参与到学跳中来，真正做到了"师生互动，生生互动"，发挥学生的感知能力，培养学生的自信心，让每一位学生去感受、去体验，积极参与音乐实践活动。在教授学生歌唱技巧的时候，我说的是"声音要甜美一些，轻巧一些，表情要笑起来，咬字吐字要清晰"，听了我的讲述后学生唱歌的声音变得更好听了，唱高音也简单容易了。

　　当然，除了这些，也存在许多不足之处：1. 在学习过程中针对学生唱错的地方没有及时纠正。2. 在时间的分配上还有所欠缺，因为导入环节耽搁太多时间，导致后面时间不够，在创编活动过程中学生没有足够的时间练习舞蹈就开始表演，最后表演时显得稍微有点乱。3. 在中间教唱环节显得有点枯燥，我没有及时调动学生的情绪。4. 在合唱部分，由于我的时间把控不准，导致学生在学习合唱时没有充分的练习时间，最后在演唱时个别合唱音没唱准，针对这样的情况其实我可以采用两种不同的乐器带领学生演唱，这样不仅可以使学生准确找好音准，还可以缩短教学合唱的时间。5. 虽然预设得比较理想，但还是有的学生注意力不集中，不爱参与集体活动。出现这种情况我认为还是教师讲得太多，学生做得少，生怕学生学不好，放开就不能收回来。这是需要改进的地方。多创设贴近学生实际的教学情境，让学生自主地参与，不只是老师教学生学，要调动学生学习兴趣和求知欲，真正地实现学生自主学习。

《打双麻窝子送给你》教学反思

达州市通川区金山小学校　杜发言

《打双麻窝子送给你》由简短的四个乐句组成，是一首四川南江民歌，体现拥军的情感，表现乡亲为红军上前线打麻窝子的场景，体现军民浓浓的鱼水情。这首地方民歌，孩子们很陌生，对"麻窝子"这个词根本没听说过，于是我做了教材分析和学情分析，同时设置了以下三个教学目标：1.能用轻快、活泼的声音生动演唱歌曲《打双麻窝子送给你》，用形象的拟声词表现出四川南江民歌的独特韵味。2.能够自信地运用方言演唱歌曲，根据打麻窝子的歌曲意境，采用听唱、模仿、接唱、对唱等方式，体验打麻窝子的热闹场景。3.通过学习歌曲了解南江民歌的特点，同时以麻窝子为契机追忆红军精神，感受当年红军穿着草鞋远征的崇高信仰，激发同学们不忘历史热爱祖国的情感。

目标设置了，我该如何围绕目标实施过程呢？本歌曲突出的特点是方言拟声词"嘎拉拉西，嘎拉拉嘎拉　更更贡贡"，而且节奏和语言就是难点，但也是歌曲的亮点，也是学习、提高学生兴趣的切入点。在课堂开始我就给孩子们唱了一首有趣的歌曲，让孩子们听听歌曲中最有特点的地方是哪里。孩子们都能听出稀奇古怪的"嘎拉拉更更贡贡……"于是我抓住这个"奇怪的东西"让孩子们学，通过对唱、接唱，通过速度变化的唱，通过力度变化的唱，孩子们在不知不觉中很快解决了歌曲的难点（难点前置）。接下来我让孩子们再次听歌曲，他们在唱啥子呢，他们在唱打麻窝子哒嘛，有些人会说唱红军等，于是就介绍打麻窝子的流程，学生看视频（传统技艺打麻窝子）。打麻窝子是件不容易的事，让孩子捕捉打麻窝子的几个关键动作——"搓、拉、打"，大家拿着身边准备的麻绳和稻草进行尝试，探索声响、节奏，然后分成组来表演。在这样的场景中来唱歌曲，（把学生围成几个圈）不断让学生去演唱，假如我就是个老太太，我在给红军打麻窝子，假如我是个小伙子，假如我是个姑娘（嘎拉拉嘎拉拉……），在深情的演唱中体验军民鱼水的浓浓深情。不断的形象就开始了，速度加快，音乐形象感就出来了。

整堂课学生始终在体验聆听的过程中完成活动。在歌曲学习中既抓语言又抓情绪，用它来学节奏，用它来练声音，用它来调动情绪，用它来演角色，用它来创作、创编，"嘎拉拉 嘎拉拉更更贡贡"贯穿整个课堂。

　　寇老师说过，民歌一定要演着学，民歌教学一定要给学生一个情景状态，不同的力度不同的节奏表现出不同的形象本身。由于我本身素养问题，课堂教学中有很多的遗憾，课堂上唱的方式比较单一，以至于学生中途有点机械了，没有激情了，还有设计的教学目标不太明确。我还要不断地完善和努力，还要请教我们的导师以及我们的名师工作室的所有老师。

小学音乐民歌课堂教学方法尝试

四川巴中市通江第二小学　郑　丽

　　民歌，是人民的歌，是广大人民群众在社会生活实践中，经过广泛的口头传唱逐步形成和发展起来的，是和人民生活紧密地联系的歌曲艺术。民歌是无数人智慧的结晶，是人们社会生活中不可或缺的精神食粮和亲密伙伴。音乐教学应立足于生活，民歌教学更应该立足于生活，应该让学生回到生活中寻找音乐、感受音乐。因此在小学音乐课程中应该不断引入民歌内容，开阔学生的视野。

　　布鲁纳说："学习的最好刺激乃是对所学材料的兴趣。"通常学生一听到民歌，学习兴趣瞬间减半。一方面是对民歌了解甚少，另一方面是由于当代流行音乐的炽热影响。甚至有孩子建议：如果音乐课上唱些流行歌曲，他们会觉得上音乐课更有意思。而对于经典民歌，他们却十分陌生，这令作为音乐老师的我们非常痛心，面对这种现状，我们该认真审视我们的课堂教学，如何激发学生演唱民歌的兴趣呢？

一、巧用"成品"，引诱兴趣

　　民歌是音乐创作的源泉，经典音乐作品中民歌的影子无处不在。《茉莉花》作为典型的中国民歌，想必大家都非常熟悉。18 世纪末叶，曾被传到欧洲、南美等地并广为流传，意大利作曲家普契尼将江苏《茉莉花》的曲调用于著名歌剧《图兰朵特》的素材，也让"成品"歌剧《图兰朵特》充满着浓郁的东方韵味！在民歌教学中，用歌剧《图兰朵特》里的《东边升起月亮》开始聆听，学生会被歌剧的宏大场面所震撼所吸引，随即耳边响起熟悉的旋律，这时学生会进入冥想中……这么熟悉的旋律到底在哪里听过？学习的兴趣油然而生，整堂课都会萦绕在美妙而熟悉的音乐里！在此学习过程中，学生们不光收获了《茉莉花》的歌曲旋律，还感受到中国民歌的博大魅力！自觉关注音乐的母体，进而了解民歌的人文背景和艺术价值，也为往后学习中国民歌奠定了坚实的情感基础。

二、同名比较，激发兴趣

中国民歌历史悠久种类繁多，体裁丰富风格各异，不同地域的同名民歌出现也不足为奇。

还是以民歌《茉莉花》为例，在课堂教学过程中用三首地域不同的《茉莉花》进行聆听对比，找出它们的旋律、速度、情绪等方面的不同之处，把学生的注意力和专注力抓住。江苏《茉莉花》曲调细腻优美，轻盈活泼，具有清新柔美的江南风格，婉转抒情；河北《茉莉花》的曲调具有叙述性质，速度缓慢，旋律进行委婉，最后有一个较长的拖腔，其旋律材料就是取自吕剧"四平腔"的常用拖腔，用得很是贴切；东北《茉莉花》曲调平直朴实，跳进幅度大，旋律起伏自然大些，情绪则热情爽朗。这三首同名《茉莉花》汲取各地土壤的不同养料，吸收融会了当地民间音乐的乐汇，散发出各种奇特的馨香！

又如民歌《绣荷包》，它的曲调丰富多样，分布在各个省份、各个地区。首先欣赏山西的《绣荷包》，它带有曲调优美、易于传唱的山西民歌特点，其旋律呈上升趋势；接着四川的《绣荷包》，是一首有着浓郁四川风格的民歌，曲调高亢嘹亮，旋律起伏大，音域宽广，节奏变化多样；最后是云南的《绣荷包》，是一首旋律优美、感情细腻的民歌，它节奏欢快鲜明，具有民间玩耍花灯载歌载舞的音乐特点。俗话讲："一方水土养一方人，一方水土出一方调""百里不同风，十里不同歌"。从以上对不同地区、不同风格的《茉莉花》和《绣荷包》的分析中得出，尽管所表达的内容相同，但它们的地方色彩、民族韵味及风格各不相同。这样的同名民歌对比教学，让学生的学习兴趣再次被激发！

三、精彩创编，增强兴趣

中国民歌是我们民族的瑰宝，每一首民歌都是一个生动的故事、一段优美的传说。为了让每一首经典民歌都"活"起来，再次"燃"起来，需要对传统民歌动一点"手术"，"微整形"一下，让它闪烁新的光芒。

（一）加入特色衬词。如《我的家在日喀则》，这首歌曲是一首藏族民歌，可以用藏语衬词"阿索、阿索"，作为第二声部加入歌曲中。节奏采用 ×× 　×× 可加在第二、四、六、八小节，歌曲层次立马凸显出来，也更具民族特色。节奏还可采用 ×× | ×× 　0，此节奏可加整首歌曲，效果也很好！老师们也经常运用这种方法，学生乐在其中，课堂氛围很热烈！

（二）增添精彩引子（结尾）。如四川民歌《太阳出来喜洋洋》，在歌曲前奏部分加入四川方言"太阳出来啰"的吆喝声！歌曲的情绪一下就被带动起来了，把我们带到一个美丽的图画中。清新的早晨，初升的太阳，一层层碧绿的梯田伸展在晨雾中，牧童在山顶吆喝着！各种家禽都伴着鸣叫声飞出围栏，崭新的一天开始了！同样的意图为了增加歌曲意境，在结尾加入四川方言"回家啰！"，歌曲首尾照应，方法也是可行的，当然根据自己的设计也可选其一。这个念白引子和结尾可以用在另一首四川民歌《放牛山歌》上，有着异曲同工之妙，同样精彩！

（三）歌词改编有想法。其实歌词改编并不是新的教学方法，但是用在教学中非常实用也非常受用，所以老师们就很常用。歌词改编可改一部分，也可改全部。如二年级下册新疆民歌《新疆是个好地方》，三段歌词的改编用分组的方法易操作。把学生分成三组，每组确定一个主题进行创编，如以"风景""特色""特产"为主题；如果要改成我的家乡通江，就以我们的三乡文化——溶洞之乡、银耳之乡、红军之乡进行改编，当然需要老师的指导。在改编过程中，学生不但学会了创编歌词，还更加深入地了解了自己的家乡，从而加深了热爱家乡的情怀！又如四川民歌《太阳出来喜洋洋》，歌词改编放在组织教学师生问好歌部分，用第一句"太阳出来啰儿，上山岗欧啷啰"，改成"（师）同学们嘛好啰，（生）老师你好啷啰"，一改以往的问候形式，既新鲜又有趣，增强了学生兴趣，民歌课堂氛围也营造出来了，同时为后面的歌词改编奠定了基础。

中国民歌优美的旋律、动听的歌声、朴实的语言，深深打动着每一个喜爱民歌的人。怎样让这些家喻户晓、深入人心的民歌得到很好的保护和传承，作为音乐教师的我们有着不可推卸的责任和义务。所以在音乐课堂教学中，我们必须探究出有效的方法，让学生们了解和传唱民歌，最终能爱上我们的中国民歌！以上是我总结归纳的小学民歌课堂教学的部分方法，见解浅薄，敬请同人们体谅，期待各位的亲临指导，我将继续不忘学习的初心，砥砺前行！

《放牛山歌》教学反思

德阳市第一小学校　陈　勇

在参加寇老师工作室期间我有幸聆听了很多节优秀民歌案例。对我在民歌教学方面有很多的启迪和感悟。在此期间自己也针对四川儿歌《放牛山歌》进行了教学设计和执教。

《放牛山哥》唱起来朗朗上口，具有浓郁的地方民族风格，在本节课中我把加强学生的歌唱技巧放在首位，歌唱技巧是否娴熟，直接关系到歌曲表现的到位与否。对歌曲的表现力把握得越好，学生的自信心也就越高。

由于本歌曲歌谱和范唱有出处，在教学中我特意不道破而是不动声色地让学生去发现、去纠正，学生真正地体会到了自身的价值，对自己充满了自信心和自豪感，从而提高了聆听的质量，也让他们体会到认真聆听的重要性。

在如何引导学生正确歌唱的过程中，我注意引导学生模仿范唱（教学录音、教师范唱），用高亢嘹亮的声音去表现歌曲，体会山歌的特点。

歌中有许多"那个""呦喂"等四川本地的语言，所以引导学生唱出山歌那种高亢嘹亮的声音是本课的重点。在导入这一环节，我从以前学过的《草原上》这首歌曲入手，《草原上》这首歌曲，曲调优美流畅富有歌唱性，歌曲的情绪是甜美地，仿佛一下子使我们置身于辽阔的草原中，能更好地学习《放牛山歌》这首歌曲，使学生们感受到了山歌的欢快。通过朗读歌词，使学生了解到了"那个""呦喂"等四川本地的语言，引出了本课的主题——四川儿歌《放牛山歌》。在学唱这一环节我基本用的是听唱法使学生掌握旋律，在这几个月的教学中我发现孩子们的演唱歌曲的习惯没有很好地掌握，出现喊叫的情况比较多，所以我应让学生们用母音"LU"模唱旋律来使学生更好地掌握演唱方式，学生能在潜移默化中掌握歌曲旋律，这样效果会更好。在学生演唱"哥儿呦喂"时引导学生做出到山上喊歌的动作，使学生了解唱到这时声音要高亢些，表现山歌的高亢豪迈的特点。在"表现歌曲"这一环节中，请学生们根据歌词的描述和自己对歌曲的理解来用舞蹈动作表现音乐，有的孩子模仿牧童骑牛的动作，有的孩子模仿耕地的动作，孩子们用自己的动作充分表现音乐。在编创游戏"对山歌"这一环节中，学生们能以嘹亮的声音对出歌曲，能唱出山歌的高亢豪迈的特点。

先让学生朗读歌词，在朗读的时候最好把这种民歌的风味读出来，将歌词用方言读出来。欣赏《小放牛》的时候，先把歌词抄出来，利用动画音乐，让学生跟着音乐哼唱。在聆听器乐《小放牛》时，先整体听全曲，让学生感受一下，再分段听，让其回答问题，最后再复听一遍。

因为歌曲为民歌有地方特色，所以我们先复习了第二课的《草原》，这也是有地方特色的作为这首新曲子的导入。听完后让学生主动参与进来，随着音乐做放牛、赶牛、捡柴的动作，让学生更好地体会曲子。在欣赏《小放牛》放动画给学生看，这样激发他们对民歌的兴趣。

在此课中我严格遵循寇忠泉老师的民歌五点分析法，进行作品的分析理解，根据寇老师提出的要求进行"四景三趣"的教案设计，并在学校老师、区教研员以及李老师的多次指导中不断磨课修改。

在此课中我还有很多不足之处，在情境导入中让学生随音乐做这些动作的时候，应该做好课件，让学生先看了，再自己实践，这样效果会更好。我应该作为一种游戏，分组比赛，这样学生的课堂纪律会更好，所有的学生都会积极参与。希望能在寇老师和李老师以及工作室里优秀的前辈身上学到更多教学实践的好方法，不断提升自己。

《我是草原小牧民》教学反思

德阳市华山路学校　陈　栎

　　《我是草原小牧民》是人音版小学三年级上册教材第二课《草原》中的一首歌曲。这首歌曲是一首带有强烈草原音乐色彩的儿歌。歌曲旋律简单流畅，优美大方；歌曲情绪热情，活泼；歌曲节奏欢快热烈，非常具有少数民族载歌载舞的特点。旋律和歌词紧密结合，表达了"我"作为草原小牧民在放牧时所感受到的喜悦和自豪的心情。

　　课前，市音乐教研员李老师以及区教研员、学校音乐组对本课进行了细致的磨课，我也在一次次的试讲过程中慢慢成长。课后，寇老师对我的课堂提出了中肯的建议，提炼出本课音乐特点为 2/4 拍，文化特点是舞蹈与生活、断连分明的声音特点，有着轻快、活泼、自豪的情绪特点，确立了歌曲的节奏与舞蹈是重点，蒙古族舞蹈的动作学习为本课难点。

　　结合寇老师的"四景三趣"教学法和"五点作品解读法"，我对本课内容进行了再次分析。在设计本堂课的教学环节时，我结合本首歌的音乐特点，为本堂课设定的总目标是通过看、听、舞等多种音乐实践活动，初步感受内蒙古地区的民族风格，运用了看、听、舞等多种教学手段相结合的方法来进行教学。这首歌的教学对象是三年级的学生，学生的年龄比较小，接触少数民族歌曲的机会很少，更难谈得上去理解感受。如果我运用专业术语去讲解，学生不仅难以理解，更会觉得枯燥无味。因此，我首先运用了"看"和"听"两种方法。让学生多看、多听，也就是先让学生观看内蒙古自然风光、人文活动的视频、图片，让学生对内蒙古这片富有魅力的地方有所了解。在此基础上，让他们去仔细聆听歌曲，感受歌曲的情绪、速度。两种方式的结合，让学生领略内蒙古无限美好的草原风光，认识热情好客、能歌善舞的蒙古族同胞以及感受蒙古音乐歌舞一体的美丽之后，他们基本上都能了解蒙古族的歌曲了，这就为学习这首歌曲做好了铺垫。

　　经过刚才的学习，学生对于歌曲有了一个初步的印象。接下来，我运用舞蹈这一手段，来加深学生对于歌曲的熟悉程度。结合刚才歌词以及我展示的图片，我提炼了几个简单的蒙古舞动作，让学生跟着我一起，把听到的、看到的、感受到的，用舞蹈动作表现出来，这样一来既能把这几者相结合，而且还达成了本单元的学习主题，加深了对学生对蒙古音乐的感受。

课堂上，同学们对歌曲都掌握得十分准确，也了解了蒙古族的音乐风格以及风土人情。对师生接唱和生生接唱环节显得那么有兴趣，自信地和老师、学生比赛演唱，达到了在兴趣中学习歌曲的目的。在教学中，我还着重在本课培养学生的节奏感以及舞蹈带来的律动感，同时让学生了解和掌握一些简单的蒙古族舞蹈中的常用动作。音乐声中孩子们一个个能歌善舞，我引导他们逐层完成教学设计，课堂气氛非常活跃，圆满完成了教学目标。

但是本堂课也存在着一些不足的地方：

1. 对学生表演没有进行及时评价，应该让学生们当小评委，为表演节目的同学给予点评，提出优点和缺点，这样他们就会认真地去欣赏表演，会达到更好的效果。

2. 舞蹈创编环节没体现出学生的自主性创编性，有点牵着鼻子走的感觉，应该放手给孩子充分自主创编的机会。

3. 不仅要从舞蹈与生活着手进入课堂，还要更加明确强调歌曲"音乐性"的体验。

通过这节课，我思考了很多，也收获了很多。音乐教学要充分体现其育人目的，而不是简单地唱、跳，想要上好音乐课，就要将学生从传统的教学模式中解放出来，给学生去感受、体验、表现的空间，这样才能够充分展示他们的才华及表现力、想象力。作为一名小学教师，我应当常常总结经验和不足，认真努力上好每一节课。课前要做好充分的准备，深挖教材，深层构思；课上要灵活多变，积极互动。要多培养学生的创造性和自主性，把课堂真正地还给学生，为学生创造一个属于他们自己的舞台。

《中江挂面》教学反思

德阳市实验小学 刘宇桐

时光荏苒，岁月飞逝！加入四川省小学音乐寇忠泉名师工作室已经有两年多时间了。在这个温暖的集体里，让我看到了教育的另外一片天地，也发现了其实在我们身边就有很多民间瑰宝。这些民间音乐是朴素的，是纯天然的，是经典的，更是需要我们传承的。但是，教什么，怎样教？地方民歌的教学和一般意义上的歌唱教学有何异同？带着这样的问题，我聆听了寇老师的讲座《小学民歌教学的策略和方法》，观摩了其他学员的研究课例，也将"四景三趣"教学法在自己的课堂教学中进行教学实践。

我是地地道道的中江人，吃着中江挂面长大的。当把《中江挂面》这首歌曲整理出来时，我自己是既兴奋又忐忑。兴奋的是可以通过教唱这首歌曲，让孩子们了解乡音乡情；忐忑的是自己很少接触这类歌曲，害怕在教孩子们的过程中没有抓住歌曲特点，孩子们不仅学不会，而且泯灭了对民族音乐的兴趣，那我岂不是成了传承传统文化的罪人？当我把这些顾虑讲给李新炽老师后，李老师说："不要怕，你要相信你自己的能力，有专家的研究成果，有团队的群策群力，肯定没问题的。"顾虑打消后，我就开始按照寇老师的"小学民歌教学"策略分析歌曲，抓重难点，分析学生，写教案……

《中江挂面》这首歌曲为 G 调，2/4 拍，歌曲为一段体，小调色彩，旋律曲回婉转，其中糅合了念白、帮唱等多种形式，形成自己独特的音乐风格。歌词质朴，朗朗上口，有着浓郁的地方方言特色，深受大家的喜欢。我是这样思考的：

创设川味十足的情境

在这堂课里，我使用了四川方言和四川曲艺，让课堂充满四川味、中江味。在导入环节，我从表演四川金钱板开始，通过这一新颖的方式，吸引学生注意力；在歌曲的学习环节中，我抓住音乐的要素特征——念白和帮腔，引导学生感受音乐、体验和表现音乐；在编创环节，我把歌曲和现代的表现形式进行有机的结合，启发学生用 RAP 来进行编创，让音乐有了时代性。

充分激发学生学习兴趣

在课堂上，我设计各种模仿体验，让音乐同他们的生活紧密相连。在念白环节，设计了有趣的动作，让学生感受中江人的性格特点；在表现音乐中，我们强调音乐的强拍和附点，体现"做面"的动作特征，等等。

面向全体学生。教学中，把全体学生的普遍参与发展不同个性的因材施教有机结合起来，创造生动活泼、灵活多样的教学形式，为学生提供发展个性的可能和空间，培养学生的团队意识。在帮腔一句中，从师唱生接到生领生接，充分调动学生的主动性，参与到学习中来。

加强文化理解。俗话说"一方水土养一方人"。中江挂面已有一千多年的历史，是中外驰名的特产食品。面条细如头发丝，洁白空心，光滑柔韧，风味独特。2010年，中江挂面的制作工艺被列入四川省非物质文化遗产名录。2011年12月7日，国家质量监督检验检疫总局批准中江挂面为国家地理标志保护产品。为了让孩子们了解中江挂面，我在歌曲新授环节中播放了视频资料，让孩子们简单了解中江挂面的历史和工艺；在孩子们学会唱这首歌后，将四川话版本的歌曲和中江话版本的歌曲进行对比聆听，增加了孩子们的学习兴趣，也理解了方言在歌曲中的作用；在课堂的拓展部分，我用孩子们喜欢的说唱风格来表现歌曲，让传统的音乐文化更贴近孩子们的生活，建立良好的审美观。多种教学手段使课堂生动有趣，开阔学生的视野，树立了平等的多元文化价值观。

回想授课的点点滴滴，纵然还有很多很多的不足，但我相信，我会越来越自信，也会越来越优秀！

《老画坊》教学反思

德阳市东汽小学　宋婷婷

　　很荣幸能在而立之年加入四川省小学音乐寇忠泉名师工作室，在这个学术氛围浓厚的集体中学习、进步。由于小学教材内容局限，在这之前，我对"民歌教学方法研究"知之甚少，在寇老师的指导下，在工作室成员的帮助下，我开始尝试民歌教学，才仿佛打开了潘多拉的盒子。下面以《老画坊》一课为例，谈谈我自己的做法和感受。

　　《老画坊》是绵竹市文化馆前馆长惠新以绵竹年画为题材创作的男声无伴奏四重唱，后经刘军、李继斌、侯本雄几位老师改编。歌曲为三段体，引子是秧歌锣鼓，第一段采用附点节奏、倚音及叙事性的内容描绘了绵竹年画的风趣幽默；第二段情绪转为悲伤，描述了绵竹年画的发展遭遇波折；第三段抒情，描绘了对绵竹年画重生的欣喜与展望。本课挑选了歌曲的第一乐段进行教学。

　　歌曲第一乐段用四川方言演唱，较多的附点节奏和倚音表现出歌曲欢快、幽默的情绪特点，根据歌曲内容、难易程度和学生的年龄、认知特点，我选择了四年级的学生进行教学，四年级的学生表现力强，且具备一定的音乐知识基础和演唱能力，但是他们对四川民歌的学习很少，并未学习过用四川方言演唱的歌曲，针对以上情况，我选择从方言入手，激发学生兴趣，并以年画为主线，通过"看画""听画""作画""创画"四个步骤达到对歌曲的掌握并感受非遗文化的独特魅力。

　　在李新炽老师和工作室德阳片区同人们的帮助下，我反复磨课、改进，最后呈现出一堂较为完整的音乐课，学生参与度较高、学习兴趣浓厚、歌曲演唱到位，获得许多老师的好评，但依然存在着许多不足。

　　教材分析不到位。歌曲虽然听了很多次、上了很多次，但是对教材的挖掘还不够深、不够广，甚至仅仅停留在谱例上，没有深入理解教材，对歌曲的把握自然不够。

　　教学设计不够精。根据教学目标，本堂课我以年画为主线，通过"看画""听画""作画""创画"四个步骤让学生达到对歌曲的掌握并感受非遗文化的独特魅力，整个流程非常清晰，层层递进。但是由于对教材的挖掘不够，在教学的设计上当然也会有很多不足，比如在对"民歌"的认识与表现上还比较欠缺，泛泛而谈；有些设计并未起到实质性的作用而是为了某个教学活动而设计，比如在聆听歌曲时教师"贴画"能让学生比较清晰地理解歌词的内容，但是贴了画在后面的教学活动中又没有用到，稍显多余。

　　教师专业能力不够好。歌曲的风格非常明显——幽默、风趣，但是我对秧歌步的示范、歌曲的范唱不到位，并不能起到很好的示范、引导作用。一方面是因为性格稍微内敛，但是更大的原因是不自信，这个不自信源于自己的专业能力，如果舞蹈功底再好一点，钢琴、声乐的基础再好一点，那么对歌曲的诠释就会更加到位，组织教学也就游刃有余，课堂气氛就更热烈了。

　　针对以上问题，在未来的教学生涯中我要做出以下改变：首先，提升自己的基本功，基本功的扎实与否直接关系到教学的质量；其次，加强对民歌教学方法的学习与钻研、加深对教材的挖掘，学习先进的教学理念，才能设计出一堂好的音乐课；最后，多记录、多反思。

　　波斯纳曾经说过：经验＋反思＝成长，愿在反思中成就更好的自己。

《喜鹊钻篱笆》教学反思

德阳市庐山路小学 张晨萱

《喜鹊钻篱笆》是一首贵州的彝族儿童游戏歌曲，五声宫调式，2/4 拍，单乐段结构，歌曲表现了儿童游戏时无忧无虑、无比欢快的心情。既然是一首欢乐的游戏歌曲，我就运用寇老师的"小学民歌教学策略与方法"进行教学设计，将游戏和歌曲相结合展开教学实践，让孩子们在亲身体验中快乐地学唱这首歌曲。

本课我设计的教学目标：一是能用优美、欢快的声音演唱《喜鹊钻篱笆》，并用不同的方式表现歌曲；二是能在音乐游戏中体会快乐，通过互动合作培养团结友爱的团队精神。要达到这两个目标，就要制定行之有效的教学环节和方法。一是律动导入。开课前，我就开始播放歌曲伴奏音乐，带领孩子们踏着简单的舞步进入课堂，这样的方式让孩子们有简单的身体律动，为课堂情绪做铺垫，孩子们在不自觉中就对歌曲旋律产生了印象。二是歌曲学唱。接下来播放彝族人民围着火堆载歌载舞做游戏的视频，让孩子们对这首歌曲有了更加直观的感受，并且产生浓厚的学习兴趣。歌曲里的彝族语言更是让孩子们既迷惑又好奇，在我解释了歌曲的意思后，孩子们觉得更有意思了；在后面的活动环节，我又设计了有趣的旋律线条和自制打击乐器为歌曲伴奏，这样孩子们看似在玩，实际上在不知不觉中歌曲的旋律已经深深印在了脑海里。学习歌词的部分则采用了拍手和拍腿，有节奏地读歌词，确保每个环节孩子们始终充满兴趣，且都是围绕教学目标展开的。

吴斌老师对小学民歌教学学习方式总结到：要多听、多唱、多记、多创。我在完整学习歌曲的环节，分了师生合作、男女生合作等多次不同的方式学唱歌曲，这样每一遍的学都不乏味，在一遍遍不同的合作方式中，巩固了歌曲。

情境创设也是本堂课极为重要的一部分，从课堂的一开始就要让孩子们有身临其境的感觉，让他们觉得自己就是一个玩游戏的彝族孩子。在学会歌曲后的表演部分，我也加入了情境创设，老师充当打鼓的乐师，孩子们则化身山上山下邀约玩耍的彝族小朋友，孩子们玩得不亦乐乎，没有刻意学习歌曲，却早已把这首歌记在心里。这些教学环节都是紧紧围绕教学目标展开，在结尾部分设计了"喜鹊钻篱笆"的游戏，更是把孩子们的情绪推向高潮。

游戏是孩子们最喜欢的活动之一，也是重要的教学手段之一，在合适的音乐课堂中加入游戏，必能达到事半功倍的效果。这首歌曲的主题就是儿童们快乐地游戏，我国的少数民族大多能歌善舞，这在儿童游戏歌曲中也有体现。这首歌曲就是一首典型的游戏歌曲，通过游戏，孩子们能在课堂上就背唱歌曲，并能从学中感受到快乐。

我在这堂课中，觉得需要注意的方面在于课堂纪律的把控上，因为孩子们天真活泼，在兴奋中很容易"失控"，需要关注每一个孩子，确保课堂既活泼又有序；另一方面，这堂课的互动环节很多，要培养孩子们团结合作的精神，再则需要音乐老师提升基本功，有了扎实的机泵，才能胜任每一堂课。

音乐教育是艺术教育，在课堂教学中应该始终以新课程标准为基准，以审美为核心展开教学，在今后的教学中我会更加强化内功，不断地反思，不断地进步，让音乐课堂更加有趣更加丰富，让每一个孩子都能欣赏美、感受美、创造美。

《勇敢的鄂伦春》教学反思

成都市龙泉驿区跃进小学 孙希铭

我是成都市龙泉驿区的一名普通的音乐教师。我来自内蒙古呼伦贝尔，为什么会选择《勇敢的鄂伦春》这首歌曲作为教学内容呢？我相信大家一提到内蒙古，脑海里就是大草原还有大草原上的蒙古族，但是我想让四川的孩子甚至是全国的孩子知道，内蒙古不仅有大草原，还有大森林。大森林里生活着这样的一个民族——鄂伦春族，他们世世代代生活在大兴安岭里，祖祖辈辈守护着这片土地。他们勇敢、坚韧、热爱大自然。那么，怎样用一首歌曲把这个民族的特点、精神表现出来呢？我想，以"故事性"来串联整节课，突出"勇敢"主题，学生会在故事中更理解歌曲，了解鄂伦春人，也更加会表达歌曲，让这节课更精彩。

一、教学亮点

1. 在教学环节不断让学生去感受。去体验，学生体验过的印象才会深刻。我以"打猎"为主线，贯穿整首音乐，用"打猎"带出各种方式伴奏、带出用"自豪"的情绪去演唱。学生通过音乐的旋律、节拍等音乐要素解析着音乐中蕴含的森林文化，同一首歌用了不同的情绪。

2. 课堂设计紧凑、有序，学生参与非常全面。每一个教学活动都紧扣目标。善于用语言引导学生融入情境中，善于用语言去引导学生情绪。例如：小马掉队啦！用力地追赶猎物。

3. 整堂课非常具有民族特色，在学习歌曲之前先利用多媒体设备让学生去感受鄂伦春族的民族特点和音乐风格，有利于教学环境的创设和活动的开展，提高了教学效果。课堂中又以感受鄂伦春民族舞蹈，加入马蹄声，加入 xinnaye 鄂伦春族的语言等环节为串联，通过活动让学生不断地熟悉歌曲、了解歌曲，以便于后面歌曲的学习。

4. 本堂课设计环环相扣，每一次聆听都做了相应的要求，让学生在熟悉歌曲中去感受和体会歌曲。我身着民族服饰亮相让学生很快就进入了课堂氛围，并积极参与到课堂中去了。导入时，我先介绍萨满鼓，然后展示民族舞蹈，让孩子们简单直接地感受鄂伦春族的音乐和舞蹈特点。中部学习歌曲，通过小组合作加入跺脚、弹舌、拍手拍腿、骑马、xinnaye、打击乐器等各种形式多样化的表现音乐，让学生在每一次不同的形式中去自主感受、体验、音乐，不仅加深了对音乐的熟悉，还不会让学生感到疲惫。中后部采用两种不同的速度去演唱歌曲，是我认为此堂课的亮点，以不同的速度感受歌曲，让我们的音乐要素情感、速度、力度都在歌曲中有了很好的展示。尾声部分，为了让孩子们更好地融入情节，体验音乐的完整性，我设计了 ABA 结构综合表现。效果很好，孩子们充分地感受了鄂伦春族在山林里打猎的情景，切身地感受到鄂伦春人的勇敢和坚韧。唱歌课把我们的音乐三要素体现得淋漓尽致。

二、需要改进之处与改进方式

1. 整堂课环节设计尽管很到位，但还是有一些突发状况。教学一开始敲鼓打节奏，让学生听到此节奏就坐好，但整个课堂中由于孩子们专注力很好，所以并没有出现和使用过。鼓的介绍是否可以放到课中加入乐器伴奏的环节再展示？让学生探究用什么伴奏节奏型伴奏，最后再从学生的编创中提炼一种固定的伴奏节奏型，集体练习为歌曲伴奏。

2. 要充分相信学生，给他们更多创造和展示的机会。可以放手让学生自主讨论"怎样带着感情演唱"，并进行小组演唱展示，能更好地感受歌曲情绪。建议在节奏律动编创等环节多让学生自主学习。

3. 为了让孩子们更能融入歌曲，我在学唱歌曲时加入 xinna ye 的呐喊声。如果再设计一个体态律动配合呐喊声效果会更好。

《豆腐谣》教学反思

成都玉林中学附属小学 陈珉洁

《豆腐谣》是根据四川宜宾当地童谣创作的儿歌，歌曲的歌词生动地表现了宜宾的地域特点和思维方式，我的教学设计如何让学生更好地走进本课所带来的地方音乐文化中，喜爱民族民间音乐并能获得丰富的情感体验呢？

一、童谣入手，善用生活物品

本课以儿歌中较为简单的童谣入手，符合学生的年龄特点，激发了孩子们对宜宾方言的好奇和学习的积极性。再利用筷子作为给孩子们探索的学具，同时也是来源于生活中熟悉的物品来帮助他们建立新的学习经验。通过一个小儿歌快速地规范孩子们的演奏动作，敲击的声音有控制、有强弱。本课歌曲的童谣部分，在筷子清脆的伴奏下诵读学习，在老师的引导下模仿，深刻体会了宜宾话特别的韵味。开课这样的设计活跃了课堂气氛也顺应了孩子好玩的天性，让孩子们很快地融入课堂。

二、情境体验，深化情绪

本课涉及了传统推磨做豆腐的场景，很多孩子在生活中没办法接触到，为了让孩子们通过歌曲深切地感知到"推磨做豆腐"的地方文化，我用2/4拍的情境身体律动，把"推磨做豆腐"的地域文化用小学生喜闻乐见的学习活动串联起来。童谣和推磨体验的结合，充分调动了学生了解和学习民族民间传统的文化的兴趣，在"演着学"的学习情境中，用上孩子们喜欢的电子琴流行音乐节奏作为伴奏，既培养了孩子的节奏感又更加深刻地感受、体验了歌曲的欢快情绪。

三、听觉优先，形象感知

本课的儿歌部分，歌词较为复杂，但是和制作豆腐的工序息息相关。这一部分的设计我遵循的是听觉领先、体验为主。比如我先让学生靠自己聆听歌曲提取歌词信息，再借助跟歌词有关的图片和律动加深对歌曲的印象，增添歌词学习的趣味，帮助孩子们快速记忆歌词；通过图形谱让孩子们形象地感知、体验歌唱声音的高位置，培养自然放松的正确歌唱习惯。在这些活动中不知不觉地解决了歌谱中的难点，从而增强其自信心完成本课的教学目标。最后通过小组合作综合表现歌曲，培养学生的合作和表演能力，让学生进一步感受到歌曲的魅力及歌曲快乐的情绪，激发孩子对民族民间音乐的喜爱之情，有进一步去了解宜宾音乐文化以及四川民歌的愿望。

总之，在课堂中我尽可能多地给孩子们提供丰富的参与方式，让孩子们在体验中潜移默化地学会歌曲。一堂课磨课的过程就是提升自己和反思自己的过程。本课还有很多不足的地方，对于唱歌课来说，最重要的就是抓住音乐要素进行教学，在学生音准、音色方面的训练上我有所欠缺，对学生的唱歌指导得不够，这也为我以后的教学提了醒。音乐教育不但能够培养学生对音乐的感受力、鉴赏力、表现力和创造力，也能培养学生的优良品德和情操。音乐课的情感态度价值观尤为重要，所以本课在激发学生的情感融入歌曲的演唱方面，如何把自己当作孩子，站在他们的角度设计教学活动，让孩子们体会得更深刻，这是我要再进一步思考的地方。

我想我作为音乐教师应该有一颗热爱民族民间音乐的初心，担当起传承民族民间音乐文化的责任。在今后的教育教学中，我将不断积累教学经验，开拓教学思维，丰富自身的音乐知识，提升音乐素养。在完成学科教学任务的同时，让民族民间音乐浸润进我们的课堂，在提高孩子音乐审美的同时培养孩子的民族文化自信。

在民歌教学中浅行静思

——《放牛山歌》执教有感

成都市天涯石小学　张　琪

　　《放牛山歌》是一首以农村题材为内容的四川民歌。音乐素材简练、朴实，富有浓郁的生活气息。曲调欢快、活泼，表现了农村的牧童娃娃愉快劳动生活的欢乐情绪。全曲以"6、1、2"三个音为轴心，贯穿全曲，使其具有山歌高亢的特点。衬词"哟喂"及"啥"字地方方言的运用，使歌曲富有浓郁的四川民歌风格，从而形成了一领众和的对唱效果。第三乐句"X　X."切分节奏的出现，使牧童在欢乐放牧时的心情得到了欢畅的抒发。第五乐句宽松舒展的旋律唱出了"哥儿啰喂"，犹如牧童在山坡上向远处呼唤的生动情景，热情而又奔放，歌声悠扬。因为节奏明快、朗朗上口，适合孩子们演唱，同时具有四川民歌的特色。

　　我的师傅伍娜老师，一位优秀的小学音乐教学工作者，在平凡的岗位上做着不平凡的事，无私为我们组的每位学员指引着方向，她用她的专业素养和扎实的教学经验指导我们的每一节公开课。在试讲过程中，伍娜老师对我的这节民歌教学课提出：在民歌教学中，心情主要是靠情感来体验，不一定是要说出来的，而是多用范唱去感染学生、引领学生，尽量减少使用录音播放歌曲和钢琴伴唱的示范，口传心授，能让学生更加直观地从风格上感受这首歌曲，更加恰当模仿和表现出浓郁的生活气息。当然，这对老师的素养要求也是极高的，伍老师也提出在范唱中我很容易唱成小调的感觉，所以教师自己一定要深刻把握这首歌曲，通过多听、多感受歌词内容、旋律节奏等找准歌曲的特点。这首歌曲是一首具有山歌风味的四川儿歌，由于歌曲节奏较为紧凑，山歌韵味还不够浓厚，没有山歌旋律拉宽拉长的特质，所以在教学设计中，我还将伴奏部分加入了华彩，增加歌曲山歌韵味，同时在演唱中，加入领唱放慢、加宽节奏的方式增加这首歌曲的山歌特色，能让孩子们更好地感受山歌韵味，表现其特点。

　　《放牛山歌》由于歌词量较大，三年级孩子掌握起来，节奏上有一定的难度，所以在一课时的教学中，根据学情，伍娜老师建议我让孩子们只学一段歌词，通过多听多唱，聚焦在学生能够在一课时中更好地解决好歌曲中的重难点，围绕如何会唱本首歌、唱好歌、唱好山歌进行教学设计。在教学过程中，带领孩子们进入大自然放牛的情境教学中，带领学生们模仿牛儿的叫声，以引导学生高位置的发声位置；将学生普遍会涉及的难点提炼出来，让孩子通过有节奏的读歌词、莲箫加入边体验边朗读加深对难点的记忆，为后面教学使用莲箫体验乐句也做好铺垫。伍老师也指出在这个环节中学生学习打莲箫的动作，应避免一二一二地数数，靠音乐自身的节奏旋律学习动作。民歌教学注重口传心授的过程，更多地要将方法落实到体验其风格和表现其风格，这是一首咱们四川的歌曲，为了充分让孩子们感受地方特色的歌曲，尝试用四川方言演唱，用方言唱好具有山歌风味的四川儿歌，让孩子们能够以更加饱满的情绪和贴近生活的方式表现歌曲，用四川方言都歌词，贴近生活，能更好地感受四川民歌特色，提高对歌曲表现的兴趣。在教学中PPT阶梯和钢琴学习唱难点部分在后面的教学中合并直接都歌词，这样能更高效地学完歌曲留足时间做情景活动。在教学中设计双响筒伴奏读歌词的部分，能很好进行示范和感染，同时让学生熟悉节奏和歌词内容，课后我也同时在思考这一部分，是带情绪朗读歌词还是有节奏地读歌词，能更好地强调山歌风格和愉悦欢快的情绪。孩子们扮演放牛娃上山放牛，一领众合的吆喝大家，加入莲箫表演唱将歌曲的表演推向高潮，这一部分，伍娜老师指出吆喝大家应该更加粗犷、豪放，于是我将吆喝内容进行小小的调整，由之前的领："走，上山去喽~"合："来喽，来喽"改成了，领："走！上山去！"合："走喽！"

　　教学中还有许多不尽如人意的地方，前面体验的内容涵盖较多，以至于时间花费太多，整堂课，课题出示较晚，唱的部分没有得到很好的体现，学生在前半段的学中还没有充分发挥学生主体的作用，在教学设计中还需做相应的调整，落实学生的主体，放手让学生更加主动自信地参与学习，更加准确地明确课型。将手段聚焦于落实唱歌课的基本要素：听—想—唱—演，让学生充分聆听的同时，为如何唱好歌曲做充分的准备，凸显歌曲特点：四川方言做衬词以及山歌体裁，学生最终能自信表现山歌风格，这堂课就是一节成功的优质课！感谢寇校给我们搭建这样的平台，在公开课后给我们诸多建设性意见，听课、听专家评课、专家讲座等多种途径，我们与工作室的老师们共进步，伍娜老师无私的引领、孜孜不倦反复听评课、在展示中我们得到成长，幸福于在寇校名师工作室的每一个瞬间，幸福于能成为伍娜老师的徒弟，感谢我们组每一位老师每次毫无保留给出教学建议，感恩于心！

欢乐阿西里西　伴我课堂成长

——《喜鹊钻篱笆》教学反思

西南财经大学附属小学　张文婷

　　《喜鹊钻篱笆》是一首贵州的彝族儿童游戏歌曲，旋律节奏感强，歌词简单风趣。歌曲展现了孩子们游戏时无忧无虑、无比欢乐的心情以及他们手拉着手围成圆圈游戏时团结友爱的情景。

　　为了让学生们能够充分感受彝族儿童在游戏中自由、快乐并相互团结的情感，我首先让他们聆听歌曲范唱，感受歌曲欢快、风趣的情绪，接着了解彝族的风土人情，简要地向他们解释歌词的含义并在声势的帮助下学习歌词。继续聆听歌曲范唱，并要求孩子们小声跟唱，跟唱多遍后，跟着我的弹奏演唱歌曲，然后请学生们围成圆圈跟音乐边听音乐边做喜鹊钻篱笆的游戏。可整个游戏过程和我所预期的教学画面完全不同，孩子们虽玩儿得兴奋不已，却全然不顾音乐的节奏，音乐与游戏完全脱离。声势的加入也并没有起到帮助的作用，反而再次加大了学习歌词的难度。课堂呈现就是最好的说明，看来我的教学设计有问题！

　　很庆幸，我遇见了如此优秀有爱的师傅——伍娜老师。

　　她看完我的课提出几个建议：1. 由于彝族并不是小朋友非常熟悉的少数民族，所以开课时，简单律动不够，学生生活经验和音乐经验的不足需要花费更多时间去建立。2. 游戏设计有待改进。游戏设计是为了帮助学生理解作品，而非把音乐作为背景，游戏反客为主，刚好处理反了。3. 民歌学习语言是关键。这首歌歌词很拗口，不易于理解，导致也不好记忆。学习歌词时需要耐心，并进行多次重复。

　　首先，音乐游戏是为了更好地体验和理解音乐，而不是将音乐作为玩游戏的背景音乐。这句话一瞬间点醒了我！是啊，音乐课堂教学重要的是音乐本身，去体验音乐、感受音乐的快乐。音乐游戏是为了更深刻体验音乐的一种教学方法，不能一味地追求体验游戏的快乐而忘记了音乐本身。

　　伍老师告诉我这堂课不仅存在这个问题，学歌曲时还尤其应该重视歌词的学习！因为歌词与学生的生活相关，是内容性的情感体验，通过反复学习歌词可以直接让小学生准确体验歌曲情感。这首歌曲中一大段拗口的彝族语言，要特别清楚地让学生知道汉语的意思究竟是什么。民歌的教学比其他歌曲更应该让学生直观地观看原汁原味原生态的表达，通过真切的感受帮助学生积累音乐经验，让他们多快好省地进行学习。确实如此！我茅塞顿开，是的，歌词就是应该拿出来好好品味，带着情感、带着节奏、带着老师要强调的重难点自然而然记忆下来。这样，背唱时情感才会更加充沛，对作品的理解才会更加深入！

伍老师还教我选择视频的小技巧。最好选用有浓厚民族风味的、服装特点明显的、短小的视频，当然原汁原味儿的更为好。在一次次筛选中，我终于选到了如意的。接着欣赏了彝族人民的服饰，进一步了解了彝族文化。

以下，便是我在2019年寇忠泉音乐名师工作室总结会以及万源市太平镇小学名校名师研讨活动中进行展示的教学现场。

在简单的一组圆圈舞中进入了今天的新课。

我一遍一遍地唱着这首欢快的歌，用着我们熟悉的语言，好像这首歌曲和孩子们更近了，也让他们深刻地了解了歌词大意。在律动中通过前后左右不同的方向也了解了歌曲大概的组成一共有四个乐句。

接着便是学唱歌曲，回到很久很久的以前，能歌善舞的少数民族人民都是用口传心授的方式传承音乐的，在这首歌曲中我和孩子们也一起体验了一把，在演唱时我感觉真的置身于美丽的大自然和可爱的孩子们一起享受音乐呢。

学会歌曲后便通过抽个别、抽小组、接龙唱等方式巩固了演唱，加深孩子们的印象，有效地完成了背唱。

接着难度升级！情感升华！

我们继续在演唱中分成了三个组（三个圈）完成不同音乐要素的呈现。我问孩子们：想让音乐越来越热烈我们可以采用什么样的方式？抛出问题后，孩子们给出了不少让人惊喜的答案。如可以让音乐的速度越来越快；可以让音乐的力度越来越强；可以让演唱人的数量越来越多。听到答案我惊喜万分，通过已经分好的三个圆圈来一次次地感受让音乐越来越热烈的氛围。完成了我的教学目标。

活动展示课后寇老师为我提出了宝贵的意见，也提出了一些值得思考的问题：在民歌教学中教师范唱应该用什么样的音色才是最恰当的？最后的"情感升华"活动环节可否用上情境的创设，让活动更加生动有趣。面对这几个问题我也在思考着。民歌教学中老师的范唱最好用接近原生态的演唱方式，忘掉学习的美声等唱法，让学生真正感受天然的、民族的、传统的。最后一个活动环节，面对已有一定音乐认知能力、活泼的三年级学生是很有必要的，可以更好地激发学生的好奇心，提高学生的兴趣，让整堂课更加的活泼生机。

在一次次的磨课中和伍老师的指导下让我明白很多教学理论，也发现我在设计一堂课时容易出现的问题。首先一堂课的导入尤为重要，那是学生对于这首歌曲的初步感知阶段，一定要清晰明了，生动又有效。当然歌词的学习更加不能忽视，因为歌词是内容性情感体验，通过它才能准确体验情感。所以一定要多读，有节奏地读也可，没有节奏地读也可，看歌词是节奏感更强还是情感更强。以及不能在一堂中为了让教学手段丰富、教学形式多样而面面俱到，最后反而容易导致每一个环节走过场，教学效果也不佳。若选择了音乐游戏的加入，就得注意游戏设计是为了帮助学生理解作品，而非把音乐作为背景，游戏反客为主。原来设计一堂课需要有太多太多的思考，也需要有如此深厚专业的理论支撑。

我很庆幸自己来到这个幸福的大家庭，幸福的我也在这一次次的磨课中慢慢地进步着、成长着。感恩高质量的寇老师名师工作室；感恩伍老师耐心细致地指导我；感谢组内小伙伴老师们帮我"出谋划策"；感激能上这堂课的机会。未来我将继续努力，不断反思，让进步不止步！

《采花》教学反思

成都市泡桐树小学（天府校区）　佘世凤

　　四川民歌《采花》曲调优美，歌词描写花开满园、四季采花的情景，表达人们期盼采得鲜花之情，热爱生活的状态。歌词就是当地人民的生活体现，不生涩，一听就理解，便于传唱，展示了四川人民温婉、乐观、有爱有梦的生活情趣。我非常喜欢这类风格的歌曲，优美、乐观、向上的状态。所以选定此课作为课例进行研究，这是在"四川省小学音乐寇忠泉名师工作室"课题研究《基于民族文化传承的四川民歌教学研究》的背景下，精心选课、多次磨课并最终成形的一节民歌教学课例。非常感恩能遇见工作室领衔人寇老师，他以自身强大的人格魅力和对小学音乐教育的执着追求，感染、聚集了四川省一大批优秀的一线音乐老师，并组织大家一起做着这件意义深远的工作，研究民歌教学，为传承民族文化一起努力。非常幸福在工作室能拜伍娜老师为师，在伍娜老师的手把手指导下，执教这堂唱歌课《采花》。通过这堂课的锤炼，对民歌教学有几点思考，与大家分享。

一、教学目标忌"雾里看花"

　　民歌教学既要符合常规创作歌曲的普遍规律，通过歌曲学习，感受歌曲表达的生活的美好或其他情感，也要有民歌独特的风格，因民歌是当地人特有的生活习性的体现。所以民歌的教学既有常规课堂对歌曲学唱的基本要求，解决的音准、节奏、结构及演唱，又可结合民歌使用特殊道具，体验学习、增长见识、丰富经验，为民族民间音乐中非物质文化遗产的保护、传承，做出应有的贡献，传承民族文化，弘扬民族音乐，增强民族文化自信。由此确定的教学目标要清晰、明确，有方法可检测。本课的教学目标是：学生乐于用四川盘子及声势、游戏等形式愉悦地参与学习、体验活动；能熟练背唱部分歌词，并情绪饱满地参与课堂体验活动；能通过学唱《采花》了解民歌的价值，乐于传承，为弘扬民族文化而努力。教学目标的设定，既有参与活动时情绪的要求，也有具体活动的引导，便于课后反思的检测及调整。

二、教学形式忌"走马观花"

1. 民歌的教学一定要遵循、符合民歌创作的特点。民歌的创作者是普通大众、劳动人民，没有曲谱，流传方式就是口传心授。因此民歌主要采用口传心授的方式进行教学。尽量慎用花哨的课件展示，图片堆积，提倡多用教师范唱。所以在活动设计中，从一开课就由老师清唱，用"啦啦"哼唱曲调，贯耳音，多次律动、游戏都由教师哼唱，让曲调贯穿课堂始终，所以当需要学生张口歌唱时，学生没有畏难情绪，而是非常自然、享受地张口歌唱。

2. 民歌教学中特殊道具的使用，需具有当地文化属性。教学中四川盘子的加入，不仅丰富了活动体验，而且让课堂更具四川民歌特有的韵味。因盘子的声音清脆，演奏简单，便于传承，一学就会，上手就有四川民歌特有的韵味，所以，孩子们非常喜欢学习盘子和用盘子为歌曲伴奏这个活动。有了盘子的伴奏，很巧妙地解决了乐句的学习以及第三乐句弱拍起唱的难点。

3. 盘子的引入自然巧妙。由模仿盘子的演奏动作而设计的整体律动开课，使歌曲的聆听环节，学生始终处于不断变换不同形式的活动体验中，同时前后活动是密切关联的、递进的，学习的难度由浅入深，又不断有新意的，学生一直处于好奇又好玩的状态，学习效率高，投入而又专注。很多孩子也是因这堂课，才了解了盘子这件好听却又被忽略了的打击乐器，了解到劳动人民生活中的智慧与乐观，也打开了学习音乐、享受音乐的一扇窗。不是钢琴、小提琴等才是乐器，老百姓的民间生活中有很多智慧和很多有创意的乐器。

三、教学手段适度"锦上添花"

这堂课的教学手段丰富多样，为孩子们的学习起到"锦上添花"的引领作用。主要有教师清唱、示范律动，学生参与的有模仿、律动、聆听、思考、交流、体验、记忆、演唱。相较常规创作歌曲的教学，这堂课的教学手段趣、活、亮。

首先，利用音乐的弥漫性，采用口传心授作为主要的教学手段。

其次，律动设计吻合歌曲韵味及结构，特殊道具四川盘子的使用，让课堂的文化属性更浓。

再次，教师以音乐的方式，将活动口令，以教师优美的演唱来提示和环节衔接，显得有趣又美好，课堂氛围好，师生关系融洽。

最后，重视方言对学唱民歌的价值。民歌有很强的地域性特点，当地人民创作并流传下来，反映的也是当地人民的生活，所以我们通过学习民歌，其实是学习体验当地的文化习俗，歌词又是民歌学习非常重要的内容，所以歌词的学习，用方言读、唱、诵，就是很有价值的活动。

四、学生活动鼓励"百花齐放"

整堂课，学生活动丰富新颖有趣，一环扣一环，每一个步骤都是下一个步骤的铺垫，课堂活动处于不断进阶、螺旋上升的体验升华状态，孩子们的求知需求、情感都得以很好的释放和表达，有动有静，有体验有思考，有记忆有交流，学生活动呈现"百花齐放""微笑如花"的愉悦状态。

一开课就是模仿教师的律动，学生用身体参与体验活动。律动设计也不是随意乱动，而是紧扣音乐的要素：贯穿始终的切分节奏，三乐句构成的短小精巧的结构，第三乐句从弱拍起唱的特点，以及模仿演奏四川盘子的动律设计的律动，同时又为后面的活动——演奏四川盘子，做了结构、动律的铺垫。学生活动丰富，不断变化、进阶，循序渐进，强调学生的活动可以有自己的创意和感觉，但是必须打开耳朵，唤醒身体，以音乐为指令，所以，每个人呈现出来的感觉既有个性，又有规律。

律动环节，对歌曲的结构有了总体体验感知，马上就是安静地欣赏曲艺团专业演员带来四川盘子的视频表演。学生看了后，恍然大悟，原来我们的律动就是在模仿四川盘子的演奏姿势，很自然地过渡到四川盘子的学习环节。虽然是第一次接触四川盘子的演奏，但是有了前面活动的铺垫，加上盘子的演奏简单易学，上手就会，声音清脆动听，有很浓郁的四川韵味，所以学生非常享受这一学习活动。而且在这个环节的体验学习中，老师始终以表情、眼神，带领孩子们模仿、体验，没有单一的理论介绍，而是进入有趣的操练活动，同时又有老师不断的清唱，为后面的歌唱学习又是一个很好的铺垫，所以下一个学唱环节时，学生已经处于非常想开口歌唱的情绪状态了。

课堂中，对学生活动既有共性的要求，又有个性释放的空间，在课堂呈现"百花齐放"的灵动样态。

在多次磨课、交流、展示的过程中，工作室就是一个智慧的大家庭，既有领衔人寇忠泉老师的方向引领，民歌教学策略的实施，也有片区负责人伍娜老师的独特设计，也有万里燕老师课堂逻辑、课堂组织语言的锤炼帮助。工作室的优良传统，磨一堂课，一定不是一个人单独作战，背后是一个团队的指导、支持，每一堂课既能看到工作室已有研究成果的呈现，又能有所突破、有所改进。

《上茶山歌》的教学反思

成都高新区新科学校 何艾蔬

民歌是我国民族民间音乐的瑰宝，同时也是中华优秀文化的重要组成部分，我们有必要在音乐课堂中开展民歌教学，通过合适的方式，引导学生听民歌、唱民歌，感受民歌之美，从而树立民族自信，激发学生对民族音乐文化的热爱。

我执教了川东民歌《上茶山歌》一课，取得了较好的教学效果。磨课的过程对我而言，"衣带渐宽终不悔，为伊消得人憔悴"——为了寻找合理的教学方法，我颇费一番周折。我从面对教学素材的"一筹莫展"到完成教学设计后内心困惑的"云开雾散"，一路走来感悟颇多。我深感要让学生感受四川民歌的魅力，进而喜欢民歌、爱唱民歌，需要老师点点滴滴的巧妙设计和引导。以下是我的几点思考。

一、把民歌唱进心里是教师备课的关键

一位老师曾经告诉我说："民歌一定要唱出味道来，才会感染人！"是啊，民歌来自人民生活，表达着人民的喜怒哀乐，是从心底流淌出来的，我们也要用心唱才能让歌声有生命力。

《上茶山歌》是一首来自达州万源的民歌，短短的四个乐句就唱出了万源人上山采茶的愉快心情。我反复演唱这首歌曲，反复品味歌曲的意境，同时查阅资料了解采茶相关知识。为了让孩子们更好地感受这首歌曲，我还进行了歌曲二度创作，给歌曲添加了一段歌词，并指导合唱团的孩子录制音频，还配合录音制作了《上茶山歌》视频，用音画的方式为学生学习歌曲营造身临其境的氛围。我在这个过程中也更加喜爱这首民歌，唱得更有感情、更有韵味！

二、合理迁移，丰富学生民歌学习的文化感知

《上茶山歌》欢快的情绪与四川清音中哈哈腔的情绪表达相似，曲艺与民歌一脉相承，而我正好有四川清音学习经验，何不将哈哈腔融入《上茶山歌》的学习，唱出四川民歌活泼的情绪？于是，本堂民歌课上，我先为孩子们演

唱一曲四川清音《布谷鸟儿咕咕叫》，让他们聆听哈哈腔，再模仿演唱哈哈腔，感受哈哈腔的快乐情绪，不仅让孩子们快乐练声，还激发了孩子们的兴趣。紧接着，欣赏《上茶山歌》的民歌视频，悠扬的旋律让孩子们不由自主地就跟随音乐律动，在情境中感受民歌的内容和情绪，理解民歌起源，为下一步学唱歌曲做铺垫。把哈哈腔作为二声部填充到歌曲《上茶山歌》的演唱中，使得歌曲的情绪更加俏皮、愉悦、生动。同时曲艺与民歌的结合，使得歌曲的"四川味道"更加浓厚。

不仅如此，我还把四川盘子引入课堂。孩子们被这件生活中的乐器再次吸引，优雅的演奏姿态（打、点、颤）、盘子敲击出清脆的音色与孩子们的歌声融合起来很动听。

三、注重体验，用儿童的视角学习民歌

民歌音乐要吸引学生，不仅靠老师演唱的感染力和合理二度创作，更需要有充分体验的时间和空间。体验活动不仅是对音乐的学习，也是对地域文化的感知。在学习歌词这个环节，我先从四川方言入手，让孩子们跟随音乐的节奏，融入自己的感情，用四川话读出采茶人的欢乐，速度从慢逐渐加快，孩子们初步感知2拍子节奏，进一步了解到茶农上茶山背后的故事。

紧接着我创设采茶的情境，让孩子们在教室里扮演茶树，扮演采茶娃上山采茶，有趣的音乐表演总能激发孩子们无穷的学习乐趣，他们在2拍子音乐中尽情演绎（随节奏边说歌词边表演），既记住了歌词、感受2拍子的节奏，又体验着茶农们收获茶叶的幸福。

方言朗读、充满童趣的采茶表演、优美的旋律、快乐的节奏，一下子就抓住了孩子们的心，他们创造性地用语言、动作等方式表达自己对音乐的感受。充分体验之后，学生身心愉悦，同时对演唱歌曲充满信心。

总之，《上茶山歌》的教学，我进行了大胆尝试，做了一回有探索精神的音乐老师。这次把哈哈腔和四川盘子融入民歌的大胆尝试较为成功，让我觉得音乐老师就应该具有探索精神，打破传统的音乐思维，为提升孩子们的综合素养不懈努力。让民歌学习产生强大引力，使得"传承音乐文化"悄然落地。未来我将和孩子们继续探索不同地域的民歌，学习、理解、尊重其他国家和民族的音乐文化。从点滴做起，前方并不遥远。

《放牛山歌》教学反思

电子科技大学实验中学附属小学 罗竟慧兰

《放牛山歌》是一首以农村放牛为题材的四川儿歌，本课选自人民音乐出版社第五册第四课"放牧"《放牛山歌》，歌曲充满了浓浓的乡村生活气息和童年乐趣。全曲用6、1、2三个音为轴心贯穿全曲，使其具有山歌明亮的特点。衬词和四川方言的运用使歌曲富有浓郁的四川地方特色。《放牛山歌》这一课的设计是基于寇忠泉老师民歌教学策略的思路，将声—景—情贯穿课堂，以声化景，以景带情。再通过民族乐器竹笛的感受、山歌对唱体验、四川方言的运用、打连湘的拓展学习将民族文化进一步升华。将放牛生活的悠闲、愉悦通过音乐的方式传递给学生。本课我一共设计了创设激趣—感知旋律—学唱歌曲—拓展呈现—课堂小结五个板块。

情境创设：导入部分是本课的设计亮点，将生活化的场景融入课堂教学中，在创造性的音乐活动中让学生感受歌曲意境。我将《放牛山歌》的引子做了叠加和拉长，让学生闭上眼睛聆听引子部分，充分感受大自然的声音。引导学生将听到的声音在脑海中转化成画面，再通过对水声、牛叫、风声等自然音效的模仿，创设出农村生活的意境。竹笛的加入增强了歌曲的民族风味，笛声和歌声此起彼伏的合奏，仿佛将学生引入美好的山林间，更真切地感受山歌自由、明亮的风格特点。

歌词学习：《放牛山歌》是一堂唱歌课，我将歌曲的学唱作为本课的教学重点，在磨课中我发现，即使是从小在四川生活的孩子，由于普通话的普及，对歌曲中四川方言的把握都需要花费较长的时间。为了解决这个问题，我尝试了多种方法，其中最有效的是童谣式教学。我使用木棒敲击节奏，将歌词拆分成短小的句子，学生一边聆听一边拍手模仿节奏并诵读歌词。为了加强学生记忆，我将歌词中（岩）（哥）（啥）等四川方言单独列出，通过范读结合字义解释，尝试突破方言学习的难点。在反复的诵读和体验中学生能在较短的时间内熟悉歌词，掌握方言的读音，突破歌曲中符点、十六分音符等难点节奏的学习。

重视学情：城市里的有些孩子是没有农村生活经验的，他们甚至没有见过牛。对歌曲中放牛生活的内容没有共情，这就给他们对歌曲情绪的理解增加了难度。记得在一次磨课中我想要引导学生体会放牛娃自豪、欢乐的情绪。我问道："孩子们，你们家的牛多不多呀？"学生回答："不多。"孩子们哄笑起来，我觉得难堪极了。这尴尬的一问一答，让我努力营造的课堂意境瞬间瓦解。任何一份教学设计都不是万能的，以学定教，教学设计必须切合实际，同一份教案面向不同的学生做出应当的调整是必要的。

歌曲处理：在《放牛山歌》的学唱部分，有了之前旋律感知和歌词学习的铺垫，我采用钢琴听唱、交替演唱、慢速演唱等方式，引导学生快速学会歌曲。但想要演唱出山歌明亮、悠扬的风格还有差距，民歌不同于一般唱歌课，很多民歌都有它独特的唱腔，这就要求教师对所教作品要提前做好充分的了解。在唱歌课的教学中一定要关注学生的演唱效果，及时调整学生歌唱状态。刚开始上这堂课时我总是赶着走流程，常常会忘记指导学生声音。《放牛山歌》是一首矮腔山歌，结构规整小巧，拖音短小，歌曲情绪欢快活泼。在处理"哥儿啰喂，哥儿啰喂"两句的演唱时，我希望孩子能演唱出山歌的明亮、悠扬的风格特点。在之前的处理中我一直强调学生打开眉心，将声音往头顶靠，但孩子们似乎不太能理解，好几次为了赶流程，我也就匆匆略过，导致教学目标的达成都不太理想。后来我尝试让孩子们想象歌声像山顶的云一样，轻轻地飘过山顶，情况就好了许多。在教学过程中，其实不必害怕停下来，教学就是教与学的过程，假如一开始学生就能唱得很完美，那教学就没有意义了。

《放牛山歌》这节课我上过很多次，每一次都有新的收获。在反复的磨课中有沮丧、有失落，也有成功的惊喜。在寇老师的耐心指导下，这堂课从最开始的混沌冗长，一点点变得环环相扣，独具特色。这也使我明白想要上好一堂课没有捷径，除了扎实的专业素养、充分的准备，还要有潜心研究、虚心学习、刻苦努力的精神。感恩名师工作室这个大家庭，让成长路上的苦和泪有了意义，未来我将更加努力，相信努力的汗水，定会浇灌出最美的教育之花！

《编花篮》教学反思

成都高新区西芯小学 冉 宏

在民歌教学中，如何让学生体味到歌曲地道民歌风味，表现出该民族或地区民歌的特点，真正地表现出民歌的根与魂？方言运用是很好的切入点。我国是多民族国家，每个民族都有自己独特的音乐和方言。"十里不同音"就是方言口音复杂现象的习惯表述，方言可以说是不同民族、不同地区最有特点的地方之一了。在教学中运用好方言，会很好地解锁民歌教学难点，找到民歌的根与魂，真正体味到民歌风味。在人音版小学五年级上册《编花篮》的教学中，我尝试了方言运用，效果甚好。

《编花篮》是小学音乐教材五年级上册里的一首有着浓郁河南民歌风格的歌曲。通过仔细研究教材，分析歌曲特点，反复推敲，认真思考，发现方言与民歌之间有着密切的联系。为了弄清究竟，阅读了很多语言与音乐的联系相关书籍，从这些书籍里我了解到：方言读音的音调与民歌旋律进行有着密切联系。如何让孩子们把民歌唱得地道、有味儿？让孩子们在教学中如何体验到河南民歌的特别之处呢？河南方言的运用帮助学生撬开民歌学习之门，品味到了地道民歌风味。

一、方言声调标注，让方言与民歌关系暗线变明线

《编花篮》是一首以河南民歌题材创作的歌曲，河南方言有何特点？与普通话的区别在哪儿呢？与歌曲旋律有何联系？带着疑问我找来河南同事，请他用河南话为我读歌词，并进行录音，然后再与普通话朗读歌词相对比。发现：河南方言的二声、三声调值与普通话相反，普通话的四声河南方言念成二声，普通话的一声河南话念成三声。而歌曲中旋律的进行与方言声调几乎一致。如歌曲第一句"$\frac{7}{编}10$"中的"编"字，在普通话中是一声，声调标记为"—"，而按河南方言则念成三声，声调应标记为"∨"，而歌曲旋律进行是倚音"$\frac{7}{编}10$"，旋律线与方言声调一致，标记为"∨"。在课堂学习中，我用河南方言朗诵歌词，然后邀请孩子们为老师的朗诵河南方言标注声调，在唱对应

的旋律，请孩子换出旋律图谱，再把歌词声调与旋律线进行对比后发现，方言声调与旋律线条几乎重合。例：

由此可见，方言的声调直接影响了歌曲的旋律走向，旋律"依字行腔"。我想只要我们抓住方言音调的发音，然后带着方言的发音去感受、体会歌曲旋律，就能更好地体会、表现河南民歌旋律特有的风味。

二、方言歌词念诵，让语言体验升为歌唱处理思维

在了解了方言与民歌的联系以后，让学生跟随河南同事的歌词朗诵录音念诵方言，念一句歌词，再唱一句歌词，在念、唱交替学习实践中，细细品味，在方言与歌曲旋律之间建立起联系，感受、体会河南民歌风格特点，这样，就将方言念诵直接体验上升为歌曲演唱风格处理思维。这样经过思考的、处理后的演唱，就更能展示出河南民歌的音乐语调、节奏韵律等，对把握民歌风格有很好的帮助，是唱好民歌直接又简单有效的途径。

例如，在学习歌曲第一句含有倚音的"⌒10"字时，小朋友不太注意要唱出倚音，好多孩子会直接唱成单独一个10，唱出的是普通话一声的55音调，这样就缺少了河南民歌的味道。在学习中我请同学用河南方言来念这个字，把这个字念成三声，声调为"√"，然后再带着214调去唱这个字，也就恰好唱出了旋律的倚音"⌒10"效果，旋律线与方言声调几乎一致。这样，孩子们在方言体验中，感受到了旋律进行与方言声调、歌词节奏与旋律节奏是对应的，并能快速掌握到这首歌曲最精华、最有特点的地方。巩固几次后，这个体验将升华为民歌演唱处理的直接思维。

三、方言衬词模唱，让民歌演唱凸显地域性格特征

民歌中，方言衬词是最有特点的，比如唱到"呀拉索"，你一定会想到西

藏民歌，如果唱到"亚克西"，一定会想到新疆民歌。在学习《编花篮》时，我找出了歌曲中最有河南民歌特色的衬词"哪哈咿呀嘿"，然后请孩子们跟着一起模唱，在字正腔圆的吐字，特殊重音、特别节奏的体验中，我们一起感受到河南人的率真、大气的性格。唱好最有表现力的衬词部分，就为孩子们唱出地道民歌演唱加了分。

可见，在民歌教学中，方言教学为孩子们撬开了民歌学习之门，最能让孩子们品味到地道的民歌风味。利用方言与民歌的密切关系设计方言实践教学体验活动，在教学中重点训练歌曲中最具特色的方言衬词，能很好解锁民歌教学难点。

《彝家娃娃真幸福》教学反思

成都高新区尚阳小学   周梦娅

音乐教育以审美为核心，通过聆听音乐、表现音乐和音乐创造活动为主的审美活动，使学生充分体验蕴含于音乐中的美和丰富的情感，陶冶情操。

《彝家娃娃真幸福》是一首根据彝族民歌音调创作的儿童歌曲，歌词简洁形象，旋律欢快跳跃，热情洋溢地展现了彝族儿童的幸福生活。在教学设计中，秉承工作室导师所创作的"声景情"三位一体的教学理念，用"听、动、演、创"的教学方法，使音乐感知隐隐成线，音乐能力环环相扣，音乐思维不断发展，音乐情感螺旋上升，在生动、活泼、积极的学习氛围中，充分激发学生的学习兴趣，从而达到教学目标。具体说来，在以下几方面的思考是合理的。

一、情境教学，引起学生的兴趣

创设彝族情境，利用音乐律动，激发学生的学习兴趣，让学生在浓郁的音乐氛围中进入课堂，营造宽松和谐的学习氛围，唤起学生对少数民族音乐的记忆。

二、情趣教学，抓音乐要素

在本课的教学中，歌词出现的四个衬词"阿里里"，非常具有彝族韵味，生动地描绘出了彝家娃娃身着节日盛装尽情歌舞的动人场景。在教唱这首歌曲时，我充分地把握了这个显著特点，引导学生拍手、跺脚，接着通过请学生"找出歌曲有几个'阿里里'"这样一个问题，使学生很容易就明白了这首歌曲的结构（由四个乐句构成、起承转合）。在识谱教学中，我还是利用四个"阿里里"，先采用柯尔文的手势分别练唱音符，再采用画旋律线的方法，不仅使学生对音高有了一定的概念，而且使学生很快就掌握了整首歌曲的旋律走向。然后由老师和学生接龙唱，使学生对为新授歌曲《彝家娃娃真幸福》的识谱教学打下了较为扎实的基础。在最后表演环节——火把节表演中将教学活动推向了高潮。这样，层层深入、循序渐进地进行教学，符合小学生的认知规律，提高了学生的学习积极性。这样教育的目的不只是传授知识，而是要开发学生的潜力，充分发挥学生的才干。

三、多媒体教学，了解彝族民俗文化

课堂中，我制作的课件，让学生去了解彝族民俗文化，及时地起到了辅助教学的作用。当孩子们看到穿着特有的民族服装的彝家小孩时，很多人笑了。我问："为什么笑?"他们说："衣服很有意思，帽子很好玩。"听到这话，我告诉孩子们："彝族的小朋友在服装、生活习惯和音乐风格上于我们汉族有很大的差别。你们想不想学唱一首来自彝族的歌曲?"孩子们的学习兴趣一下子被激发了出来，一副跃跃欲试的样子。在了解到彝族人们平时喜欢的穿着和打扮时，课件中出现了各种美丽的服装和银饰，孩子们一见，脸上立刻出现了惊奇、羡慕的表情，渴望更加深入地了解彝族。

本节课，取得了较好的教学效果。但仍然存在着许多的不足，

1. 如学生歌唱的状态，声音的控制上不太好。

2. 教唱环节稍微短了一点儿，学生歌词记得不太清楚。

这些我都会在以后教学中改进，积极向优秀老师学习，多听、多想、多思、多悟、多练，认真上好每一堂课。

《羌寨童谣》教学反思

成都市新都区泰兴小学　宋钰一

一、教学设计反思

《羌寨童谣》是由林烨改编而来的一首汶川羌族民歌，表现羌寨儿童幸福生活场景。歌曲为2/4拍，中速稍快，这首歌曲为五声调式徵调式二段体结构的歌曲，第一部分轻巧跳跃，第二部分连贯流畅。欢快的童谣民歌再现了羌族人民歌唱美好生活的状态。在教学目标的设置中，我抓住了音乐点、人文点以及情感点三点来设计体验式的目标，具体设计目标如下：

目标一：通过听、唱、演、跳等羌族特色活动感受羌族的民族特色以及羌族歌曲的演唱特点。

目标二：能用自然、朴实带有羌族特色的演唱风格演唱歌曲，表现出歌曲真挚热情的情绪。

目标三：通过歌曲的演唱学习激发起学生对民族民间音乐的兴趣与喜爱，以及对民族音乐的探索发现精神。

学生对于体验式的学习积极性较高，能积极主动参与活动，自主性地去感受民歌的特点，以多种方法（音乐情境体验、羌绣体验、乐器体验、舞蹈体验等）积极调动学生学习音乐的兴趣，注重培养学生的音乐感知力，让学生在自己设计的音乐活动中学会学习、学会表现，培养学生内在的音乐修养，较好地完成了本堂课的教学任务。

在体验中去达成教学的目标。

二、教学过程反思

（一）导入环节

这一环节注重了音乐与相关文化的渗透视觉体验。本堂课一开始就用羌族特色乐器羌笛制造神秘氛围以及激发学生探索欲，再由多媒体向学生展示了羌族的历史、服饰、民居、风俗习惯等，唤起学生学习兴趣，打开了新课教学与学习的良好局面。（这一环节学生是坐在板凳上以笔直的坐姿观看聆听，放松和心情的转化欠佳，如果能以席地而坐教师以讲故事的方式讲述这个古老神秘的民族继而开始会不会更好呢？）

（二）歌曲学唱环节

1. 旋律学唱

这一环节是以羌族羌绣特色作为影子线条进行学唱，以羌绣图谱针法（十字挑花）来帮助旋律学习，在羌绣的劳动体验中感受歌曲的旋律变化以及歌曲的学唱，体会羌族人民一边劳动一边幸福地歌唱的场景。音乐来源于生活，民歌亦是如此，生活实景的体验式学唱，能使旋律富有活力，学生能有兴趣，在玩中学、自主学、体验学，而不是传统教授学，知识更能内化。（感受旋律变化时，结合其旋律的长短、紧密、连跳等特点设计挑花动作，能使学生更直观更深入地理解作品的音乐性，这一点值得思考与改进。）

2. 歌词带入学唱

歌词赋予歌曲的实在性，能直观真切地阐述歌曲表达的场景，《羌寨童谣》其歌词反映的就是羌寨儿童上学途中幸福高兴的场景，在体验歌词情绪时，可以直接模拟上学场景，发挥学生想象以声音表达以动作表现，真切体会体验其中的玩乐，（例如踢石子、追赶、跳跃等），将其学生自由想象的动作结合歌曲节奏生成动作并结合演唱效果应该会更加好。

三、存在问题

1. 在学生进行舞蹈创编和舞蹈表现时，学生所掌握的相关舞蹈元素较为贫乏，不能很好地将歌曲与舞蹈结合起来，没有达到预期效果。

2. 在课堂的环节设计中，要学会"舍"，剔其糟粕取其精华，找到适合本节课适合学生的活动足矣，不需要太多的花样去修饰。

3. jiang de li xuo 羌语的使用如果可以在各个环节紧扣，会使学生自然形成氛围，为后面的活动参与打下铺垫与积极性。

四、改进反思

1. 注重学生音乐素养的培养。通过带着问题安静聆听、演唱歌曲、对音乐进行评价、合作演唱、舞蹈律动等方式，在视唱、练耳、节奏训练等方面进行潜移默化的训练，为学生更好地学习音乐打下坚实的基础。

2. 注重实践性。通过形式多样的音乐活动，充分调动了学生的积极性，他们主动参与，在教师的引导下全身心投入"装饰"羌族音乐的实践活动中，享受美、实践美、创造美。

3. 注重作品内在的深层次挖掘。多查阅，多听，多看，要以精益求精来要求自己对作品的探索和挖掘，才能呈现给学生好的效果及课堂体验。

4. 注重民歌教学的方法性。以详细的点化去分析作品，以实际的需要去使用方法，以常规方法去形成富有自身特点特长的属于自我的方法。

童谣《数青蛙》教学反思

成都市新都区三河小学　王彦娜

音乐，作为人类的第二语言，它与人的心理、情感活动具有形态上的一致性，它拨动着人们的心弦、触及着人们的灵魂，对人的心灵有着积极的陶冶作用。现在，音乐又是一种表现艺术。音乐课上，学生或唱或跳或演或奏，通过对音乐的表现，使学生能够充分地展示自我，获得美的享受和成功的愉悦。

《数青蛙》这节音乐课教学对象是二年级的学生。本节课的教学目标是：1. 学习演唱活泼、风趣的四川民歌，知道数量词的用法。2. 学习 a 的发声，复习巩固接唱这一演唱形式。3. 使学生知道青蛙是我们人类的朋友，我们要保护它。熟练演唱整首歌曲，正确使用数量词是本节课的重点。学习 a 的正确发声，是本节课的难点。在整个教学活动中我设计了如下环节：1. 复习旧知：边用打击乐器伴奏边演唱《小铃鼓》。2. 新授：学唱歌曲《数青蛙》。3. 练习：（1）a 的发声练习曲《摇小船》；（2）律动练习；（3）游戏：蛙跳比赛 4. 结束：律动歌曲《跟我做》。

在第一环节中，学生手持铃鼓跟随音乐伴奏带，边敲铃鼓边做动作边唱歌。在伴奏中锻炼学生腕部和手指的灵活性，加深对歌词的记忆，感受四二节拍。这一环节放在新授知识之前，作为复习内容一方面巩固了学生对铃鼓这一打击乐器的演奏方法的熟悉演奏，一方面激发了学生学习新知识的兴趣。

在第二个环节中，首先，我出示青蛙图片让学生观察，用提问的方式让学生回答："一只青蛙几张嘴？几只眼睛？几条腿？两只青蛙呢？以帮助学生记忆歌曲前半部分的歌词。然后，有教师领读歌词，学生跟读，进一步熟悉歌词。并注意纠正"乒乓"二字的读音。待学生能够较熟地朗读歌词之后，教师出示打击乐器——响板，师示范打快节奏并用快速读歌词。学生模仿，对于能力强的学生教师鼓励自己打，能力稍差的学生，教师可在一旁带打。在教唱时，要注意尾音的时值和四分休止符的时值。演唱这首歌曲时，我在速度变化上做了一些设计，如前四小节可稍慢，"乒乓一声跳下水呀"逐渐加快，让学生体会速度在音乐表现中的作用。通过这一系列的内容设计攻下本课重点。

在第三环节中，我设计了三个练习：

1. a 的发声练习。首先，复习 Do Ri Mi 接唱练习曲，然后学习新内容，a 的发声。让学生观察教师的口形，并进行模仿。通过带词模唱的练习，帮助学生学习母音 a 的正确发音，来突破本课的难点。

2. 律动练习：《请你跟我这样做》复习已学动作原地踏步和拍肩动作。学习新动作下蹲一次和握拳竖大拇指左右摇摆四次。跟随律动节奏，反复练习。该练习意在锻炼学生模仿动作的能力和四肢动作的协调能力。

3. 游戏：蛙跳比赛，每位学生连跳四片荷叶，速度快者获胜。训练学生的比赛意识和跳跃能力。

第一个环节：律动歌曲《拍手歌》，动作分为拍手、拍肩、跺脚、挥手再见四个部分。在欢快的律动歌曲中结束本堂课的教学内容。

当然，有所得也有所失，《数青蛙》教学内容歌词共两段，这在二年级已学歌曲中是没有出现过的。两段歌词的教学内容势必会占用大部分的教学时间，这也造成了本节课第三个练习蛙跳游戏没能进行。从这一点来看我对整节课教学内容的统筹安排，没有做完善。也为我今后教学内容乃至时间安排上敲响了警钟。其次，在每一段与每一段的连接语言上，我个人认为语言还是比较贫乏的，缺少能够承上启下的语言，也需要我今后多多地磨炼、改进，在今后不断地去学习、探究、总结。多听有丰富教学经验的优秀教师的课，来补充我个人的短处，多与教学主任切磋，讨教教学语言、教学方法，虚心听取有经验教师对我的教学方面提出的意见和建议。使得我能够经过努力在教学方面取得更大的进步！

《我的家在日喀则》教学反思

成都市新都区天元小学　蒋雅馨

　　我有幸在四川省小学音乐寇忠泉名师工作室（龙泉、新都片区）教研活动中，承担展示课一节，秉着"民歌教学"的要求，我选择了一首二年级藏族歌曲《我的家在日喀则》。课后，工作室成员、学员、区教研员分别发表了自己的看法，也提出了建议及肯定。结合自己对本节课后的感受，有些许反思。

　　在备课时我就想，藏族是一个古老神秘的民族，而西藏的音乐舞蹈与它优秀的传统文化是息息相关的，所以在学生了解音乐的同时，也要适当了解一些西藏的人文风情，这样，学生也更容易理解西藏的音乐。但是西藏本身的文化过于厚重，而我的学生只是一群小学二年级的孩子，介绍过多他们根本无法理解，因此我确定让他们也在课堂上来一次旅行，让孩子们欣赏西藏的美丽风光，听藏族欢快的音乐，跳有代表性的藏族舞蹈，进而激发他们爱祖国、爱家乡的情感。

　　日喀则是地名，在藏语中是"如意的庄园"的意思。全曲热烈欢快、充满谐趣，具有很强的舞蹈性。唱起这首歌，眼前仿佛出现了一群身着彩艳盛装的藏族人民跳着欢快舞蹈的热烈场面。

　　歌词中的衬词"啊嗦啊嗦马里拉"贯穿全曲，使歌曲的欢乐气氛更为热烈。西藏对于小学生来说是个陌生、神秘、遥远的地方，怎样让懵懂无知的孩子们了解民族大家庭中的藏族，并在课堂中学习藏族的歌曲和舞蹈？激发孩子们的兴趣，在视觉、听觉的冲激下进入今天的音乐课堂。我设计了一段很有藏族韵味的音乐做律动，让孩子在律动中初步感受藏族音乐的特点和韵味，然后我用一段非常美的藏族舞蹈吸引孩子的视觉，激发孩子学习藏族音乐的兴趣，接下来我让孩子们又在优美的藏族音乐中欣赏一组很具有民族特色的图片，加上老师优美的语言介绍让孩子们走进藏族，利用视觉图像法创设情境，在听觉的刺激下使学生初步了解西藏及藏族的风土人情。并且设计悬念，在藏族小朋友的歌声中知道日喀则，不只抓住了学生的好奇心理，更充分调动了他们的主体能动性，使学生在快乐轻松的氛围中开始了音乐的学习。让孩子们在无边课堂中充分了解藏族的民俗风情和文化传统，充分感受我们民族文化中最自然最贴近生活的元素，激发孩子们对西藏的向往与热爱之情。

加入衬词使歌曲更加欢快，这是对音乐的横向拓展，让学生增加知识的融通性，让课堂更具活力，最后在舞的欢乐中结束本课。让孩子们通过本节课学习，感受到音乐课不仅只是学唱，还可以学习到与歌曲相关的知识。

但本课我还有很多不足之处，可以提升。例如：

课前准备还可以深挖教材，多了解文化特点，细致教学环节，多做不同预设。由于舞蹈专业出身的我，对音乐某些乐理知识较欠缺，导致分析歌曲不全面，专业伴奏能力也达不到更好地为课堂服务，这些都是需要我进一步强化提升自己的。

1. 教材分析方面

本首歌曲是具有浓郁乡土气息的五声调式藏族民歌，歌曲短小，朗朗上口。在准备过程中，教材分析方面是我一直觉得自己需要加强的，老师固有的思维停留在歌曲表面，要对曲式、文化特点等了解更加透彻，与设定的环节紧密结合，更好地为学习歌曲服务，而不是为了干吗而去生硬地设定环节，就会有事半功倍的效果。

2. 教具方面

最后火把节热闹的场面，由于课前准备不足，代表火焰的红绸子没有找到，临时用红领巾代替这点欠妥当。

3. 教学过程方面

对于孩子们歌声的指导略少，这点就没有把藏族人民的歌唱特点表现出来。

当然，我对自己的课堂亲和力、把握课堂的灵活度、自我的教姿教态是比较肯定的，在教学中能够起到不小的正面作用。快速地拉近和学生的距离，让他们喜欢上我，喜欢上我的课堂设计，自己有趣的引导和话语也可以更好地为课堂服务。"哈达"的运用是我设计本课的一大亮点。另外藏族语言的师生对话，也使整堂课具有浓郁的民族色彩，更能让学生进入创设的情境，身临其境了解、体验！

小学民歌课堂教学反思

成都市新都区西街小学校　姚　兰

小学民歌教学方法的研究是小学音乐课堂教学的丰富与升华，它告诉我们音乐课堂的关键蕴含在教师深刻的教材研究基础之上，这个过程好比登山，一个个台阶，是托起你生命之峰的基石，一道道绝壁，是刺激你生命活力的养分，极顶的风光，只有在征服了过程的艰险之后，才会具有勾人心魂的魅力。小学民歌教学策略的研究与学习让我体会到了教学的生命过程。

一、注重学习、转变观念，以推动民歌课堂的顺利进行

教育是一切为了学生、高度尊重学生、全面依靠学生的教育，也是以学生为本、以生命为本、以学生的学为本的教育，是最大限度地发挥人的生命潜能的教育理论和方法。应依据这些理论进行课堂教学。因此教师要注重学习，不断深化对教材的分析，从歌曲的音乐特点、文化特点、声音特点、情感特点、教学重难点五个方面深度剖析歌曲来制定教学策略，并根据学生的学情特点充分调动学生的感官体验感受歌曲。

二、制定教学策略，充分调动学生积极性

1. 在小学民歌教学课堂中，教师应合理地设置让学生感兴趣的前置性作业。

前置性作业是十分重要的环节。把要学习的内容提前布置给学生，变成学生学习的问题，让学生通过完成前置性的作业，提前自主学习了课堂学习的新内容，并以小组学习的方式在小组成员之间进行交流和互动，这是让学生从被动学习转变为自主学习的十分重要的一个环节。

去年本人在二（7）班的生本课堂教学公开课中，设置了以下几个问题：

（1）你了解雪莲花是生长在哪些地方的吗？

（2）新疆都有哪些民族？

（3）你了解的新疆的乐器有哪些？

（4）你能自己或和同学一起尝试表演新疆的舞蹈吗？

同学们在完成了这几个前置性问题的学习之后，实际上就已经基本掌握了整堂课的内容。

2. 小组的合作学习和小组的合作表演。

在课堂的学习中非常重视学生的小组合作。学生无论是完成课前的前置性作业，还是课堂中的探究学习，抑或是课堂的创作表演，都是以小组为单位，通过小组合作的方式来完成。

在小学一年级第五课《火车开啦》这首歌曲的学习中，本人要求同学们在课堂中以小组为单位进行歌曲的创编表演。课堂中每个学习小组都十分投入而专注，每个小组都根据自己小组成员的特点进行歌曲的创编表演。有的小组在歌唱方面比较有特长，就以歌曲演唱的方式进行表演；有的小组在器乐演奏方面比较有特长，就采用器乐演奏的方式进行歌曲创编；有的小组在舞蹈方面比较有特长，就对歌曲进行舞蹈编排。课堂创编十分热烈且百花齐放，这样的课堂氛围在以往的课堂中是不敢想象的。在这样的小组合作学习、创编和表演中，同学们展现了自己优秀的一面，树立了自信心，也建立了小组之间的合作精神。

3. 能否激发学生的自主探究的学习态度，是检验音乐课堂成功与否的标准

在小学三年级中开展了音乐鉴赏的课题活动，这是一个对于小学生来说比较难得活动。本人向同学们了解了关于音乐赏析的基本知识之后，就大胆地放手让学生以小组为单位对《快乐的啰嗦》这一课进行赏析。事实上，本人心里是很忐忑不安的，不知道学生在没有老师的帮助下是否能够独自完成这节课的研究。为了激发学生的好胜心，我预设了小组课题展示的评价标准，并将评价结果作为音乐学科期末考的其中一项成绩计入考分中。没想到，在小组的展示中，每个小组都准时完成了这节课的赏析活动。每个学习小组都派代表进行了精彩的发言，并在课堂上向大家讲解展示自己小组的成果。学生的完美表现让我震撼，学生积极学习的态度更让我感动，这就是主动探究学习的结果！

4. 适当合理的课堂评价对学生起着引导的作用。在课堂教学中，学生有很多机会展现自己。课堂中可采用多种评价方式对音乐课堂活动进行评价，例如生生互评、师生互评等评价方式。在倡导素质教育的今天，广大教师不断实践、探索，我们看到的不再是教师在讲堂上孤独地唱着独角戏，学生成为了音乐课堂的主人。学生站在讲台上侃侃而谈，而音乐教师却只是扮演着聆听者和引导者的角色。学生与教师之间常常会为了一两个问题辩论和争吵；师生在音乐课堂上同台演出，学生在课堂中自信地表演，有板有眼地做着精彩的点评，俨然就是个小小音乐评论家和表演家……

或许在这个全新的小学民歌教学课堂的探索路上，我们还会遇到这样或那样的困难，但是本人坚信，只要坚持深刻剖析教材，注重以生为本，我们的音乐课堂教学必将会迎来一个崭新的春天。

后 记

  自四川省教育厅发文，"四川省小学音乐寇忠泉名师工作室"成立至今，已近三年。在工作室三年的专业发展中，领衔人、成员、学员，以"培养有'学养'的'三明'教师"为工作室发展愿景，专注于"小学民歌教学方法"这一工作室学术品牌建设，立足四川省小学音乐教学，放眼全国小学音乐教育发展趋势，聚焦于工作室每一名教师的专业发展目标，凝心静气，潜心躬耕于小学民歌教学课堂，取得了丰富的发展成果。

  凤凰涅槃，浴火重生，探索具有中国特色的小学民歌教学方法之路，任重道远。只有经历了春的精心播种、夏的辛苦耕耘，方才有秋的金黄和纯美的生命绽放！